中國 戰國시기 楚나라 文字의 이해

中國 戰國시기 楚나라 文字의 이해

崔 南 圭 著

學古房

This Research was supported by Chonbuk National University Research Fund, 2011

序 文

　　풍우란(馮友蘭)은 ≪古史辨≫의 〈序文〉에서 역사 고증학의 세 가지 개념인 「信古」·「疑古」와 「釋古」를 제기한 바 있다. 그 중 「疑古」와 「釋古」에 대하여 말하기를 "疑古派의 사람들은 역사 자료를 상세하게 조사하는 것에 역점을 두고, 釋古派는 이 역사적 자료를 사리에 맞게 융합하여 통달하는 것이다. 역사학계 전체에 있어, 역사적 完成은 반드시 역사 자료를 조사하고 이를 융합하여 통달하는 두 단계를 거쳐야 하는데, 이 융합 통달하는 단계가 있어야만이 역사가 완성될 수 있는 것이다"라 하였다.[1]

　　疑古의 예로, 매색(梅賾)의 헌납본 ≪古文尙書≫를 들 수 있다. 宋代 오역(吳棫) ≪書稗傳≫과 朱熹 ≪書集傳≫ 등이 ≪古文尙書≫의 眞僞 여부에 의심을 가지게 되었고, 그 후 조여담(趙汝談)·웅여가(熊與可)·조맹부(趙孟頫)·오징(吳澄)·매작(梅鷟)·귀유광(歸有光)·호응린(胡應麟)·황종희(黃宗羲) 등도 ≪古文尙書≫와 孔安國의 〈傳〉에 대하여 의심을 가졌으며, 특히 淸 염약거(閻若璩)의 ≪尙書古文疏證≫은 각종 문헌 자료와 역사적 사실을 참고하여 ≪古文尙書≫의 문제점을 상세하게 고증하였고, 혜동(惠棟) ≪古文尙書考≫는 이에 더 보충 설명하였다. 그래서

---

[1] 羅根澤 編, ≪古史辨≫第六冊, 〈馮友蘭序〉(上海古籍出版社, 1982年), 1쪽.
"疑古一派的人所作的工夫卽是審查史料. 釋古一派的人所作的工夫卽是將史料融會貫通. 就整個的史學說, 一個歷史的完成, 必須經過審查史料及融會貫通兩階段, 而且必須到融會貫通的階段, 歷史方能完成."

지금은 일반적으로 「僞古文尙書」, 「僞孔傳」 혹은 「僞孔」·「僞傳」·「梅氏僞古文尙書」라고 말한다.

왕국유(王國維)는 일찍이 「二重證據法」을 제시하였는데, 「二重證據法」이란 地上의 자료와 지하(地下)에서 발견된 새로운 자료를 상호 보완하여 증거로 제시하는 것을 말한다.2) 그 후 요종이(饒宗頤)는 초죽간(楚竹簡)이나 간백서(簡帛書)와 같은 고문자 자료를 더 추가하여 고증하는「三重證據法」을 주장하였다.3)

西漢 武帝 말년(BC 140-BC87)에 간독(簡牘)을 발견했다는 기록이 있다. 이는 중국에서 簡帛을 발견한 가장 이른 기록이다. 공자의 저택에서 발견된 戰國시대의 ≪尙書≫·≪禮記≫·≪論語≫와 ≪孝經≫ 등 古文으로 쓰여진 수 십종 고서의 발견을 말한다. 이에 대한 기록은 ≪漢書·藝文志≫·≪尙書正義序≫·두예(杜預)의 ≪春秋經典集解後序≫ 등에 실려 있다.

그 후 西晉 武帝 司馬炎 太康2年(281) 때, 급군(汲君)에서 도굴꾼 不準이 魏王의 묘총(墓冢)에서 10여만 자가 되는 古書를 발견하였는데, 이 후 대신들이 75편으로 정리하였다. 그 중에는

---

2) "吾輩生于今日, 幸于纸上之材料外, 更得地下之新材料. 由此種材料, 我輩固得據以補正纸上之材料, 亦得證明古書之某部分全爲實錄, 即百家不雅訓之言亦不無表示一面之事實. 此二重證據法惟在今日始得爲之.(현 세기에 살고 있는 우리는 다행스럽게도 종이 위에 쓰여진 자료 이외에 지하에서 발견된 새로운 자료를 볼 수 있게 되었다. 이러한 지하자료는 종이 위에 쓰여진 자료를 보충 증명할 수 있는 새로운 자료일 뿐만 아니라, 고전의 일부 사실을 증명해 낼 수 있다. 즉 그동안 많은 학자들이 설명하기 힘들었던 부분에 사실적 근거가 되었다. 이 二重證據法을 오늘날에야 자료를 얻어 실행할 수 있게 된 것이다)"(王國維, ≪古史新證-王國維最後的講義≫, 淸華大學出版社, 1994년, 2쪽)

3) 李學勤, ≪走出疑古时代≫(修訂本), (遼寧大學出版社, 1997), 〈導論: 走出擬古時代〉, 3쪽 참고.

≪紀年≫十三篇·≪易經≫二篇·≪易繇陰陽卦≫二篇·≪卦下易經≫一篇·≪公孫段≫二篇·≪名≫三篇·≪師春≫一篇·≪瑣語≫十一篇·≪梁立藏≫一篇·≪繳書≫二篇·≪生封≫一篇·≪大曆≫二篇·≪穆天子傳≫五篇·≪圖≫一篇·≪周食田法≫·≪周書≫·≪論楚事≫와 ≪周穆王美人盛姬死≫ 등이 있다. 이를 우리는 ≪汲冢書≫라 한다.4) 이 중 魏나라의 史書인 ≪竹書紀年≫은 중국고대 紀年을 재정립하는데 매우 중요한 역할을 하였다.

공자의 고택 벽에서 발견된 古文經典과 西晉의 급총죽서(汲冢竹書)의 발견은 중국의 문화와 학술발전에 엄청난 촉진제 역할을 하였으며, 汲冢竹書는 清代까지도 연구한 사람이 있었고, 또한 상당한 성과를 거두었으며, 그 성과 또한 상당하다.

초나라 簡帛을 최초로 발견한 기록이 ≪南齊書·文惠太子傳≫에 보이나, 이와 관련된 실물이 전해내려 오지 않기 때문에 확인할 수 없다.

본격적이고 계획적으로 죽간을 발굴하기 시작한 것은 20세기에 들어와서라고 할 수 있다. 초간백(楚簡帛)을 소개하는 책자에 그 簡數나 字數 등을 설명하고 있는데 약간씩 차이가 있을 수 있다. 이는 파손되었거나 인식하기 곤란한 자에 대한 학자들간의 주장이 서로 다르기 때문에 나타난 현상이다.

1940-50년대부터 1980년대까지 발견되었던 비교적 중요한 楚竹書의 자료로는 河南信陽長臺關楚竹簡·湖南長沙仰天湖戰國楚竹簡·湖南長沙子彈庫楚帛書·湖北江陵望山1號楚竹簡·湖北江

---

4) 朱淵淸, ≪中國出土文獻與傳統學術≫(華東師範大學, 2001), 29-43 쪽 참고.

陵望山2號楚竹簡·湖北荊門包山2號楚竹簡·湖北江陵九店56號楚竹簡 등이 있다.

지하 출토문헌 중 21세기 현재 가장 주목을 받고 있는 자료는 아마도 ≪郭店楚墓竹簡≫(≪郭店楚簡≫)·≪上海博物館藏戰國楚竹書≫(≪上博楚簡≫)와 최근에 발표를 시작한 ≪淸華大學藏戰國竹簡≫(≪淸華簡≫) 등으로 戰國 시대의 楚竹書일 것이다. 이러한 지하자료 문헌은 중국의 戰國시기의 문자 즉 古文에 속한다.

≪郭店楚簡≫·≪上博楚簡≫·≪淸華簡≫의 발견은 갑골문과 돈황문서의 발견 이후 최대의 발견이라고 할 수 있다. 이러한 초죽서는 BC 4 세기 후반에서 秦나라가 중국을 통일하기 전인 BC 221년 이전의 시기에 해당되며, 湖北省 雲夢縣의 ≪睡虎地秦墓竹簡≫(약 BC 256~BC 217년)과 ≪甘肅天水放馬灘秦簡≫(약 BC 239년 前後)보다는 이르고, ≪河南信陽長臺關楚簡≫보다 약간 후로, ≪湖北江陵望山楚簡≫이나 ≪湖北荊門包山楚簡≫과 같은 시기인 戰國 中後期에 속한다.

≪郭店楚簡≫은 중국 湖北省 沙洋縣 紀山鎭 郭店村에서 발견된 초나라 죽간을 말한다. 도굴꾼이 郭店村 1호 墓를 도굴하면서 묘내에 있는 기물들을 많이 파손하였고, 물이 관곽(棺槨, 널) 안쪽으로 스며들게 되자, 荊州博物館이 이를 보호하기 위하여 1993년 10月18日부터 24日까지 郭店 1호 墓(M1)를 발굴하여 발견된 초죽서이다. 1998년 5月에 荊州市博物館이 편찬한 ≪郭店楚墓竹簡≫(文物出版社)이란 책에서 이 묘지에서 발굴된 竹簡에 대하여 종합적으로 竹簡의 圖版·釋文과 考證 등을 소개하였다.

≪郭店楚簡≫ 연구는 대부분 이 책을 연구 자료로 삼는다. 죽간은 모두 804枚이다.

≪郭店楚簡≫이 세상에 알려지고, 이어서 2001年부터 ≪上博楚簡≫이 세상에 발표된 후 楚竹書 연구는 새로운 국면에 접어들게 되었다. ≪上博楚簡≫은 ≪郭店楚簡≫의 두 배에 가까운 약 1200매로 ≪周易≫과 ≪緇衣≫의 내용 이외에는 이미 모두 유실된 경서이기 때문에 중국 고대 학술사를 이해하는데 중요한 참고자료가 되고 있다.

≪清華簡≫은 중국 清華大學이 2008년에 홍콩에서 매입한 약 2388枚(殘簡 포함)의 楚竹簡이다. 2010년 11월에 이학근(李學勤)이 主編하여 ≪清華大學藏戰國竹簡(壹)≫을 발표하였다. ≪清華簡(壹)≫은 ≪尹至≫·≪尹誥≫·≪程寤≫·≪保訓≫·≪耆夜≫·≪金縢(周武王有疾周公所自以代王之志)≫·≪皇門≫·≪祭公≫과≪楚居≫ 등 9편이 실려 있다. 2011년 12월에는 ≪清華大學藏戰國竹簡(貳)≫가 발표되었다. 죽간은 모두 138매이며, 내용은 周初에서 戰國初期까지의 역사를 編年體로 기록한 ≪繫年≫으로, 문자는 약 4000字이다.

≪清華簡≫은 모두 약 64편에 달한다고 한다. 문자의 형태·죽간의 형식과 내용은 ≪上博楚簡≫이나≪郭店楚簡≫과 비슷하고, 특히 ≪尙書≫의 일부 내용이 포함되어 있어 현재 학계가 상당히 주목하며 연구 중이다.

≪清華簡≫에는 ≪古文尙書≫·≪今文尙書≫나 ≪逸周書≫에

속하는 내용이 포함되어 있기 때문에, 경전의 실제와 초나라 문화를 이해할 수 있는 중요한 문서자료이다. ≪淸華簡(壹)≫의 내용 중 ≪尹至≫와 ≪尹誥≫는 伊尹과 商湯이 夏桀을 정복하는 내용이다. ≪尹至≫는 오래 전에 유실된 ≪尙書≫ 중 한 편인 것으로 보인다. ≪尹誥≫는 ≪咸有一德≫이라고도 하는데, ≪上博楚簡·紂衣≫·≪郭店楚簡·緇衣≫와 ≪禮記·緇衣≫에도 이 내용을 인용하고 있다. ≪尹誥≫는 僞古文 중 하나인 ≪咸有一德≫의 眞僞문제를 해결할 수 있는 중요한 근거가 된다. ≪淸華簡≫의 ≪尹誥≫ 내용과 현행본 ≪尙書≫의 ≪咸有一德≫의 내용은 다르다. 따라서 ≪咸有一德≫이 僞古文이라는 것을 알 수 있는 중요한 증거다. 염약거(閻若璩)가 ≪尙書古文疏證≫에서 고증한 僞古文이 확실히 옳다는 것을 ≪淸華簡≫을 통하여 알 수 있다. 이러한 예가 馮友蘭이 말한 지하자료를 이용하여 문헌의 역사적 사실을 증명하는 「釋古」라고 할 수 있다.

李學勤은 ≪走出疑古時代(修訂本)≫(1997)란 책에서 장정랑(張政烺)(1912-2005)의 말을 인용하여 ≪尙書≫가 발견되기를 간절히 바라고 있다고 했다. 그런데 10여 년이 지나고 나서 ≪淸華簡≫에서 ≪尙書≫자료가 발견되었다. 하지만 張政烺은 안타깝게도 꿈에 그리던 ≪尙書≫를 보지 못한 채 눈을 감았다.

王靜安先生說, 中國歷代發現的新學問都是由于新的發現. 他擧的例子很多, 最重要的是漢代的孔壁中經和西晉的汲冢竹書, 都是地地道道的古書. 這些古書發現之後, 對于中國文化和學術的發展起了很多的推動作用, 這種作用到今天還能看到. 我們今天的新發

見至少不比那個時候少吧. 可是有一點, 重要性差些, 比如我們還沒有發現《尚書》. 張政烺先生總是說什麽時候挖出《尚書》就好了. 現在的發現還沒有《尚書》, 可是至少從數量上說, 比起古代一點不差. 因此它的影響是特別大的. 從70年以來, 屢屢有一些的東西發見, 這些發現使我們直接看到當時的書. 我們自己認爲, 對這些東西做全面和徹底研究, 恐怕不是象我們這個年紀的人做得到的. 因爲比如汲冢書一直到淸朝還有人硏究, 對古史硏究作用很多. 所以這一類發見, 它的影響要經過很長時間才能看到.(王國維는 중국 역대 새로운 학문의 발견은 새로 발견된 것들에서 비롯되었다고 하였다. 그는 많은 예를 들고 있는데, 가장 중요한 건 漢代에 공자의 가택 벽에서 나온 고문경전과 西晉의 汲冢竹書와 같은 실질적인 고문서이다. 이러한 고서의 발견은 중국의 문화와 학술발전에 상당한 촉진제 역할을 하였고, 그 영향은 오늘날까지도 여전하다.

지금 발견된 새로운 고문서 자료가 그때에 비하여 비록 적다고 할 수는 없지만, 그 중요도에 있어서는 약간의 차이가 있다고 할 수 있다. 예를 들어, 우리는 《尚書》를 발견하지 못하였다. 張政烺은 항상 언젠가 《尚書》가 발굴되었으면 좋겠다고 했다. 아직까지 《尚書》가 발견되지 않았지만, 발견된 고서의 수량은 고대 그 어느 것에도 뒤지지 않으며, 그 영향 또한 매우 크다.

70년대 이래, 새로운 고문서 자료들이 종종 발견되곤 했는데, 이러한 발견으로 우리는 당시의 책을 직접 눈으로 확인할 수 있게 되었다. 나는 이러한 고문서는 전면적이고 철저하게 연구되어야 한다고 생각하는데, 아마도 우리 세대에는 그 성과를 보기 힘들 것 같다. 예를 들어, 汲冢竹書는 오랜 세월에 거쳐 淸나라 때까지 줄곧 연구되어 고대사 연구에 큰 영향을 끼쳤다. 이와 같이 새

로운 것이 발견되면, 그 성과는 매우 긴 시간이 지나고 나서야 볼 수가 있기 때문이다.)5)

다행스럽게도 우리는 이전 선배들보다 더 많은 자료와 중요한 자료를 볼 수 있고 참고할 수 있어 행복한 일이 아닐 수 없다.
앞에서 언급한 초죽서 자료 이외에도 2012년 4월에 浙江大學이 160여 枚를 홍콩에서 사들여 정리한 ≪浙江大學藏戰國楚簡≫(≪浙大簡≫ 혹은 ≪浙大藏簡≫)을 발표하였다. 主編者인 조금염(曹錦炎)은 〈序文〉에서 淸代 이후 ≪左傳≫은 西漢의 유흠(劉歆)이 위작한 것이라는 주장이 제기되었으나, 漢代에 孔壁에서 ≪左傳≫이 출토된 이래 2000년 후에 발견된 본 죽간의 내용으로 보아 ≪左傳≫은 僞書가 아니라는 것을 알 수 있고, 또한 세계에서 가장 이른 시기의 ≪左傳≫이라고 하였다.6) 그러나 이 죽간에 대한 眞僞문제가 끊임없이 제기되고 있어 좀 더 시간을 두고 연구 결과를 기다려야 할 것이다.7)
초죽서 연구는 인터넷 '簡帛硏究(jianbo.org)'라는 전문사이트에 ≪郭店楚簡≫·≪上博楚簡≫와 ≪淸華簡≫ 등에 관한 자료가 올라있어 이에 대한 많은 연구논문이 발표되고 있다. 다행히 국내에서도 이미 활발한 연구가 진행되고 있다. 그러나 그동안 발표

---

5) 李學勤 著(1997), 6쪽 참고.
6) 曹錦炎 編著, ≪浙江大學藏戰國楚簡·序≫, 浙江大學出版社, 2011.
7) ≪浙大簡≫에 대한 문제를 제기한 문장으로는 〈浙大藏簡辨僞(上)-楚简≪左傳≫〉(≪光明日報≫, 2012年5月28日第15版, http://t.cn/zOd7774)과 〈≪浙大藏簡辨僞(下)—戰國書法≫〉(≪光明日報≫, 2012年6月1日第15版, http://t.cn/zOD6nDo) 등이 있다.

된 논문은 文字의 考證·隸定이나 현존하는 판본과의 비교연구
가 주를 이루며, 文字의 '點劃'·'結構'·'形態'·'書體'나 '風格' 같
은 書法에 관한 연구나 문자학사적인 연구가 비교적 적다는 문
제점을 안고 있다.

　楚竹書 이외에도 秦簡과 漢簡 역시 중요한 고문서 지하 자료
중 하나이다. 초죽서 연구에도 주요한 참고자료이다.
　秦簡 중에는 ≪四川青川縣戰國墓木牘≫·≪睡虎地秦墓竹簡≫
과 ≪甘肅天水放馬灘秦墓竹簡≫ 등이 비교적 주목을 받고 있다.
　≪四川青川縣戰國墓木牘≫은 1979—1980년에 四川省博物館과
青川縣文化館이 四川省 青川縣 郝家坪의 戰國 말기에 속하는 50
호 무덤에서 발견한 두 개의 木牘을 말한다. 이 죽간의 내용 중
≪更修田律≫은 秦國 田畝제도를 이해할 수 있는 자료이다. 서체
는 古隸의 필법을 볼 수 있는 가장 이른 시기의 자료이기 때문
에, 서법사에 있어서도 상당히 주목받고 있다. 시기적으로 後代
에 속하는 ≪甘肅天水放馬灘秦墓竹簡≫·≪睡虎地秦墓竹簡≫과
≪馬王堆漢墓帛書≫로 이어지는 隸書의 시효가 되는 자료이다.
　≪睡虎地秦墓竹簡≫은 1975년 12월에 湖北省博物館과 雲夢縣
文化部가 湖北省 雲夢縣 睡虎地 第11號 秦墓에서 12개의 戰國말
기의 묘와 秦代의 묘를 발굴하여 나온 죽간이다. 秦代의 墓는 秦
始皇 30년 좌우로 추증되며, 墓主는 '喜'라는 사람이다. 죽간의 내
용이나 수량 면에 있어, 70년대 출토된 문물 중 최고의 수확물이
다. 書體는 古隸이기 때문에 서예사에 있어 중요한 문자적 자료
이다. 내용은 ≪編年紀≫·≪語書≫·≪秦律十八種≫·≪效律≫·

≪秦律雜抄≫·≪法律答問≫·≪封診式≫·≪爲吏之道≫·≪日書≫甲種·≪日書≫乙種 등 모두 10종이다. 1990年에 秦簡整理組가 편집하여 ≪睡虎地秦墓竹簡≫(文物出版社)이란 책으로 출간하였다. 이 중 ≪編年記≫·≪爲吏之道≫·≪日書≫甲·乙種을 제외하고 나머지는 모두 현대한어로 번역되어 있다.

≪甘肅天水放馬灘秦墓竹簡≫은 甘肅省 天水市 放馬灘 第1號 秦墓에서 1986년 甘肅省 文物考古硏究所가 발굴한 죽간이다. 放馬灘 1호 秦墓에서 460매의 죽간이 발견되었는데, 서체는 古隷이지만 필획은 곡선의 형태를 취하여 小篆의 筆勢에 가깝다. 내용은 ≪日書≫와 紀年 文書 두 종류가 있다. ≪日書≫는 湖北省 雲夢縣 睡虎地에서 출토된 것과 기본적으로 일치하여, 雲夢睡虎地 ≪日書≫의 후속작이라고 할 수 있다. 이 두 죽간은 그 내용과 시기가 같기 때문에 서로 상호보완적 자료가 된다.

이외에도 2007년 湖南大學 嶽麓書院이 홍콩에서 사들인 2098개와 2008년 수집가가 기증한 78매를 정리한 ≪嶽麓書院藏秦簡≫이 있다.8) 이 秦簡은 秦代의 예서체로 쓰여져 있으며, 그 내용은 ≪質日≫·≪官箴≫·≪夢書≫·≪數書≫·≪奏讞書≫·≪秦律雜抄≫ 등 여섯 종류가 있다.9) 이 중 ≪秦律雜抄≫가 약 1000여 매로 가장 많다. ≪睡虎地秦墓竹簡≫에 언급된 秦律에 비하여 ≪獄校律≫·≪奉敬律≫·≪興律≫와 ≪具律≫ 등 네 종류가 더 많고, ≪奉敬律≫의 내용은 이 죽간에서 처음으로 보인다. 이 죽간 중 秦律의 名稱과 내용 중에는 이전의 문서에 기록

---

8) 朱漢民·陳松長, ≪嶽麓書院藏秦簡(壹)≫(上海辭書出版社, 2010).
9) 陳松長, 〈嶽麓書院所藏秦簡綜述〉(≪文物≫, 2009-3), 75쪽.

이 남아있지 않은 것들이 포함되어 있기 때문에 秦代의 法制史를 연구하는데, 매우 중요한 자료이다.

漢代의 竹簡과 帛書 중에는 ≪馬王堆漢墓帛書≫·≪張家山漢簡≫·≪阜陽漢簡≫과 ≪銀雀山漢簡≫이 비교적 주목을 받고 있다.

≪馬王堆漢墓帛書≫는 長沙市 馬王堆에서 1972년 湖南省 文物考古팀이 西漢시기의 湖南省 長沙市 馬王堆 第1號 漢墓를 발굴하였고, 1973-1974年에는 湖南省博物館이 馬王堆 2호와 3호 두 漢代 묘지를 발굴하여 얻은 백서이다. 그 중 3호 묘지에서 발견된 竹簡과 帛書는 역사적으로 중요한 자료이다. 이 묘지에서 출토된 木牘을 통하여 그 연대가 漢 文帝 前元 12年(BC168年)이라는 것을 알 수 있다. 3호 漢墓에서 모두 600여 매의 죽간이 출토되었는데, 古代 醫書에 관한 것이 220枚이고, 이외에 나머지는 모두 隨葬器物의 목록이다. 竹簡 이외에 3호 묘의 상자에서 모두 십 만여 자에 달하는 귀중한 帛書가 발견되었다. 대부분이 이미 전해 내려오지 않는 고대 일서(佚書)의 내용이다. 현행본이 있는 것도 그 내용에 차이가 있기 때문에 고전적 연구에 중요한 자료가 되고 있다.

≪銀雀山漢墓竹簡≫은 1972년 4月에 山東省博物館과 臨沂文物組가 臨沂市 銀雀山에서 두 개의 西漢 墓葬에서 발굴한 한간이다. 출토된 古書 중 일부는 지금도 전해 내려오는 古書이지만, 대부분은 佚書이다. 현행본이 있는 것으로는 ≪孫子≫·≪尉繚子≫·≪晏子≫·≪六韜≫ 등이 있고, 佚書로는 ≪孫臏兵法≫·≪地典≫·≪十官≫·≪五議≫·≪務過≫·≪爲國之道≫·≪起

師≫·≪曹氏陰陽≫ 등과 雜書가 있다. 이 한간은 中國 古代歷史·哲學·曆法·古文字·簡册制度와 書法藝術 등 연구에 매우 귀중한 자료이다.

 漢簡은 이외에도 ≪居延新簡≫이 있는데, 1972—1974년에 甘肅省 文化廳文物處·甘肅省 博物館文物隊 등이 합동으로 居延考古팀을 구성하여 1930년대 이미 발굴하였던 額濟河流域의 居延 漢代 유적지를 다시 발굴한 것을 가리킨다. 이 유적지는 甲渠候官(지금의 破城子)·甲渠塞 第四燧와 肩水金關城 유적지 세 곳에서 漢簡 19,400 枚를 발굴하였다. 역대 출토된 간독 중 최대 규모이며, 내용 또한 풍부하여 漢代 簡牘 중 최고의 학술적 가치가 있다. 이 居延漢簡은 漢代 居延 지역의 군대 주둔(屯戍) 생활의 흥망성쇠를 생생하게 기록한 역사적 유물로 당시 西北屯戍의 상황과 생활에 대한 묘사이자, 또한 漢代의 政治·軍事·經濟·文化·科學技術·法律·民族關係·中西交通·文字와 書法 등을 연구하는데 소중한 자료이다.

 진섭군(陳燮君)은 ≪上海博物館藏戰國楚竹書≫의 序文에서 전국시대 초죽서의 가치에 대하여 「戰國 시기 초나라 죽간을 발견 보존하고 연구하는 작업은 이와 관련이 있는 또 다른 분야에도 중요한 가치가 있다. 따라서 이러한 초죽간 작업은 다양한 문화적 의미와 총체적인 학술적 의미를 지니고 있다. 초죽간의 방대한 양과 내용, 다양한 영역과의 관련성, 다른 판본보다 이른 시기의 판본이라는 점 등은 이미 많은 사람의 입에 오르내리는 미담이 되었다. 이 초죽간은 약 1200여 매이고, 문자는 모두 3500

여 자에 달한다. 양적인 면에서 볼 때, 이미 출토된 어느 초죽간보다 훨씬 많다. 여기에다 철학, 문학, 역사, 종교, 군사, 교육, 정론, 음악, 문자학 등과 관련된 내용이 포함되어 있다. 이 초죽서는 당시 초나라가 郢都(영도)로 도읍을 옮기기 전에 묻혔던 귀족의 무덤 속 수장물로, 진시황의 「분서갱유(焚書坑儒)」 이전의 것이다. 儒家와 관련된 내용이 주를 이루며, 道家, 兵家, 陰陽家 등과도 관련이 있다. 이 간문은 또한 서예학 상으로 볼 때도 매우 중요한 문화유산이다. 이 초죽서는 편명(篇名)이 중복되는 몇 편을 포함해서 대략 백여 편 되는데, 이중 지금까지 전해 내려오는 선진고적 판본은 십여 편도 되지 않는다. 戰國 초죽서는 다른 판본보다 앞선 시기(早期)의 것들이며, ≪周易≫은 현재 판본 중 가장 이른 시기의 판본이다)」라 하였다.10)

陳燮君은 전국시대 초죽서에 초점을 맞추어 그 가치를 언급하고 있지만, 이는 모든 출토자료에 해당되는 내용이다.

지하 출토자료의 가치에 대하여는 아무리 강조해도 지나치지 않다. 이러한 자료는 中國文化史・學術史・思想史 등 거의 모든 인문학 분야에 중요한 자료를 제공하고 있어, 앞으로 그 열기는 갑골문에 관한 연구가 그랬듯이 몇 십년 혹은 몇 백년간 지속적으로 식지 않을 것으로 보인다. 이는 인문학 學術硏究에 새로운 진로를 개척하게 하였을 뿐만 아니라, 앞으로 많은 학술적 문제를 해결할 수 있는 중요한 자료를 제공하고 있어, 中國 古代思想史와 學術史에 지대한 영향을 미칠 것임을 의심할 여지가 없다. 초죽간과 같은 풍부한 지하자료는 분서갱유로 유실된 寶庫

---
10) 崔南圭 譯註, ≪上海博物館藏戰國楚竹書・孔子詩論≫(소명출판사, 2012), 8쪽.

들이 수정되지 않고 고스란히 발견되고 있어, 역사의 공백을 메 워줌과 동시에 그동안의 학술적 오류를 바로 잡아 줄 수 있는 귀중한 실물 자료이기도 하다.

초죽서의 연구는 문자 해독에 관한 논문이 가장 많다. 고문자 지하자료를 이해하기 위해서는 당연히 선행되어야 하는 것이고, 많은 학자들이 이 부분에 심혈을 기울이고 있으나, 아직까지도 일치된 결론을 내리지 못하는 부분도 있다.

고문헌의 실질적인 원상태를 확인하기 위하여 지하자료 중 동일한 내용을 택하여 비교고찰하여 연구하는 것도 필요하다. 예를 들어, ≪上博楚簡≫의 ≪性情論≫은 ≪郭店楚簡≫의 ≪性自命出≫과, ≪上博楚簡≫의 ≪紂衣≫는 ≪郭店楚簡≫의 ≪緇衣≫와 ≪禮記≫의 ≪緇衣≫ 등 판본을 동시에 비교 연구하면 같은 시기, 같은 나라, 같은 내용을 각기 다른 사람이 베껴 쓰면서 서로 다른 문자를 쓰는 당시의 언어현상을 이해할 수 있다.

戰國 문자 즉 고문은 王國維가 소위 "와변(訛變)되어 간단하고 초솔스러워 위로는 은주시대 때의 고문에 부합되지 않고 아래로는 소전체와도 맞지 않으니 육서로써 추구할 수 없다"[11]라고 말한 바와 같이, 戰國문자는 전국문자만이 지닌 특수한 형태이기 때문에, 考釋은 고문자학의 일반적인 원리와 원칙하에 전국문자의 실제적인 상황을 고려하여 전국문자가 가지고 있는 형체의 특수한 규칙과 방법으로 연구하여야 한다.

구석규(裘錫圭)는 戰國문자의 출현 배경과 특징에 대하여 「戰

---

11) 王國維, ≪觀堂集林≫第六卷, 〈桐鄕徐氏印譜序〉.

國시대로 진입한 이후로 경제·정치·문화 등의 측면에서 거대한 변화와 비약적인 발전이 이루어졌고, 따라서 문자의 응용 또한 날로 광범위해지게 되었으며 문자 사용자도 날로 많아져서 문자 형체상에 있어서 이전에 보이지 않았던 극렬한 변화가 일어나게 되었다. 이러한 현상은 주로 속체자의 신속한 발전이라는 모습으로 나타나게 되었다」라 하였다.12) 따라서 전국문자 자형의 극심한 변화는 전국문자를 연구하는데 적지 않은 어려움이 있다.

戰國문자는 중국문자학사에 있어서 하나의 연결고리가 된다. 중국문자를 연구하면서 상주시대의 문자와 이후의 문자를 연결해 주는 전국문자를 소홀하게 생각한다면 중국문자에 대한 인식은 전면적이라고 할 수 없으며, 商周시기의 문자에 대한 연구 역시 이에 따른 영향을 받을 것이다. 따라서 고문자 학자들은 갑골문이나 상주시대의 금문에 대한 연구는 물론, 전국시기의 지하자료를 체계적으로 연구하여야만이 성과를 거둘 수 있다. 뿐만 아니라, 그 결과는 고대사 연구에도 매우 큰 영향을 미칠 것이다.

간백서의 연구는 갑골문·금문을 비롯한 고문자 연구와도 밀접한 관련이 있기 때문에, 중국 고대사 연구와 고문자 혹은 문헌학 연구는 초죽서와 더불어 갑골문과 금문의 자료가 상호보완적으로 연구되어져야 한다.

갑골문과 금문의 발견과 연구는 중국 문자학사상 이전에 이루지 못했던 큰 성과를 이룰 수 있게 하였다. 上古 音韻學을 연구

---

12) 裘錫圭, ≪文字學槪要≫(商務印書館, 1988年), 52쪽.

할 때, 일반적으로 ≪詩經≫과 ≪楚辭≫가 가장 중요한 자료였으나, 서주시기와 동주시기의 금문은 더 많은 자료를 제공해 주었다. 역사 문헌학에 있어서도 전래 문헌의 오류를 수정할 수 있게 하였고, 경전의 형성시기와 변화 과정을 이해할 수 있는 자료를 제공해 주었다. 즉 금문은 商周史의 연구에 가장 중요하면서도 믿을 만한 기본 자료이다. 우리도 이러한 금문을 통하여 당시의 역사, 정치, 경제, 문화, 사회, 역법 등을 알 수 있다. 금문은 고문자학, 음운학, 역사문헌학, 역사학, 고고학과 관련이 있는 모든 학문에 중요한 의의를 지니고 있다.

서체를 배우는데 '臨書'는 매우 중요하지만 문자학을 연구하는 데도 임서는 꼭 필요하다. 갑골문, 금문, 楚簡, 碑刻과 더불어 고대 자료들은 오랜 기간 땅 속에 묻혀 있거나 비바람에 풍화되어 자형들이 안 보이는 경우가 있다. 이러한 문자들은 전후 문맥을 참고하고 서로 다른 이체자를 참고하여야 정확하게 임서할 수 있다. 이렇게 임서한 자형이 학습자에게 정확한 형태를 제공할 수 있기 때문에 꼭 필요한 작업이다.

고문자를 연구하는 학자들은 종종 원 고문자 자료를 그대로 임모하기도 하고, 또한 그 자료를 근거로 하여 고문자 자전을 편찬하기도 한다. 예를 들면, 본문에서 자주 참고하고 있는 용경(容庚)의 ≪金文編≫이나 ≪xx字形表≫·≪xx文字編≫ 등이 이에 속한다. 이러한 摹寫本은 우리가 고문자를 연구하거나 원 문자 자형을 인식하는데 중요한 근거자료가 되며, 또한 이 자료는 후학자들에게 중요한 영향을 미친다. 후학들이 잘못 임모한 문자를 아무런 비판없이 그대로 중요한 참고자료로 사용하는 경우가 종종 있기 때문에, 신중하게 연구하고 摹寫하여야 한다. 세심한 문자 자형 연구가 선행되어야만이 작자가 전달하고자하는 내용을 정확하게 이해할 수 있고, 해당 문자의 자형 연변과정을 정확하게 파악할 수 있다. 따라서 독자에게 원 자형과 모사본 자형을 동시에 참고할 수 있도록 하였다.

본 저서는 필자가 그동안 연구하였던 簡帛書와 金文에 대한 연구 성과물 중의 일부이다. 학술지에 발표했던 논문을 다시 정리하고, 앞으로 관심을 가지고 연구할 내용을 일부 정리한 것이다. 그동안 金文, 郭店楚簡, 上博楚簡, 淸華竹簡, 秦漢碑刻에 관심을 가지고 이에 대하여 논문을 쓰고 저술도 하였다. 竹簡은 ≪郭店楚簡≫·≪上博楚簡≫·≪淸華簡≫과 ≪睡虎地秦簡≫, 金文은 21세기의 新出土 金文과 楚系金文, 碑刻은 石鼓文과 漢代 碑刻 등에 지속적으로 관심을 가지고자 한다.

완성되기까지 꼼꼼이 읽어준 전북대 중문과 석박사반 학생, 특히 강윤형 박사와 이승희 박사에게 감사드린다.

본 책이 앞으로 나에게 더 노력하라는 채찍이 되었으면 좋겠다.

2012년 9월
全州 訓詁樓에서 崔南圭 씀

目 次

序論   5

第一章 ≪上博楚簡≫의 문자 연구   25
   一 ≪性情論≫(第1簡)과 ≪性自命出≫의 이체자 고찰   28
   二 「蒙」卦의 楚竹本과 帛書本 문자 비교   55
   三 「需」卦의 楚竹本과 帛書本 문자 비교   83
   四 「訟」卦의 楚竹本과 帛書本 문자 비교   110
   五 「需」卦와 「訟」卦의 異寫字   152
   六 ≪民之父母≫・≪孔子閒居≫와 ≪論禮≫ 비교   170

   主要參考文獻   218

第二章 ≪清華簡≫의 考釋과 문자 연구   223
   一 ≪尹至≫ 譯註   228
   二 ≪尹至≫의 문자 고찰   280
   三 ≪尹誥≫ 譯註   308
   四 ≪尹誥≫의 문자 고찰   332
   五 ≪程寤≫ 譯註   345

   主要參考文獻   396

目 次

第三章 楚系 金文의 연구   399
  一 ≪楚公逆鐘≫의 銘文 考釋에 대한 再考   402
  二 ≪楚公家鐘≫의 斷代와 銘文 연구   425
  三 ≪王子午鼎≫ 考釋   447
  四 ≪王孫誥鐘≫ 考釋   477
  五 ≪王孫遺者鐘≫ 考釋   496
  六 ≪沈兒鐘≫ 考釋   507

主要參考文獻   514

第 一 章

《上博楚簡》의 문자 연구

第 一 章 ≪上博楚簡≫의 문자 연구

　20세기 중국 최고 문헌의 발견은 殷商의 甲骨文, 漢晉의 簡牘, 敦煌의 莫高窟에서 발견된 敦煌文獻과 故宮博物館 紫禁城에서 발견된 淸나라 공문서 등이 있는데, ≪郭店楚簡≫과 ≪上博楚簡≫의 발견 역시 이에 버금가거나 능가하는 문헌학적 가치가 있다.[1]

　簡帛書의 연구는 政治·經濟·軍事·文化·文學·歷史·文字 등뿐만 아니라 인간이 살아가는 모든 영역과 관련된 종합학문이다. 簡牘은 지하에 깊이 묻혀 있어 인간의 손길이 닿지 않은 상태에서 몇 천여 년 동안 보존되어 온 원시적 자료이기 때문이다.

　古隷(고예)의 탄생은 篆書(전서)를 일시에 완전히 파괴한 것으로부터 시작된 것이 아니다. 문자를 쉽고, 간편하고, 빠르게 쓰고자 하는 사회의 욕구변화에서 자연스럽게 발생한 일련의 규칙적인 현상이다. ≪郭店楚簡≫과 ≪上博楚簡≫의 서사체는 문자연변과 서체연변에 있어 중요한 의의를 지니고 있다. 이체자는 예변 중 중요한 현상 중 하나이다. 따라서 초죽간의 문자는 다양한 관점에서 폭넓은 연구가 필요하다. 현재는 문자를 어떻게 하면 사회에 맞게 실용적으로 사용할 것인가에 초점을 맞추고 있기 때문에, 상대적으로 고문자의 이체자 연구는 소홀한 감이 없지 않다. 이외에도 고문자의 이체자 연구는 異構字 연구에만 치중되고 있어, 필획의 異寫字 연구는 상대적으로 미약한 실정이다. 異寫字 역시 고문자 연구에 빠져서는 안 될 중요한 현상이기 때문에 주목하여 연구해야 하겠다.

---

1) ≪上海博物館藏戰國楚竹書≫는 이하에서 ≪上博楚簡≫으로 ≪郭店楚墓竹簡≫은 ≪郭店楚簡≫으로 약칭하고, 경우에 따라서는 楚竹書라고 통칭하기로 한다.

≪性情論≫(第1簡)과 ≪性自命出≫의 이체자 고찰

≪性自命出≫은 ≪郭店楚簡≫ 중 한 편이고, ≪性情論≫은 ≪上博楚簡≫ 중 한 편이다. ≪性情論≫이 모두 40簡으로 되어 있는 반면, ≪性自命出≫은 모두 67簡으로 되어 있다. ≪性情論≫과 ≪性自命出≫의 내용은 기본적으로 같다. '性'과 '情'의 形成과 演變, 외계 환경이 인간의 성정에 미치는 영향, '樂'이 禮樂敎化에 미치는 영향에 대하여 설명하고 있다. 이러한 내용은 ≪禮記≫의 ≪樂記≫와 ≪禮記≫의 ≪檀弓≫ 등에도 보인다.

≪性情論≫(≪性自命出≫)은 고대 중국 사상을 반영한 것으로써 지금까지 전해내려 오지 않은 내용이다. 하늘이 命을 부여하며, 그 命은 性을 낳고, 性은 情을 낳고, 情은 道의 시작이며, 그 중에서도 性과 情이 가장 중요한 관건이라고 설명하였다. ≪性情論≫(≪性自命出≫)은 또한 道의 관념과 특징에 대해서도 설명하고, 피차간의 파생관계에 대해서도 설명하였다.

≪性情論≫(≪性自命出≫)에서의 「性」은 '人之本性(인간의 본성)'이고, '天命之性(하늘이 부여한 性)'이며, 인간이 천성적으로 공유하고 있는 「性」이다. 「性」은 「喜」・「怒」・「哀」・「悲」의 기질, 「好」와 「惡」, 「善」과 「不善」 등을 포함하는 개념이다. 「性」을 또한 학습될 수 있는 것으로 보아, 性과 學習의 관계를 증명하고, 人性의 可變性을 闡明하면서, 人性의 변화를 "用心各異, 敎使然也(천하 모든 이의 속성은 하나이나, 心志가 서로 다름은

교육이 그렇게 만든 것)"이라 하였다. 또한 「性」은 각각의 출발점이 다르기 때문에, 指導하는 내용이 다르거나 어떤 교육을 받았느냐에 따라 유발되어지는 사람의 性은 각각 달라진다고 봤다. 人性은 또한 오랜 습관으로 형성되는 것으로 보고, "待習而後定(습관이 되고 난 후에 정해진다)"라고 하였다.

≪性自命出≫과 ≪性情論≫의 내용은 기본적으로 같으나 판본이 다르기 때문에 몇 가지 차이가 있다.

첫째, 문자가 서로 다르다.

중국 문자가 역사적으로 변화하고 발전하는 과정에서 각각의 시기에 고유한 특징이 형성되었다. 따라서 그 각각의 특징을 파악하고 그 규칙을 파악하여야 만이 先秦 문헌 자료를 정확하게 해석할 수 있다. 이러한 관점에서 볼 때, 이 자료는 매우 중요한 의의가 있다. 고고문헌과 현행본을 서로 비교해 보면, 각 시기별 문자의 異同을 파악할 수 있는데, ≪性情論≫과 ≪性自命出≫은 같은 戰國시기의 문헌으로, 우리는 이 두 문헌을 통하여 같은 시기 문자의 通用과 假借를 이해할 수 있으며, 또한 각각의 문자 書體와 書寫 형태를 파악할 수 있다. 이 두 편은 내용과 구절이 기본적으로 같기 때문에, 이 두 편의 문자를 상호 비교하여 당시 전국 초나라 문자의 사용 현황을 파악할 수 있다. 이는 초나라 문헌을 파악하거나 전국시기의 문헌을 이해하는데, 아주 중요한 관건이 된다.

둘째, 分章이 서로 다르다.

≪性情論≫과 ≪性自命出≫의 簡文 순서는 서로 다른 곳이 몇 곳 있다. 이를 통해 당시에 이미 몇 개의 서로 다른 판본이 존

재하고 있었다는 사실을 알 수 있다. 뿐만 아니라, 당시 문장을 기록한 作者들이 문장 단락에 대해 서로 다르게 이해하고 있었다는 사실도 알 수 있다.

셋째, 文句가 간단하거나 복잡한 정도가 각각 다르다.

단어와 문구의 사용이 각각 달라 어떤 곳은 간단하고 어떤 곳은 복잡한 형식을 취한다. 따라서 이들을 서로 비교·참고하여 상호 보충한다면 문장의 의미를 정확하게 파악하는데 많은 도움이 될 것이다.

≪性情論≫과 ≪性自命出≫의 문자비교연구는 문자의 발생, 연변, 이체자 현상, 통가현상, 음운 관계 등을 이해하는 중요한 연구 중 하나이다.

아래에서는 ≪性情論≫ 제1간의 문자를 ≪性自命出≫과 비교하여 이체자를 살펴보기 전에 이체자의 일반적인 개념에 대하여 먼저 간략하게 살펴보기로 한다.

먼저 異體字의 別稱, 異體字 중의 「體」자의 함의, 異體字에 대한 광의와 협의적 개념, 이체자의 내부적 조건 등에 대하여 간략하게 살펴보기로 한다.

첫째, 異體字는 「俗體」·「古體」·「或體」·「古今字」·「正俗字」·「假借字」 혹은 「多形字」라고도 한다. 따라서 「俗體」·「古體」·「或體」·「古今字」·「正俗字」·「假借字」·「多形字」와 이체자의 관계를 살펴볼 필요가 있다.

먼저 「古今字」는 과거와 현재의 형태가 다른 역사적 발전관계를 표시하는 반면, 이체자는 書寫 과정 중에 발생한「一字多形」현상을 말한다. 또한 古今字는 문자의 의미가 부분적으로 같을 수는 있으나, 완전히 같은 것은 아니다. 古字를 今字 대신 사용할 수 있으나, 今字가 古字를 대신할 수 있는 없다. 예를 들어, 古字「辟」자는「避」·「闢」·「嬖」·「譬」등의 의미로 사용된다.[2] 이 예문 중「辟」자는 今字「避」·「闢」·「嬖」·「譬」에 대한 古字이다. 일반적으로 今字는 古字에 偏旁을 추가하거나 일부를 바꾸어 자형상 상호 관련이 있는 반면, 이체자는 形符나 聲符를 변환하거나 편방의 위치가 바뀌거나, 혹은 예변(隸變)이나 와변(訛變)으로 인하여 문자의 형태가 완전히 바뀌기도 한다.

「假借字」는「本字(正字)」와「借字」의 관계로,「本字」는 본래의 의미대로 사용된 것이고,「假借字」는 본 의미가 아닌 다른 의미로 쓰임을 말한다.

「俗體」·「古體」·「或體」를 ≪說文解字≫는「俗作某」·「古文」·「或作某」 등의 용어를 사용하여 설명하고, 이를 총칭하여「重文」이라고도 한다. 이들은 이체자에 해당되는데,「俗體」·「古體」·「或體」는 이체자 중 각각의 내부적 특징을 지니고 있으나, 이들은 왕왕 歷時의 광의적 이체자까지 포함하기도 한다.

「多形字」란 한 자가 여러 가지 형태로 표현되는 것을 말한다. 그러나 이러한 개념은 共時의 협의적 개념과 歷時의 광의적 개념의 이체자 모두를 포함한다.

둘째,「異體」 중의「體」자는「形體」·「寫法」·「字形」·「外形」·「文字符號」·「字」·「書寫形式」·「結構」등의 의미를 포함

---

2) 王力, ≪古代漢語≫, 168-169 쪽 참고.

한다. 「體」는 문자의 외부적인 형식을 나타내기 때문에 어떤 용어를 사용해서 그 개념을 설명해도 별 문제가 없으나, 동일 시기 두 필사본의 비교를 통하여 이체자의 이동을 파악할 때, 이체자는 단지 「結構」나 「字形」만을 가리키는 것이 아니라, 필획의 방향, 수식 등 세세한 부분까지도 이체자의 내부규칙에 포함되기 때문에 「書寫形式」이란 개념이 적절한 표현일 수 있다.

셋째, 狹義와 廣義적 차이, 또는 共時와 歷時적인 개념의 차이가 있다. 즉 광의는 今字體와 古字體의 관계를 가리키며, 협의는 문자 발전 중 동일 시대의 이체자를 가리킨다.

넷째, 내부적 조건은 '用法完全相同(용법이 완전히 같은 경우)'·'在任何語言環境中互相替換, 而語意絲毫不變(어떤 경우에나 서로 바꾸어 사용할 수 있고, 바꾸어도 의미가 전혀 변하지 않은 경우)'·'音義完全相同(음과 의미가 완전히 같은 경우)'·'音義完全相同, 在任何情況下都可以互換而不産生歧義(음과 의미가 완전히 같고, 어떤 경우에나 바꾸어 쓸 수 있으며 바뀌어도 의미 차이가 없는 경우)'라고 설명할 수 있다.[3]

異體字의 종류는 그 원인에 따라 몇 종류로 나눌 수 있다.

첫째, 같은 의미로 두 형태 이상의 문자가 만들어졌으나, 후에도 분화되지 않고 같은 의미로 쓰인다. 예를 들어, 「淚」와 「泪」, 「睹」와 「覩」, 「徧」과 「遍」 등이 있다.

둘째는 처음엔 의미가 서로 달랐으나, 실질적으로 같은 의미

---

[3] 張書岩 主篇, ≪異體字研究≫(商務印書館, 2004), 45쪽. 呂永進, ≪異體字的槪念≫.

로 쓰이는 경우. 예를 들어, 「散」4)과 「㪔」5), 「罪」와 「辠」,6) 「馬風(飇)」7)과 「帆」 등이 있다.

셋째는 隸變이나 隸定이 달라서 생기게 된 이체자가 있다. 예를 들어, 「宜」와 「宐」, 「宿」과 「㝛」, 「更」과 「叓」 등이 있다.

넷째는 필획의 차이에 의해 생겨난 이체자가 있다. 예를 들어, 「之」와 「㞢」가 있다.

다섯째는 문자를 기록하는 과정에서 와전되는 경우가 있다. 예를 들어, 「刖」과 「別」이 있다.

따라서 실질적으로 이체자는 크게 두 가지로 나눌 수 있음을 알 수 있다.

형태의 구조를 달리한 「異構字」와 형태를 필사하는 과정에서 발생하게 된 「異寫字」이다.

「異構字」는 구조를 달리하거나 혹은 다른 字部들을 사용한 이체자를 말한다. 「羴(양의 노린내 전, shān,xiān)」자는 회의자이고, 「羶」은 형성자인 경우와 같이 六書 중 각기 다른 방식을 사용하기도 하고, 회의자인 「尘」과 「塵」자와 같이 동일한 六書 방법이

---

4) 「散(散)」자에 대하여 ≪說文≫은 "雜肉也. 从肉㪔聲"이라 하였다.
5) ≪說文≫은 "㪔, 分離也. 從攴, 從朩. 朩, 分散之意也"라 하고, 徐鍇의 ≪繫傳≫은 "此分散字, 象疏之分散也."라 하고, 王筠의 ≪句讀≫는 "經典皆借≪肉部≫散為之, 而變為散"이라 하였다. ≪玉篇≫은 "㪔, 分離也. 放也, 亦作散"이라 하였다.
6) ≪說文≫은 「辠」자에 대하여 "犯法也. 从辛从自, 言辠人蹙鼻苦辛之憂. 秦以辠似皇字, 改爲罪"라 하고, 「罪」자에 대하여 "捕魚竹网. 从网·非, 秦以罪爲辠字"라 하였다.
7) ≪說文≫은 「馬風(飇)」자에 대하여 "馬疾步也. 從馬, 風聲"이라 하고, ≪廣韻≫은 "帆, 船上幔也. 亦作馬風"이라 하였다.

나 편방이 각각 다른 경우가 있고, 형성자인 「胑」자와 「肢」자와 같이 각기 다른 聲符를 쓰거나, 위치를 달리하여 「群」자를 「羣」으로 쓰는 이체자가 異構字 이체자에 해당된다. 이외에도 편방의 일부 필획을 중복하거나 생략하여 「集」자 중 「隹」를 세 번 중복하여 「雧」으로 쓰기도 하고, 隷定하는 과정에서 이체자가 발생하여 '普'자를 '暜'로 쓰기도 한다.

「異寫字」는 書寫 과정에서 필획을 달리 써서 발생하게 된 이체자를 말한다. 「異構字」와 다른 점은 구조의 異同을 명확하게 설명할 수 없는 필사자의 개인적 습관에 의한 이체자를 말한다. 예를 들면, 초죽서에서 「亞」자를 「亞」로 쓰기도 하고, 중간 종획을 연결하여 「亞」로 쓴 경우이다.[8]

---

8) 裘錫圭는 ≪古文字槪要≫에서 이체자의 정의를 "異體字就是彼此音義相同而外形不同的字. 嚴格地說, 只有用法完全相同的字, 也就是一字的異體, 才能稱爲異體字. 但是一般所說的異體字往往包含只有部分用法相同的字. 嚴格意義的異體字可以稱爲狹義異體字, 部分用法相同的字可以稱爲部分異體字, 二者合在一起就是廣義的異體字."라고 내리고, "狹義異體字之間在結構上或形體上的差別的性質"을 근거로 하여 여덟 종류로 나누었다. 1 '加不加偏旁的不同', 예를 들어, '兒'과 '貌'. 2 '表意·形聲等結構性質上不同', 예를 들어, '豔(形聲)'과 '艶(會意)'. 3 '同爲表意字而偏旁不同', 예를 들어, '惢'과 '惢'. 4 '同爲形聲字而偏旁不同', 예를 들어, '嚼'과 '䐓'. 5 '偏旁相同但配置方式不同', 예를 들어, '棋'와 '棊', 이외에도 偏旁이 근사하나 완전히 같지 않은 경우도 있다, 예를 들어, '綿'와 '緜'. 6 '省略字形一部分跟不省略的不同', 예를 들어, '法'와 '灋'. 7 '某些比較特殊的簡體跟繁體的不同', 예들 들어, '辦'과 '辦'. 8 '寫法略有出入或因訛變而造成不同', 예를 들어, '姊'와 '姉' 등이 있다.(裘錫圭 ≪古文字槪要≫, 205-208 쪽 참고.) 그러나 이러한 정의는 일반적으로 서예학적 관점이 고려되지 않은, 즉 필획의 이동이 고려되지 않은 채, 이미 예정된 자형의 형태만을 가지고 구별하기 때문에 위에서 설명한 異寫字 이체자는 중시되지 않고 있는 실정이다. 즉 裘錫圭는 ≪文字學槪要≫에서 篆書에서 隷書로의 변화에 문자의 자형이 변화된

第 一 章 ≪上博楚簡≫의 문자 연구   35

　아래에서는 ≪性情論≫ 제1간의 이체자 중「異構字」에 대하여 살펴보고자 하며, 이체자 중「異寫字」즉 필획의 장단이나 삐침의 차이에 대해서는 비교적 형태적 차이가 뚜렷한「而」·「則」자를 살펴보고, 현행본「物」의 가차자로 쓰이는「勿」에 대하여 살펴보기로 한다.
　물론 ≪性情論≫과 ≪性自命出≫의 이체자에 대하여 모두 종합적으로 연구하여야하나, 분량이 한 권 정도의 책에 해당하기에, 편폭관계상 종합적인 연구는 다음 기회에 미루기로 하고, 규모는 작아도 있어야 할 것은 모두 있는 "麻雀雖小, 五臟俱全.(참새가 비록 작지만 오장을 다 갖추고 있다)"의 효과를 보고자 한다.

　≪上博楚簡≫의 제1간과 이에 해당되는 ≪郭店楚簡≫의 내용은 아래와 같다.

　　≪上博楚簡≫의 제1간
　　凡人唯(雖)又(有)生(性), 心亡正志■. 寺(待)勿(物)而句(後)乍(作), 寺(待)兒(悅)而句(後)行■, 寺(待)習而句(後)奠■. 憙(喜)慈(怒)哀悲之気(氣), 眚(性)也■. 及丌(其)見於外, 則勿(物)取之
　　≪郭店楚簡≫
　　凡人唯(雖)又(有)眚(性), 心亡奠志, 走(待)勿(物)而句(後)复(作), 走(待)兒(悅)而句(後)行, 走(待)習而句(後)【1】奠. 憙(喜)

　　주요현상을 "解散篆體, 改曲爲直, 省並, 省略, 偏旁變形, 偏旁混同"이라고 설명하고 있다. 이 중에서 "改曲爲直" 등의 현상은 서예의 필획현상과 밀접한 관계가 있으나, 총체적으로 구석규의 분석은 形態상의 분류에 중점을 두고 있는 반면, 運筆規律의 필획변화에 대해서는 분석이 충분치 않다.

荵(怒)㤅(哀)悲之嬊(氣)，眚(性)也. 及其見於外, 則勿(物)取之
【2…】
(사람은 모두가 동일한 '性'을 가지고 있다. 그러나 마음(心)이 사람의 의지를 결정할 수 있는 것은 아니다. 물질과 접촉을 한 후에 작용이 일어나고, 즐거움이 있어야 행하여지며, 습관이 되고 난 후에 정해진다. 즐거움·노함·애석함과 슬픔 등의 정신(勢)이 곧 '性'이다. 이 '性'은 물질과 접촉을 한 후에 외부로 발현된다.)

1) 「生」-「眚」

≪性情論≫의 제1간 "凡人唯又生(사람은 모두가 동일한 '性'을 가지고 있다)" 구절 중의 「生」자를 ≪性自命出≫은 「眚」자로 쓴다. 「眚」자는 편방 「目」과 「生」聲으로 이루어진 형성자이다. 「生」자를 갑골문은 「」·「」으로 쓰고, 금문은 「」(≪頌鼎≫)으로 쓴다. ≪說文解字≫는 「生」자에 대하여 "生, 進也. 象草木生出土上.(「生」은 '나아가다(進)'의 의미. 초목이 땅 위로 솟아나는 형상)"이라 하였고, 段玉裁는 "下象土, 上象出.(아랫부분은 땅이고, 윗부분은 새싹이 나오는 모양)"이라 하였다.

≪性情論≫은 「性」의 의미로 쓰이는 자를 「生」 혹은 「眚」자로 쓴다. 제1간의 첫 구절에서 「生」이 「性」의 의미로 쓰인 이외에 제2·8·10·33간에서는 모두 「出生」의 의미로 쓰인다. 제1·2·3·4·5·6·7·18·22·33·34간 등에서는 「性」의 의미로 쓰이는 자는 모두 「」(眚)으로 쓴다. 즉 ≪性自命出≫에서

「性」자의 의미는 일반적으로 「🀆(眚)」이나 「🀆」(제9간)으로 쓰고, 「出生」의 의미는 「🀆(生)」(제3간)으로 구별하여 쓴다.

「眚」자를 ≪上博楚簡≫의 ≪孔子詩論≫은 「🀆」(제16간)으로, ≪紂衣≫는 「🀆」(제3간)으로, ≪周易≫은 「🀆」(제20간)으로, ≪柬大王泊旱≫은 「🀆」(제14간)으로, ≪曹沫之陳≫은 「🀆」(제27간)으로 쓴다. ≪郭店楚簡≫의 ≪緇衣≫는 「🀆」(제5간)으로, ≪唐虞之道≫는 「🀆」(제11간)으로, ≪成之聞之≫는 「🀆」(제11간)으로, ≪語叢≫은 「🀆」(二.1)·「🀆」(二.10)·「🀆」(三.68)으로 쓴다.

≪說文解字≫는 「眚(眚)」자에 대하여 "目病生翳也. 从目生聲.('눈에 백태가 끼다'의 의미. '目'과 '生'聲으로 이루어진 형성자)"라 하고, 「生(生)」자에 대해서는 "進也. 象艸木生出土上('나아가다'의 의미. 초목이 땅 위로 솟아나는 모양)"이라 설명하였다. 「眚」자는 형성자이고, 「生」자는 상형자이다. 「生」·「性」과 「眚」자는 음과 의가 서로 통한다.

金文 중 ≪蔡吉簋≫는 「性」자를 「🀆(生)」으로 쓰고, ≪🀆方彝≫은 「百姓」중의 「姓」자를 「🀆(生)」으로 쓴다.9)

≪論語·陽貨≫는 "性相近也. 習相遠也.(천성은 서로 비슷하나 배움이 서로 멀게 한다)"라 하고, 劉寶楠은 ≪論語正義≫에서 "人性相近, 而習相遠.(인성은 서로 비슷하나, 학습이 서로 멀게

---

9) 容庚, 같은 책, '0980 🀆', 421쪽 참고.

한다)"라 하였다. ≪孟子·告子≫는 "生之謂性.(타고난 것을 천성이라 한다)"라 하였고, 趙岐≪注≫는 "凡物生同類者皆同性.(무릇 같은 부류로 태어나면 성이 같다)"라 하고, 焦循의 ≪孟子正義≫는 "≪荀子·正名篇≫云: '生之所以然者謂之性', ≪春秋繁露·深察名號篇≫云: '如其生之自然之資謂之性.'(≪荀子·正名篇≫은 '나면서부터 그렇게 되어있는 것을 性이라 한다'라 하고, ≪春秋繁露·深察名號篇≫은 '타고난 자연적인 자질과 같은 것을 性이라 한다')라 한다"라 하였다. 唐 韓愈는 ≪原性≫에서 "性也者, 與生俱生也.(「性」이라는 것은 태어나면서 갖추어진 천성)"라 하였다.10) 「性」은 인간의 本性을 가리킨다.

2) 「正」-「奠」

≪性情論≫의 제1간 "心亡正志(그러나 「마음(心)」이 사람의 의지를 결정할 수 있는 것은 아니다)" 중의 「正」자를 ≪性自命出≫은 「奠」으로 쓴다. 그러나 ≪性情論≫ 제1간의 "寺習而句奠(습관이 되고 난 후에 정해진다)' 중의 「奠」자는 「🅱(墾)」자로 쓰고, ≪性自命出≫은 「🅰(奠)」으로 쓴다. 「🅱(墾)」자는 편방 「土」와 「奠」聲으로 이루어진 형성자이며, 「尊」은 역성(亦聲)이다.

≪說文解字≫는 「🅰(奠)」자에 대하여 "奠, 置祭也. 從酋, 酋, 酒也. 下其丌也. ≪禮≫有奠祭者.(「奠」는 '제물을 올려 제사를 지내다'의 뜻. 편방 「酋」는 「술(酒)」의 의미. 아래 「丌」는 술과 음

---

10) ≪漢語大字典≫, 같은 책, 2286 쪽 재참고.

식을 받치는 받침대. ≪禮記≫에서 「奠」은 제사를 지낸다는 의미로 쓰인다)" 라 하였다.

'正'과 '奠'자는 음과 의미가 모두 '定'자와 통한다. ≪上博楚簡≫의 ≪整理本≫은 「正」자를 「志」를 수식하는 형용어로 풀이하여 '정확한 인지'의 의미로 보고 있으나, 전후 문맥의 내용으로 보아 '定(결정하다)'의 의미이다. ≪郭店楚簡≫의 ≪整理本≫에서 裘錫圭는 「奠, 定也('奠'은 '결정하다'의 의미)」라고 주석하였다.[11]

≪玉篇≫은 "奠, 定也"라 하고, ≪書經·禹貢≫은 "隨山刊木, 奠高山大川.(산에 이르러 나무를 베고, 높은 산과 큰 개천을 안정시켰다)라 하고, ≪周禮·地官·賈師≫는 "辨其物而均平之, 展其成而奠其賈.(물건을 판별하여 그 등급을 나누어 균등하게 하고 교역을 할 물건을 전시하여 그 가격을 정하다)"라 하며, ≪太玄·玄攤≫은 "天地奠位, 神明通氣.(天地는 각각의 위치가 정해지고 神明은 기운이 통하게 된다)"라 하였다. 따라서 「奠」은 '안정되다'·'정해지다'로 쓰인다.

≪性自命出≫에서 「奠」자는 제1·2·27간에서 모두 「奠」의 형태로 쓰며, 제27간에서는 「鄭」의 의미로 쓰인다.[12] ≪性情論≫ 제1간에서 「奠」자는 편방 「土」를 추가하여 「᠌(壂)」으로 쓰며, ≪上博楚簡·容成氏≫는 「奠」자를 「᠌(제28간)」으로 쓴다.

≪性情論≫ 제25간의 「᠌(正)」자는 '政'의 의미로 쓰이며, ≪性

---

11) ≪郭店楚墓竹簡≫(1998), 182 쪽.
12) ≪郭店楚墓竹簡≫(1998), 180 쪽.

≪自命出≫ 역시 「立(正)」으로 쓴다.

'正'·'奠'과 '定'자의 古音(周法高 擬音)은 아래와 같이, 모두 '耕部'에 속하고, 聲母는 '知'紐 혹은 '澄'紐로 통한다.

  正 tjieng/t'sjiæng(淸, 平), 耕部開三
  奠 deng/diɛng(靑, 平), 耕部開四
  定 deng/diɪng(靑, 去), 耕部開四

≪玉篇≫은 "正, 定也.(「正」은 '정하다(定)'의 의미)"라 하였다. ≪詩經·大雅·文王有聲≫은 "維龜正之, 武王成之.(거북점이 정해 주셔, 무왕이 이루었네)"라 하고, ≪周禮·夏官·大司馬≫의 "賊殺其親, 則正之.(그 친척을 살해하여 붙잡아 죄를 다스리다)" 구절에 대하여 鄭玄은 "正之者, 執而治其罪.(「正之」는 '잡아서 그 죄를 다스리다'의 뜻)"이라 하였다.

 3) 「寺」-「㞢」

≪性情論≫ 제1간의 "寺勿而句乍.(물질과 접촉을 한 후에 작용이 일어난다)" 중의 「寺(待)」자를 ≪性情論≫은 「⿱㞢⿱丰丰」로 쓰고, ≪性自命出≫은 「⿱㞢(㞢)」로 쓴다. 「⿱㞢⿱丰丰」자와 「⿱㞢」자는 모두 '㞢'자로 예정할 수 있다.[13] 이 자는 윗부분 「之」와 아랫부분은 「止」

---

13) ≪上海博物館藏戰國楚竹書≫의 ≪정리본≫은 '寺'로 예정하고 있으나, ≪郭店楚墓竹簡≫처럼 '㞢'로 예정할수 있고(≪郭店楚墓竹簡≫, 179 쪽)할 수 있다. ≪郭店楚墓竹簡≫의 ≪老子甲≫ 제 20간의 「㞢」자에 대하여 "簡文原寫作㞢"라

로 이루어진 자이다.

그 다음 구절 ≪性情論≫의 제1간 '寺(待)兌(悅)'·'寺(待)習' 중 「寺」자는 편방 「又」와 「之 」聲인 「」의 형태로 쓰면, ≪性自命出≫은 윗부분은 「之」이고 아랫부분은 「止」인 「」의 형태로 쓴다. 사실상 위의 「」자는 「寺」자로 예정할 수 있고, 「」자는 「𡳿」 혹은 「㞢」」로 예정할 수 있다.

따라서 ≪性情論≫에서 「待」의 의미로 쓰이는 자는 편방 「又(寸)」과 「之(止)」聲인 「」·「」·「」자와[14] 편방 「止」와 「之」聲으로 이루어진 「」·「」·「」·「」자 등 두 가지 형태로 쓴다.[15]

≪郭店楚簡≫에서 「𡳿」자는 「待」의 용법 이외에 「止」·「等」과 「之」의 의미로 쓰인다.

≪老子甲≫"夫亦牆(將)智(知)𡳿(止), 智(知)𡳿(止)所以不訇(殆). (또한 장차 그칠 것을 알아야 한다. 그칠 것을 알아야 위태롭지 않게 된다)"(제20간) 구절에서의 「 (𡳿)」자는 「止」의 의미로 쓰이고, ≪五行≫"貴貴, 其止(等)**[阝尊]**(尊)**[臣殳]**(賢), 義也(존귀한 것을 존귀하게 여기는 것은 賢人을 존경하는 것과 같고 이를 곧 義라 한다)"(제35간)에서의 「 (𡳿)」자는 「等」의 의미로 쓰이고, ≪五行≫"亦既見𡳿(之), 亦既詗(覲)𡳿(之), 我心則悅.(뵙게만 된다면,

하였다.(文物出版社, 116 쪽)

14) 滕壬生, 같은 책, 301 쪽 참고.

15) 滕壬生, 같은 책, 131 쪽 참고.

만나기만 한다면, 이 마음 기쁘겠네)"(제10간)의 「𣥆(𨂝)」자는 「之」의 의미로 쓰인다.

≪說文解字≫는 「寺(寺)」자에 대하여 "从寸之聲.(「寸」과 「之」聲으로 이루어진 형성자)"라고, '待(待)'자는 "从彳寺聲.(「彳」과 「寺」聲으로 이루어진 형성자)"라 설명하였다. '寺'聲의 기본 성부는 「之」이다.

「𣥆(𨂝)」자는 위의 「之」와 아래 편방 「止」로 이루어진 자로, 「待」자와 음이 비슷하기 때문에 서로 통한다.

「之」・「寺」와 「待」의 고음은 아래와 같이(周法高 擬音) 韻母는 모두 「之」部이고 聲母는 「章」紐 혹은 「澄」紐이다.

> 之 tjəγ/t'si(之, 平), 之部開三
> 止 tjəγ/t'si(之, 上), 之部開三
> 寺 rjəγ/zi(之, 去), 之部開三
> 待 dəγ/dəi(咍, 上), 之部開一

「止」자는 「之」자와 통용된다. 王襄은 ≪簠室殷契類纂≫에서 "古止與之通.(고서에서 「止」와 「之」자는 통용된다)"라 하고, 裴學海의 ≪古書虛字集釋≫(卷九)은 "止猶之也. 指事之詞也. ≪詩・車舝篇≫: '高山仰止, 景行行止.' 釋文云: '仰止本或作仰之.' ······ 宋本≪史記・孔子世家贊≫引≪詩≫'高山仰止, 景行行之.' ≪三王世家≫云: '高山仰之, 景行嚮之.' 是「止」與「之」, 古通用, 故「止」可訓「之」.(「止」자는 「之」의 용법과 같다. 지시대사의 용법으로 쓰

인다. ≪詩經・車舝篇≫의 '高山仰止, 景行行止(높은 산은 우러러보고, 큰 길을 걸어다니는 것)' 구절에 대하여 ≪釋文≫은 「仰止」는 혹은 「仰之」로 쓰기도 하고, ……宋本≪史記・孔子世家贊≫은 ≪詩經≫을 인용하여 '高山仰止, 景行行之'로 쓰며, ≪三王世家≫는 '高山仰之, 景行嚮之'로 쓴다. 따라서 「止」자와 「之」자는 고문에서 서로 통용되기 때문에 「止」자를 「之」로 해석할 수 있다)"라 하였다.16)

금문에서 「寺」자는 「寺」・「寺」・「寺」・「寺」 등으로 쓰고, 「持」・「恃(믿을 시, shì)」나 혹은 「邿(나라 이름 시, shī)」의 의미로 쓴다.17)

4) 「而」

≪性情論≫ 제1간의 「(而)」자는 이 형태 이외에도 「」(제39간)의 형태로 쓴다. ≪性自命出≫은 윗부분의 橫畫을 하나 혹은 두 획을 써서 「」(제1간)・「」(제53간)로 쓴다.

「」자는 세 번째 횡획을 한 획으로 긋고, 「」는 세 번째 횡획을 두 획으로 그어 아래를 향하도록 썼다.

≪說文解字≫는 「(而)」자에 대하여 "頰毛也. 象毛之形.('수염', 턱에 난 수염의 모습)"이라 설명하였다. 楚簡에서 「而」자는 「」(≪包山楚簡≫), 「」(≪郭店楚簡・語叢三≫), 「」(≪郭店楚簡・

---

16) ≪漢語大字典≫, 같은 책, 1436쪽 재인용.
17) 容庚, 같은 책, '0500 寺', 208쪽 참고.

唐虞之道≫), 「丞」(≪上博楚簡・從政甲≫), 「丞」(≪上博楚簡・容成氏≫), 「丞」(≪上博楚簡・民之父母≫), 「丌」(≪郭店楚簡・成之聞之≫) 등 다양한 형태로 쓴다.18)

≪性情論≫ 제 1간에서 「而」자는 「句」자와 함께 連詞인 「而句(後)」로 쓴다. 「句」와 「後」자는 고음이 같기 때문에 서로 통한다. ≪老子≫ 제 38장 "故失道而後德, 失德而後仁, 失仁而後義, 失義而後禮(그런 고로 道를 잃은 뒤에야 德이 드러나며, 德을 잃은 뒤에야 仁이 드러나고, 仁을 잃은 뒤에야 義가 드러나며, 義를 잃은 뒤에야 禮가 드러나는 것이다)" 구절 중의 「後」자를 ≪馬王堆漢墓帛書・老子≫는 「句」로 쓴다.19) 楚竹書에서 「句」자는 「後」의 의미이외에 「苟」의 뜻으로 쓰이기도 한다.20) ≪上博楚簡・紂衣≫ "句(苟)又(有)車, 必見其骰(第), 句(苟)又(有)衣, 必見其幣(敝).(수레가 있으면 반드시 수레의 덮개가 있고, 의복이 있으면 반드시 옷의 수 무늬를 볼 수 있다)" 중의 「句」자는 「苟」의 용법으로 쓰인다.

≪性情論≫에서 「而後」와 「然後」는 같은 용법으로 쓰인다.21) ≪性情論≫은 "豊(體)丌(其)宜(義)而節厇(取)之, 里(理)丌(其)青(情)而出內(入)之, 肰(然)句(後)返(復)㠯(以)孝=(敎. 敎)所㠯(以)生悳(德)於中者也.(그 의리를 체득하여 규장을 제정하였으며, 그

---

18) 滕任生 著, ≪楚系簡帛文字編≫, 830쪽 참고.
19) ≪馬王堆漢墓帛書≫는 '句'자를 「㠯」로 쓴다. 陳松長, ≪馬王堆簡帛文字編≫, 86쪽 참고.
20) 滕壬生 著, 같은 책, 200쪽 참고.
21) 李明曉 著, ≪戰國楚簡語法研究≫(武漢大學出版社, 2010年), 116쪽 참고.

人情을 條理있게 정리하여 발현하거나 수습할 수 있게 하였다. 그런 연후에 다시금 백성을 敎化한다. 교화는 백성으로 하여금 마음속에서 德과 善한 心志가 생겨나도록 한다)"라 했다.

5) 「乍」-「𠂉」

≪性情論≫ 제1간 '寺勿而句乍(물질과 접촉을 한 후에 작용이 일어난다)' 중의 「乍」자를 ≪性自命出≫은 「𠂉」자로 쓴다. ≪性情論≫이 제1간에서 「作」자를 「乍」으로 쓰는 것 이외에 제15·38간에서는 「𠂉」자로 쓰고, ≪性自命出≫은 제18·25·47간은 모두 「𠂉」의 형태로 쓴다. 윗부분의 형태가 약간 다르다.

「乍」자를 갑골문은 「𠂉」·「𠂉」·「𠂉」·「𠂉」로, 금문은 「𠂉」·「止」로 쓴다.22)

≪集韻·鐸韻≫은 "作, 說文起也. 亦省.(「作」자를 ≪說文≫은 '일으키다(起)'의 의미라고 설명하였다. 편방 「乍」는 '亦省(형성겸회의)'이다)"라 설명하고, ≪墨子·兼愛下≫의 "文王若日若月, 乍照光于四方, 于西土.(文王은 해와 달과 같이 천하에 빛을 주었고 서방 지역까지 미쳤다)"의 구절에 대하여 孫詒讓의 ≪墨子閒詁≫는 孫星衍의 말을 인용하여 "乍, 古與作通('乍'자는 고문에서 '作'과 통한다)"라 하였다.

초죽서에서 「作」자는 「乍」·「𠂉」과 「作」 세 종류로 쓴다. 「乍」자는 「止」(≪馬王堆帛書≫)·「𠂉」(≪郭店楚簡≫)·「𠂉」(≪上博楚

---

22) 高明, ≪古文字類編≫(增訂本), 111쪽.

簡≫) 등으로,23) 「复」자는 「❲그림❳」(≪包山楚簡≫)・「❲그림❳」(≪上博楚簡≫) 등으로,24) 「作」자는 「❲그림❳」(≪包山楚簡≫)・「❲그림❳」(≪郭店楚簡≫)・「❲그림❳」(≪九店楚簡≫) 등으로 쓴다.

6) 「哀」-「㤅」

≪性情論≫ 제1간 "憙(喜)㤅(怒)哀悲之气(氣), 眚(性)也.(즐거움・노함・애석함과 슬픔 등의 정신(勢)이 곧 '性'이다)" 중의 「❲그림❳(哀)」자를 ≪性自命出≫은 「❲그림❳(㤅)」로 쓴다. 「㤅」자는 聲符가 「衣」이고 意符가 「心」인 형성자이며, 「哀」자의 고문자이다. ≪性情論≫의 제18간은 아래 부분에 장식부호로 점을 추가하여 「❲그림❳」을 쓰고, ≪性自命出≫의 제2・29・33・43・67간에서는 모두 「❲그림❳(㤅)」의 형태로 쓴다. ≪上博楚簡・弟子問≫은 「哀」자에 편방 '心'을 추가하여 「❲그림❳」(제4간)로 쓴다.

≪說文解字≫는 「㤅(哀)」 대하여 "閔也. 从口衣聲('불쌍히 여기다'의 의미. 「口」와 「衣」聲으로 이루어진 형성자)"라 하였다. 「㤅」의 聲符 역시 「衣」이기 때문에 「哀」자와 통한다. 「哀」자는 이미 '애닲다'・'슬프다'라는 의미를 지니고 있는 심적 내용이기 때문에 편방 「心」을 추가하여 쓰기도 한다.

≪性情論≫과 ≪性自命出≫은 편방 「心」을 추가하여 쓰는 경

---

23) 滕壬生, 같은 책, 1069 쪽 참고.
24) 滕壬生, 같은 책, 286 쪽 참고.

우가 많다. 예를 들어 ≪性情論≫ 제2간 「[圖](情)」자를 ≪性自命出≫은 「靑」(제3간)으로 쓰나, ≪性自命出≫ 제23·28·29간에서는 「[圖](情)」으로 쓴다. 또한 ≪性自命出≫ 제10간의 「[圖](交)」(제4간)자와 「萬([圖])」자는 편방 「心」을 추가하여 쓰나, ≪性情論≫은 「[圖](交)」 혹은 「[圖](萬)」으로 쓴다.25) 이외에도 ≪性情論≫의 「[圖]」자(제8간)를 ≪性自命出≫은 「爲」자로, ≪性情論≫의 「難」자를 ≪性自命出≫은 「戁」자로, ≪性情論≫「鶑(篤)」(제24간)을 ≪性自命出≫은 「篤」자로, ≪性情論≫의 「兌」자(제26간)를 ≪性自命出≫은 「悅」자로, ≪性情論≫의 「戲」자(제26간)를 ≪性自命出≫은 「獻」자로, ≪性情論≫의 「[圖](吝)」자(제29간)나 「[圖]」(제39간)자를 ≪性自命出≫은 「悋」자나 「吝」자로 쓰고, ≪性情論≫은 「悉」자(제37간)자를 ≪性自命出≫은 「采」로 쓴다.26)

7) 「气(氣)」-「[圖]」

---

25) 이와 관련된 내용은 "或态(交)之, 或蘑(厲)之(교류되기도 하고, 鍊磨하여 提高되기도 한다)"이다. 「态」자는 「恔」자와 같은 자이다. 이 자는 「交」와 「心」으로 이루어져 있으며, 음은 「效」로 '유쾌하다'라는 의미가 있다. 여기에서는 「交」의 뜻인 '예의와 교류하다'의 의미이다. 「蘑」은 「厲」의 의미이다. ≪集韻≫은 「厲」자를 "嚴也(엄격하다)"라고 설명하고 있으며, 이 의미는 ≪廣雅·釋詁四≫에 따라 "高也(제고하다)"로 해석할 수 있다.

26) ≪上博楚簡·性情論≫의 정리본은 「[圖]」자를 「悉」자로 예정(隸定)하고 있다. 이 자는 윗부분이 편방 「采」이다. ≪上博楚簡·性情論≫의 ≪정리본≫은 「窓」의 의미로 해석하고 있으나, 李零은 「彩」의 의미로 해석하고 있다. ≪郭店楚簡·性自命出≫은 「[圖](采)」로 쓴다.

≪性情論≫의 「▨(気)」(제1간)・「▨」(제36간)자를 ≪性自命出≫은 「▨(㤅)」자(제2간)・「▨」(제44간)로 쓴다. 「㤅」자는 편방 「心」과 「旣」聲으로 이루어진 형성자이다. 「気」자는 「氣」・「气」의 이체자다.

≪字彙補・气部≫는 "気, 古文氣字. 見韻會.(「気」자는 「氣」자의 고문이다. ≪韻會≫를 참고할 수 있다)"고 하였다.[27] ≪說文解字≫에는 「氕(氣)」자의 이체자로 편방이 「食」인 「餼(餼)」자와 편방이 「米」와 「旣」聲인 「氣(槩)」자가 있다. 「氣」자의 異體字를 ≪廣韻≫과 ≪集韻≫ 등은 「炁(기운 기, qì)」로 쓴다.[28] 王鳴盛은 ≪蛾術編≫에서 "案「气」字隷變, 以「氣」代「气」, ……「气」廢而不用, 而「氣」字之本義則專用重文「餼」以當之.(「气」자는 예서에 이르러 「氣」자가 「气」자 대신 쓰이게 되었다. ……그러자 「气」자를 사용하지 않게 되었다. 「氣」자가 「气」자로 대신 쓰이게 되자, 원래 「餼」의 의미이었던 「氣」자는 「餼」자가 대신 쓰이게 되었다)"라 하였다.[29]

≪禮記・中庸≫의 "日省月試, 旣廩稱事, 所以勸百工也.(매일 돌아보고 성찰하고 매월 시험하여 그 공직에 맞춰 곡식을 내리는 것은 백공에게 권면하는 방법이다)"의 「旣廩」에 대하여 鄭玄은 "旣讀爲餼.(「旣」는 「餼」로 읽는다)"라 하였다. 「餼」는 벼와 쌀을 가리키고, 「廩」은 곡식을 준다는 뜻이다.

---

27) ≪漢語大字典≫, 2011쪽 참고.
28) ≪漢語大字典≫, 2194쪽 참고.
29) ≪漢語大字典≫, 2011쪽 재인용.

≪郭店楚簡・老子甲≫"脂(益)生曰祥(祥), 心貞(使)蹩(氣)曰弸(强), 勿(物)壯(壯)則老, 是胃(謂)不道.(억지로 生을 취하면 재앙이 따르게 되고, 마음의 기를 억지로 하는 것을 강이다 하고, 만물이 억세지면 늙어지는데, 이러한 것을 '不道'라고 한다)"(제35간) 중의 「蹩(蹩)」자를 王弼本, 帛書本, 현행본은 모두 「氣」자로 쓴다.

8) 「則」

≪性情論≫"及丌(其)見於外, 則勿(物)取之.('性'은 물질과 접촉을 한 후에 외부로 발현된다)" 중의 「則」자를 ≪性情論≫과 ≪性自命出≫은 각각 「㝵」과 「㝵」으로 쓴다. 이 형태 외에 「㝵」・「㝵」 등으로 쓰기도 한다. 이외에도 초죽서에서 「則」자는 매우 다양한 형태인 「㝵」(≪上博楚簡・紂衣≫)・「㝵」(≪包山楚簡≫)・「㝵」(≪馬王堆帛書≫)・「㝵」(≪郭店楚簡≫) 등으로 쓴다.[30]

「則」자 중의 편방 「貝」는 원래 조개의 모양이 아니라, 솥의 모양을 본뜬 「鼎」자이나, 후에 생략을 거듭하다가 「貝」 모양에까지 변화한 것이다. 「㝵」・「㝵」자는 「㝵」 중의 「刀」 부분을 생략하고 솥 다리 부분을 복잡하게 쓴 형태다. 금문은 「則」자를 「㝵」(≪散盤≫)・「㝵」(≪格伯簋≫)・「㝵」(≪格伯簋≫)・「㝵」(≪格伯簋≫)・「㝵」(≪兮甲盤≫)등으로 쓴다.[31] 금문은 「鼎」을 간

---

30) 滕壬生, 같은 책, 420쪽 참고.
31) 容庚, ≪金文編≫, '0685 㝵', 288쪽 참고.

략하게 「貝」로 쓰기도 한다. 「貞」자를 「❉」(≪散盤≫)으로 쓰고,32) 「員」자는 「❉」(≪員盉≫)으로 쓴다.33) 「員」자를 ≪上博楚簡≫은 「❉」으로 쓰고, ≪郭店楚簡≫은 「❉」으로 쓴다. 「則」자의 원래 의미는 정(鼎) 위에 칼로 장식하는 모양을 형상화한 것이나, 후에 가차되어 「즉」·「바로」 등의 의미로 쓰인다.

9) 「勿」

「勿」자를 ≪性情論≫ 제1·3간은 「❉」의 형태로 쓰고, 제6·29·31·33간은 「❉」로 쓰며, ≪性自命出≫은 제1간을 「❉」로 쓴 것 이외에 제2·4·5·8·11·12·14·39·59·61간은 모두 「❉」이나 「❉」로 쓴다. 즉 왼쪽 삐짐 획이 ≪性自命出≫이 하나 더 많다.

「勿」은 「物」의 의미로 쓰인다. ≪老子≫제40장에 「故物或損之而益, 或益之而損(그러므로 만물이란 혹은 거기에서 덜어버려도 더해지고, 혹은 거기에 더한다 해도 덜어지게 된다)」라는 구절이 있는데, ≪馬王堆漢墓帛書·老子≫는 「物」자를 「勿(勿)」자로 쓰고, ≪郭店楚墓竹簡·老子甲≫의 제12·13·14·17·19·24 간의 「萬物」을 모두 「萬勿」로 쓴다.

「物」의 개념은 제 3간의 "所好·亞(惡), 勿(物)也(이른바 선함과 선하지 않은 물질이다)"와 제 6간의 "凡見者之胃(謂)勿(物)(이

---

32) 容庚, 같은 책, '0562 ❉', 225 쪽 참고.
33) 容庚, 같은 책, '0999 ❉', 427 쪽 참고.

른바 세간에 나타내어지는 것이 물질이다)"와 ≪性自命出≫의 "凡勿(物)亡不異也者(모든 물질은 서로 다르지 않음이 없다)" 등의 내용으로 볼 때, 외부 세계의 객관적인 사물을 가리킴을 알 수 있다. ≪荀子·正名≫은 "故萬物雖衆, 有時而欲無擧之, 故謂之物. 物也者, 大共名也. 推而共之, 共則有共, 至于無共然後止. 有時而欲偏擧之, 故謂之鳥獸. 鳥獸也者, 大別名也. 推而別之, 別則有別, 至于無別然後至.(만물이 비록 많더라도 두루 총칭하고자 할 때, 이것을 「物」이라고 한다. 物은 크게 명칭을 함께 하는 것이다. 이렇게 크게 명칭을 함께하는 것을 미루어서 함께 할 것이 있으면 함께 하고, 함께하지 못한 것이 있으면 중지하는 것이다. 두루 총칭하고자 할 때, 「새와 짐승」이라고 일렀다. 새와 짐승이란 크게 이름을 분별한 것이다. 크게 분별한 이름을 미루어서 분별하면 분별할 수 있는 데까지 하고, 분별할 것이 없는 데에 이른 연후에야 중지하는 것이다)"라 하여 「物」에 대하여 명확하게 설명을 하고 있다.

≪說文≫은 「勿(勿)」자에 대하여 "州里所建旗. 象其柄, 有三游. 雜帛, 幅半異, 所以趣民, 故遽, 稱勿勿. 旚勿或從扒.(大夫의 건물에 세워진 기치. 「丿」의 모양은 깃발을 꽂는 막대이고, 「彡」의 모양은 여러 갈래로 나부끼는 천이다. 흑색과 백색이 섞여 있는 천으로 만들어 백성들이 깃발을 보고 급히 집합하도록 하였다. 그래서 「勿勿」은 「급히 달려오다」는 의미이다. 「勿」자는 혹은 편방 「扒」를 써서 「旚」로 쓴다)"라 하고, 段玉裁는 "經傳多作物, 蓋旚之訛也.(經傳에서 「勿」자는 일반적으로 「物」의 의미로 쓰인

다.「物」자는「肠」자가 와변된 형태이다)라 하였다.

고대 문헌에서는 음성이 같거나 비슷하면 통가로 쓰이는 경우가 많다. ≪性情論≫ 제1간 중「勿-物」의 경우 이외에「又-有」·「句-後」와「兌-悅」등이 있다.

「[圖]」(≪性情論≫)·「[圖]」(≪性自命出≫)는 모두「有」로 읽는다. 이 두 자는 고문에서 서로 통용된다. ≪左傳·哀公十一年≫의 "則雖以田賦將又不足(새로 토지세를 부과한다 해도 장차 역시 부족할 것이다)"라는 문장을 ≪孔子家語·正論解≫는「又」를「有」자로 쓴다. ≪國語·周語上≫의 "而又不至(실행하지 못할 것이 또 있다)" 구절에서「又」자를 ≪史記·周本紀≫는「有」자로 쓴다. ≪馬王堆漢墓帛書·經法·國次≫은 "功成而不止, 身危又央(殃).(성공하고 그칠 줄 모르면 곧 자신은 위험과 재앙에 빠지게 된다)"와 ≪漢書·韓信傳≫의 "淮陰少年又侮信曰, '雖長大, 好帶刀劍, 怯耳.'(淮陰 지방의 한 소년이 한신을 모욕하며 '기골이 장대하고 칼과 검을 소지하고 다니기를 좋아하면서 겁쟁이다'라 하였다)"에 대하여 王念孫의 ≪讀書雜志≫는 "此又字非承上之詞. 又, 讀爲有, 言少年中有侮信者也. 古字通以又爲有, ≪史記≫正作'少年有侮信者.'(「又」자는 전 문장에 이어 거듭됨을 표시하는 것이 아니다.「又」는「有」의 의미이다. 소년 중에 한신에게 모욕을 주는 자가 있다는 뜻이다. 경전에서「又」자는「有」의 의미로 쓰인다. ≪史記≫는 '少年有侮信者'로 쓴다)" 라 하였다.[34]

≪性情論≫의 제1·10·14·19·20·31간의「[圖]」·「[圖](句)」자

---

34) ≪漢語大字典≫, 390쪽 참고.

는 「後」의 의미로 쓰고, 제21·31간의 「句」는 「苟」의 의미로 쓴다. ≪性自命出≫은 모두 「⿱」의 형태로 쓴다. 「句」자는 「後」·「苟」자와 고음이 같기 때문에 서로 통한다.35) ≪睡虎地秦墓竹簡·爲吏之道≫의 "臨材(財)見利, 不取句富, 臨難見死, 不取句免.(재산이나 이익을 보고도 함부로 부귀를 구하지 않으며, 어려움이나 죽음에 임박해도 구차하게 목숨을 구하지 않는다)"와 ≪馬王堆漢墓帛書·立命≫의 "吾句能親親而興賢, 吾不遺亦至矣(내가 만약에 능히 가족을 사랑하고 현인을 기용한다면 나는 큰 공덕을 이룰 것이다)" 중의 「句」자는 「苟」의 의미이다. ≪說文解字≫는 「句」자에 대하여 "曲也. 从口丩聲.('굽다'의 의미. 「口」와 「丩」로 이루어진 형성자)"라 했다.

≪性情論≫ 제1·5·6·12·21·26간의 「⿱」(兌)」자는 모두 「悅」의 의미로 쓴다. ≪性自命出≫ 역시 모두 「⿱」의 형태로 쓴다.

「兌」자는 「悅」로 읽는다. 고문에서 「兌」자와 「說」·「悅」자는 서로 통용한다. 제 6간에서 "忘(囻)於其者之胃(謂)兌(悅)(자기 자신을 快慰하게 하는 것을 悅이라고 한다)"라고 「悅」에 대하여 설명하였다. ≪論語≫의 "學而時習之, 不亦說乎.(배우고 자주 그것을 익히다면 이 또한 기쁜 일이 아닌가)"·≪左傳·僖公≫의 "秦伯說, 與鄭人盟.(진백이 기뻐서 정나라 사람과 맹약을 맺었다)"와 ≪韓非子·揚權≫의 "曼理皓齒, 說情而損精.(미인의 고운

---

35) ≪馬王堆漢墓帛書≫는 「句」자를 「⿱」로 쓴다. 陳松長, ≪馬王堆簡帛文字編≫, 86쪽 참고. ≪縱橫家書≫는 「⿱」로 쓴다. 「句」와 「苟」의 통가자 관계는 ≪漢語大字典≫, 571쪽 참고.

살결과 하얀 이는 마음을 즐겁게 하지만 정신을 손상시킨다)" 구절 중의 「說」자는 「悅」의 의미이다.

≪說文≫은 「兌(兌)」자에 대하여 "說也. 从儿台聲.(「기뻐하다」의 의미. 「儿」와 「台」聲으로 이루어진 형성자이다)"라 설명하였다. 「台」자는 「兌」자의 고문자이다. 「兌」・「悅」자와 「說」자의 古音 중 聲母는 모두 「以」紐이고, 古韻은 원음이 모두 「a」인 「元」部와 「月」部이다.

    台 riwan/iuan(仙, 上) 元部合三
    兌 riwan/iuan(仙, 上) 元部合三
    悅 riwat/iuat (薛, 入) 月部合三
    說 riwat/iuat (薛, 入) 月部合三

第 一 章 ≪上博楚簡≫의 문자 연구   55

 「蒙」卦의 楚竹本과 帛書本 문자 비교

1. 馬王堆漢墓帛書와 ≪周易≫

1973年과 1974年 長沙市 馬王堆 3호 묘지에서 역사적으로 매우 중요한 竹簡과 帛書가 발견되었다. 이 묘지에서 출토된 紀年 木牘의 연대는 漢文帝 前元 12年(BC168年)이다.

3호 漢墓에서 발굴된 600여 매의 竹簡은 古代 醫書에 관한 것 220枚와 隨葬器物에 관한 기록물이다. 醫書簡은 ≪十問≫(竹簡)·≪合陰陽≫(竹簡)·≪雜禁方≫(木簡)·≪天下至道談≫(竹簡)으로 나눌 수 있다. 그 중 ≪天下至道談≫에는 書題가 있고 나머지에는 書題가 없었으나, 후에 馬王堆帛書整理組가 죽간의 내용을 참고하여 書題를 붙였다.

竹簡 이외에 3호 묘 상자에서 발견된 帛書는 모두 십만여 자가 되고, 대부분이 지금까지 전해 내려오지 않은 古代 佚書들이다. 현재까지 전해 내려온 현행본이 있는 경우에도 내용상 상당한 차이가 있어, 고대 經籍 연구에 매우 소중한 자료이다. 帛書 ≪老子≫·≪周易≫ 등 약 20여 종에 달하는 古典籍은 중국 고대 思想·歷史·軍事·天文·曆法·地理·醫學 연구에 매우 중요한 자료이다.

帛書 중 하나는 편폭이 약 48cm, 또 다른 하나는 24cm쯤 되는 견백(絹帛)에 쓰여져 있으며 나무에 감겨진 卷의 형식으로 되어

있다. 전자는 변두리 부분이 파손되었고, 후자는 천과 천이 서로 붙어 있어 파손된 부분이 상당히 있다. 佚書 중 대부분 篇題가 없으므로, 馬王堆帛書整理組가 내용에 따라 ≪老子≫·≪周易≫·≪戰國縱橫家書≫와 ≪春秋事語≫ 등 15 종류로 나누었다.

帛書 ≪老子≫甲本은 24cm의 견백(絹帛)에 쓰여져 있고, ≪老子≫乙本은 48cm의 견백에 쓰여져 있다. 甲本의 書體는 篆書에서 隸書로 변화하는 과도기 서체에 해당되며, 高帝 劉邦을 避諱하지 않았기 때문에 高帝 시기의 것일 가능성이 높다. 乙本은 隸書로 쓰여 있으며, 「邦」字를 避諱하고, 惠帝 劉盈을 避諱하지 않은 것으로 보아 惠帝시기나 혹은 呂后(BC241-BC180, 漢 高祖 劉邦의 皇后) 시기일 가능성이 높다.

甲本의 뒤와 乙本의 앞에 각각 네 편의 古佚書가 있다. 甲本 ≪老子≫와 四篇 古佚書가 한 卷으로 되어 있고, 463行의 약 13,000여 자가 있다.

乙本≪老子≫와 네 편의 古佚書는 출토 당시 접혀 있던 부분이 파손되었고, 모두 32片 252行으로 약 16,000여 자가 있다. 甲本과 乙本은 같은 부분이 많지만, 文字와 篇章 순서 등이 다르다.

帛書≪老子≫는 ≪德經≫이 먼저 있고 ≪道經≫이 뒤에 있어, ≪韓非子≫의 〈解老〉·〈喩老〉에서 인용한 ≪老子≫의 순서와 일치한다. 帛書 ≪老子≫乙本의 上篇과 下篇의 끝 부분에 "德三千四十一"·"道二千四百六十二"라고 總字數가 표기 되어 있다. 우리가 일반적으로 말하는 "五千言"이라는 ≪老子≫의 숫자와 거의 일치한다. 帛書 乙本의 실제적인 문자 수는 모두 5,467字이다.

≪老子≫甲本 뒤에 네 편의 古佚書는 모두 篇題가 없다. 第一

篇은 181行 약 5,400여 자이며, 儒家의 「愼獨」・「性善」에 관한 내용이다. 第二篇은 52行 약 1,500여 자이며, 아홉 부류의 君主에 대하여 언급하고 있고, 「法君」에 대하여 특별히 강조하고 있다. 第三篇은 48行 약 1,500여 자로, 兵家와 관련된 내용이다. 第四篇은 13行 약 400여 자이며, 「五行」과 「德」・「聖」・「智」에 관하여 설명하고 있다. 하지만 상당 부분이 파손되어 문장 해석에 어려움이 많다.

≪老子≫乙本 앞 네 편의 古佚書는 ≪經法≫・≪十大經≫・≪稱≫과 ≪道原≫이라는 편제가 있다. 모두 175行 11,160여 자가 있다. 일반적으로 戰國이나 秦代 때쯤 쓴 것으로 추론되고 있다.

帛書 ≪周易≫은 원래 篇題가 없었고, ≪繫辭≫를 포함하여 모두 5,200여 자가 있다. 卦辭와 爻辭는 현행본과 기본적으로 같으나, 64卦의 배열 순서는 현행본과 완전히 다르다.

현행본은 ≪周易≫을 上下經으로 나누고 있으나 帛書는 나누지 않고, 帛書本은 〈彖〉・〈象〉과 〈文言〉이 없다. 현행본의 "大衍之數五十.(大衍의 수가 50이다)"로 시작되는 章은 帛書≪繫辭≫에 보이지 않고, 帛書의 "昔聖人之作≪易≫也……是故易逆數也.(옛날 성인이 易을 지었을 때, ……그러므로 易은 거슬러 셈하는 것이다)" 구절에 해당되는 약 160자를 현행본은 〈說卦〉篇의 앞부분에 놓고 있다.

帛書≪周易≫ 뒤에 ≪周易≫의 본문 내용을 풀이한 세 편의 佚書가 있다. ≪戰國策≫과 관계있는 佚書(≪戰國縱橫家書≫)는 넓이가 약 23㎝ 길이가 192㎝쯤 되는 견백에 쓰여져 있으며,

325行의 篆隸體 11,200여 자가 있다. 「邦」字를 避諱하고 있는 것으로 보아, BC 195년 전후에 쓰인 것으로 추정된다. 이 백서는 모두 27章으로 되어 있고 章과 章 사이에는 작은 원점이 있다. 27章 중에서 현행본 ≪史記≫와 ≪戰國策≫에 11章이 보이고, 나머지 16章은 보이지 않는다.

事語類의 佚書 ≪春秋事語≫는 넓이가 약 23cm 길이가 74cm인 견백에 쓰여 있으며, 97行 3,000여 자가 있다. 篆書에서 隸書로 변화하는 과도기 서체로 쓰여져 있으며, 「邦」字를 避諱하지 않고 있는 것으로 보아 漢初나 혹은 이보다 좀 더 이른 시기에 쓰인 것으로 추정된다. 모두 16章으로 되어 있고 每章마다 첫 줄에서 시작하여 쓰고 있다. 내용 중 일부분은 ≪春秋≫三傳과 ≪國語≫ 등과 유사하나 이미 逸失된 자료이다.

天文星占의 佚書는 144行 약 6,000여 자가 있으며, 篇題가 없다. 이 백서는 秦始皇元年(BC 246年)부터 漢文帝三年(BC 177前)까지의 약 70년간 五星이 운행한 위치를 표시하고 있다. 중국 역사상 天文學에 관한 최초의 저작이다.

≪相馬經≫의 佚書는 모두 70여 行 약 5,200여 자이며, 篇題가 없다. 이 백서는 '伯樂所相君子之馬'·'國馬'·'良馬'·'走馬'와 '奴馬' 등에 대하여 언급하고 있는데, ≪漢書·藝文志≫ 중의 ≪相六畜≫와 비슷한 내용이라고 주장하는 학자도 있다.

醫經과 관련된 佚書는 모두 17,000여 자이며, 篇題가 없다. 이 백서는 내용에 따라 ≪足臂十一脈灸經≫·≪陰陽十一脈灸經≫甲本·≪脈法≫·≪陰陽脈死候≫·≪五十二病方≫(이상의 醫書는 한 권으로 되어 있다)·≪陰陽十一脈灸經≫乙本·≪導引圖≫(이

第 一 章 ≪上博楚簡≫의 문자 연구   59

상은 한 권으로 되어 있다)등 모두 11種이 있다.

이 백서가 출토된 후, 1974年 ≪文物≫(第7期)에 湖南省博物館 과 中國科學院考古研究所는 ≪長沙馬王堆二·三號漢墓發掘簡 報≫를 발표하였고, 같은 해 ≪文物≫(第9期)에 曉菌은 ≪長沙馬 王堆漢墓帛書槪述≫을 발표하여 이에 관하여 상세하게 설명하였 다. 그 후 ≪文物≫에 馬王堆帛書 整理팀이 아래와 같은 문장을 계속적으로 발표하였다.

1974年 第10期 〈≪老子≫乙本卷前古佚書釋文〉
        第11期 ≪老子≫甲乙本과 ≪五星占≫釋文
1975年 第4期 ≪戰國策≫(即≪戰國縱橫家書≫)釋文
        第6期 古醫書釋文(一)
        第9期 古醫書釋文(二)
1977年 第1期 ≪春秋事語≫釋文(一)
        第8期 ≪相馬經≫釋文
1984年 第3期 ≪六十四卦≫釋文

그 후 1992年에 馬王堆 발굴 20주년을 기념하기 위하여 傅擧 友·陳松長이 합작으로 ≪馬王堆漢墓文物≫(湖南出版社)을 출간 하였다. 이 책에서 처음으로 帛書≪易傳≫ 중의 ≪繫辭≫의 사진 과 釋文이 발표되었다. 1993年 ≪道家文化與研究≫(第三輯)에 陳 松長의 〈帛書≪繫辭≫釋文〉이 발표되었고, 陳松長과 廖名春이 함 께 〈帛書≪二三子問≫·≪易之意≫·≪要≫釋文〉을 발표하였다.

2. ≪上博楚簡≫과 ≪上博楚簡≫의 ≪周易≫

21세기에 가장 큰 주목을 받고 있는 楚竹書는 ≪郭店楚墓竹簡≫(≪郭店楚簡≫), ≪上海博物館藏戰國楚竹書≫(≪上博楚簡≫)와 최근에 발표하기 시작한 ≪淸華大學藏戰國竹簡≫(≪淸華簡≫)이라 할 수 있다.

≪上博楚簡≫은 上海博物館이 홍콩문물시장에서 1994년에 사들여 2001년부터 발표하기 시작한 초간자료로, 枚數나 文字에서 ≪郭店楚墓竹簡≫의 두 배에 가깝다. ≪郭店楚簡≫이란 1993년 荊州市博物館이 中國 湖北省 荊門市 沙洋區 四方鄕 郭店村에서 발굴한 戰國시대(약 BC 475-BC 221)의 楚나라 竹簡을 말한다.36) 「郭店楚墓」의 棺槨 頭箱에서 모두 13,000여 자에 달하는 804여 매의 죽간이 발견되었다. 현재 이 竹書에 대한 연구가 매우 활발하게 진행되고 있으며, 그 연구결과 역시 각 분야에 중요한 영향을 미치고 있다. ≪上博楚簡≫은 내용·가치가 뛰어날 뿐만 아니라 양적으로도 매우 많은 양이어서, 21세기 출토된 문물 중 현재 ≪淸華簡≫과 함께 학계의 큰 주목을 받고 있는 자료이다.

≪上博楚簡≫은 파손된 것까지 모두 합하여 약 1300枚이며, 총 자수는 35000여 자 쯤 된다. 이 문서들은 馬承源이 주편하여 上海古籍出版社에서 2001년부터 2011년 5월까지 모두 여덟 권의 책으로 세상에 발표되었고, 앞으로도 계속해서 발표될 예정이다. ≪上博楚簡≫에는 儒家·道家·兵家·雜家 등에 관련된

---

36) 荊門市博物館 編著, 文物出版社, 1998年 5月 初版. 馬王堆漢墓帛書의 ≪周易≫은 '帛書本 ≪周易≫'으로 약칭하기로 한다.

80여 종의 내용이 담겨 있다. 이 중 ≪紂衣≫・≪周易≫・≪孔子閑居≫ 등은 현행본에 있지만, 대부분은 전해 내려오지 않은 佚書들이다.

2008년 중국 淸華大學이 홍콩에서 약 2388枚(殘簡 포함)의 楚簡을 매입하였다. 그 후 2010과 2011년에 李學勤이 主編하여 ≪淸華大學藏戰國竹簡(壹)(貳)≫를 발표하였다. ≪淸華簡(壹)≫에는 ≪尹至≫・≪尹誥≫・≪程寤≫・≪保訓≫・≪耆夜≫・≪金縢(周武王有疾周公所自以代王之志)≫・≪皇門≫・≪祭公≫・≪楚居≫ 등 9편이 실려 있고, ≪淸華簡(貳)≫에는 ≪繫年≫ 등이 있다. ≪淸華簡≫은 모두 약 64편이 있다고 한다. 문자의 형태・죽간의 형식과 經書의 내용은 ≪上博楚簡≫이나 ≪郭店楚簡≫과 비슷하며, 특히 ≪尙書≫의 일부 내용이 포함되어 있어 더욱 주목을 받고 있다.

≪上博楚簡≫의 ≪周易≫은 현재까지 발견된 ≪周易≫ 중 가장 이른 시기의 것이다.

楚竹書 ≪周易≫은 고대 先秦시대의 易學을 연구하고 이해하는데 매우 중요한 역사적 자료이다. 楚竹書 ≪周易≫ 중의 일부는 비록 산실되었지만, 현재 남아있는 자료들을 통하여 先秦 시기 ≪周易≫의 원래의 모습을 이해할 수 있을 뿐만 아니라, 약 2천 년 전부터 이미 사용되지 않고 있는 각종 符號들도 선진시기의 易學 연구에 하나의 새로운 과제를 제시해 주고 있다. 이 부호들은 馬王堆漢墓帛書(帛書本≪周易≫)에서도 사용되지 않고 있다. 각각 특별한 의미를 지니고 있는 이러한 부호들은 易學史

上 매우 중요한 의미를 지니고 있다.

楚竹書 ≪周易≫은 총 58개의 簡으로 34卦의 내용이 포함되어 있다. 문자는 모두 1806자로, 이 중 合文 3자이고, 重文 8자이고, 卦畫가 25개 있다.

3. 「蒙」卦 문자비교

≪上博楚簡≫, 馬王堆帛書, 현행본의 ≪周易≫ 「蒙」卦의 내용은 아래와 같다.

【上博楚簡】 (제1간)

□: □. □□□□□, □□□□. □□□, □□□, □□□□. □□. □□: □□, □□□□, □□□□, □□□. □□: □□□, □□□, □□□. 六晶: 勿用取女; 見金夫, 不又躬, 亡卣利. 六四: 困尨, 吝. 六五: 僮尨吉. 上九: 毃尨; 不利爲寇, 利迎寇37)

【帛書本】

[蒙, 亨. 匪我]求童蒙, 童蒙求我. 初筮吉, 再參(三)瀆(瀆), 瀆(瀆) 卽(則)不吉. 利貞. 初六, 廢(發)蒙, 利用刑人, 用說桎梏, 已(以)往 閵(吝). 九二, 枹(包)蒙吉. 入(納)婦吉, 子克家. 六三, 勿用取[女,

---

37) "······길하며, 아들이 가정을 이룬다. 六三(세 번째 陰爻): 장가들지 말라. 재물만 보고 몸을 잃으니 이로울 바가 없다. 六四(네 번째 陰爻): 몽매한 사람이 곤궁에 처해 있으니 어렵다. 六五(다섯 번째 陰爻): 어리고 몽매한 사람이니 길하다. 上九(제일 위 陽爻): 몽매한 사람을 공격하니, 도둑이 되면 이롭지 않고, 도둑을 막으면 이롭다."

第 一 章 ≪上博楚簡≫의 문자 연구   63

見金]夫, 不有躳(躬). 无攸利. [六四, 困]蒙, 閵(吝). 六五, 童蒙, [吉. 上九, 擊蒙, 不利爲寇], 利所寇.

【現行本】
  蒙: 亨. 匪我求童蒙, 童蒙求我. 初筮告, 再三瀆, 瀆則不告. 利貞. 初六: 發蒙, 利用刑人, 用說桎梏, 以往吝. 九二: 包蒙吉, 納婦吉, 子克家. 六三: 勿用取女, 見金夫, 不有躬, 无攸利. 六四: 困蒙, 吝. 六五, 童蒙, 吉. 上九: 擊蒙, 不利爲寇, 利御寇

≪上博楚簡≫의 ≪周易≫ 釋文은 濮茅左의 ≪上海博物館藏戰國楚竹書(三)・周易≫(2003)과 ≪楚竹書〈周易〉硏究≫上卷(2006)의 〈第二章 楚竹書≪周易≫原文考釋〉을 참고하기로 한다.38)

濮茅左의 ≪楚竹書〈周易〉硏究≫는 ≪上博楚簡(三)・周易≫을 보충한 것이다. ≪上博楚簡(三)・周易≫의 주석부분 중에 〈附錄一: 竹書≪周易≫・帛書≪周易≫・今本≪周易≫文字比較表〉가 있다. 이 부록에 백서본은 ≪馬王堆漢墓文物≫39)과 馬王堆漢墓帛書整理 팀의 ≪馬王堆帛書〈六十四卦〉釋文≫40)을 참고하고, 현행본은 ≪十三經注疏≫41)를 참고하여 ≪上博楚簡≫에 수록된 三十四卦와 비교하고 있다.

본문에서는 이 문자비교표를 참고하기로 한다.

본문은 또한 帛書本은 ≪馬王堆帛書〈六十四卦〉釋文≫(1984

---

38) 濮茅左(2006), 같은 책, 68 쪽-188 쪽.
39) 馬王堆漢墓帛書整理小組, ≪馬王堆漢墓文物≫, 湖南出版社, 1992.
40) ≪文物≫, 1984年第3期, 1-8 쪽.
41) 清 阮元 校刻本, 中華書局, 1980.

이외에, 필요에 따라서는 廖明春이 정리한 ≪馬王堆帛書周易經傳釋文≫42)을 참고하기로 한다.「현행본」은 ≪十三經注疏≫本을 참고하고, 필요에 따라서는 李學勤 主編의 ≪十三經注疏・周易正義≫43)를 참고하기로 한다.

楚竹書 중에 안 보이는 문자는 부호「□」를 사용하여 표시하고, 異體字 비교를 위하여 戰國・秦漢 시기의 각종 출토문헌자료와 ≪馬王堆簡帛文字編≫44) 등의 문자를 참고하기로 한다.

≪周易≫ 내용에 대한 해석은 매우 다양하다. ≪周易≫ 내용의 우리말 이해는 ≪楚竹書〈周易〉硏究≫의 설명을 주요 참고 대상으로 하나, 필요에 따라서는 高亨 ≪周易古經今注≫를 번역한 ≪고형의 주역≫(예문서원, 1995)45)・김인환이 옮긴 ≪주역≫(1997)과 ≪周易 王弼注≫(도서출판 길, 1997)를 참고하기로 한다.

백서본≪周易≫의 내용은 鄧球柏 ≪帛書周易校釋≫(2002)과 張立文의 ≪帛書周易注釋≫(中州古籍出版社, 2008)46)을 참고하기로 한다.47)

---

42) 顧廷龍 主編, ≪續修四庫全書≫≪經部・易類≫(上海古籍出版社, 1995), 1-14쪽 참고.
43) 李學勤 主編, ≪十三經注疏・周易正義≫(王弼 注. 孔穎達 疏), 北京大學出版社, 1999.
44) 陳松長 編著, ≪馬王堆簡帛文字編≫, 文物出版社, 2001.
45) 高亨의 ≪周易古經今注≫의 내용 이해는 필요에 따라서는 오히려 우리말 번역본 ≪고형의 주역≫(예문서원, 1995)보다 원문 ≪周易古經今注≫(中華書局, 1984)가 필요하기 때문에 이를 참고하기로 한다.
46) 張立文(2008), 같은 책.
47) 본문에서는 고문자학 중 기본적으로 사용되는 자료와 古典的의 쪽수는 표시하지 않기로 한다. 예를 들어, ≪說文解字≫, ≪說文解字注≫, ≪爾雅≫나 혹은 ≪書經≫・≪詩經≫ 등.

第 一 章 ≪上博楚簡≫의 문자 연구   65

帛書本≪周易≫의 문자는 ≪馬王堆漢墓文物≫(1992)48)의 원도판이 잘 보이지 않을 경우에는 李正光의 ≪馬王堆漢墓帛書竹簡≫(1988)49)의 臨書를 이용하기로 한다.

아래에서는 戰國시기 ≪上博楚簡·周易≫과 漢代 馬王堆帛書 ≪周易≫의 「蒙」卦를 상호 비교하고 현행본 등을 참고하여 이체자를 살펴보기로 한다.

1) 「三」-「晶」

≪上博楚簡≫≪周易≫의 「六晶」 중 「晶」자를 현행본 「三」자로, ≪백서≫는 「三」으로, 阜陽漢簡≪周易≫은 「三」으로 쓴다.

≪郭店楚簡≫에서는 「 」(≪六德≫)·「 」(≪性自命出≫)이나, 「 」(≪語叢≫)으로 쓴다. ≪上博楚簡≫ 중 ≪周易≫은 모두 「三」자를 「晶」의 형태로 쓰나, ≪柬大王泊旱≫의 9간과 16간·≪弟子問≫의 14간·≪凡物流形甲本≫의 제21간은 「 」의 형태로 쓴다. 「晶」이나 「 」의 형태는 「曑」·「曑」·「參」자를 간략하게 쓴 형태다.

≪說文解字≫는 「三」의 고문을 편방 「三」과 「弌」을 써서 「弎」으로 쓰고, 「曑(曑)」자에 대하여 "商星也. 从晶㐺聲. 曑, 曑或省.

---

48) 馬王堆漢墓帛書整理小組(1992), 같은 책, 湖南出版社.
49) 李正光, ≪馬王堆漢墓帛書竹簡≫, 湖南美術出版社, 1988.

('商(晉)星'의 의미. 편방 「晶」과 「參」聲으로 이루어진 형성자. 혹은 「曑」을 생략하여 「參」으로 쓴다)"라 하였다.

≪古文四聲韻≫에서 ≪雲臺碑≫는 「∭」・「𠻜」으로, ≪汗簡≫은 「∭」으로 쓴다 하였다.50)

甲骨文은 「參」자를 세 개의 별 모양을 합하여 놓은 형태인 「𠻜」(≪殷墟文字甲編≫675片)으로 쓴다.

금문은 「參」자를 ≪曶鐘≫에서 「𠻜」, ≪克鐘≫에서 「𠻜」, ≪衛盉≫에서 「𠻜」, ≪盠尊≫에서 「𠻜」으로 쓰고 있는데, 이는 「三」의 의미로 쓰이며,51) 「三」자는 「三」・「彡」으로 쓴다.52)

≪雲夢睡虎地秦簡≫은 「參」・「参」으로 쓰고, 古陶文은 「𠻜」으로 쓴다.53)

≪廣雅・釋言≫은 "參, 三也.(「參」은 「三」과 같다)"라 하고, ≪詩・國風・綢繆≫의 "綢繆束薪, 三星在天.(뱬나무 다발을 묶어 놓고 나니 삼성이 하늘에 반짝이네)"라는 구절에 대하여, 毛傳은 "三星, 參也.(「三星」이란 곧 별이름 「參星」을 가리킨다)"라고 하였다.

≪左傳・隱公元年≫"先王之制, 大都不過參國之一, 中五之一, 小九之一.(先王의 제도에서 큰 도읍의 성은 본국의 삼분의 일을 넘지 못하고, 중간은 오분의 일이고, 작은 도시는 구분의 일 이었다)"에 대하여 杜預는 "三分國城之一(본국 도성의 삼분의 일)"

---

50) ≪古文字詁林≫, 제1권, 202쪽 재인용.
51) 容庚, 같은 책, '1120 𠻜', 472쪽.
52) 容庚, 같은 책, '0037 三', 17쪽.
53) 高明, ≪古文字類編≫, 1414쪽 참고.

라 하였고, ≪史記·淮陰侯列傳≫"足下與項王有故, 何不反漢與楚連和, 參分天下王之?(귀하께서는 項羽와 친분이 있으신데 어찌하여 한나라를 배반하고 초나라와 연합하여 천하를 삼분하지 않으시는가요?)" 구절은 「三」자를 「參」으로 쓴다.

2) 「不」

≪上博楚簡≫은 「不」자를 「不」자로 쓰고, ≪帛書≫는 「不」자로 쓴다. ≪周易≫에서 윗부분에 장식 橫畫없이 「不」(28간)로 쓰기도 한다.54)

윗부분에 橫畫은 장식 부호이다. ≪上博楚簡≫ 중에서도 장식 부호를 상대적으로 사용하지 않은 경우가 있다. 예를 들어, ≪郭店楚簡≫의 ≪緇衣≫와 ≪上博楚簡≫의 ≪紂衣≫를 비교해 볼 때, ≪緇衣≫는 위아래 획이 직선일 경우에는 장식성의 한 획을 추가하고 있으나, ≪紂衣≫에서는 추가하지 않고 있다.55)

	亞	不	章	立	上	可	下	其(丌)	百	言	所	信	奢	虘
郭店														
上博														

---

54) ≪說文≫은 「不」자에 대하여 "鳥飛上翔不下來也. 从一, 一猶天也. 象形.(새가 위로 날아가서 내려오지 않은 형상. 편방 「一」은 하늘을 뜻한다. 상형문자)"라 하였다.
55) 馬承源 主編, 최남규 역주, ≪상해박물관장전국초죽서·치의≫(소명출판사, 2012), 56 쪽 참고.

3) 「又」-「有」

≪上博楚簡≫의 「⿰(又)」자를 帛書本≪周易≫은 「⿰(有)」로, 阜陽漢簡≪周易≫은 「⿰(有)」로, 현행본은 「有」로 쓴다.

초간에서도 「有」자가 보인다. ≪郭店楚簡≫ 중 ≪成之聞之≫는 「⿰」로, ≪性情論≫은 「⿰」로 쓴다. 이외에도 ≪包山楚簡≫·≪望山楚簡≫과 ≪新蔡≫는 각각 「⿰」·「⿰」·「⿰」로 쓴다.56)

갑골문은 「又」자를 「⿰」로 쓰고, 금문은 「⿰」로 쓴다. 오른손의 모습이다. 高鴻縉은 ≪中國字例≫에서 "字原象右手形, 手本五指, 只作三者, 古人皆以三表多, 後借爲又再之又, 乃通假右助之右以代之. 久以成習, 乃加人旁作佑, 以還右助之原.('이 자는 본래 오른손의 모양이다. 손가락은 본래 다섯 개이나 고인들은 세 개로 다수를 표시하였다. 이 자는 후에 '또'라는 「又」의 가차자로 쓰이고, '도와주다'의 의미인 「右」의 통가자로 쓰였다. 후에 '돕다'라는 「右」자는 편방 「人」인 추가하여 「佑」자로 쓰게 되었다")라 하였다.57)

≪說文解字≫는 「右」자에 대하여 "手口相助也. 從又從口.('손과 말로 도와주다'의 의미. 「又」와 「口」로 이루어진 회의자)"라 하였고, 「⿰(有)」자에 대하여 "不宜有也. 從月又聲.('당연히 있어야 할 것이 아닌데 있는 것'의 의미. 편방 「月」과 「又」로 이루어진 형성자)"라 하고, 徐灝≪段注箋≫은 "從又持肉爲有也.(篆文은 '손(又)'에 '고기(肉)'을 들고 있는 형상이다)"라 하였다. ≪금문편≫

---

56) 滕壬生, 같은 책, 659쪽 참고.
57) 湯可敬, 같은 책, 411쪽 재인용.

은 ≪說文解字≫에서 설명하는 편방「月」을「肉」이라 하였다.58)

초죽서에서「🦴(又)」자는 모두「有」의 의미로 쓰인다.59)

금문에서「又」자는「有」의 의미 이외에 "天亡又(佑)王.(왕을 보좌하다)"(≪天亡簋≫)와 같이 '보좌하다'의 의미로 쓰이거나, "引唯乃智(知)余非, 臺(庸)又䁀(昏).(또한 나의 잘못과 어리석음을 인식할 수 있도록 인도해 주어라)"와 같이 '또한'의 의미로 쓰인다.60)

≪郭店楚簡≫ 중 ≪老子丙≫은 좌우를 구별할 때는「右」자를「🦴」로 쓰고,「左」자를「🦴」로 쓴다. 예를 들어, ≪老子丙≫ 제6간은 "君子居則貴左, 甬(用)兵則貴右.(군자가 평시에 거처할 때에는 왼쪽을 귀히 여기고, 무기를 사용할 때에는 오른쪽을 중히 여긴다)"로 쓴다. 이 구절 중 '貴左'와 '貴右'에 대하여 高明은 "左爲陽位屬吉, 右爲陰位屬喪(좌측은 양을 의미하기 때문에 길에 속하고, 우측은 음을 의미하기 때문에 흉에 속한다)"라고 설명하고, ≪禮記・檀弓上≫ "二三子皆尙左(제자들이 모두 왼손을 위로 올렸다)"의 구절에 대하여 鄭玄은 "喪尙右, 右, 陰也. 吉尙左, 左, 陽也(喪事는 오른손을 위로 올리는 것은 우측이 음에 속하기 때문이며, 吉事에 왼손을 올리는 것은 좌측이 양에 속하기 때문이다)"라 하였다.61)

---

58) 容庚, 같은 책, '1127 🦴', 479 쪽. '0452 🦴', 180 쪽 참고.
59) 滕壬生, 같은 책, 262 쪽 참고.
60) 陳初生, 같은 책, 314 쪽 참고.
61) 高明 著, ≪帛書老子校注≫(中華書局, 1996), 391 쪽 참고.

4) 「躳」-「躬」

≪上博楚簡≫의 "不又躳.(몸을 잃다)"를 백서본≪周易≫은 "不有躬"으로 쓴다. 즉 ≪上博楚簡≫의 「㠯(躳)」자를 ≪帛書≫와 阜陽漢簡≪周易≫은 聲符를 「宮」인 「窮」・「窮(躬)」으로 쓰고, 현행본은 「躬」으로 쓴다.

「㠯(躳)」자를 ≪包山楚簡≫은 「㠯」으로 ≪望山楚簡≫은 「躳」으로 쓰며,[62] 古璽文은 「躳」・「躳」으로 쓰고,[63] ≪汗簡≫은 「躳」으로 쓴다.[64] 「躬」자와 같은 자이다. 「窮」자는 편방「身」과 「宮」聲으로 이루어진 형성자이며, 「窮」의 이체자이다.

≪說文・身部≫는 「躳, 身也. 從身, 從呂. 躬, 躳或從弓.(「躳」은 '몸'의 의미. 「身」과 「呂」로 이루어진 회의자. 「躳」자는 자부 「弓」을 써서 「躬」으로 쓰기도 한다)」라 하였다. 이에 대해 馬敍倫은 "宋保曰: '躳從宮得聲, 以從呂故列呂部. 今云從身從呂, 是左右皆形, 無以下筆, 緣校者因附於呂部. 故改從呂也.' 葉玉森曰: '從呂, 呂卽宮字所從之偏旁, 非從呂也.' 倫案: 從身, 呂聲, 呂爲宮之初文也. ≪國語・楚語≫: '余左執鬼中, 右執殤宮.' 王念孫讀「宮」爲「躳」, 此重文作「躬」. 本書營從艸宮聲, 重文作芎, 均可證也. 躳爲身之轉注字. ≪論語≫: '吾黨有直躬者', ≪釋文≫: '躬, 鄭作身.' ≪書・牧誓≫: '其於爾躬有戮', ≪史記・周本紀≫「躬」作「身」,

---

62) 滕壬生, 같은 책, 702 쪽.
63) 羅福頤 主編, ≪古璽文編≫(文物出版社, 1981), 188 쪽.
64) 黃錫全, ≪汗簡注釋≫(臺灣古籍出版社, 2005년), 251 쪽.

「身」・「刖」一字, 刖音影紐, 宮音見紐, 皆淸破裂音也, 又爲軀之轉注字, 同爲舌根破裂音也. 篆當作「躳」, 古鉨作「🔲」・「🔲」, 亦可證也. 當入身部, 字或出字林.(「宋保는 '躬'자의 음성부분은 「宮」이다. 字部가 「呂」이기 때문에 「呂」部에 배열하였다. 현재는 이 자를 「身」과 「呂」로 이루어진 회의자로 보고 있으나, 字部 「呂」은 중간부분에 아래로 내려오는 획이 없기 때문에, 이 자를 「呂」部에 수록하였다. 따라서 이 자를 字部가 「呂」인 자로 수정하기로 한다'라 하였다. 葉玉森은 '字部 「呂」는 「宮」字의 편방인 「呂」과 같고, 「呂」와는 다르다'라고 하였다.

　馬敍倫의 案語: 이 자는 意符 「身」과 聲符 「呂」으로 이루어진 형성자. 「呂」은 「宮」의 初文이다. ≪國語・楚語≫에 '余左執鬼中, 右執殤宮.(나는 왼쪽 손은 귀신의 몸뚱이를 붙잡고, 오른손으로 귀신 몸을 때릴 수 있다)'라는 구절 중의 「宮」자를 王念孫은 「躬」으로 해석하고, 이 자는 「躬」자와 같은 字라고 설명하고 있다. 의미부분이 「艸」이고 음성부분이 「宮」인 「營」자를 「芎」으로 쓰기도 한다. 「躬」은 「身」의 轉注字이다. ≪論語≫에 '吾黨有直躬者(우리 무리 중에 몸을 정직하게 하는 자가 있다)'라는 구절을 ≪釋文≫은 '「躬」자를 鄭玄은 「身」으로 쓴다'라 하였다. ≪書・牧誓≫의 '其於爾躬有戮(그대들의 몸은 죽음을 당할 것이다)'라는 구절을 ≪史記・周本紀≫는 「躬」자를 「身」으로 쓴다. 「身」자와 「刖」자는 같은 자이며, 「刖」자의 聲母는 「影」紐이고, 「宮」의 聲母는 「見」紐로 모두 맑은 파열음(淸破裂音)에 속한다. 또한 이 자는 「軀」의 轉注字이기도 하며, 음은 모두 舌根 破裂

音에 속한다. 篆書는 「躳」자를 「𦫶」으로 쓰고 古璽는 「𨈪」・「𨈮」으로 쓴다. 이 자는 「身」部에 귀속시켜야 하며, 이 자를 字典들은 잘못 귀속시키는 경우도 있다)"라 하였다.

馬敍倫은 또한 "躬, 徐鍇曰: '弓聲'. 倫案: 弓音亦見紐也, 故躳轉注爲躬. 唐寫本≪切韻≫殘卷一東躬下曰: '案≪說文≫作此躳也, 卽陸據本無躬字. 鍇本作俗或從弓身, 俗字爲江式所增, 亦或此字出後人增也.'(「躬」자를 徐鍇는 '소리부분이 「弓」이다'라 하였다. 馬敍倫의 案語: 「弓」자의 聲母 역시 「見」紐이다. 그런 고로 「躬」자는 「躳」자의 轉注字이다. 唐寫本의 ≪切韻≫殘卷一은 「東」部의 「躬」자를 '≪說文≫은 이 자를 「躳」으로 쓰고 있다. 陸據 版本은 「躬」字가 없지만, 徐鍇 版本은 이 자의 俗字를 「躬」으로 쓰고 있다. 俗字는 江式이 추가한 것이거나 후대인들이 새로 추가한 것으로 보인다'라고 설명하였다)"(≪說文解字六書所證≫卷十四) 라 하였다.[65]

「躳」은 「躬」자의 古文字이다. ≪集韻≫은 "躬, ≪說文≫, '身也.', 一曰'親也', 或從弓, 又姓.(「躬」자에 대하여 ≪說文≫은 '身體이다'라고 설명하고 있다. 혹은 '親(몸소)'의 의미로 설명하기도 한다. 이 자를 혹은 편방 「呂」 대신에 「弓」을 쓰기도 한다. 또한 本性의 의미이다)"라 하였다.

帛書≪周易≫의 「躳」자는 「宮」이 음성부분으로 「竆(窮)」자와 같은 자이다.

---

65) 馬敍倫, ≪說文解字六書所證≫卷十四(≪古文字詁林≫第六卷, 上海敎育出版社, 2003년, 886 쪽 재인용).

초죽서는 「窮」자를 「⿱」・「⿱」・「⿱」・「⿱」・「⿱」・「⿱」・「⿱」 등 다양한 형태로 쓴다.66) ≪睡虎地秦簡≫은 「⿱」・「⿱」 등으로 쓴다.67) ≪銀雀山漢墓竹簡≫은 「⿱(窮)」자 중 편방 「邑」을 생략하고 「⿱(穿)」으로 쓰기도 한다.68)

「窮」・「竆」・「穿」・「躳」은 모두 같은 자이다.

≪馬主堆漢墓帛書・戰國縱橫家書・朱已謂魏王≫ "皆識秦之欲無躬也, 非盡亡天下之兵而臣海內, 必不休.(진나라의 욕망이 다함이 없다는 것은 모두가 안다. 천하의 군대를 모두 없애고 천하를 신하로 하지 않으면 멈추지 않을 것이다)"와 ≪邶風・式微≫ "微君之躬, 胡爲乎泥中?(군주가 자신이 궁함을 위해서가 아니라면 어찌 진흙 속에서 지내십니까?)" 중의 「躬」은 「窮」의 가차자로 쓰인다.

5) 「卣」-「攸」

≪上博楚簡≫「亡卣利.(이로울 바가 없다)」 중의 「⿱」자를 帛書와 현행본은 각각 「⿱」와 「攸」로 쓴다. 阜陽漢簡 ≪周易≫은 「卣」자의 변형인 「⿱(囟)」자로 쓴다.69)

「⿱」자는 금문 중의 「⿱」(≪孟鼎≫)・「⿱」(≪冒鼎≫)와 유사하

---

66) 滕壬生, 같은 책, 703 쪽 참고.
67) 張守中 編, ≪睡虎地秦簡文字編≫(文物出版社, 2003), 119 쪽 참고.
68) 駢宇騫 編著, ≪銀雀山漢簡文字編≫(文物出版社, 2001), 260 쪽. "穿乃窮之省體.(「穿」은 「窮」의 생략형이다)」.
69) 濮茅左 著, ≪楚竹書周易硏究≫(下)(上海古籍出版社, 2006), 516 쪽.

다. ≪金文編≫은 이 자를 「卤」자로 예정하고 "經典作卣. 爾雅釋器卣中尊也. 書洛誥寧以秬鬯二卣.(經典은 이 자를 「卣」로 쓴다. ≪爾雅・釋器≫는 「卣」자는 중간 크기의 잔이라고 하였다. ≪書經・洛誥≫는 '나의 안녕을 빌고 검은 기장술 두 병을 보내셨다)"라 하고, 또한 "蓘乳爲卥.(「卥」의 의미로도 쓰인다)"라 하였다.70) 금문은 또한 「卤」자는 편방 「乃」를 추가하여 「🝣」(≪毛公鼎≫)・「🝣」(≪舀鼎≫)・「🝣」(≪虢叔鐘≫) 등으로 쓰기도 한다. 중간 부분에 편방 「土」를 쓰며, 이 자는 초죽서의 「🝣」자의 중간 부분과 같다. 「卤」와 「卥」자는 모두 「卣」자의 古文이며, 經典에서는 일반적으로 「卣」로 쓰며, 「攸」자와 통한다.71) ≪斑簋≫ "天令, 故亡允才(哉)顯, 隹(唯)苟(敬)德, 亡卥違.(하늘의 뜻을 거역하여 망한다는 것은 명현한 사실이다. 따라서 경건하고 덕을 수양하여야 만이 천명을 거역하지 않은 것이다)" 중의 「卥」자는 「攸」의 의미로 쓰인다.

≪說文解字≫는 「𠧪(卥)」자에 대하여 "卥, 气行皃. 从乃卤聲. 讀若攸(「卥」자는 기운이 움직이는 모양. 「乃」와 「卤」聲으로 이루어진 형성자. 「攸」와 음이 비슷하다)"라 하고, ≪金文編≫은 ≪毛公厝鼎≫의 「🝣(卥)」자에 대하여 "經典作卣中尊也.(「卥」자는 경전에서 일반적으로 「卣」로 쓴다. 「卣」는 중간 크기의 술잔이다)"라 하였다.72)

---

70) 容庚, 같은 책, '1141 🝣', 487 쪽.
71) 陳初生, 같은 책, 500 쪽 참고.
72) 容庚, 같은 책, '0745 𠧪' 319 쪽 참고.

「卣」자와 「攸」자는 음이 비슷하다. ≪大雅·江漢≫의 "秬鬯一卣.(기장으로 만든 울창주 술 한 통)" 구절에 대하여 ≪經典釋文≫은 "音酉, 又音由, 中尊也. 本或作攸.(「卣」자의 음은 「酉」이고, 이 자는 또한 「由」로 읽기도 한다. 중간 크기의 술잔이다. 이 자는 「攸」로 쓰기도 한다)"라 하였다.

聲符가 「卣」인 「迪」자는 「攸」나 「由」와 같은 의미로 쓰인다. ≪史記·趙世家≫의 "牛畜侍烈侯以仁義, 約以王道, 烈侯迪然.(牛畜가 趙王 烈侯를 仁義의 道로 배알하고 帝王의 道로써 제약을 하자 烈侯는 의연히 맞이하고 기뻐하였다)" 구절에 대하여 張守節의 ≪正義≫는 "迪, 音由. 古字與「攸」同.(「迪」자의 음은 「由」와 같다. 고문에서는 「迪」와 「攸」자는 같은 의미로 쓰인다)"라 하였다. ≪字彙補≫는 "迪, 古由字.(「迪」자는 고문의 「由」자와 같다)"라 하였다.

따라서 「卣」자는 「迪」·「攸」·「由」와 통한다.

6) 「吝」-「閵」

≪上博楚簡≫의 「困尨, 吝」 구절을 馬王堆漢墓帛書 ≪周易≫은 「困蒙, 閵」으로 쓰고, 熹平石經 ≪周易≫은 「困蒙, 吝」으로 쓰고, 現行本 ≪周易≫은 「困蒙, 吝」으로 쓴다.

甲骨文은 「吝」자를 「𠫓」·「𠫔」으로 쓰고, ≪睡虎地秦簡≫은 「𠫔」으로 쓰고, ≪長沙子彈庫帛書≫는 「𠫔」으로 쓴다.[73] 모두 같은 형태이다.

---

73) 徐中舒, 같은 책, 46쪽.

≪說文解字≫는 "吝, 恨惜也. 從口文聲. ≪易≫曰: '以往吝.' 古文吝從彣.(「吝」은 '한스럽고 애석하다'의 의미. 意符가 「口」이고 聲符가 「文」인 형성자. ≪易≫에는 '이대로 나아가면 궁색해 진다'라 했다. 「吝」자의 고문은 편방 「彣」을 써서 「 」으로 쓴다)"라 하였다. 이에 대하여 段玉裁는 형성자가 아니고, "從口文, 非文聲.(편방 「口」와 「文」으로 이루어진 회의자로 「文」은 성부가 아니다)"라 하였다.

「吝」자는 「遴」자와 통한다. ≪廣雅 釋詁≫의 "遴, 貪也.(「遴」은 '욕심을 부리다'의 의미)" 구절에 대하여 王念孫≪廣雅疏證≫은 "遴·吝·悋.(「遴」·「吝」·「悋」자는 서로 통가자로 쓰인다)"라 하였다. ≪周易≫중 ≪說卦≫"坤爲地, 爲母, 爲布, 爲釜, 爲吝嗇. (「坤」은 땅이고 어미이며 돈이고 가마이며, 인색한 것이다)"에 대하여 陸德明≪釋文≫은 "吝, 京作遴.(「吝」자를 京本은 「遴」자로 쓴다)"라 하였다.

竹簡의 「吝」자를 帛書는 「 (䎰)」으로 쓴다.

≪說文解字≫는 「 (䎰)」자에 대하여 "今䎰. 似雛䳭而黃. 从隹, 㒳省聲. 籀文不省.(「䎰」이라는 새. 鴝鵒(八哥, 구관조)와 비슷하나 황색인 새. 「隹」와 「㒳」 중 일부가 생략된 편방이 聲符인 형성자. 주문은 聲符를 생략하지 않고 「 」으로 쓰기도 한다)"라고 설명하였고 음은 「良刃切」이다. 「吝」과 「䎰(새 이름 린{인}, lìn)」자는 음이 서로 통한다.

朱駿聲≪說文通訓定聲≫은 "䎰, 假借爲躪.(「䎰」자는 「躪」자의

가차자로 쓰인다)"라 하였다. 「躒(짓밟을 린, lín,lìn)」자는 편방 「足」과 「舜」聲으로 이루어진 형성자이다. 따라서 「䦶」자는 음성 부분인 「舜」인 자와 통한다.

7) 「僮尨」-「童蒙」

≪上博楚簡≫의 「僮尨吉」 구절을 帛書本≪周易≫은 「童蒙, 吉.(어리고 몽매한 사람이니 길하다)」로 쓰고, 현행본 ≪周易≫ 은 「童蒙, 吉」로 쓴다. 楚竹書「僮(僮)」자를 帛書本은 「童(童)」으로 쓰고, 「尨(尨)」자는 「蒙(蒙)」으로 쓴다.

「僮」자는 초죽서 중 ≪包山楚簡≫은 「僮」・「僮」으로, ≪曾侯乙墓≫「僮」으로 쓰며, ≪郭店楚簡・老子甲≫(제37간)은 「僮」으 로 쓰며「動」의 의미로 쓰인다.74)

≪說文解字≫는 「僮(僮)」자에 대하여 "僮, 未冠也. 從人童聲. (「僮」은 '아직 성년이 되지 않은 사내아이'의 의미이다. 意符 「人」와 聲符 「童」으로 이루어진 形聲字)"라 하고, 「童(童)」자에 대하여 "男有罪曰奴, 奴曰童, 女曰妾. 从辛, 重省聲. 童, 籒文童. (남성이 죄지은 자를 「奴」라 하고, 남자 노비를 「童」이라 하고 여자 노비를 「妾」이라 한다. 편방 「辛」과 「重」省聲으로 이루어 진 형성자. 籒文은 「童」으로 쓴다)"라 하였다. 朱駿聲≪說文通訓 定聲≫은 "經典多以童爲之.(經典은 「僮」자를 대부분 「童」자로 쓴

---

74) 滕壬生, 같은 책, 739 쪽.

다)"라 하였다. 「僮」자는 「童」과 서로 통용한다.

　≪周易≫ ≪大畜≫ 「童牛之牿.(외양간에 있는 송아지)」라는 구절을 段玉裁는 ≪說文解字注≫에서 「告」자를 설명하면서 「童」자를 「僮」으로 쓰고, ≪左傳・成公十七年≫의 「胥童」이라는 단어를 ≪韓非子・內儲說下≫는 「胥僮」으로 쓴다. 지금 「僮幼(어린아이)」의 의미는 「童」으로, 「僮僕(하인)」의 의미는 「僮」으로 구별하여 쓴다.

　현행본 '蒙'卦의 「蒙」자를 초죽서는 「▨(尨)」자로 쓴다.

　「▨(尨)」자에 대하여 ≪說文解字≫는 "尨, 犬之多毛者, 從犬從彡. ≪詩≫曰: '無使尨也吠.'(「尨」자는 '털이 많은 삽살개'의 의미. 이 자는 「犬」과 「彡」으로 이루어진 회의자. ≪召南・野有死麕≫에 '삽살개를 짖게 하지 말아라'라는 구절이 있다)"라 하고, 음은 「莫江」切이다. 「尨」과 「蒙」은 서로 통한다. ≪詩經・邶風・旄丘≫는 "狐裘蒙戎(여우 가죽 옷이 너덜너덜해졌네)"라는 구절을 ≪左傳・僖公五年≫은 "狐裘尨茸(여우 가죽 옷이 너덜너덜해졌네)"로 쓰고, ≪史記・晉世家≫ 역시 이 구절을 인용하면서 「尨」자를 「蒙」으로 쓴다. 連綿詞 「尨茸(méngróng)」은 「蒙戎」・「蒙朧」으로 쓰며, 杜預는 ≪左傳注≫에서 "尨茸, 亂貌.(「尨茸」은 '어지럽혀진 모양')"이라 하였다.

　≪經典釋文≫은 「尨, 莫江反, 又音蒙.('尨'의 반절음은 '莫江'이다. 이 자의 음은 또한 '蒙'과 같다)」라 하였다.

　「尨」자를 甲骨文은 「▨」・「▨」으로 쓰고, 古璽는 「▨」으로 쓴다.[75]

「蒙(蒙)」자는 편방「艸」와 「冢」聲으로 이루어진 형성자로, 갑골문과 서주금문에는 보이지 않고, 東周 金文 ≪中山王鼎≫은 「蒙」으로 쓴다.

8) 「利迎寇」-「利所寇」

≪上博楚簡≫「不利爲寇, 利迎寇」 구절을 帛書本≪周易≫은 「不利爲寇, 利所寇」로 쓰고 있고, 현행본 ≪周易≫은 「不利爲寇, 利禦寇.(도둑이 되면 이롭지 않고, 도둑을 막으면 이롭다)」로 쓴다.

「利」자를 ≪上博楚簡≫은 楚竹書는 「秒」로 쓰고, 帛書本은 「利」로 쓴다. ≪說文解字≫의 古文 「利」자와 형태가 같다.

「利」자를 갑골문은 「利」·「利」·「利」·「利」·「利」로 쓰고, 금문은 「利」「利」「利」로 쓰며, ≪侯馬盟書≫는 「利」로 쓴다.76)

「寇(寇)」자는 偏旁 「完」과 「攴」으로 이루어진 회의자이다. 금문은 「寇」·「寇」·「寇」자로 쓴다.77) 이 중 「寇」(≪大梁鼎≫)는 초죽서「寇(寇)」와 같다.

「寇(寇)」자는 「寇」의 이체자로, 偏旁「攴」 대신에 「戈」를 쓴 것이다. 「寇」자를 ≪包山楚簡≫은 「寇」로, ≪九店楚簡≫은 「寇」로

---

75) 徐中舒, 같은 책, 384 쪽 참고.
76) 徐中舒, 같은 책, 161 쪽 참고.
77) 容庚, 같은 책, 219 쪽 참고.

쓰고,78) 古璽는 「⟨그림⟩」로 쓴다.79) 「寇」자를 ≪侯馬盟書≫는 「⟨그림⟩」로 쓰고, ≪睡虎地秦簡≫은 「⟨그림⟩」・「⟨그림⟩」・「⟨그림⟩」로 쓴다.80)

古文字에서 字部 「戈」와 「攴」은 서로 호환하여 사용한다. 예를 들어, 「啓」자 중 편방 「攴(攵)」을 써서 「⟨그림⟩(啓)」(≪召卣≫)・「⟨그림⟩」(≪攸篡≫)로 쓰고, 편방 「戈」를 써서 「⟨그림⟩(啓)」(≪虢弔鐘≫)로 쓰거나, 혹은 편방 「口」를 생략하고 「⟨그림⟩」(≪啓尊≫)・「⟨그림⟩」(≪乙鼎≫)자로 쓴다.81)

≪說文解字≫는 「⟨그림⟩(寇)」자에 대하여 "暴也. 從攴, 從完.('폭력'의 의미. 「攴」과 「完」으로 이루어진 회의자)"라고 설명하고, 徐鍇는 "當其完聚而欲寇之.(많은 무리를 지어 폭력을 휘두르는 것이다)"라 하였다.

「⟨그림⟩(迎)」는 편방 「辵」과 「卸」聲으로 이루어진 자로, 「⟨그림⟩(御)」자와 같은 자이다. 「御」는 「禦」자와 통용된다. 金文 ≪攻吳王監≫의 「⟨그림⟩」자와 비슷하다.82)

「御」자를 갑골문은 「⟨그림⟩」・「⟨그림⟩」・「⟨그림⟩」・「⟨그림⟩」・「⟨그림⟩」로 쓰고, 金文은 「⟨그림⟩」・「⟨그림⟩」・「⟨그림⟩」・「⟨그림⟩」・「⟨그림⟩」・「⟨그림⟩」로 쓰며, ≪說文解字≫의 古文은 「⟨그림⟩」로 쓴다.

---

78) 滕壬生, 같은 책, 310 쪽 참고.
79) 徐中舒, 같은 책, 125 쪽 참고.
80) 張守中, 같은 책, 47 쪽 참고.
81) 容庚, 같은 책, 210 쪽 참고.
82) 容庚, 같은 책, '0275 ⟨그림⟩', 114 쪽 참고.

≪漢語古文字字形表≫는 「御」자에 대하여 "![御], 盂鼎從![?], 與大鼎從![?], 象馬鞭前端兩結之形. 今天北方大車御者所持馬鞭仍與古時無異. 後來或訛爲午, 或訛爲![禹], 積久相沿, 遂失原意.(「![御]」자 중 ≪盂鼎≫의 편방 「![?]」와 ≪大鼎≫의 편방 「![?]」는 모두 말채찍을 두 갈래로 꼰 모양이다. 지금 北方에서 큰 마차를 모는 사람들이 들고 있는 채찍도 이와 같다. 이 편방은 후에 「午」나 혹은 「![禹]」로 와전되어 원래의 의미를 알 수 없게 되었다)"라 하였다.83)

≪說文解字≫는 「御」자에 대하여 "使馬也, 從彳從卸. ![馭]古文御, 從又從馬.(「御」는 '車馬를 몰다'의 의미. 「彳」과 「卸」로 이루어진 회의사. 「馭」는 「御」의 고문자로 「又」와 「馬」로 이루어진 회의자이다)"라고, 徐鍇는 「解車馬也, 或彳或卸.(「卸」는 '車馬를 몰다'의 의미이다. 혹은 「彳」과 「卸」를 써서 「御」로 쓰기도 한다)」라 하였다.

古文字 중 「卸」·「卸」·「御」와 「馭」자는 모두 같은 자이며, 「禦」자와 통한다. ≪詩經·齊風·猗嗟≫의 「以禦亂兮(세상의 어지러움 방지하네)」라는 구절을 鄭玄은 ≪儀禮·大射儀≫를 인용하여 「以御亂兮」로 쓰고, ≪左傳·莊公二十四年≫의 「御孫」을 ≪漢書古書人名表≫는 「禦孫」으로 쓰고, ≪周禮·掌蜃≫의 「以蜃御淫」 구절을 ≪釋文≫은 「本亦作禦(「御」자는 본래 「禦」자로 쓰기도 한다)」라 하였다.

「迎」자를 ≪睡虎地秦簡≫은 「![?]」·「![?]」·「![?]」로 쓴다.84)

---

83) 徐中舒, 같은 책, 74 쪽.

楚竹書의 「⾙(迎)」자를 帛書本은 「所(所)」자로 쓴다. 「所」자는 편방 「卩」과 「午」聲으로 이루어진 형성자이다. 「午」・「所」자와 「魚」자는 모두 古韻이 「魚」部이다. 아래는 周法高의 상고음이다.

午　ŋaɤ　魚部
所　siaɤ　魚部
御　ŋjaɤ　魚部

≪說文解字≫는 「所(所)」자에 대하여 "伐木聲也. 从斤戶聲. ≪詩≫曰: '伐木所所.'('나무를 베는 소리'. 편방 「斤」과 「戶」聲으로 이루어진 형성자. ≪詩經≫은 '싹싹싹 나무를 베는 톱질 소리 울리네')"라 하였고, 朱駿聲≪說文定訓通聲≫은 "毛本作許許, 鋸聲也.(毛傳은 「許許」로 쓴다. 톱질하는 소리)"라 하였다. 「許」자는 편방 「言」과 「午」聲인 형성자이다. 따라서 「御」와 「所」자는 서로 통용된다.

그러나 張立文은 ≪帛書周易注釋≫에서 「所」자를 「處」자로 해석하고 "所寇, 猶言處寇, 猶被寇而能防衛, 不被就所害也.(「所寇」는 「處寇」와 같은 의미이다. 도둑을 맞아도 능히 도둑을 막을 수 있어 피해를 입지 않은다)"라 하였으나,85) 「所寇」에는 '도둑에게 당하다'는 의미 이외에 '방어하다'는 의미가 없는데 너무 의역하여 해석하고 있다. 따라서 본문은 「所」자를 「御」・「禦」의 통가자로 보기로 한다.

---

84) 張守中, 같은 책, 42쪽.
85) 張立文 著(2008), 같은 책, 97쪽 참고.

「需」卦의 楚竹本과 帛書本 문자 비교

현행본 「需」卦의 「需」자를 ≪上博楚簡≫의 ≪周易≫은 「𡠗」,
帛書本≪周易≫은 「襦」로 쓴다. 그 내용은 아래와 같다.

【上博楚簡】

㪅㝯𡠗(需)■: 又(有)孚, 光卿(亨), 貞吉, 利涉大川. 初九, 𡠗
(需)于蒿(郊), 利用死(恒), 亡(无)咎. 九日, 𡠗(需)于堐(沙), 少(小)
又(有)言, 冬(終)吉. 九晶(三), 𡠗(需)于圫(泥), 至(致)寇(寇)至.
六四, 𡠗(需)于血, 出 〚2〛自穴. 九五: 需于酒食, 貞吉. 上六: 入
于血, 有不速之客三人來, 敬之, 終吉■.

【帛書本】

襦(需), 有復(孚)光亨, 貞吉, 利涉大川. 初九: 襦(需)于茭(郊),
利用恒, 无咎. 九二, 襦(需)于沙. 少(小)又(有)言, 冬(終)吉. [九]三, 襦
(需)于泥, 致寇至。六四, 襦(需)于血, 出
自穴. 六〈九〉五, 襦(需)于酒食, 貞吉. 尚(上)六, 人〈入〉于穴, 有
不楚(速)客三人来, 敬之終吉.

【現行本】

需: 有孚, 光亨. 貞吉. 利涉大川. 初九: 需于郊. 利用恒, 无咎.
九二: 需于沙, 小有言, 終吉. 九三: 需于泥, 致寇至. 六四: 需于
血, 出
自穴. 九五, 需于酒食, 貞吉. 上六, 入于穴, 有不速之客三人来,

敬之終吉.

≪上博楚簡≫의 「需」卦는 제 2簡과 3簡에 해당되며, 제 2간의 上段은 길이가 23.1㎝이고, 하단은 20.4㎝이다. 문자는 모두 44자가 있고, 卦畵 한 개와 卦名 뒤에 부호 「■」가 있다. 제 3간의 길이는 28.8㎝이며, 윗부분이 파손되고, 「吉」자 한 자만 있다. 竹簡의 파손된 부분은 현행본에서 "自穴. 九五, 需于酒食, 貞吉. 上六, 入于穴, 有不速之客三人來, 敬之終"으로 쓴다. 제 3간의 爻辭 마지막 부분에 선명하게 보이지는 않지만 부호 「■」가 있다.

「需」卦의 卦畵를 ≪上博楚簡≫은 「坎上乾下」인 「☵☰」으로, 백서본은 「☵☰」으로, 현행본은 「☰☰」으로 쓴다.

아래에서는 ≪上博楚簡≫과 ≪帛書≫의 「需」卦의 문자를 상호 비교하여 살펴보기로 한다.[86]

1. 通假字의 편방이 모두 다른 경우

1) 「需(needs)」-「㵋(襦)」

현행본 「需」의 卦名을 ≪上博楚簡≫은 「需」로 쓰고, ≪馬王堆帛書≫는 「㵋(襦)」로 쓴다.

---

86) ≪上博楚簡≫과 帛書本≪周易≫의 異體字 중 자주 보이는 「晶-三」·「·」·「貞-貞」이나 異寫字 혹은 필획의 많고 적음 혹은 곡선과 직선의 변화 등등 필획의 차이에 대해서는 편폭 관계상 본 절에서는 다루지 않기로 한다.

濮茅左 정리본은 「🀥」자를 「𥅆」로 隸定하고 「子」와 「而」의 생략된 형태가 합하여 이루어진 「𦑏」자이며, 이 자는 「需」로 쓰이고, 또한 「𦑏」와 「𥅆」자와의 관계는「輀」자를 「輭」·「輀」로, 「陑」자를 「陾」·「隬」로, 「胹」자를 「腝」·「𦢊」로 쓰는 것과 같다고 하였다.87)

何琳儀와 季旭昇은 「𡨄」로 隸定하고 「嗣」자의 고문이거나 혹은 이체자이며, 廖名春은 「孚」로 隸定하고 「俟」로 읽으며 「需」와 동의어라고 설명하고 있으며, 黃錫全은 「俛」이나 혹은 「㧱」자라고 설명하며, 楊澤生은 「字」로, 李零은 「乳」자의 이체자라고 하였다.88) 이와 같이 학자마다 의견이 분분하다. 그래서 濮茅左는 이 자는「子」와 일부가 생략된 「包」의 형태가 합하여 이루어진 형태인 「包」자로 해석하거나,89) 혹은 「嗣」자로 해석하기도 한다라고 했다.90)

「🀥」의 형태 중 아랫부분은 제 4간에서의 「🀦(孚)」자와 같은 것으로 보아 편방 「子」임에 틀림이 없으나, 윗부분이 「而」의 형태와 다르기 때문에, 「勹(包의 생략형)」나 혹은 「㇆(司의 생략형으로 嗣의 이체자)」의 형태가 아닌가 한다. 하지만 「勹」·「俛」·「字」와 「嗣」의 해석은 「需」와 음성상 차이가 있고, 「🀦(孚)」자는

---

87) 濮茅左(2006), 같은 책, 7쪽.
88) 본문은 何琳儀·程燕·房振三(2006), 季旭昇(2004), 廖名春(2004), 黃錫全(2004), 徐在國(2004), 李零(2006), 珍肴(2004), 濮茅左(2006), 陳惠玲(2005), 陳仁仁(2010) 등의 문장을 주로 참고하였다. 자세한 출처는 주요참고문헌 참고.
89) ≪汗簡≫은 「包」자를 편방 「子」와 「包」인 「🀧」로 쓴다.
90) 濮茅左, 같은 책(2006), 7쪽.

「乳」의 이체자일 가능성이 있으나, 「🦄」자는 가능성이 낮다.

윗부분은 「司」자의 생략형으로 「嗣」자의 이체자라고 주장하기도 한다.

≪上博楚簡≫에서 「司」자를 ≪仲弓≫은 「🦄」(第7簡)로, ≪曹沬之陳≫은 「🦄」(第23簡)로 쓴다. 윗부분이 「🦄」자의 윗부분과 비슷하다. 따라서 「🦄」자는 원래 「孚」나, 「司」자 중의 「口」변과 「子」변 중의 윗부분이 비슷하기 때문에 「口」를 생략하여 쓴 것으로 보고 있다. 李守奎는 「🦄」자에 대하여 "帛本作「襦」, 今本作「需」. 從司, 從子, ≪說文≫古文. 簡文「孚」當是借筆字, 與「尋」作「孚」同例.(이 자를 帛書本은 「襦」로 쓰고, 현행본은 「需」자로 쓴다. 이 자는 「司」와 「子」로 이루어진 자이며, ≪說文≫의 「嗣」자의 古文과 같다. 「孚」자는 필획을 서로 차용한 형태로 「尋」자를 「孚」로 쓰는 예와 같다)"라 하였다.[91]

≪說文解字≫는 「嗣」자의 고문에 대하여 "嗣, 古🦄文嗣. 从子. (嗣자의 고문은 편방 「子」인 「孚」로 쓴다)"라 하였다. 따라서 「🦄(孚)」와 「🦄」자는 같은 자이고 「嗣」의 이체자라는 주장이다. 「嗣」자의 음성부분 「司」는 고음이 「心」紐「之」部이고, 「需」자는 「心」紐「侯」部이기 때문에 聲紐는 같고, 韻部는 서로 旁轉관계이다.[92] 그러나 음성상의 관계는 동음이거나 매우 근사한 음 이외에는 상당히 주관적인 경우가 많다.

금문은 「嗣」자를 ≪令孤君壺≫는 「🦄」로 쓰고,[93] ≪中山王

---

91) 李守奎, 같은 책(2007), 105쪽 참고.
92) 陳惠玲 等著, ≪上海博物館藏戰國楚竹書(三)讀本≫(2005), 7쪽.

壺≫는 「㓞」로, ≪戌嗣鼎≫은 「㓞」로 쓴다.94) 容庚 ≪金文編≫
은 ≪戌嗣鼎≫의 「㓞」자에 대하여 "郭沫若釋, 嗣子二字合文.(郭
沫若은 이 자는 「嗣子」의 합문이다)"라 하였다.95) 그러나 「嗣」자
를 「㓞」로 쓰는 경우로 보아 이 자는 의미를 표시하는 편방
「冊」을 추가한 이체자이지 합문이 아니다. 陳漢平은 ≪金文編訂
補≫에서 "郭沫若考釋未確, ……合文嗣子當刪.(郭沫若의 주장은
잘못된 것이다. ……따라서 「嗣子合文」이라는 말은 삭제하여야
한다)"라 했다.96)

「孚」자는 편방 「子」와 「乙」聲으로 이루어진 형성자이다. 이
자를 帛書本 ≪周易≫은 「襦」(襦)로, 帛書 ≪繫辭≫는 「嬬」
(嬬)로, 현행본 ≪周易≫은 「需」로, 현행본 ≪歸藏≫은 「溽」자로
쓴다.

≪說文解字≫는 「襦」(襦)」자에 대하여 "襦, 短衣也. 從衣, 需
聲.(人朱切).(「襦」자는 '저고리'의 의미. 「衣」와 「需」聲으로 이루어
진 형성자)"라고 하고, 「嬬」(嬬)」자에 대하여 "弱也. 一曰下妻也.
从女需聲.(相俞切).('약하다'의 의미. '부인이 연약하다'의 의미.
편방 「女」와 「需」로 이루어진 형성자)"라고 하고, 「溽」(溽)」자에
대하여 "溼暑也. 从水辱聲.(而蜀切).('습하고 덥다'의 의미. 편방

---

93) ≪漢語大字典≫, 667 쪽 참고.
94) 容庚, 같은 책, '0309 嗣', 128 쪽.
95) 容庚, 같은 책, '0309 嗣', 128 쪽.
96) 陳漢平, ≪金文編訂補≫(中國社會科學出版社, 1993), 23 쪽.

「水」와 「辱」聲으로 이루어진 형성자)"라 했으며, 「需(需)」자에 대해서는 "頾也. 遇雨不進, 止頾也. 从雨而聲.(相俞切).('기다리다'의 의미. '비를 만나 가지 못하고 그곳에서 지체한다'는 뜻. 편방 「雨」와 「而」聲으로 이루어진 형성자)"라 했다. 따라서 「需」聲으로 이루어진 형성자는 기본 성부가 「而」라는 것을 알 수 있다.

≪說文解字≫에서 「需」聲인 「儒」·「擩」·「濡」·「孺」자 등은 모두 「ru」음과 관계가 있기 때문에, ≪歸藏≫의 「溽」자와 음이 통한다.

「耎(가냘플 연, ruǎn)」자는 「偄」자와 같은 자이다.

≪說文解字≫는 「耎」자에 대하여 "稍前大也. 从大而聲, 讀若畏偄.('앞이 뒤보다 좀 더 크다'의 의미. 편방 「大」와 「而」聲으로 이루어진 형성자. '두려워하고 연약하다'는 「偄」의 음과 같다)"라 하고, 「輀(輀)」자에 대하여 "喪車也. 从車耎聲.(如之切).(靈柩를 운반하는 수레. 편방 「車」와 「耎」聲으로 이루어진 형성자)"라 하였다.

「輀」·「輭」·「轜」·「陑」·「陾」·「隭」· 「胹」·「腝」·「臑」 등은 모두 기본 성부 「而」와 관계가 있다. 이들의 문자와 음성관계를 고려한다면, 「耎」자는 윗부분이 「而」의 생략형이고 음성부분이며, 아랫부분은 편방 「子」로 이루어진 자로, 「孺」자의 이체자가 아닌가한다. 「耎」의 형태와 「而」혹은 「需」자의 관계에 대해서는 아직도 좀 더 세밀한 분석이 필요하지만, 초죽서의 「而」자인 「而」·「而」의 형태와 상당히 비슷하다.

≪上博楚簡·周易≫第2簡에서 「⾯」자는 모두 「⾯」·「⾯」·「⾯」·「⾯」·「⾯」로 쓰고, ≪上博楚簡·周易≫第57簡에서 「需」자를 「⾯」·「⾯」로 쓰는 것으로 보아 편방 「⼈」가 「需」자일 가능성은 적어 보인다. 그러나 「而」자는 일반적으로 楚竹書에서 「⾯」·「⾯」·「⾯」·「⾯」·「⾯」·「⾯」자로 쓰며, 이 중에서 「⾯」·「⾯」는 「⼈」의 형태와 상당히 유사하다.

따라서 정리본이 「孤」자로 隷定하고 「孺」의 이체자로 보는 견해에 동의한다.

≪說文解字≫는 「需(需)」자에 대하여 "䇦也.(「기다리다」의 의미)"라 하고, ≪說文解字注≫는 "䇦者, 待也. 以疊韵爲訓. 易象傳曰, 需, 須也. 須卽䇦之叚借也.(「䇦」는 '기다리다(待)'의 의미. 두 자는 疊韵 관계이다. ≪象傳≫에서 '「需」는 기다리다(須)」의 뜻'이라 했다. 「須」는 즉 「䇦」의 가차자다)"라 하였다. ≪說文解字≫의 「須(須)」자에 대하여 "立而待也. 从立須聲. 䇦 或从㺱聲.('서서 기다리다'의 뜻. 편방 「立」과 「須」聲으로 이루어진 형성자. 혹은 「㺱」聲인 「䇦」로 쓴다)"라 하고, ≪說文解字注≫는 "今字多作需作須, 而䇦廢矣.(「䇦」자를 일반적으로 「需」나 「須」로 쓰며, 「䇦」자는 후에 쓰지 않게 되었다)"라 했다. 高亨≪周易古經今注≫ 역시 이들을 참고하여 「需」자를 '駐止(머무르다)'로 해석하였다.[97]

---

97) 高亨, ≪周易古經今注≫(重訂本)(中華書局, 1984), 176 쪽.

鄧球柏의 ≪帛書周易校釋≫에서 「繻」자는 「縃(코가 촘촘한 그물 수, xù)」자와 통하여 '그물(網)'의 의미라 하고, "繻, 細密的羅網.(코가 촘촘한 그물 망)"이라 하였다.98) ≪周易≫에 대한 해석은 학자마다 의견이 다르다. ≪象傳≫은 "需, 須也.(「需」卦는 '기다리다'의 의미)"라 하고, ≪雜卦≫는 "需, 不進也.(「需」卦는 '나아가지 않다'의 의미)"라 했다.

高亨은 「俘(사로잡을 부, fú)」자로 해석하였다.99)

2) 「孚(孚)」-「復(復)」

≪上博楚簡≫에서 「又孚」중의 「孚(孚)」자를 현행본은 「孚」로 쓰고 ≪帛書≫는 「復」으로 쓴다.

「訟」卦에서도 現行本 「有孚」의 「孚」자를 ≪上博楚簡≫은 「孚(孚)」자로 쓰고, 帛書는 「復(復)」으로 쓴다.

≪說文解字≫는 「孚(孚)」자에 대하여 "卵孚也. 從爪, 從子. 一曰信也. 采, 古文孚, 從禾, 禾古文保.(「孚」란 '알이 부화하다'의 의미. 「爪」와 「子」로 이루어진 회의자. 일설로는 「信(믿음)」의 의미로 풀이하기도 한다. 편방 「禾」를 쓰는 「采」자는 「孚」자의 고문이며, 「禾」자는 또한 「保」의 고문이다)"라 하고, 徐鍇는 "鳥之孚卵皆如其期, 不失信也. 鳥襄恒以爪反復其卵也.(새가 알을 부화하기 위해서는 때를 꼭 맞춰야 하기 때문에 믿음을 잃지 않은

---

98) 鄧球柏(2002), 같은 책, 166쪽.
99) 김상섭 옮김, 高亨 註解, 같은 책, 119쪽 참고.

다는 의미가 있으며, 새가 알을 반복해서 발톱으로 굴리며 품기 때문에 편방을 「爪」와 「子」를 쓴다)"라 하였다.

≪爾雅·釋詁≫는 "孚, 信也.(「孚」는 '참되고 믿음이 있다'의 의미)"라 하고, 邢昺≪疏≫는 "謂誠實不欺也.('誠實하고 속이지 않은 것'을 말한다)"라 했다. 孔穎達은 ≪易經·中孚≫에서 "中孚, 卦名也, 信發於中謂之中孚.(≪中孚≫는 卦名이다. 믿음이 마음에서 우러나는 것을 「中孚」라 한다)"라 하고, ≪大雅·下武≫의 "永言配命, 成王之孚.(영원토록 하늘의 명을 따르고, 성왕은 믿음을 이루셨다)"에 대하여 鄭玄은 "孚, 信也.(「孚」는 '믿음(信)'의 뜻)"이라 하고, ≪大雅·文王≫"儀刑文王, 萬邦作孚.(문왕을 본받으면 천하는 믿음을 갖고 따르게 된다)"에 대하여 ≪毛傳≫은 "孚, 信也.(「孚」는 '믿음(信)'의 뜻)"이라 하고, 鄭玄은 "儀法文王之事, 則天下咸信而順之.(문왕의 업적을 본받아 따라하면 천하가 모두 믿고 따른다)"라 했다.

≪大雅·文王≫"儀刑文王, 萬國作孚.(문왕을 본받으며 온 세상이 곧 믿고 따른다)" 중의 「孚」자를 ≪上博楚簡·紂衣≫는 「![]」(제1간)로 쓰고, ≪郭店楚簡·緇衣≫는 「![]」(제2간)로 쓰며, ≪大雅·下武≫"成王之孚, 下土之式.(성왕의 참됨과 진실함은 부하와 민중들에게 모범이 되었네)" 중 「孚」자는 ≪上博楚簡·紂衣≫(제7간)는 파손되어 보이지 않고, ≪郭店楚簡·緇衣≫는 「![]」(제13간)로 쓴다.

「🖿」자는「包」혹은「俘」로 隸定하기도 하나,「服」자 중의 소리부분인 편방「㕯」이 아닌가 한다. ≪說文解字≫는「𠬝(㕯)」자에 대하여 "治也. 从又从卩.('다스리다'의 의미.「又」와「卩(節)」로 이루어진 회의자)"라 하고, 桂馥은 ≪說文解字義證≫에서 "經典借服字.(經典에서는「服」자로 쓴다)"라 하였다.

「㕯」자를 갑골문은「🖿」으로 쓰고 금문은「🖿」(≪猷鐘≫)으로 쓰며,100) 商承祚는 ≪甲骨文字硏究(下篇)≫에서 "㕯卽服之初字. ……象以力壓制之. 服爲順從, 故從手而撫其背.(「㕯」자는「服」자의 本字이다. ……이 자는 힘으로 눌러 제압하는 형상이다.「服」은「順從하다」의 뜻으로, 손으로 사람의 등을 어루만지고 있는 모습이다)"라 했다.101) 따라서「㕯」・「孚」와「復」은 통가자로 사용된다.

鄧球柏(2002)은 ≪訟卦≫의「又復」을 "又回來了. 有, 又. 復, 歸. 或釋爲有了報告結果. 復, 報也, 告也.('다시 돌아왔다'의 뜻.「有」는「又」의 의미이고,「復」은「歸」의 의미. 혹은 '結果 보고가 있다'로 해석한다.「復」은 '보고하다'나 '고하다'의 뜻)"으로 해석하고, 또한 "帛書卦爻辭中「復」字五十七個, 其中通行本作「覆」字一, 作「復」字十七, 剩下的三十九個「復」均作「孚」. 復, 孚, 幷母雙聲, 覺幽對轉.(≪帛書≫ 卦爻辭 중에서「復」자는 모두 57번 출현하는데, 그 중 通行本이「覆」자로 쓰는 경우는 하나이고,「復」자로 쓰는 경우는 17번이며, 나머지 39번 출현하는「復」은 모두

---

100) 徐中舒, 같은 책, 112 쪽.
101) ≪古文字詁林≫, 第3卷, 428 쪽 재인용.

「孚」자로 쓴다. 「復」과 「孚」자의 음성은 모두 「幷」母로 같고, 운부는 「覺」과 「幽」로 對轉관계이다)"라 하고, 「復」자를 '분주하게 왔다갔다하다(往來奔走)'로 해석하였다.102)

≪上博楚簡≫이 출현하기 전에는 ≪帛書≫가 가장 이른 판본이었기 때문에 「復」의 원래 의미대로 해석했으나, ≪上博楚簡≫에서 「孚」자로 쓰고 있으므로 「孚」와 관련된 의미로 해석하는 것이 바람직하겠다. 따라서 「孚」자는 「믿고 따르다」・「복종하다」의 의미로 해석하기로 한다.

高亨은 「俘(사로잡다)」로 해석하고 「有孚」를 "군대가 적으로부터 사로잡고 노획한 사람과 재물"이라 했다.103)

周法高의 上古音의 擬音은 「孚」자는 「pʰjwəw」(「芳無切」, 「敷」母「幽」部)로, 「復」자는 「bjəw」(扶富切, 「奉」母「幽」部) 혹은 「bjəwk」(房六切, 「奉」母「覺」部)이다.104)

3) 「🖼(卿)」-「🖼(亨)」

「光卿」 중의 「卿」자를 ≪上博楚簡≫은 「🖼」으로, ≪帛書≫는 「🖼(亨)」으로, 현행본 역시 「亨」으로 쓴다.

「🖼」자를 濮茅左는 「卿」으로 隸定하였다.105)

---

102) 鄧球柏(2002), 같은 책, 93쪽과 166쪽.
103) 高亨(1984), 같은 책, 175쪽.
104) 上古音과 中古音 등은「臺灣大學中國文學系」와「中央研究院資訊科學研究所」가 공동 개발한 인터넷의 「漢字古今音資料庫」(「http://xiaoxue.iis.sinica.edu.tw/ccr/#」)를 참고하기로 한다.
105) 濮茅左(2006), 73쪽 참고.

≪說文解字≫는 「(卿)」자에 대하여 "從卯, 皀聲.(편방 「卯」와 「皀」聲으로 이루어진 형성자)"라 하고, 容庚≪金文編≫은 ≪宰 甫 簋≫의 「」자에 대하여 "卿, 象兩人相向就食之形. 公卿之卿, 鄕黨之鄕, 饗食之饗, 皆爲一字, 羅振玉說.(「卿」자는 두 사람이 마주 앉아 음식을 보고 있는 형상. 「公卿」의 「卿」, 「鄕黨」의 「鄕」, 「饗食」의 「饗」자는 같은 자이다. 羅振玉의 주장이다)"라 했다.106) 그러나 陳初生은 ≪金文常用字典≫에서 甲骨文 「」과 金文 「」은 원래 두 사람이 음식을 마주 하고 있는 형상으로「饗」자의 初文이며, 「鄕」·「卿」자의 가차자로 쓰인다 했다.107) 林義光의 ≪文源≫에서는 "象薦熟物器, 象二人相向就食形. 亦卽饗之古文.(「」은 삶은 물건을 담은 그릇의 모양. 「」은 두 사람이 마주 앉아 식사를 하려는 모양. 따라서 「饗」의 初文이다)"라 했다.108) ≪說文解字≫는 「(䢼)」자에 대하여 "从䢼, 皀聲.(편방 「䢼」와 「皀」聲으로 이루어진 형성자)"라 하고, 「(卿)」자는 "从卯, 皀聲.(편방「卯」와 「皀」聲으로 이루어진 형성자)"라 했다.

「䢼」은 즉 「鄕」자이다. 따라서 「卿」·「鄕」이나 혹은 「䢼」자는 모두 「饗」자를 근원으로 하고 있다고 할 수 있다. 따라서 정리본이 「卿」자로 隸定하는 것보다 차라리 「饗」으로 隸定하는 것이 옳다.

---

106) 容庚, 같은 책, '1511 ', 645 쪽 참고.
107) 陳初生, 같은 책, 865 쪽.
108) 湯可敬, 같은 책, 899 쪽 재인용.

「亨」자는 「享」과 같은 자이다.

≪說文解字≫는 「󰡔(亯)」자에 대하여 "亯, 獻也.(「亯」은 「드리다」의 의미)"라 하고, ≪說文解字注≫는 玄應의 말을 인용하여 "則亯者, 籀文也, 小篆作亨, 故隷書作亨. 作享, 小篆之變也.(玄應에 의하면 '亯'자는 籀文의 형태이고, 小篆이 「亨」으로 쓰기 때문에 隷書에서 「亨」으로 쓰며, 「享」자는 小篆體의 변형이다'라 했다)"고 하고, ≪正字通≫은 "亨, 即古享字.(「亨」자는 「享」자의 고체이다)"라 했다.

≪左傳·僖公二十五年≫은 ≪易·大有≫의 "公用亨于天子(공이 천자에게 공물을 바치다)" 구절을 인용하면서 「亨」자를 「享」으로 쓴다. 또한 ≪集解≫는 ≪易·升≫의 "王用亨于岐山(왕이 기산에서 제사를 올리다)" 구절을 인용하며 「亨」자를 「享」자로 쓴다. ≪墨子·尙賢中≫"以上事天, 則天鄕其德.(이로써 위로 하늘을 받든다면 하늘은 그 덕을 향유하게 된다)"에 대하여 孫詒讓≪墨子閒詁≫는 "鄕當讀爲享.(「鄕」은 「享」의 뜻이다)"라 했다. ≪漢書·文帝紀≫"夫以朕之不德, 而專鄕獨美其福, 百姓不與焉, 是重吾不德也.(짐의 부덕으로 오로지 그 아름다운 복을 나홀로 향유하고 백성과 함께 하지 않는다면 나의 부덕을 더욱 증가시키는 것이다)"라 했는데, ≪史記·孝文本紀≫는 「嚮」자를 「享」으로 쓴다.

高亨은 「亨」은 '제사를 지내다'의 의미이고, 「享」은 '곡물을 바치는 것'이라 하였다.[109]

따라서 「亨」자를 '형통하다'의 의미로 해석하기로 한다. ≪彖

---

[109] 高亨(1984), 같은 책, 176 쪽. 혹은 김상섭이 옮긴 ≪고형의 주역≫ 중 「乾」卦 「元亨」의 「亨」자에 대한 해석 참고(84 쪽).

傳≫은 "≪需≫, 須也. 險在前也, 健而不陷, 其乂不困窮矣. '≪需≫有孚, 光亨, 貞吉', 位乎天位, 以正中也. '利涉大川', 往有 功也. (≪需≫는 기다림이니, 험한 것이 앞에 있으나, 강건해서 빠지지 않으니, 그 의로움이 곤궁하지 않으리라. '≪需≫는 믿음 이 있으니, 빛나고 형통하며, 제사를 행하면 점은 길하다'라고 한 것은 天位에 자리해서 正中하기 때문이다. '큰 내를 건넘이 이롭다'는 것은 공이 있음이다)"라 하였다.[110]

4) 「蒿(蒿)」-「茭(茭)」

≪上博楚簡≫은 「弧于蒿」 중의 「蒿」자를 「蒿」로, ≪帛書・周 易≫은 「茭(茭)」로, 현행본은 「郊」로 쓴다.

「蒿」자는 ≪上博楚簡(二)≫≪容成氏≫의 "武王素虜(甲)㠯申(陳) 於㪝(殷)蒿(郊).(무왕은 하얀 갑옷을 입고 殷나라 교외에서 병사 들을 사열하였다)"(제53簡) 중의 「蒿」자와 형태가 같고 「郊」의 의미로 쓰인다.

≪帛書≫의 「茭(茭)」자는 편방 「艹」와 「交」로 이루어진 형성 자이다. 「郊」・「茭」자는 음성부분이 「交」이기 때문에 서로 통용 된다. 「蒿」자는 周法高의 고음을 보면 「曉」母「宵」部이고 「xaw」 이며, 「茭」자는 「見」母「宵」部이고 「kraw」로 음이 비슷하다.

---

110) 임채우 옮김, ≪주역 왕필주≫(1998), 70 쪽. ≪乾卦≫의 "元亨利貞" 중 「亨」 역 시 "형통하다"의 의미로 해석하기도 한다. 같은 책, 20 쪽 참고.

《說文解字》는 「蒿(蒿)」자에 대하여 "菣也. 从艸高聲.('쑥'. 편방 「艸」와 「高」聲으로 이루어진 형성자)"라 하고 음은 「呼毛切」이며, 「茭(茭)」자에 대하여 "乾芻. 从艸交聲.(마른 꼴. 편방 「艸」와 「聲」으로 이루어진 형성자)라 하고 음은 「古肴切」이다.

《爾雅·釋地》는 "邑外謂之郊.(「邑」의 밖이 「郊」이다)"라 하고, 郝懿行의 《爾雅義疏》는 "'距國百里爲郊', 此據王畿千里而言. 設百里之國, 則十里爲郊矣. 郊有遠近, 以國爲差.(《說文》은 '都城에서 百里의 거리에 있는 곳을 郊라 한다'라 했다. 이는 畿內가 千里가 되는 王都에 근거한 것이다. 都城이 百里인 나라에서는 十里가 郊이다. 나라에 따라 郊는 멀고 가까운 차이가 있다)"라 했다.

《書經·費誓》"魯人三郊三遂.(세 교와 세 수의 노나라 사람이여)"의 구절에 대하여 孔穎達은 "王國百里爲郊, 鄕在郊內, 遂在郊外.(王의 도읍으로부터 百里가 떨어진 곳을 郊라 하고, 鄕은 郊 안에 있고, 遂는 郊 외에 있다)"라 했다.

《周禮·地官·載師》의 "以宅田·士田·賈田任近郊之地.(近郊의 토지는 宅田·士田·賈田으로 사용한다)"라는 구절에 대하여, 鄭玄은 "郊或爲蒿.(「郊」자를 혹은 「蒿」자로 쓰기도 한다)"고 설명하고, 또한 杜子春을 인용하여 "「蒿」讀爲「郊」.(「蒿」자는 「郊」자의 의미)"라 했다.

"孤于蒿"는 "需于郊"로 '넓은 교외에 머무르다'의 뜻이다.

5) 「▨(亾)」-「▨(无)」

현행본 「无咎」 중의 「无」자를 ≪上博楚簡≫은 「亾」으로 쓰고, ≪帛書≫는 「无」로 쓴다. 「亾」자는 「亡」과 같은 자이다.

≪說文解字≫는 「▨(橆)」자에 대하여 "亡也. 从亡, 橆聲. 秀, 奇字無.(「無」는 「亡」의 의미. 편방 「亡」과 「橆」聲으로 이루어진 형성자. 「無」자의 奇字를 「无」로 쓴다)"라 했다. ≪說文解字注≫는 「橆(橆)」자에 대하여 "此有無字之正體, 而俗作無. 無乃▨之隸變.(「橆」자는 正體이고, 「無」자는 俗體이다. 「無」자는 「橆」의 隸書의 변형체이다)"라 하고, 「无」자에 대하여 "謂古文奇字如此作也. 今六經惟易用此字.(古文이나 奇字는 「无」로 쓴다. 지금의 六經에서는 쉽게 이 자를 쓴다)"라 했다.

따라서 「橆」·「無」와 「无」는 같은 자이다.

≪說文解字≫는 「無」와 「舞」자를 구별하였으나, 갑골문과 금문에서 「無」자의 초문은 「舞」이다.

金文에서 「無」자를 「▨」(≪般甗≫)·「▨」(≪盂鼎≫)·「▨」(≪史頌鼎≫) 등으로 쓰며,[111] 갑골문은 「▨」·「▨」·「▨」로 쓰고 李孝定은 ≪甲骨文字集釋≫에서 "象人執物而舞之形, 篆增「舛」, 象二足.(사람이 물건을 들고 춤을 추고 있는 형상. 古文字에서 「舛」는 두 다리를 나타낸다)"라 했다.[112] 따라서 「無」자의 초문은 사람이 손에 물건을 들고 춤을 추는 형상인 「舞」이며, 후에 '있다, 없다'

---

111) 容庚, 같은 책, '0966 橆', 405 쪽 참고.
112) 湯可敬, 같은 책, 731 쪽 재인용.

의 「無」는 가차자로 쓰였다.113)

「䍃(䍃)」자는 「䍃」에 또다시 음성부분 「亡」이 추가된 것이며, 「亡」은 「亦聲(形聲兼會意)」이다. ≪說文解字≫는 「舞」자의 古文을 편방 「羽」와 「亡」聲인 「𦐇(翌)」으로 쓴다. 「𦐇(翌)」은 「䍃(䍃)」과 같은 자이다.

「无」자를 ≪睡虎地秦簡≫은 「𠂈」로, ≪馬王堆帛書≫의 ≪老子甲≫은 「夫」·「夫」로 쓰기도 하고 「亡」자로 쓰기도 한다.114)

≪集韻·虞韻≫은 "無, 或作亡.(「無」자는 혹은 「亡」으로 쓴다)" 라 하고, 段玉裁≪說文解字注≫는 "亡, 亦假借爲有無之無.(「亡」은 또한 有無의 「無」의 가차자로 쓴다)"라고 하고, 王引之의 ≪經傳釋詞≫은 "無, 轉語詞也. 字或作亡.(「無」는 「아니면」이라는 전환의 뜻을 나타내며 「亡」으로도 쓴다)"라 했다. ≪呂氏春秋·審爲≫는 "君將攫之乎?亡其不與?(그대는 장차 그것을 붙잡겠는가 아니면 그렇지 않겠는가?)" 중의 「亡」자는 「無」의 가차자이고, ≪論語·雍也≫"有顔回者好學……不幸短命死矣. 今也則亡, 未聞好學者也.(顔回는 배우기를 좋아하는 사람이다. ……하지만 불행히도 단명하여 죽었다. 지금은 그가 없으니, 아직 배우기 좋아하는 자를 듣지 못했다)"에 대하여 邢昺≪論語疏≫는 "亡, 無也.(「亡」은 「無」의 뜻이다)"라 했다.

≪上博楚簡·民之父母≫의 제3간 "此之胃(謂)三亡(無). 子㠯(夏)曰: 亡(無)聖(聲)之樂, 亡(無)膿(體)之豊(禮), 亡(無)備(服)之喪

---

113) 陳初生, 같은 책, 628쪽 참고.
114) 漢語大字典字形組編, ≪秦漢魏晉篆隷字形表≫(1985), 903-904쪽 참고.

(喪), 可(何)志(詩).(이를 三無라 한다. 子夏가 묻기를 소리 없는 즐거움과 형용 없는 예의, 형식적인 상복이 없는 喪禮는 ≪詩經≫ 중에 어떤 詩가 이에 해당되는 것입니까?)"중의 「亾(亡)」은 「無」의 의미이다.

2. 通假字의 편방 중 일부가 다른 경우

異體字 중 일부 편방만 다른 경우가 있다. 일부의 편방이 추가되거나, 서로 호환이 되는 다른 편방으로 대체하여 쓰기도 한다. 이러한 자는 일반적으로 고문자 중 같은 자이거나, 古今字 혹은 俗字 중의 하나이다.

1) 「又(又)」-「有(有)」

현행본 「小有言」 중의 「有」자를 ≪上博楚簡≫은 「又」로 쓰고, ≪帛書≫는 「有」자로 쓴다. 초죽서 「又」자는 모두 「有」의 의미로 쓰인다.

≪說文解字≫는 「ヨ(又)」자에 대하여 "手也, 象形.('손'의 형상. 상형문자이다)"라 하고, 高鴻縉은 ≪中國字例≫에서 "字原象右手形, 手本五指, 只作三者, 古人皆以三表多. 後借爲又再之又, 乃通假右助之右以代之. 久而成習, 乃加人旁作佑, 以還右助之原.(「又」는 원래 오른손의 모양이다. 손은 본래 다섯 개인데, 세 개만 있다. 옛날 사람들은 「三」으로 다수를 나타냈다. 후에 「또한」이라는 의미인 「又」의 가차자로 쓰이고, 「오른손으로 돕다(右助)」라

는 「右」의 통가자로 사용되었기 때문에 후에 편방 「人」을 추가하여 「佑」자가 '돕다(右助)'라는 의미가 되었다)"라 했다.115)

고문헌에서 「又」자는 「有」·「宥」·「祐」 등의 의미로 쓰인다.

≪馬王堆漢墓帛書·經法·國次≫"功成而不止, 身危又央(殃).(功成하고자 하는 마음을 멈추지 않으면, 몸에 재앙이 생긴다)" 중의 「又」자는 「有」의 의미로 쓰이고, ≪漢書·韓信傳≫은 "淮陰少年又侮信曰: '雖長大, 好帶刀劍, 怯耳.'(淮陰 지방에 韓信을 '비록 장골이 거대하고 검을 가지고 다니기를 좋아하지만 겁쟁이다'라고 놀리는 청년이 있었다)"에 대하여 王念孫의 ≪讀書雜志≫는 "此又字非承上之詞. 又, 讀爲有, 言少年中有侮信者也. 古字通以又爲有, ≪史記≫正作'少年有侮信者'.(이곳에서 「又」자는 앞 문장을 이어 받아 「또」라는 의미가 아니다. 「又」는 「有」의 의미다. 청년 중에 한신을 모욕하는 자가 있었다는 뜻이다. 고문에서 「又」와 「有」는 통가자로 쓰인다. ≪史記≫는 '少年有侮信者'로 쓴다)"라 했다.

「有」자는 '손에 고기를 들고 있는' 형태이다.

楚簡에서 '있다'라는 의미로 「✦(又)」로 쓰는 이외에 아랫부분에 「肉」을 추가하여 「有」자로 쓰기도 한다. ≪郭店楚簡≫ 중 ≪成之聞之≫는 「✦」로, ≪性情論≫은 「✦」로 쓴다. 이외에도 ≪包山楚簡≫·≪望山楚簡≫과 ≪新蔡≫은 각각 「✦」·「✦」·「✦」로 쓴다.

≪毛公鼎≫"引唯乃智(知)余非, 膏(庸)又(有)舞(昏).(또한 나의 잘

---

115) ≪漢語大字典≫, 390 쪽 재인용.

못과 어리석음을 인식할 수 있도록 인도해 주어라)" 구절 중 「又」자는 「有」의 의미이다. 금문에서는 또한 「又」자를 「友」자로 쓰기도 한다. ≪鄧少仲方鼎(豆小仲方鼎)≫"登(鄧)小(少)仲隹(雖)友(有)得.(鄧少仲은 하사받은 吉金을 잊지 않고 소중하게 간직하였다)"와 ≪虢仲盨≫"虢中(仲)㠯(與)王南征, 伐南淮尸(夷), 才(在)成周, 乍(作)旅盨. 兹盨友(有)十又二(虢仲은 王의 명령에 따라 남쪽 지방을 정벌하여 南淮夷族을 멸하고, 이를 기념하기 위하여 成周 종묘에서 사용할 盨器를 만들다. 이 盨器는 한번에 十二개를 주조하였다)" 중의 「友」자는 「有」의 의미이다. 구절 중에 「友」자는 「有」의 뜻이다. 금문에서 「友」자는 「友」의 의미 이외에, 「侑(권할 유, yòu)」・「祐(도울 우, yòu)」・「賄(예물을 줄 회, huì)」・「又」와 「有」의 의미로 사용된다.116)

2) 「圸(坭)」-「泥(泥)」

≪上博楚簡≫의 「孤于圸」 중 「圸」자를 현행본은 「泥」자, ≪帛書≫는 「泥(泥)」자로 쓴다. 「泥(泥)」자는 편방 「水」와 「尼」로 이루어진 형성자이다.

濮茅左 정리본은 「圸」자를 편방 「土」와 「匸」로 이루어진 「圸」로 隸定하고, 「坭」자와 같은 자라 하였다.117)

≪上博楚簡≫ 중 「泥」자는 「泥」(≪民之父母≫8簡)・「泥」(≪從政

---

116) 陳初生, 같은 책, 332쪽 참고.
117) 濮茅左(2006), 75쪽 참고.

第 一 章 ≪上博楚簡≫의 문자 연구   103

甲≫13簡)·▣(≪容成氏≫19簡) 등으로 쓴다. 편방이 「㇄」이다.

≪上博楚簡(二)≫의 ≪民之父母≫의 제7-8간을 정리본(濮茅左)은 "可(何)志(詩)是汇(昵).(≪詩經≫ 중에 어떤 詩가 이에 해당되는 것입니까?)"로 석문하고 「汇(昵)」자로 隸定하였으며, ≪從政甲≫제13간을 정리본(張光裕)은 "君=(君子)之相讓(就)也, 不必才(在)近遲(昵)藥(樂).(군자의 사귐은 방탕하고 무례한 행위를 하는데 같이 하지 않는다)"라 석문하고 「遲(昵)」라 隸定하였으며, ≪容成氏≫의 제19간을 정리본(李零)은 "乃因迩(?)以䐗(知)遠, 法(去)䖵(苛)行柬(簡).(가까운 곳에서 멀리까지 은덕이 두루 미쳐 苛斂을 없애고 政令은 간단명료 해야한다)"로 석문하고 「迩(?)」라 隸定하였다.118)

≪民之父母≫의 "可(何)志(詩)是汇(昵)" 구절을 현행본 ≪孔子閒居≫는 "何詩近之"로 쓴다. 따라서 「汇」자는 「近」자와 밀접한 관계가 있음을 알 수 있다. ≪郭店楚簡≫과 ≪上博楚簡≫에서 「近」자는 ▣(≪五行≫7簡)·▣(≪性自命出≫3簡)·▣「(≪性情論≫2簡)로 쓴다. ≪集韻≫은 "昵, 近也.(「昵」자는 「가깝다(近)」의 의미)"라 했다.

≪民之父母≫의 ▣자는 ≪從政甲≫ ▣(▣)」의 이체자로 일부가 생략된 형태다. ≪上海博物館藏戰國楚竹書(二)讀本≫은 이 자를 「迡」로 隸定하고 「邇」자와 같다고 하였다.119) 「耳」자를 금

---

118) ≪上海博物館藏戰國楚竹書(二)≫(2002), ≪民之父母≫, 165쪽. ≪容成氏≫, 264 쪽 참고.
119) ≪上海博物館藏戰國楚竹書(二)讀本≫, 12 쪽 참고.

문은「」·「」·「」이나「」로 쓰고,120) 楚簡에서 변형된「」이나「」 등으로 쓴다.「」·「」·「」나「」 중의「」나 혹은「」는 편방「耳」이고, 이들의 문자는 각각「遍」·「逅」와「屏」로 隸定할 수 있으며, 이들의 자는 음성이 서로 통하기 때문에「泥」·「昵」·「邇」 등의 의미로 쓰인다.

「」자는 편방「」와「辵」으로 이루어진「迡」자이며,「泥」와 같은 자이다. ≪郭店楚簡·尊德義≫第 17簡의「」자 역시「」자와 같은 자이다. 이 자 중「」와「」는「」(≪中弓≫)자 중 우측 편방과 같다.

≪邶風·泉水≫"出宿于泲, 飮餞于禰.(제수가에 가서 묵고, 이수가에서 작별하네)" 구절에 대하여 陸德明≪釋文≫은 "禰, 乃禮反, 地名. ≪漢詩≫作坭, 音同.(「禰」자의 음은「乃禮」切이고 지명이다. ≪漢詩≫는「坭」자로 쓴다. 음이 같다)"라 하였다. 따라서「尼」와「爾」의 음은 서로 통한다.

정리본(李零)은 ≪容成氏≫第19簡「」자에 대하여「迩(?)」자로 隸定하고 "與下文「遠」字相對, 從文意看, 似是「近」之意, 但其聲旁與「近」「迩」都不一樣.(아래 문장 중의「遠」자와 상대적인 개념으로 쓰이고, 문맥으로 보아「近」의 의미인 것으로 보인다. 그러나 聲旁은「近」이나「迩」와는 다르다)"라 하였다.121) 그러나 이 자 역시「」자와 같은 자로 음성부분은「耳」의 변형이다.

---

120) 容庚, 같은 책, '1921 耳', 771 쪽, 참고.
121) ≪上海博物館藏戰國楚竹書(二)≫(2002), 264 쪽.

≪上海博物館藏戰國楚竹書(一)~(五)文字編≫도 이미 이 자를 「屔」자 아래에 수록하고 있다.122)

「尼」·「屔」·「泥」·「近」자는 음이 서로 통하기 때문에 통가자로 사용된다. 「坭」자와 「泥」자는 같다. ≪正字通≫은 "坭, 六書通, 坭音尼, 水和土也.(≪六書通≫은 「坭」자의 음은 「尼」와 같고, 물과 흙으로 뭉쳐진 진흙의 뜻)"이라 하고, ≪集韻≫은 "埿, 或作坭, 通作泥.(「埿」자는 혹은 「坭」로 쓰고 일반적으로 「泥」로 쓴다)"라 했다.

3) 「▨(𡳾)」-「▨(沙)」

≪上博楚簡≫ 「㡭于堀」 중의 「堀」자를 ≪백서≫와 현행본은 모두 「沙」자로 쓴다. ≪上博楚簡≫의 정리본은 「▨」자를 「堀」로 隸定하고, 이 자는 편방 「土」·「尾」와 「少」聲으로 이루어진 형성자이며, ≪包山楚簡≫ 「長屖」 중의 「屖」자와 같이 「沙」의 의미로 쓰인다라고 했다.123)

孔穎達의 ≪周易正義≫는 "沙是水傍之地, 去水漸近, 待時于沙, 故難稍近.(물 옆에 있는 모래는 물에서 멀리 떨어져 있지 않다. 모래에서 기다리기 때문에 접근하기에 약간의 어려움이 있는 것이다)"라 하였다.124)

---

122) 李守奎(2007), 같은 책, 91 쪽 참고.
123) 濮茅左(2006), 75 쪽 참고.
124) 李學勤 主編(1984), ≪周易正義≫, 43 쪽.

「🅰」자는 편방 「土」・「尾」와 「少」聲으로 이루어진 형성자이다. ≪說文解字≫는 「沙」자를 편방 「水」와 「少」로 이루어진 회의자라 하였다. 그러나 「眇(애꾸눈 묘, miǎo)는 "从目从少, 少亦聲(편방 「目」과 「少」로 이루어진 형성자. 「少」는 亦聲이다)"라 하고, 「訬(재빠를 초, chāo)・秒・鈔(노략질할 초, chāo)」등 자가 모두 「少聲」인 것으로 보아 「沙」자 역시 「少亦聲(「少」는 의미 부분이면서 또한 소리부분)」이다.

「🅰」자는 혹은 편방 「土」를 생략하고 ≪包山楚簡≫과 ≪望山楚簡≫은 「🅱」・「🅱」・「🅱」자로 쓰고, ≪上博楚簡(四)・柬大王泊旱≫은 「🅲」(第9簡)・「🅲」(第10簡)「🅲」(第15簡)자로 쓴다.

금문은 「沙」자를 「🅳」(≪袁盨≫)・「🅳」(≪休盤≫)로 쓴다.125)

4) 「🅴(死)」-「🅵(恒)」

「利用死」 중의 「死」자를 ≪上博楚簡≫은 「🅴」으로 쓰고, 백서본은 「🅵(恒)」으로 쓴다. 「🅵」자는 편방 「心」과 「亙」聲으로 이루어진 형성자이다. 「死」자는 「恒」자의 고문이다.

≪說文解字≫는 「🅵(恒)」자에 대하여 "常也. 从心舟在二之閒上下. 心㠯舟施. 恆也. 死, 古文恆, 從月. ≪詩≫曰: '如月之恒.'(「恒久」의 뜻. 편방 「心」・「舟」는 배가 하늘과 땅 사이에서 끝없이 반복해서 왔다갔다한다는 뜻으로 이루어진 자. 사람의 思考

---

125) 容庚, 같은 책, '1818 🅶', 736 쪽 참고.

는 배가 끊임없이 움직이는 것과 같기 때문에 恒久라는 뜻이 있다. 「恆」자의 고문은 「死」으로 편방 「月」을 쓴다. ≪小雅·天保≫는 '상현달이 밝다'라 했다)"라 하였다.

「恒」자를 갑골문은 「[图]」·「[图]」으로 쓰고, 금문은 「[图]」·「[图]」으로 쓴다. 갑골문은 「互」의 형태이고, 금문은 편방 「心」과 「互」聲으로 이루어진 형성자 「恒」이다. ≪說文解字≫는 「恒」이 편방 「舟」로 이루어진 자라 하였는데, 편방 「月」을 잘못 설명한 것이다.126)

≪帛書≫의 「[图]」은 편방 「心」·「月」과 「二」로 이루어진 자이다. 편방 「心」과 「死」을 써서 「[图]」(≪包山楚簡≫)·「[图]」(≪江陵天星觀竹簡≫)·「[图]」(≪上博楚簡·性情論≫)으로 쓰기도 한다.

≪睡虎地秦簡≫은 「[图]」으로, 帛書本 ≪老子甲≫은 「[图]」으로 ≪老子乙≫은 「[图]」으로 ≪戰國縱橫家書≫는 「[图]」으로 쓴다.127)

≪郭店楚簡·老子甲≫ "虛而不屈, 潼(动)而愈出至虛, 死(恒)也, 獸(守)中, 篤(笃)也.(텅 비어 있으면서도 다함이 없으며, 움직일수록 바람은 더욱 세진다. 虛靜에 이르게 되면 永恒에 이르게 되고, 中庸을 지키면 돈독함에 이르게 된다)"(第23-24簡) 중의 「死」자를 「[图]」으로 쓴다. 「死(恒)」자를 ≪帛書·老子甲≫·≪帛書乙本≫과 왕필본은 모두 「極」으로 쓰는데, 竹簡文의 「亟」자와 「死(恒)」자의 형태가 비슷하기 때문에 혼동하여 쓰는 경우가 있

---

126) 陳初生, 같은 책, 1084 쪽.
127) ≪秦漢魏晉篆隷字形表≫, 961 쪽 참고.

다.128) 「亟」자를 ≪郭店楚簡・唐虞之道≫는 「⿱」자로 쓴다.129)

5) 「⿱(至)」-「⿱(致)」

「至寇至」 중 「至」자를 ≪上博楚簡≫은 모두 「⿱」로 쓰나, 백서본은 앞 「至」자는 「⿱(致)」로 쓰고 뒤 「至」자는 「⿱(至)」로 쓴다. 현행본도 帛書本과 마찬가지로 "致寇至"로 쓴다. 「⿱」자는 편방 「攵」와 「至」聲으로 이루어진 형성자이다.

≪說文解字≫는 「⿱(致)」자에 대하여 "送詣也. 从攵从至(「보내주다」의 의미. 편방 「攵」와 「至」로 이루어진 회의자)"라 했다.

≪說文解字≫에 수록된 「胵(멀떠구니 치, chī)」・「桎(차꼬 질, zhì)」・「郅(고을 이름 질, zhì)」・「窒(막을 질, zhì)」・「庢(분 복받칠 질, dǐ)」・「挃(찌를 질, zhì)」・「姪(조카 질, zhí)」자 등은 모두 음성부분이 「至」인 형성자이다. 「致」자 역시 음성부분이 「至」이고, 또한 「至亦聲(「至」는 의미와 소리를 겸함)」이다.

≪經典釋文・禮記・禮器≫는 "不致, 本或作不至(「不致」는 「不至」로 쓰기도 한다)"라고 설명하고, ≪老子≫十四章의 「此三者不可致詰, 故混而爲一.(이 세 가지는 하나하나 따질 수 없는 것이다. 그러므로 이 세가지는 서로 섞여 하나이다)" 구절 중의 「致」자를 ≪馬王堆漢墓帛書≫의 ≪老子甲≫과 ≪老子乙≫은 모두 「至」자로 쓴다. ≪琱生簋≫의 "余或至我考我母令(나는 또 다

---

128) 최남규 等著(2011), 100-101 쪽 참고.
129) 滕壬生, 같은 책, 1122 쪽 참고.

시 내 부모의 명령을 전달한다)" 중의 「至」자 역시 「致」의 의미로 쓰인다.

「至」자를 ≪馬王堆帛書≫ 중 ≪春秋事語≫에서는 「至」, ≪稱≫은 「至」로 쓴다.130) 「致」자를 ≪睡虎地秦簡≫은 「致」로, ≪馬王堆帛書≫중 ≪老子甲≫은 「致」로, ≪天文雜占≫은 「致」로, ≪老子乙≫은 「致」로 쓰며, 魏晉시기의 ≪孔宙碑≫는 「致」로, ≪華山廟碑≫는 「致」로, ≪熹平石經·周易≫은 「致」로 쓴다.

---

130) ≪馬王堆簡帛文字編≫, 472 쪽.

四 「訟」卦의 楚竹本과 帛書本 문자 비교

≪上博楚簡≫의 「訟」卦는 第4, 5, 6簡에 해당된다. 제4간은 윗부분이 23.2cm 아랫부분이 20.6cm로, 이 두 죽간을 짝 맞추기 한 것이다. 문자는 모두 41자이며, 卦畫와 卦名 아래 부호 「■」가 있다. 제5간의 길이는 43cm로, 문자는 모두 43자이다. 제6간의 길이는 43.3cm이며, 문자는 모두 4자가 있다. 제6간의「上九」爻辭 마지막 부분에 「■」부호가 있다.

「訟」은 卦名으로, ≪周易≫의 여섯 번째 괘에 해당되며, 아래는 「坎(☵)」卦이고 위는 「乾(☰)」卦이다.

帛書本≪周易≫・漢石經本≪周易≫과 현행본 ≪周易≫은 모두 「訟」으로 쓰고, 帛書≪繫辭≫는 「容」으로 쓴다. 熹平石經≪周易・象上≫은 "≪訟≫, 上剛下險.(≪訟≫은 위로는 강하고 아래로는 험하다)"라고, 현행본 ≪象傳≫은 "≪訟≫, 上剛下險, 險而健, ≪訟≫. 「訟有孚窒惕, 中吉」, 剛來而得中也. 「終凶」, 訟不可成也.(≪訟≫은 윗 괘는 강건하고 아랫 괘는 험난하다. 위험하며 강건한 것이 ≪訟≫괘이다. '訟有孚窒惕, 中吉'라는 것은 강건한 것이 와서 중심을 얻는다는 뜻이다. 「終凶」은 송사는 결국 성공하지 못한다는 뜻이다)"라 했다. 熹平石經≪周易・象上≫과 현행본은 모두 "天與水違行, 訟. 君子以作事謀始.(하늘과 물이 반대쪽으로 가는 것이 訟卦의 형상이다. 그런고로 군자는 일을 할 때 시작을 조심스럽게 계획한다)"라 했다. ≪雜卦≫는 "≪訟≫,

不親也.(≪訟≫은 친근하지 않은 괘이다)"라고 설명하였다. 「訟」은 「爭(소송하다)」의 의미이다.

馬王堆漢墓帛書 ≪易之義≫는 "≪容(訟)≫者, 得之疑也.(≪容(訟)≫이란 얻음에 의심이 있음을 말한다)"·"≪容(訟)≫, 獄凶得也.(≪容(訟)≫은 송사를 해서 감옥에 들어가고 나쁜 일이 있게 되는 괘이다)"·"≪容(訟)≫失諸□□□□□□□□□□□□□□□遠也"로 쓰고,131) 현행본 ≪序卦≫는 "飮食必有訟, 故受之以訟.(먹을 음식이 있는 곳에는 반드시 송사가 있다. 그래서 이를 차지하고자 송사를 하는 것이다)"로, 王家臺秦簡 ≪歸藏≫은 "☰☰≪訟≫曰: 昔者□□卜訟啓□□□……"으로 쓴다.132)

≪上博楚簡≫·≪帛書≫와 현행본의 「訟」괘의 내용은 아래와 같다.

【上博楚簡】

☰☰訟▉: 又(有)孚, 懂(窒)慮(惕), 中吉, 冬(終)凶. 利用見大人, 不利涉大川. 初六: 不出迊(御·禦)事, 少(小)又(有)言, 冬(終)吉. 九二: 不克訟, 逞(歸)肰(逋), 丌(其)邑人晶(三) 〖4〗 四戶, 亡(无) 禧(省). 六晶(三): 飤(食)舊惠(德), 貞礪(厲), 冬(終)吉; 或從王事, 亡(无)成. 九四: 不克訟, 逞(復)卽命愈(渝), 安貞吉. 九五: 訟, 元吉. 上九: 或賜繀(鞶)繻(帶), 冬(終) 〖5〗 朝晶(三)襲(表)之▉ 〖6〗.

---

131) 鄧球柏(2002), 같은 책, 550-551 쪽.
132) 濮茅左(2006), 같은 책, 775 쪽.

【帛書本】

　訟: 有復(孚), 洫(窒)寧(惕), 克(中)吉, 冬(終)兇. 利見大人. 不利涉大川. 初六, 不永所事, 少(小)有言, 冬(終)吉. 九二, 不克訟, 歸而逋. 其邑人三

　三百戶, 无省(眚). 六三: 食舊德, 貞厲, 或從王事, 无成. 九四: 不克訟, 復卽命俞(愈), 安貞吉. 九五: 訟, 元吉. 尙(上)九: 或賜般(鞶)帶, 終

　朝三攎(褫)之.

【現行本】

　訟: 有孚窒惕, 中吉, 終凶. 利見大人. 不利涉大川. 初六, 不永所事, 小有言, 終吉. 九二, 不克訟, 歸而逋. 其邑人三

　三百戶, 无眚. 六三: 食舊德, 貞厲, 終吉. 或從王事, 无成. 九四: 不克訟, 復卽命渝, 安貞吉. 九五: 訟, 元吉. 上九: 或錫之鞶帶. 終

　朝三褫之.

「訟」자를 ≪上博楚簡≫의 ≪周易≫은 「🔲」으로, ≪帛書≫는 「卦名」은 보이지 않지만 "不克訟" 중의 「訟」자를 「🔲」으로 쓴다.

　金文은 「訟」자를 「訟」·「訟」·「訟」으로 쓴다.133) ≪說文解字≫는 「訟(訟)」자에 대하여 "訟, 爭也. 從言, 公聲. 𧩻, 古文訟. (「訟」은 「다투다」의 의미이다. 편방 「言」과 「公」聲으로 이루어진 형성자. 「訟」자의 古文은 「𧩻」으로 쓴다"라고 하였고, 朱駿聲은 "以手曰爭, 以言曰訟.(손으로 다투는 것을 「爭」이라 하고, 언쟁

---

133) 容庚, 같은 책, '0361 訟' 147 쪽 참고.

하는 것을 「訟」이라 한다)"라고 하였다. 「訟」은 「諍」의 뜻이다.

아래에서는 편폭 관계상, ≪上博楚簡≫과 ≪帛書≫의 ≪周易≫'訟卦 중 통가자와 판본이 달라 상호 다른 문자를 사용하는 이체자에 대하여 살펴보기로 한다.134)

1. 通假字의 편방이 모두 다른 경우

1) 「▨(愻)」-「▨(洫)(洫)」

현행본 "有孚窒惕" 중의 「窒」자를 ≪上博楚簡≫은 「▨」로 쓰고 帛書本은 「▨(洫)」로 쓴다.

≪上博楚簡≫의 정리본은 「▨」자를 「愻」자로 隸定하고 「窒」로 해석하였다.135) 「▨」자를 「愷」자나 「涉」자의 의미로 해석하기도 한다.136) 「憲」자를 갑골문은 「▨」·「▨」로137), 금문은 「▨」(≪魛簋≫)·「▨」·「▨」(≪楚簋≫)로 쓴다.138) 갑골문과 금문의 형태는

---

134) ≪上博楚簡≫과 帛書本≪周易≫의 異體字, 예를 들어 「又-有」·「晶-三」·「孚-復」·「冬-終」·「亡-無」 등은 이미 다른 절에서 살펴보았기 때문에 언급하지 않기로 하며, 이외에도 필획의 많고 적음 혹은 곡선과 직선의 변화 등등의 필획의 차이에 대해서는 편폭 관계상 다루지 않기로 한다. 이체자는 광의적인 개념으로, ≪上博楚簡≫과 帛書本≪周易≫이 같은 내용을 다르게 쓰는 문자를 가리킨다.
135) 濮茅左(2006), 같은 책, 77 쪽 참고.
136) ≪上海博物館藏戰國楚竹書(三)讀本≫, 11 쪽 참고.
137) 中國科學院考古研究所編輯, ≪甲骨文編≫(中華書局, 1965), 0536 쪽 참고.

「」자 중의 편방 「疐」 부분과 매우 유사하다. ≪廣韻≫은 「疐」자의 음을 「陟利切」・「都計切」이라 하였다. 「疐」자는 「蔕」자와 음이 같고 의미도 같다.139) 「疐」자의 고음은 「知」 혹은 「端」母이고, 韻母는 「脂」部이다.140)

「(疐)」자에 대하여 ≪說文解字≫는 "礙不行也.('방해가 되어 앞으로 나아가지 못한다'는 의미)"라 하고, ≪廣韻≫은 "疐, 頓也.(「疐」는 '넘어지다(頓)'의 의미)"라 했다. ≪睡虎地秦簡≫은 「」로 쓴다.141)

「(洫)」자에 대하여 ≪說文解字≫는 "十里爲成. 成閒廣八尺, 深八尺謂之洫. 從水血聲.(況逼切).(十里를 한 成이라 하고, 成과 成 사이의 넓이가 八尺이며 깊이가 八尺인 것을 해자(溝洫)라 한다. 편방 「水」와 「血」聲으로 이루어진 형성자)"라 했다.

古典的에서 「洫」자는 「恤」과 「卹」의 통가자로 쓰이고, 기본 음성부분인 「血」자의 고음은 「曉」母「質」部이며, 「陟栗切」인 「窒」자는 「端」母「質」部로 韻部가 같다.

「(窒)」자에 대하여 ≪說文解字≫는 "塞也. 從穴至聲.(內室의 의미. 「穴」과 「至」로 이루어진 회의자)"라 하고, ≪集韻≫은 "塞

---

138) 容庚, 같은 책, '0649 , 272 쪽 참고.
139) 陳初生, 같은 책, 453 쪽 참고.
140) 上古音과 中古音 등은 「臺灣大學中國文學系」과 「中央硏究院資訊科學硏究所」가 공동 개발한 인터넷 "漢字古今音資料庫「(http://xiaoxue.iis.sinica.edu.tw/ccr/#)"를 참고하기로 한다.
141) ≪秦漢魏晉篆隷字形表≫, 255 쪽 참고.

穴.(구멍이 막히다)"라 했다. 「寴」와 「窒」자는 古音이 비슷하고, 帛書의 「洫」과는 「曉」母「質」部로 聲母가 같고 韻이 서로 통한다.
　≪周易≫ 중 「恤」·「洫」·「窒」자의 의미에 대해서는 의견이 매우 분분하다.
　王弼은 "窒. 謂窒塞也. 能惕然後可以獲中吉.(「窒」은 막힘이다. 두려워한 연후에 중간의 길함을 얻을 수 있다)"라 하고,142) ≪周易正義≫는 "被物止塞而能惕懼.(물건에 막혀 두려워하다)"라 했다. ≪豳風·七月≫ "穹室薰鼠, 塞向墐戶.(집안의 구멍을 막고 불로 그을려 쥐를 쫓으며 북향 창을 막고 문을 진흙으로 바르네)"에 대하여 ≪毛傳≫은 "窒, 塞也.(「窒」은 '막다'의 의미)"라 하고, 孔穎達≪疏≫는 "言窮盡塞其窟穴也.(온 힘을 다하여 그 움의 구멍을 막는다는 뜻이다)"라 했다. ≪周易·損≫"君子以懲忿窒慾.(군자는 이를 본받아 성냄을 징계하고 욕심을 막는다)"라 했다.
　現行本 「晉」卦의 "失得勿恤, 往吉无不利.(잃고 얻음을 근심하지 말지니 가는 것이 길하여 이롭지 않음이 없으리라)" 중의 「恤」자를 孔穎達≪疏≫는 "失之與得, 不須憂恤.(잃으면 얻는 것이니 반드시 근심 걱정할 필요는 없다)"라 했다. 본 「訟」卦 중의 「洫」자는 혹은 「恤」의 가차자로 쓰이는 것이 아닌가 한다.143) ≪爾雅·釋詁≫는 "恤, 憂也.(「恤」은 '근심하다'의 뜻)"이라 했다. 따라서 「恤」은 '근심하고 두려워한다'는 뜻이다. 또한 현행본은 「窒惕」 중의 「惕(두려워할 척, tì)」자 역시 '근심하고 두려워한다'는 뜻이기 때문에 「洫」자를 「恤」의 의미로 이해할 수 있다.

---
142) 임채우 옮김, ≪周易王弼注≫, 77쪽.
143) 張立文(2008), 같은 책, 34쪽 참고.

「寁」의 "礙不行也.('방해가 되어 앞으로 나아가지 못한다'는 의미)"와도 일치한다.

2) 「▦(啻)」-「▦」「▦(寧)」

現行本 현행본 "有孚窒惕" 중의 「惕」자를 ≪上博楚簡≫은 「▦」(啻)으로 쓰고, 帛書本은 「▦」(寧)자로 쓴다. ≪上博楚簡≫ 정리본은 「心」과 「啻」聲으로 이루어진 형성자이고, 고문자 중에서 「商」자와 「啻」자의 형태는 같으며, 「啻」의 음성은 「端」母「錫」部이고 「惕」은 「透」母「錫」部로 聲母는 비슷하고 韻部가 같기 때문에 서로 통한다라고 했다.144)

≪說文解字≫는 「▦(啻)」자에 대하여 "語時不啻也. 从口帝聲. 一曰啻, 諟也. 讀若鞮.(施智切).(虛詞「不啻」는 '단지'라는 의미이다. 「口」와 「帝」聲으로 이루어진 형성자. '바른말하다(諟)'의 의미로 해석하기도 한다. 「鞮(가죽신 제; dī,tí)」자와 음이 같다)"라고 하고, 「▦(惕)」자에 대하여 "敬也. 從心易聲. ▦或从狄.(他歷切).(「공경하다」의 의미. 「心」과 「易」聲으로 이루어진 형성자. 「惕」자는 혹은 편방 「狄」을 써서 「▦(愁, 척, tì)」으로 쓰기도 한다)"라 했다.

현행본 ≪周易≫의 "有孚窒惕"의 구절을 帛書本은 "有復洫寧"으로 쓴다. ≪帛書≫는 ≪周易≫ 중 "不寧方來"(「比」卦)·"有它不

---

144) 濮茅左(2006), 같은 책, 78쪽.

寧"(「中復」卦)의 「寧」자를 각각 「▦」・「▦」으로 쓰고, ≪老子甲≫의 "地得以寧"의 「寧」자를 「▦」으로 ≪春秋事語≫의 "寧召子不聽" 중의 「寧」자를 「▦」으로 쓴다.145) 이외에도 ≪秦漢魏晉篆隷字形表≫는 ≪睡虎地秦簡≫의 「▦」, ≪帛書≫의 「▦」(≪老子甲≫)・「▦」(≪春秋事語≫)・「▦」(≪老子乙≫)과 「▦」(≪老子乙≫前)의 예를 들고 있다.146) 이들의 자형 중 帛書本 「▦」은 「▦」자와 같다.

≪說文解字≫는 「寍(寧)」자와 「盇」자를 구별하여 "寧, 願詞也. 從丂盇聲.(안녕을 바라는 언사. 편방 「丂」와 「盇」聲으로 이루어진 형성자)"・"盇, 安也. 从宀, 心在皿上. 人之飮食器, 所以安人.('편안하다'의 의미. 편방 「宀」과 마음(心)이 「皿」 위에 있는 편방으로 이루어진 자. 사람이 사용하는 그릇이며, 이를 사용하면 사람이 편안하게 된다는 뜻이다)"라고 했다. 甲骨文은 「▦」・「▦」으로 쓰고, 금문은 「▦」・「▦」・「▦」 등으로 쓴다. 「寧」・「盇」은 사실상 같은 자이다.147)

楚竹書에서 「盇」자는 편방 「穴」을 써서 「▦」(≪包山楚簡≫)・「▦」(≪上博楚簡・紂衣≫)・「▦」(≪九店楚簡≫)으로 쓴다.148)

---

145) 陳松長, 같은 책, 194 쪽 참고.
146) ≪秦漢魏晉篆隷字形表≫, 311 쪽.
147) 陳初生, 같은 책, 504 쪽.
148) 滕壬生, 같은 책, 682 쪽 참고.

鄧球柏은 ≪帛書周易校釋≫에서 「寧」자와 「惕」자는 음이 「旁紐」와 「對轉」관계라고 설명하고, 「洫(봇도랑 혁, xù)」자는 물이 막혀 흐르지 않음을 말하고, 「寧」은 「安靜」이란 의미로 '동정없이 조용한 상태'를 가리킨다고 했다.[149] 의미상으로 「洫寧」은 '물이 막혀 움직이지 못하는 상태'로 곧 '막혀 곤란함이 있다'라는 뜻이기 때문에 「窒惕」은 곧 「恤惕」과 같다.

≪國語·晉語≫"聞子與龢未寧.(듣자하니 그대는 아직 화해를 하지 못하다)"에 대하여 韋昭는 "寧, 息也.(「寧」은 '마치고 쉬다'의 뜻)"이라 했다.

3) 「▨(肤)」-「▨(逋)」

현행본 "歸而逋"의 「逋」자를 ≪上博楚簡≫은 「▨(肤)」로 쓰고, 帛書本은 「▨(逋)」로 쓴다. 「▨」자는 편방 「肉」과 「夫」聲으로 이루어진 형성자이고, 「▨」자는 편방 「辵」과 「甫」聲으로 이루어진 형성자이다.

「逋」자의 上古音을 周法高는 「幫」母「魚」部인 「pwaɣ」, 「肤」자는 「非」母「魚」部인 「pjwaɣ」로 擬音하였다. 음이 비슷하기 때문에 서로 통용된다. ≪上博楚簡≫은 "遙肤"로 쓰고, ≪帛書≫와 현행본은 "歸而逋"로 쓴다. ≪上博楚簡≫에는 「而」자가 없다.

≪帛書≫ 중 ≪五十二病方≫은 「逋」자를 「▨」로 쓰고,[150]

---

149) 鄧球柏, 같은 책, 94 쪽 참고.
150) 陳松長(2001), 같은 책, 65 쪽.

≪睡虎地秦簡≫은 「逋」로 쓴다.151)

≪說文解字≫는 「逋(逋)」자에 대하여 "亡也. 从辵甫聲. 逋籒文逋, 从捕.(「逋」는 '도망하다'의 의미. 편방 「辵」와 「甫」聲으로 이루어진 형성자. 籒文은 편방 「捕」인 「逋」로 쓴다)"라고 설명하고, ≪增修互注禮部韻略≫은 "逋, 逃也, 欠也. 顔師古曰: 欠負官物亡匿不還者, 皆謂之逋, 故又訓負.(「逋」는 '도망하다'·'모자라다'의 의미. 顔師古는 '관의 물건을 빌려갔거나, 손실시키고 되돌려 놓지 않은 것'을 「逋(체납하고 도망가다)」라고 한다. 그런 고로 「負(빚지다)」의 의미를 포함하고 있다)"라 했다.

王弼注는 "歸竄其邑, 乃可以免災.(돌아가 숨는다면 재앙을 면하다)"라 하고, ≪象傳≫은 "歸而逋竄也.(돌아가 도망하여 숨다)"라 했다.

4) 「上(上)」-「尙(尙)(尙)」

≪上博楚簡≫의 「上」자를 帛書本은 「尙」으로 쓰고, 현행본은 「上」으로 쓴다.

≪說文解字≫는 ≪書經·多方≫의 구절 "爾尙不忌於凶德(바라건대 그대들은 흉악한 행동을 미워하라)"를 인용하면서 "上不彗于凶德"으로 쓰고, ≪呂氏春秋·盡數≫"今世上卜筮禱祠, 故疾病愈來.(지금 사람들은 卜筮나 제사 혹은 사당을 숭상하기 때문에 질병이 더 많아진다)"에 대하여 孫鏘鳴의 ≪補正≫은 "上, 尙也.(「上」은 「尙」의 의미다)"라 했다.152)

---

151) ≪秦漢魏晉篆隷字形表≫, 115쪽.

≪帛書≫는 「尙」자를 「![]」・「![]」・「![]」 등으로 쓰고,153) 「上」은 「![]」・「![]」・「![]」・「![]」으로 쓴다.154) 「上」과 「尙」은 음이 같기 때문에 서로 통가자로 쓰인다.

≪管子・立政≫ "審時事, 辨功苦, 便備用(시기적절하게 생산에 종사하는 것, 생산 물품을 판별하는 것, 튼튼하고 편리한 것을 숭상하도록 하다)" 구절을 ≪荀子・王制≫는 "審時事, 辨功苦, 尙完利, 便備用"으로 쓰고, ≪漢書・地理志下≫ "秦既滅韓, 徙天下不軌之民于南陽, 故其俗夸奢, 上氣力, 好商賈漁獵.(秦나라가 韓나라를 멸망시킨 후, 죄를 지은 백성들을 南陽으로 귀양보냈다. 그래서 그 곳은 사치스럽고 무력을 숭상하는 풍속이 형성되었고, 상업과 어업 사냥을 즐겨하였다)" 구절 중의 「上」은 「尙」의 의미로 쓰이고, ≪魏風・陟岵≫ "上愼旃哉, 猶來無死.(부디 조심하였다가 죽지 말고 돌아오너라)" 구절에 대하여 朱熹≪詩傳≫은 "上, 猶尙也.(「上」은 「尙」과 같은 의미다)"라 하였다.

5) 「」-「(服)」

현행본 "或錫之鞶帶"의 「鞶(큰 띠 반, pán)」자를 ≪上博楚簡≫은 「![]」으로 쓰고, 帛書本은 「般」자로 쓴다.

濮茅左 정리본은 이 자를 「縒」으로 隸定하고 편방 「糸」・「田」과 「半」聲으로 이루어진 형성자이며, 「半」은 「料」의 생략형이라

---

152) ≪漢語大字典≫, 7 쪽 재인용.
153) 陳松長(2001), 같은 책, 40 쪽.
154) 陳松長(2001), 같은 책, 2 쪽.

하였다.155) 李守奎의 ≪文字編≫에서 이 자는 편방 「糸」와 「畲(畔)」聲으로 이루어진 형성자로 「鞶」자의 이체자라 하였다.156)

「畔」자를 ≪郭店楚簡≫의 ≪老子甲≫은 「[畲]」(25簡)・「[畲]」(30簡)으로, ≪上博楚簡≫의 ≪容成氏≫는 「畔」자를 「[畲]」(45簡)으로 쓰고,157) 「判」이나 「叛」의 의미로 쓰인다. 「[絟]」자의 음성부분과 같다. 따라서 편방 「糸」와 「畲(畔)」聲으로 이루어진 형성자로 「鞶」자의 이체자이다.

「[鞶](鞶)」자에 대하여 ≪說文解字≫는 "鞶, 大帶也. ≪易≫曰'或錫之鞶帶.' 男子帶鞶, 婦人帶絲. 從革般聲.(「鞶」는 '큰 혁대'의 의미. ≪易≫은 「왕이 큰 띠를 내려 주었다」라고 하고 있다. 男子는 「鞶」을 두르고, 婦人은 「絲」를 단다. 편방 「革」과 「般」聲으로 이루어진 형성자)"라 하였다.

「畔(畔)」자에 대하여 ≪說文解字≫는 "田界也. 從田, 半聲.(밭의 경계. 편방 「田」과 「半」聲으로 이루어진 형성자)"라 하고, 朱駿聲≪說文通訓定聲≫은 "畔, 假借爲叛.(「畔」자는 「叛」의 가차자로 쓰인다)"라 했다.

帛書 중 「般」자는 「服」(≪十問≫)・「服」(≪天文雲氣雜占≫)・「服」(≪遣策三≫)으로 쓴다.158)

---

155) 濮茅左(2006), 같은 책, 82쪽 참고.
156) 李守奎(2007), 같은 책, 136쪽.
157) 滕壬生, 같은 책, 1148쪽.
158) 陳松長, 같은 책, 359쪽.

6) 「￼(襲)」-「￼(擴)」

　현행본 "終朝三褫之" 중 「褫(빼앗을 치, chǐ)」자를 「≪上博楚簡≫은 「￼(襲)」로 쓰고, ≪帛書≫는 「擴」로 쓴다.

　濮茅左 정리본에서 「襲」자는 「鷹」자와 같은 자이며, ≪集韻≫은 "鷹, 同褫.(「鷹」자는 「褫」자와 같다)"라 하였고, ≪說文解字≫는 「禠(褫)」자에 대하여 "褫, 古文表, 從鷹.(「褫」자는 「表」자의 고문으로 편방은 「鷹」이다)"라 하였기 때문에, 「襲」는 「表」자의 고문자라 하였다.159) 그러나 「褫」자와 「襲」자는 음성적으로 차이가 있다.

　≪經典釋文≫은 鄭玄本을 참고하여 「褫」자를 「拕」자로 쓰고,160) ≪周易集解≫ 역시 虞翻과 荀爽의 말을 인용하여 「拕」자로 쓴다.161) 「褫」자와 「拕」자는 고음이 서로 통한다. 「褫」자를 周法高의 上古音은 「支」部 「dieɤ」 혹은 「tʰieɤ」으로, 「拕」자는 「歌」部 「tʰa」 혹은 「da」로 표시하였다.

　「￼」자에 대하여 학자마다 의견이 분분하다. 음성부분이 「鹿」이기 때문에 「襴」로 읽어야 하며, 「襴」자의 음은 「褫」와 「擴」의 음과 서로 통한다라 하기도 하고(何琳儀 등), 「鹿」 음은 「彔」과 같기 때문에 「剝」의 의미로 쓰인다라 하기도 하며(楊澤 등), 「鬣」로 隸定하고, 음이 「爰」이나 「薦」이기 때문에 「褫」와 통한

---

159) 濮茅左(2006), 83쪽.
160) 李學勤 主編, ≪周易正義≫(1999), 50쪽 재인용.
161) 淸 李道平 著, ≪周易集解纂疏≫(中華書局, 1994), 126쪽 참고.

다라고도 하고, 또는 「鳶」의 異體字로 보기도 한다.162)

鄧球柏은 ≪帛書周易校釋≫에서 ≪帛書≫의 「攄」자는 「撌」자를 잘못 쓴 것이고,163) 張立文≪帛書周易注譯≫은 「撌(가를 체, chuāi)」자와 같은 자라 하였다.164) ≪一切經音義≫는 "撌, 又作扠.(「撌」자를 「扠」자로 쓰기도 한다)"라 하고, ≪集韻≫은 "撌, 以拳加物. 或作扠.(「撌」는 주먹으로 물건을 가격하다의 뜻. 혹은 「扠」자로 쓴다)"라 하였다.

廖名春은 이 자를 '襄'자로 예정하고 '褫'의 이체자라 하며, "'襄', 帛書≪易經≫本作'攄'而王弼本等作'褫'. '褫'·'攄'皆從'虍', 而'虍'與'鹿'常混, 故簡文將'褫'寫成了'襄'.('襄'자는 백서본≪周易≫은 '攄'자로 쓰고, 王弼本은 '褫'로 쓴다. '褫'자와 '攄'자는 편방이 모두 '虍'이다. 편방 '虍'와 '鹿'은 자주 혼용하여 쓴다. 그래서 초죽서는 '褫'자를 '襄'로 쓴 것이다)"라 하였다.165)

그러나 ≪上博楚簡≫에서 「鳶」자를 ≪容成氏≫는 로 쓰고, 「薦」자의 편방 「鳶」를 ≪子羔≫는 로 쓴다. 본 죽간의 ![]자의 윗부분과 매우 유사하다. 이 ![]자는 윗부분의 편방이 「鳶(법 치, zhì)」이고 아랫부분은 「衣」로, 「襄」자로 隸定할 수 있고, 음성부분이 「鳶」이기 때문에 현행본의 「褫(빼앗을 치, chǐ)」의 음과 서로 통한다.

---

162) ≪上海博物館藏戰國楚竹書(三)≫讀本, 17쪽 참고.
163) 鄧球柏, 같은 책, 97쪽 참고.
164) 張立文, 같은 책, 39쪽 참고.
165) 廖名春, 〈楚簡≪周易≫校釋記(一)〉, 簡帛硏究, 2009.04.01.

≪說文解字≫는 「廌({.inline})」자에 대하여 "解廌, 獸也. ……象形, 從豸省.(동물 '해태'. ……상형문자이다. 아랫부분은 「豸」를 생략한 형태다)"라고 하고, 段玉裁는 "豸亦聲.(「豸」는 또한 소리부분이기도 하다)"라 하였다.

≪說文解字≫는 「{.inline}(褫)」자에 대하여 "奪衣也. 從衣, 虒聲, 讀若池.('옷을 탈취하다'의 뜻. 편방 「衣」와 「虒」聲으로 이루어진 형성자. 「池」의 음과 같다)"라 했다.

高亨은 ≪周易古經今注≫에서 "鄭作扡, 借爲褫. 淮南子人間篇: '拖其衣被.' 高注: '拖奪也.' 拖俗扡字, 亦借扡爲褫.(鄭玄은 「褫」자를 「扡」자로 쓰는데, 「褫」의 가차자이다. ≪淮南子・人間篇≫ '拖其衣被(의복과 침구를 빼앗다)'에 대하여 高誘는 '拖는 탈취하다의 뜻'이라 했다. 「拖」자의 俗字를 「扡」로 쓴다. 그래서 「扡」자를 「褫」의 가차자로 쓴다)"라 했다.[166]

7) 「{.inline}(迎)」-「{.inline}(所)」

≪上博楚簡≫의 "不出迎事"를 백서본과 현행본은 "不永所事"로 쓴다.

≪上博楚簡≫의 「{.inline}(迎)」자를 ≪帛書≫는 「{.inline}(所)」로 쓴다. ≪上博楚簡≫의 「蒙卦」 역시 「{.inline}(迎)」자를 역시 「所」자로 쓴다. 이외에도 「所」자를 백서는 「{.inline}」(≪遣策一≫)・「{.inline}」(≪五星

---

166) 김상섭 옮김, ≪周易古經今注≫, 127-128 쪽

占≫)·「 등으로 쓴다.167)

≪上博楚簡≫「蒙卦」의 「不利爲寇, 利迎寇」 구절을 帛書本≪周易≫은 「不利爲寇, 利所寇」로 쓰고, 현행본≪周易≫은 「不利爲寇, 利禦寇.(도둑이 되면 이롭지 않고, 도둑을 막으면 이롭다)」로 쓴다. 「迎」자의 기본성부가 「午」이기 때문에 「所」의 가차자로 쓰인다.

≪郭店楚簡≫≪紂衣≫ "![]公之命員(云): 毋以少(小)悔(謀)敗大惇(作), 毋以卑(嬖)迎(御)息(塞)妝(莊)句(后), 毋以卑(嬖)士息(塞)大夫·卿事(士).(≪祭公之顧命≫은 '小臣의 계략을 가지고 대신의 계획을 망치지 말며, 嬖御(폐어, 비천한 출신으로 왕의 총애를 받는 사람)의 사람으로써 莊后(장후)를 버리지 말고, 폐사로써 장사·대부·경사를 미워하지 말아야 한다'라고 했다)" 구절 중 「迎(御)」자를 「」로 쓰고, ≪上博楚簡≫은 「」자로 쓰고, 현행본 ≪禮記≫는 「御」로 쓴다.168)

「迎」자는 「御」와 같은 자이고, 「禦」자와 통용된다. 갑골문은 「![]」·「![]」·「![]」·「![]」로 쓰고, 金文은 「![]」(≪古伯尊≫)·「![]」(≪牧師父篹≫)·「![]」(≪盂鼎≫)·「![]」(≪頌鼎≫)로 쓰며,169) ≪包山楚簡≫은 「![]」·「![]」로 ≪江陵天星觀≫은 「![]」·「![]」로 ≪曾侯乙墓≫는 「![]」·「![]」로 쓰며,170) ≪睡虎地秦簡≫은 「![]」·

---

167) 陳松長, 같은 책, 572쪽 참고.
168) 최남규 역주, ≪상해박물관장전국초죽서·치의≫, 159쪽 참고.
169) 徐中舒, 같은 책, 74쪽.
170) 滕壬生, 같은 책, 184쪽.

「𢆯」로 쓴다. 「御」자는 사람이 채찍을 들고 가는 모습이며,171) 「卸」・「御」・「馭」는 같은 자로 「禦」자와 통한다.

　≪說文解字≫는 "御, 使馬也, 從彳從卸. 馭古文御, 從又從馬. (「御」는 '車馬를 몰다'의 의미이다. 「彳」과 「卸」로 이루어진 회의자이다. 「馭」는 「御」의 고문자로 「又」와 「馬」로 이루어진 회의자이다)"라고 하고, 徐鍇는 "解車馬也, 或彳或卸.(「卸」는 '車馬를 몰다'의 의미이다. 혹은 「彳」과 「卸」를 써서 「御」로 쓰기도 한다)"라 하였다. ≪詩經・齊風・猗嗟≫의 "以禦亂兮.(세상의 어지러움 방지하네)"라는 구절을 鄭玄은 ≪儀禮・大射儀≫를 주석하면서 "以御亂兮"로 쓴다. ≪左傳・莊公二十四年≫의 "御孫"을 ≪漢書古書人名表≫는 "禦孫"으로 쓰고, ≪周禮・掌蜃≫의 "以蜃御淫"이라는 구절에 대하여 ≪釋文≫은 "本亦作禦(「御」자는 본래 「禦」자로 쓰기도 한다)"라고 설명하였다. 「迎」자는 「御」와 같은 자이고, 「禦」자와 통용된다. ≪象≫은 "利用禦寇', 上下順也.(과도한 폭력을 억제한다는 것은 상하가 순종한다는 것이다)"라 하였다.

　「䘚」자는 편방 「冂」과 「午」聲으로 이루어진 형성자이다. 「午」・「所」자와 「魚」자는 모두 古韻이 「魚」部이다. ≪說文解字≫는 「𨸏(所)」자에 대하여 "伐木聲也. 从斤戶聲. ≪詩≫曰: '伐木所所.'('나무를 베는 소리'. 편방 「斤」과 「戶」聲으로 이루어진 형성자. ≪詩經≫은 '싹싹싹 나무를 베는 톱질 소리 울리네')"라 하였고, 朱駿聲≪說文定訓通聲≫은 "毛本作許許, 鋸聲也.(毛傳은

---

171) 陳初生, 같은 책, 205 쪽.

「許許」로 쓴다. 톱질하는 소리)"라 하였다. 「許」자는 편방 「言」과 「午」聲인 형성자이다. 따라서 「御」・「所」자는 서로 통용된다.

廖名春은 〈楚簡≪周易≫校釋記(一)〉에서 "'所'古音爲魚部生母, '迎(禦)'爲魚部疑母, 音近通用. ≪周易・漸≫卦九三'利禦寇'之'禦', 帛書≪易經≫本就作'所'. ≪詩・小雅・伐木≫: '伐木許許.' ≪說文・斤部≫'所'下引'許'作'所'.疑'迎'即'迕', '迎事'即'迕事', 也就是逆事・逆行.('所'자의 古音은 '魚'部'生'母이고 '迎(禦)'자는 '魚'部'疑'母로 음이 비슷하여 서로 통한다. ≪周易・漸≫卦의 「九三」'利禦寇' 구절 중의 '禦'자를 帛書本≪周易≫은 '所'자로 쓴다. ≪小雅・伐木≫의 '伐木許許' 구절을 ≪說文・斤部≫는 '所'자를 설명하면서 '所'자를 '許'자로 쓴다. '迎'자는 즉 '迕(거스릴 오, wǔ)'의 의미로 쓰이는 것이 아닌가 한다. 즉 '迎事'는 '迕事'로 '일을 거스리다' 혹은 '역행하다'의 뜻이다)"라 하였다.[172]

정리본은 ≪訟卦≫의 「迎」자는 「御」자와 같은 자로 '다스리다'・'통치하다'의 뜻이고, "御事"는 "治事(일을 처리하다)"의 의미라고 설명하였다.[173] ≪國語・周語≫는 "百官御事.(모든 관리가 자신의 일을 처리하다)"라 했다.

≪象傳≫은 "'不永所事', 訟不可長也. 雖'小有言'其辯, 明也.('不永所事'라는 것은 소송은 오래 할 수 없는 것을 말한다. '小有言'라는 것은 곧 송사가 명백하게 밝혀진다는 뜻이다)"라 하였다. "少又言"은 "少有言"로 '말썽이 좀 있다'의 뜻이다. 모두 「所」자를 '이른바 -것'의 의미인 「名詞性結句助詞」의 용법으로 해석하였다.

---

172) 簡帛硏究, 2009-04-01.
173) 濮茅左(2006), 같은 책, 79 쪽.

≪小雅・都人士≫"行歸于周, 萬民所望.(주나라로 귀순하는 것은 백성들이 모두 원하는 바네)" 중의 「所」자의 용법과 같다.

「不出御事」 중의 「出」자를 정리본은 「黜(물리칠 출, chù)」로 해석하고, "不黜御事"를 '일 처리하는 것을 배척하지 말아야 한다'는 의미라 하였다.174) '御事'를 즉 '治事'의 의미로 해석하였다.

王弼은 "處訟之始, 訟不可終. 故不永所事, 然後乃吉.(송사할 것이 생겼으나, 그 송사는 오래 끌어 끝까지 할게 못되므로, 송사를 길게 하지 않아야 길하다)"라 하였다.175) 일 처리를 꺼리지 말라 하는 것은 곧 송사를 오래 끌지 말라는 의미와 일맥상통한다.

張立文은 ≪帛書周易注譯≫에서 "不永所事"를 "不可長久於爭訟之事.(송사를 오랫동안 끌면 안 된다)"라 설명하고,176) 「蒙卦」의 "利所寇"에 대하여 "所寇, 猶言處寇, 有被寇而能防衛, 不被就所害也.(「所寇」는 「處寇」의 의미와 같다. 도둑에게 약탈을 당하나 철저히 방어하면 피해를 입지 않는다는 뜻이다)"라 하여 모두 「處」의 의미로 해석하고 있다.

鄧球柏은 ≪蒙卦≫의 "利所寇" 중의 「所」자는 "利于處制强盜. 所, 處也. ≪廣韻≫: '處, 所也'.('강도를 제압하여 처리하는 것에 유리하다'의 의미. 「所」자는 「처리하다(處)」의 의미. ≪廣韻≫은 '「處」는 「所」의 의미다')"라 하고,177) 본 「訟卦」의 "不永所事" 중 「所」자는 代詞 「其」・「斯」・「此」로 해석하였다.178) 그러나 본 괘

---

174) 濮茅左(2006), 같은 책, 79 쪽.
175) 임채우 옮김, 같은 책, 80 쪽.
176) 張立文, 같은 책, 35 쪽.
177) 鄧球柏, 같은 책, 139 쪽 참고.
178) ≪帛書周易校釋≫, 95 쪽.

의 「所」자는 「處」의 의미가 아닌가 한다. 「處事」는 즉 「治事」와 비슷하다. 그 일에 처해있다는 것은 그 일을 처리한다는 의미와 상통한다.

≪商頌・殷武≫"有截其所.(있는 곳을 다스리다)"에 대하여 鄭玄은 "所, 猶處也.(「所」는 '處하다'의 의미와 같다)"라 하였고, ≪一切經音義≫은 "所, 處也.(「所」는 '處하다'의 의미와 같다)"라 하였다.

2. 通假字 중 일부 편방만 다른 경우

異體字 중 전체 문자 중 일부 편방만이 다른 경우가 있다. 다른 편방이 추가되거나, 서로 호환 할 수 있는 편방으로 대체하여 쓰기도 한다. 이러한 편방 중 일부만이 다른 경우는 일반적으로 고문자에서 같은 자이거나, 古今字 혹은 俗字이다.

1) 「⊘(凶)」-「兌(兇)」

현행본 "終凶" 중의 '凶'자를 帛書本≪周易≫은 「(兇)」으로 쓰고, ≪上博楚簡≫은 「⊘(凶)」으로 쓴다.

≪說文解字≫는 「(凶)」과 「(兇)」자에 대하여 각각 "惡也. 象地穿交陷其中也.('험악한 땅'의 의미. 땅에 구멍을 파고 그 곳에 함정을 만든 형상)"・"擾恐也. 从儿在凶下. 春秋傳曰, 曹人兇懼.('공포에 떨며 지내는 소리'의 뜻. 편방 「儿」가 「凶」 아래 있는 회의자이다. ≪春秋傳≫에서 '曹나라 사람들이 두려워 떨고

있다'고 했다)"라 설명하였다.

≪集韻≫은 "凶, 惡也. 通作兇.(「凶」은 '흉악하다'의 뜻. 일반적으로 「兇」자로 쓴다)"라 하고, 桂馥의 ≪說文解字義證≫은 "兇, 字又作匈.(「兇」자를 또한 「匈」으로 쓴다)"라 하였다. ≪左傳・僖公二十八年≫"曹人兇懼.(조나라 사람은 두려워 소리를 질렀다)"에 대하여 杜預는 "兇兇, 恐懼聲.(「兇兇」은 '공포에 질린 소리'의 의미)"라 하고, ≪漢書・高帝紀下≫는 "天下匈匈, 勞苦數歲.(온 세상이 공포에 떨며 힘들게 보낸 세월이 몇 년이 되었다)"에 대하여 顏師古는 "匈匈, 喧擾之意.(「匈匈」은 '두려워하며 공포에 질리다'의 뜻)"이라, ≪國語・晉語≫의 "敵入而凶(적이 쳐들어오자 두려워 떨었다)"에 대하여 韋昭는 "凶, 猶凶凶恐懼, 亦作兇.(「凶」은 '세상이 凶凶하여 두려워 떨다'의 의미. 또한 「兇」자로도 쓴다)"라 했다. 따라서 「凶」・「兇」・「匈」은 서로 통가자로 쓰인다.

「凶」자를 ≪睡虎地秦簡≫은 "![]"・"![]"・"![]"・"![]"의 형태인 「兇」자로 쓴다.179) ≪詛楚文≫의 "![]"(≪石刻篆文編≫)자에 대하여 郭沫若은 "將欲復其䏍逑: 䏍殆兇賊之本字, 從貝與賊字從貝同意, 蓋兇賊之事多因財貨而起, 故從貝. 兇若凶均胸若匈之初文, 凶實胸部之象形. 入後兇演爲兇賊字, 凶演爲吉凶字, 匈爲匈奴之名所專用, 胸字後起, 成爲心胸之專文, 䏍字則廢矣.('將欲復其䏍逑' 구절 중의 「䏍」자는 '兇賊(흉악한 도적)'의 本字이다. 의미부분이 「貝」인 것은 「賊」자의 의미부분이 「貝」인 것과 같다. '兇賊(흉악한 도적)'은 일반적으로 재물 때문에 생겨난 것이기 때문에 의미

---

179) 張守中(2003), 같은 책, 113 쪽.

부분을 「貝」로 쓴다. 「兇」의 「凶」은 「匈」이 「胸」의 初文인 관계와 같다. 「凶」자는 실제로 흉부의 象形문자이다. 후에 「兇」자는 「兇賊」의 의미로 사용되었고, 「凶」자는 「吉凶」의 의미로 사용되었으며, 「匈」자는 「匈奴」를 나타내는 용어로 사용되었다. 「胸」자는 후에 「心胸」을 표시하는 의미로 쓰였고, 「䐶」자는 후에 쓰이지 않게 되었다)"라고 설명하고 있다.180)

≪上博楚簡≫은 일반적으로 「凶」으로 쓰나, ≪武王踐阼≫는 「⿸」(第4簡)·「⿸」(第14簡)과 같이 「兇」으로 쓰기도 하며, 帛書 ≪易之義≫의 "恒躍則凶" 구절은 「凶 (⿸)」으로 쓰기도 하고,181) ≪九店楚簡≫은 「凶」자를 「⿸」으로 쓴다. 따라서 「凶」자와 「兇」은 서로 통용된다.

2) 「⿸(遑)」-「⿸(歸)」

현행본 "歸而逋" 중 「歸」자를 ≪上博楚簡≫의 「⿸(遑)」자로 帛書本 ≪周易≫은 「⿸(歸)」로 쓴다. 帛書는 「歸」자를 「⿸」이외에도 「⿸」·「⿸」·「⿸」·「⿸」 등으로 쓴다.182) 편방 「阝」·「止」·「帚」로 이루어진 자이다. 「帚」는 「婦」의 고문자이다. 「遑」와 「歸」자는 같은 자이다.

「歸」자를 갑골문은 「⿸」·「⿸」·「⿸」로,183) 金文은 「⿸」·

---

180) ≪郭沫若全集(9)≫, 〈詛楚文考釋〉, 275쪽.
181) 陳松長, 같은 책, 299쪽.
182) 陳松長, 같은 책, 58쪽 참고.

「囗」・「囗」・「囗」로 쓴다.184) ≪說文解字≫는 「歸」자에 대하여 "女嫁也, 從止, 從婦省, 𠂤聲. 婦, 籒文省.(「歸」는 '여자가 시집을 가다'의 의미이다. 편방 「止」와 「婦」의 생략된 형태와 「𠂤」聲으로 이루어진 자이다. 籒文은 생략하여 「婦」로 쓴다)"고 하고, 李孝定 ≪甲骨文字集釋≫은 "契文歸作囗, 則囗是從婦不省, 以𠂤爲聲. ……金文大抵從婦, 𠂤聲, 與契文同. ……或從辵從彳, 無單從止者, 辵彳止本通用無別.(갑골문은 「歸」자를 「囗」로 쓴다. 「囗」자는 편방 「婦」의 생략형이 아닌 「婦」와 「𠂤」로 이루어진 자이다. ……금문도 갑골문과 같이 편방 「婦」와 「𠂤」聲으로 이루어져 있다. ……혹은 편방 「辵」・「彳」이나 「止」를 추가하여 쓰는데, 고문자에서 편방 「辵」・「彳」・「止」는 구별없이 통용된다)"라 했다.185) 郭沫若은 ≪兩周金文辭大系圖錄考釋≫에서 「歸」자는 편방 「帚」와 「𠂤(追)」聲으로 이루어진 형성자라 하였다.186) ≪說文解字≫는 「追」자에 대하여 "逐也. 从辵𠂤聲.('쫓아가다'의 의미. 편방 「辵」과 「𠂤(duī)」聲으로 이루어진 형성자)"라 했다. 금문은 「追」자를 「囗」・「囗」・「囗」로 쓴다.187) 금문 「歸」자 중 「囗」은 편방 「帚」와 「追」로 이루어진 자이다. 따라서 郭沫若의 「𠂤(追)」聲이라는 주장이 옳다하겠다.

≪睡虎地秦墓竹簡≫은 「歸」자를 「囗」・「囗」로 쓴다.188) 이 중

---

183) 徐中舒(1981), 같은 책, 54쪽 참고.
184) 容庚, 같은 책, '0193 囗', 85쪽 참고.
185) 湯可敬, 같은 책, 234쪽 재인용.
186) ≪古文字詁林≫第二冊, 245쪽 재인용 참고.
187) 容庚, 같은 책, '0236 囗', 102쪽 참고.

「䢜」·「䢟」는 편방 「止」를 생략한 형태다. 초죽서는 「歸」자는 「歸」의 형태와 「遉」의 형태 두 가지로 쓴다. 「歸」자를 ≪江陵天星觀卜筮簡≫은 「🔣」·「🔣」로, ≪新蔡葛陵楚墓竹簡≫은 「🔣」로 쓰며, 「遉」자는 「🔣」(≪包山楚簡≫)·「🔣」(≪郭店楚簡≫)·「🔣」(≪上博楚簡·孔子詩論≫)로 쓴다.189)

≪正字通≫은 "遉, 同歸.(「遉」자는 「歸」자와 같은 자이다)"라고 했다.

3) 「🔣(禥)」-「🔣(眚)」

현행본≪周易≫ "无眚" 중의 「眚」자를 ≪上博楚簡≫ 「🔣(禥)」 자로 쓰고, 帛書本≪周易≫은 「🔣(省)」으로 쓴다. 「禥」자는 편방 「示」와 「眚」으로 이루어진 형성자이다.

≪說文解字≫는 「🔣(眚)」자에 대하여 "目病生翳也.(「眚」은 눈에 백태가 생긴 병)"이라 하고, 「🔣(生)」자에 대해서는 "進也. 象艸木生出土上(「나아가다」의 의미. 초목이 땅 위로 솟아나는 모양)" 이라 하였다. 「眚」자는 형성자이고, 「生」자의 상형자이다. 「生」·「性」과 「眚」자는 음과 의가 서로 통한다.

「省」자를 갑골문은 「🔣」·「🔣」·「🔣」으로 쓰고,190) 금문은 「🔣」·「🔣」·「🔣」으로 쓴다. ≪金文編≫은 "從目從屮與眚爲一字敦

---

188) 張守中(2003), 같은 책, 17쪽 참고.
189) 滕壬生, 같은 책, 129쪽.
190) 徐中舒, 같은 책, 135쪽.

煌本尙書說命惟干戈眚冔躬今本作省.(이 자는 편방 「目」과 「屮」로 이루어진 자이며, 「眚」과 같다. 敦煌本은 ≪尙書·說命≫「惟干戈眚冔躬(방패와 창을 맡길 때에는 그 사람을 살펴보아야 한다)」 중의 「眚」자를 「省」자로 쓴다)라 했다.[191]

≪書經·洪範≫ "王省爲歲(임금은 해를 살펴야 한다)" 구절을 ≪史記·宋世家≫는 「省」자를 「眚」자로 쓰며, ≪公羊·莊二十二年≫ "春, 王正月, 肆大省(봄, 왕력으로 정월에 큰 재앙을 사면해 주었다)"를, ≪左氏穀梁≫은 「省」자를 「眚」자로 쓰며, ≪書經·說命≫ "惟干戈省冔躬(방패와 창을 맡길 때에는 그 사람을 살펴보아야 한다)" 중의 「省」자를 敦煌本은 「眚」자로 쓴다.

≪性情論≫의 제1간 "凡人唯又生(사람은 모두가 동일한 「性」을 가지고 있다)" 구절 중의 (生)자를 ≪性自命出≫은 (眚)자로 쓴다. ≪性情論≫은 「性」자를 「生」 혹은 「眚」자로 쓴다. 제1간의 첫 구절에서 「(生)」이 「性」의 의미로 쓰인 이외에 제2·8·10·33간에서는 모두 「出生」의 의미로 쓰이고, 제1·2·3·4·5·6·7·18·22·33·34간 등에서는 「性」의 의미이며 모두 「 (眚)」으로 쓴다. ≪性自命出≫에서 「性」자의 의미는 일반적으로 「 (眚)」이나 「 」(제9간)으로 쓰고, 「出生」의 의미는 「 (生)」(제3간)으로 쓴다.

따라서 「性」·「生」·「眚」과 「省」은 모두 서로 구별없이 쓴다는 것을 알 수 있다.

---

191) 容庚, 같은 책, '0585 眚', 242 쪽 참고.

第 一 章 ≪上博楚簡≫의 문자 연구 135

「眚」자를 ≪上博楚簡≫의 ≪孔子詩論≫은 「⿰」(제16간)으로, ≪紂衣≫는 「⿰」(제3간)으로, ≪周易≫은 「⿰」(제20간)으로, ≪柬大王泊旱≫은 「⿰」(제14간)으로, ≪曹沫之陳≫은 「⿰」(제27간)으로 쓴다. ≪郭店楚簡≫의 ≪緇衣≫는 「⿰」(제5간)으로,≪唐虞之道≫는 「⿰」(제11간)으로, ≪成之聞之≫는 「⿰」(제11간)으로, ≪語叢≫은 「⿰」(二.1)・「⿰」(二.10)・「⿰」(三.68)으로 쓴다.

≪廣韻≫은 「眚」자를 "過也, 災也.(과실 혹은 재난의 의미이다)"라 했다. 王弼注는 「眚」자를 災殃인 「災」의 의미로 해석하였다.192)

4) 「⿰」(飤)」-「⿰」(食)」

현행본≪周易≫ "食舊德" 중 「食」자를 帛書本≪周易≫은 「⿰」(食)」자로 ≪上博楚簡≫은 「⿰」(飤)로 쓴다.

≪說文解字≫는 「⿰」(飤)」자에 대하여 "飤, 糧也. 從人食.(「飤」는 '양식을 먹이다'의 의미. 편방 「人」과 「食」으로 이루어진 회의자)"라 하고, ≪說文解字注≫는 "按以食食人物. 其字本作食, 俗作飤, 或作飼. 經典無飤.(음식물을 사람에게 먹인다는 뜻이다. 이 자는 원래 「食」자로 쓰는데, 俗字는 「飤」로 쓰거나, 혹은 「飼」로 쓴다. 經典에는 「飤」자가 없다)"라 했고, ≪玉篇≫은 "飤, 食也.

---

192) 임채우 옮김, ≪周易王弼注≫, 81 쪽

(「飤」는 '먹이다'의 의미)"라 하였다. 「飤」는 「飼」자와 같은 자로, 일반적으로 「食」자로 쓴다.

「飤」자를 甲骨文은 「⬚」・「⬚」로 쓰고, 금문은 「⬚」・「⬚」 등으로 쓴다.193) ≪包山楚簡≫은 「⬚」・「⬚」・「⬚」로, ≪郭店楚簡≫은 「⬚」・「⬚」 등으로 쓰며,194) ≪睡虎地秦簡≫은 「⬚」로 쓴다.195) 모두 죽간의 「⬚」자와 형태와 같다.

≪王弼周易注≫는 "故得食其舊德而不失也.(고로 옛 덕에 의지해 먹어도 잃지 않을 수 있다)"로 이해하고, ≪象傳≫은 "食舊德, 從上吉也.('食舊德'은 위를 좇더라도 길하다)"라 하였다.196)

高亨은 「蝕」의 의미로 보고 "食舊德"을 '옛 덕행을 훼손하다'로 해석하였고,197) 鄧球柏은 「養」의 의미로 해석하였다.198) 「食」자에 대한 의견이 분분하다. 본문에서는 가장 일반적인 '享用하다'의 의미로 해석하기로 한다.

5) 「⬚」(悳)」-「⬚」(德)」

현행본 "食舊德" 중의 「德」자를 ≪上博楚簡≫은 「悳」으로 쓰고, 백서본 ≪周易≫과 현형본은 「⬚(德)」으로 쓴다.

---

193) 徐中舒, 같은 책, 197 쪽.
194) 滕壬生, 같은 책, 506 쪽.
195) ≪秦漢魏晉篆隷字形表≫, 334 쪽.
196) 임채우 옮김, ≪周易王弼注≫, 81 쪽.
197) 김상섭 옮김, ≪周易古經今注≫, 125 쪽.
198) 鄧球柏, 같은 책, 96 쪽.

「德」자를 甲骨文은「⿰」·「⿰」·「⿰」으로,199) 金文은「⿰」·「⿰」·「⿰」 등으로 ≪鄂君啓節≫은 「⿰」으로,200) ≪詛楚文≫은 「⿰」 등으로 쓰거나, 혹은 편방 「辵」인 「⿰」으로도 쓴다.201) 갑골문과 금문에서는 「心」을 생략하고 쓰거나, 「彳」을 추가하여 쓰기도 한다.

≪說文解字≫는 「⿰(德)」자에 대하여 "升也. 從彳, 悳聲.(「德」은 '오르다'의 의미이다. 「彳」과 「悳」聲으로 이루어진 형성자)"라 하고, 「⿰(悳)」에 대해서는 "外得於人, 內得於己也. 從直心.(「悳」은 「외적으로는 다른 사람에게서 얻고 내적으로 자신에게서 얻다」의 의미이다. 「直」과 「心」으로 이루어진 회의자)"라고 설명하였다. ≪說文解字≫는 「悳」자가 「道德」의 「德」자인 것으로 보고 있으나, ≪字彙≫는 "悳, 與德同.(「悳」은 「德」자와 같은 자이다)"라고, ≪玉篇≫은 "悳, 今通用德.(「悳」자를 지금은 「德」자로 쓴다)"라고, ≪廣韻≫은 "德, 德行. 悳, 古文.(「德」은 「德行」의 의미. 古文은 「悳」으로 쓴다)"라고 했다. 「悳」과 「德」자는 고금자이다.

陳初生≪金文常用字典≫은 "金文悳從心從直. 直, 除力切, 中古屬澄母職韻開口三等, 上古屬章母職韻, 與悳字疊韻, 聲母同爲舌音, 故悳字之直亦可視爲聲符. 孶乳爲德, 爲道德人本字.(금문의

---

199) 徐中舒, 같은 책, 70쪽.
200) 容庚, 같은 책, '1714 ⿰', 713쪽. '0256 ⿰', 110쪽. 「悳」자에서는 "孶乳爲德.(「德」의 의미로도 쓰인다)"라 하고, 「德」자에서는 "悳字重見.(「悳」자에 보인다)"라 했다.
201) 徐中舒, 같은 책, 70쪽.

「悳」자는 편방 「心」과 「直」으로 이루어진 자이다. 「直」의 음은 「除力」切이다. 中古音은 「澄」母「職」으로, 「開口三等」韻에 속하고, 上古音은 「章」母「職」韻이다. 따라서 「悳」자와 疊韻관계이고, 聲母는 舌音으로 같다. 따라서 「悳」자 중의 「直」은 聲符라고 할 수 있다. 전문적으로 도덕을 뜻하는 「德」의 의미로도 쓰인다)"라 하고,202) 「德」자에 대해서는 "德字金文或作悳. 形符或作彳辵, 或作言人, 聲符悳或作㣫.(「德」자를 金文은 「悳」으로 쓴다. 편방으로 「彳」이나 「辵」 또는 「言」이나 「人」을 쓰기도 한다. 聲符 「悳」은 혹은 「㣫」으로 쓰기도 한다)"라 했다.203)

그러나 孫詒讓은 편방 「㣫」의 윗부분은 편방 「省」이라 하고, "古文悳當從心從省, 蓋以省心會意, 較悳心義尤允協. 小篆改易古文, 失其本惛者也.(古文 중의 「悳」자는 「心」과 「省」으로 되어 있다. 즉 심리적으로 반성하다는 의미는 도덕적인 마음이라는 의미보다 적절한 표현이다. 小篆에서 이미 古文의 형태를 고쳐 써서 원래의 의미를 와전시키고 있다)"라 했다.204) 그러나 金文에서 「直」자는 「㣫」(≪恒簋≫)으로, 「省(眚)」자는 「㫃」・「㱿」・「𡕩」 등으로 쓴다.205) 윗부분이 서로 다르다. 음성과 자형으로 보아 孫詒讓의 주장은 설득력이 없다.

≪帛書≫에서 ≪老子≫는 「悳」・「德」・「車」으로 쓰고, ≪戰國

---

202) 陳初生, 같은 책, 944 쪽.
203) 陳初生, 같은 책, 194 쪽.
204) ≪古文字詁林≫第八冊, 948 쪽 참고.
205) 容庚, 같은 책, '0585 㱿', 242 쪽.

縱橫家書≫는 「⿰」・「⿰」으로 쓴다.206) ≪上博楚簡≫에서는 「⿰」
(≪仲弓≫)・「⿰」(≪彭祖≫)・「⿰」(≪曹沫之陳≫)으로 쓴다.

6) 「⿰(礪)」-「⿸(厲)」

현행본≪周易≫"貞厲終吉" 중의 「厲」자를 ≪上博楚簡≫은 「⿰」
(礪)」으로 쓰고, 帛書本≪周易≫은 「⿸(厲)」로 쓴다. 「⿰」자는
편방 「石」과 「萬」聲으로 이루어진 형성자이며,207) 제22간은 「⿰」
(礪)자로 쓴다. 「礪」자는 「厲」자와 같다. 편방 「厲」는 「厂」을 생
략하고 「萬」으로 쓰기도 하며, 「蠣」자는 「蛎」로 쓰고, 「襧」자는
「禡」로 쓰기도 한다.

≪說文解字≫는 「⿸(厲)」자에 대하여 "旱石也. 从厂, 蠆省聲.
⿸, 或不省.(「거친 숫돌」의 의미. 편방 「厂」과 「蠆」省聲으로 이루
어진 형성자. 혹은 생략하지 않고 「厲」로 쓰기도 한다)"라 하고,
≪說文解字注≫는 "按說文萬與蠆篆形絕異. 厲从蠆省聲, 則字當
作厲. 而隸體蠆作蠆, 厲作厲, 皆从萬, 非也. 後人以隸改篆, 則又

---

206) ≪秦漢魏晉篆隸字形表≫, 120 쪽. 陳松長, 같은 책, 76 쪽.
207) 李零은 "厲, 簡文從石萬聲, 古文字的厂旁是從石旁分化, 本來就是一個字, 可
以直接寫成厲, 濮注說, 此字從石從厲省, 不妥.(「厲」자는 簡文에서 편방 「石」
과 「萬」聲으로 이루어진 형성자이다. 古文字에서 편방 「厂」은 「石」에서 분화
된 것으로 본래는 같은 자이다. 따라서 이 자는 「厲」이다. 濮茅左는 편방 「石」
과 「厲」의 일부가 생략되어 이루어진 자라 했는데, 이는 잘못된 설명이다)"라
했다. 陳仁仁 著, ≪戰國楚竹書周易研究≫, 240 쪽 재인용.

篆皆从萬矣. 漢隸存者, 作蠆作厲可考也.(≪說文≫의 「萬」과 「蓳」자의 篆書의 형태는 완전히 다르다. 「厲」자를 「蓳」省聲이라 했는데, 이 자는 원래 「厬」자이다. 隸書에서 「蓳」자를 「蠆」자로 쓰기 때문에 「厬」자를 「厲」로 쓰고, 편방을 「萬」라 했는데, 이는 옳지 않다. 후대 사람들은 隸書를 참고하여 오히려 篆書 형태를 바꿔 편방 「萬」으로 쓰고 있다. 漢代의 예서에서 「蠱」자를 「厴」자로 쓰는 것을 참고할 수 있다)"라 했다.

그러나 ≪上博楚簡≫은 「厲」자를 「![]」(≪(六)用曰≫)로 쓰고, ≪性情論≫은 편방 「心」을 써서 「![]」(≪性情論≫)로 쓴다. ≪郭店楚簡≫의 ≪性自命出≫은 이 자를 「![]」로 쓴다.

「蠣(蠣)」자에 대하여 ≪說文解字≫는 "從虫, 萬聲.(편방 「虫」과 「萬」聲으로 이루어진 형성자)"라 했다. 따라서 「萬」과 「厲」자는 음성상 밀접한 관계가 있어, 段玉裁의 설명은 설득력이 없다.

周法高의 上古音은 「萬」자는 「mjwan」(元部), 「厲」자는 「ljadh」(祭部)이다.

≪集韻≫은 「礪」자에 대하여 "≪說文≫:「厲, 旱石也.」或從蠆, 亦作礪·厲. 一曰嚴也, 惡也, 危也, 大帶垂也.(≪說文≫은 '「厲」자는 「결이 거친 숫돌」의 의미)'라 하였으며, 편방 「萬」 대신 字符 「蠆」로 쓰기도 하고, 또한 「礪」나 「厲」로 쓰기도 한다. 이 자는 또한 '엄하다'·'심하다'·'위험하다'·'큰 띠가 드리우다'의 의미가 있다)"라 설명하였다.

≪金文編≫은 「厲」자인 「![]」·「![]」(≪散伯簋≫)자와 「邁」자인

「」(≪先戰鼎≫)・「」(≪師袁簋≫) 자들을 모두 「萬」자 아래 수록하였다.208)

郭沫若은 ≪子仲匜≫의 「」자를 「礪」로 隸定하고 "「礪」卽厲之繁文, 從石與從厂同意, 從邁省聲與萬聲同.(「礪」자는 「厲」자의 繁文이다. 자부 「石」과 「厂」은 같은 의미이며, 「邁」의 省聲과 「萬」聲은 서로 같다)"라고 설명하였다.209) 따라서 금문에서 「萬」・「厲」・「礪」・「礪」자는 같은 자이다.

「礪」자를 ≪上博楚簡≫의 ≪曹沫之陳≫은 「石」의 일부를 생략한 편방과 음성이 「萬」인 「」(제36간)로 쓰고, ≪周易≫은 본 죽간과 같이 「」(제 18간)로 쓰기도 하고, 혹은 ≪曹沫之陳≫의 「」와 비슷하나 「石」을 생략하지 않고 「」(제22간)로 쓰기도 한다. ≪包山楚簡≫은 「礪」자를 「」로 쓴다.210) 모두 「厲」자의 이체자이다. 帛書의 ≪戰國縱橫家書≫는 「」로, ≪天文雜占≫은 「」로 쓴다.211)

王弼의 ≪周易注≫는 "居爭訟之時, 處兩剛之間, 而皆近不相得, 故曰「貞厲」.(쟁송할 때, 두 강함 사이에 처하여, 가까이에 있으나 서로 조화하지 못하므로, 곧으면 위태롭다고 하였다)"라 하

---

208) 容庚, 같은 책, '2354 ', 951 쪽.
209) 郭沫若, ≪兩周金文辭大系考釋≫. ≪漢語古文字字形表≫는 「」(≪五年衛鼎≫), ≪散伯鼎≫의 「」자, ≪子仲匜≫의 「」자를 모두 「厲」자로 보고 있다.(368 쪽 참고)
210) 滕壬生, 같은 책, 823 쪽 참고.
211) ≪秦漢魏晉篆隸字形表≫, 663 쪽 참고.

고, ≪周易正義≫는 역시 "貞, 正也. 厲, 危也. 居爭訟之時, 處兩剛之間, 故須貞正自危厲.(「貞」은 「바르다」의 의미. 「厲」은 「위태롭다」의 뜻. 爭訟을 할 때, 두 강자 사이에 처해있기 때문에 모름지기 곧고 바른 것은 스스로를 위태롭게 한다)"라 했다. 鄧球柏은 「厲占(실행할 수 있는 占)」으로 해석하였다.212)

≪玉篇≫은 "厲, 危也."라 하고, ≪周易≫≪乾卦≫"君子終日乾乾, 夕惕若厲, 无咎.(군자가 종일토록 굳세서 저녁에는 두려운듯 하며 위태로우나 허물이 없다)"에 대하여 孔穎達≪疏≫는 "厲, 危也. 言尋常憂懼恒如傾危, 乃得无咎.(「厲」는 '위태롭다'의 의미. 평상시에 근심하고 두려워하며 항상 위태롭게 생각하면 결국은 허물이 없게 된다)"라 하고,213) ≪論語・子張≫"君子信而後勞其民, 未信, 則以為厲己也.(군자는 신뢰를 얻은 다음에 자기 백성에게 수고를 끼치니, 미처 신뢰를 얻지 못한 상태에서 일을 시키면 백성들이 자기를 학대한다고 여긴다)" 구절에 대하여 何晏≪集解≫은 王肅의 말을 인용하여 "厲, 猶病也.(「厲」는 '어렵게 하다(病)'의 뜻)"이라 하였다. 본문은 ≪訟卦≫의 「厲」자를 부정적인 「危」의 의미로 해석하기로 한다.

7) 「⿰⻊复(返)」-「復(復)」

현행본"復即命渝" 중의 「復」자를 ≪上博楚簡≫은 「⿰⻊复(返)」자로 쓰고 帛書本≪周易≫은 「復」으로 쓴다. 「返」은 편방 「辵」과

---

212) 鄧球柏, 같은 책, 96 쪽.
213) 李學勤 主編(1999), ≪周易正義≫, 5 쪽.

「夏」聲으로 이루어진 자이고, 「復」은 편방 「彳」과 「夏」聲으로 이루어진 자이다.

금문에서 「復」은 편방 「彳」 혹은 「辵」을 써서 「復」·「復」으로 쓰거나 「夏(夏)」자로 쓰고,214) 갑골문은 「復」으로, ≪石鼓文≫은 「復」으로. ≪侯馬盟書≫는 「復」·「復」으로, ≪詛楚文≫은 「復」으로 쓴다.215) ≪帛書≫에서 「復」자는 「復」·「復」·「復」·「復」·「復」·「復」 등으로 쓴다.216) 초죽서 중 ≪郭店楚簡≫은 「復」·「復」으로 쓰고, ≪上博楚簡≫의 ≪性情論≫은 「復」으로, ≪周易≫제32간과 50간은 각각 「復」·「復」으로 쓴다.

≪說卦傳≫은 "復, 反也.(「復」은 '돌아오다'의 의미)"라 했다.

≪象傳≫은 "復即命渝安貞, 不失也.('復即命渝安貞'은 잘못되지 않음이다)"라고 하고, 王弼은 "處上訟下, 可以改變者也, 故其咎不大. 若能反從本理, 變前之命, 安貞不犯, 不失其道, '爲仁猶己', 故吉從之.(위에서 아래를 송사하지만 개변할 수 있는 자이므로 그 허물이 크지 않다. 만약 본래의 도리에 따라 돌이켜 앞의 명을 바꾸어 安貞하여 변하지 않으면 그 도를 잃지 않으며 자신으로부터 인을 실천하므로 길함이 따른다)"라 하였다. ≪周易正義≫는 "'復即命渝'者, 復, 反也, 即, 就也.('復即命渝' 중 「復」은 「反」이고, 「即」은 「就」의 의미이다)"라 하였다.217)

---

214) 容庚, 같은 책, '0266 復', 111 쪽.
215) 徐中舒(1981), 같은 책, 71 쪽.
216) 陳松長, 같은 책, 75 쪽.

8) 「◆(愈)」-「◆(渝)(俞)」

≪上博楚簡≫은 「愈」로 쓰고, ≪帛書≫는 「俞」로 쓰고, 현행본은 「渝」로 쓴다. ≪郭店楚簡≫의 ≪老子甲≫은 「◆」로 ≪窮達以時≫는 「◆」로 쓴다.

금문에서 「愉」자는 편방 「心」을 생략하고 「◆」로 쓰기도 한다.218)

王弼의 ≪周易注≫는 "處上訟下, 可以改變者也, 故其咎不大.(위에서 아래를 송사하지만, 개변할 수 있는 자이므로 그 허물이 크지 않다)"라 하여 「渝」를 「變」의 의미로 해석하였다.219) 그러나 高亨은 "敗也.('실패하다'의 의미)"로 해석하였다.220) ≪爾雅·釋言≫은 "渝, 變也.(「渝」는 '변하다(變)'의 의미이다)"라 하고, ≪象≫은 「復即命渝, 安貞」, 不失也.('소송에 이기지 못하고 돌아가 바로 명령 바꾸어 따르며 인내하고 편안히 하니' 실패하지 않는다)"라고 설명하였다.

≪鄭風·羔裘≫의 "彼其之子, 舍命不渝.(우리님은 명을 받음에 변함이 없네)"라는 구절에 대하여 ≪毛傳≫은 "渝, 變也.(「渝」은 '변하다'의 뜻)"이라 하고, 鄭玄은 "是子處命不變, 謂守死善道, 見危授命之等.(그대가 명령을 받고 변치 않네라는 것은 죽어도 올바른 길을 택하여 위험에 처해도 명령을 기다린다는 뜻이다)"

---

217) 李學勤 主編, ≪周易正義≫, 48쪽 참고.
218) 容庚, 같은 책, '1783 ◆', 719쪽.
219) 임채우 옮김, ≪王弼周易注≫, 82쪽 참고.
220) 高亨(1984), 같은 책, 126쪽.

라 했다.

≪帛書≫ 중 ≪老子≫는 「🔲」・「🔲」로 쓴다.221)

9) 「🔲(繻)」-「🔲(帶)」

현행본 ≪周易≫ "或錫之鞶帶" 중 「帶」자를 ≪上博楚簡≫은 「🔲」자로 쓴다. 「繻」자는 편방 「糸」와 「帶」로 이루어진 형성자이며, 「帶」와 같은 자이다. 帛書本 ≪周易≫은 「🔲(帶)」로 쓴다.

楚竹書에서 「帶」자는 「繻」 이외에도 「🔲」・「🔲」 등으로 쓴다. ≪曾侯乙墓≫는 「🔲」, ≪天策≫은 「🔲」, ≪望山楚簡≫은 「🔲」, ≪容成氏≫는 「🔲」로 쓴다.222)

商承祚는 〈江陵望山二號楚墓竹簡遣策考釋〉에서 "革繻, 緯繻, 亦見信陽長臺關竹簡. 繻, 卽帶, 革繻乃以皮革製成, 用以繫韠佩. ≪禮記・玉藻≫: '韠, 下廣二尺, 上廣一尺, 長三尺, 其頸五寸, 肩・革帶博二寸.' 注: '頸, 中央. 肩兩角, 皆上接革帶以繫之, 肩與革帶廣同. 凡佩, 繫於革帶.' 緯帶, 用緯絲法織成之帶.("革繻"는 "緯繻"로 이 낱말은 ≪信陽長臺關竹簡≫에도 보인다. 「繻」자는 「帶」와 같은 자이며, 「革繻」는 가죽으로 만든 것으로 폐슬을 묶을 때 사용한다. ≪禮記・玉藻≫에 '韠은 아래 넓이는 2자이고 위 쪽 넓이는 1자이며, 길이는 약 3자이다. 그 중앙의 넓이는 5치이고, 상부의 양 어깨와 革帶폭은 모두 2치이다'라는 구절이

---

221) ≪秦漢魏晉篆隷字形表≫, 612쪽 참고.
222) 滕壬生, 같은 책, 721쪽.

있는데, 이에 대하여 鄭玄은 '폐슬을 목덜미 가운데에 맞추고, 양 어깨에 각을 잡아주고, 이 위에 혁대를 이어 매주며 어깨와 혁대의 넓이를 같게 한다. 노리개(佩)는 일반적으로 革帶에 매단다)'라고 설명하고, 「緯帶」는 실을 짜서 만든 혁대를 말한다)"라고 설명하였다.[223] 즉 「鑿帶」란 특별히 총애하여 하사하는 의복으로, 윗사람은 예로써 하사하고 아랫사람은 은덕으로써 보답한다는 의미이다.

「般帶」는 「큰 혁대」이다. ≪方言≫과 ≪廣雅·釋詁≫는 모두 "般, 大也.(「般」은 '크다'의 의미)"라 했다. ≪說文解字≫는 「帶(帶)」에 대하여 "紳也. 象繫佩之形. 佩必有巾, 从巾.('큰 띠'의 의미. 노리개를 허리에 찬 형상. 노리개는 반드시 巾를 사용하기 때문에 편방「巾」을 쓴다)"라 했다.

王弼은 "或錫之鑿帶"에 대하여 "處訟之極, 以剛居上, 訟而得勝者也. 以訟受錫, 榮何可保? 故終朝之閒, 褫帶者三也.(송사의 정점에서 강으로 위에 거하여 쟁송하여 이기는 자 하더라도, 송사로써 얻은 영화를 보존할 수 있겠는가? 그러므로 아침나절에 상으로 받은 띠를 세 번이나 빼앗기게 된다)"라 했다.

3. 판본이 다른 경우

異體字 중에서 통가자도 同意字도 아닌 경우가 있다. 이는 일반적으로 판본이 서로 달라 다른 문자를 쓰는 경우이다.

---

[223] 商承祚, ≪戰國楚竹簡彙編≫(齊魯書社, 1995), 97-98 쪽.

1) 「▨(中)」-「▨(克)」

현행본≪周易≫"中吉" 중의 「中」자를 ≪上博楚簡≫은 「▨」(中)」으로 쓰고, 帛書本≪周易≫은 「▨(克)」으로 쓴다. 張立文 ≪帛書周易注釋≫과 ≪戰國楚竹書周易硏究≫는 ≪帛書≫의 「克」자는 「中」자를 잘못 쓴 것이라 했다.224) ≪帛書≫ 중 ≪戰國縱橫家≫ 등은 「中」·「中」으로 쓴다. 帛書의 「中」자는 모두 같은 형태이다.225) 「中」자는 매우 간단한 형태이기 때문에 잘못 쓸 가능성은 적어 보인다.

≪上博楚簡≫ 정리본은 「中」자를 「冬(終)」자와 대응적인 개념으로 「中間」의 의미라 하였다. 초죽서에서 「中」자는 「中」·「▨」·「▨」·「▨」·「▨」·「▨」 등의 형태로 쓴다.226)

「克」자를 아래 "不克訟"에서는 「▨」으로 쓰고, "至十年不克正(征)"(054)·"大師克相遇"(007)·"弗克攻"(007) 중의 「克」자를 각각 「▨」·「▨」·「▨」으로 쓴다.227) 「▨」은 「▨」의 형태와 같다. ≪說文解字≫는 "肩也. 象屋下刻木之形. ▨古文克. ▨亦古文克.(「극복하다」의 의미. 지붕 아래 깎아 만든 나무기둥의 형상. 「克」의 고문은 「▨(亭)」·「▨(桌)」으로 쓴다"라 했다. 갑골문은

---

224) 張立文, 같은 책, 34쪽. 陳仁仁, 같은 책, 239쪽.
225) 陳松長, 같은 책, 13쪽.
226) 滕壬生, 같은 책, 57쪽 참고.
227) 陳松長, 같은 책, 287쪽 참고.

「?」・「?」・「?」으로 쓰고, 금문은 「?」・「?」・「?」으로, ≪詛楚文≫은 「?」으로 쓴다.228) 羅振玉은 ≪增訂殷虛書契考釋≫에서 "象人戴冑形.(사람이 투구를 쓰고 있는 형상)"이라 했다.

鄧球柏은 「克」자를 「能」・「거북점, 시초점 중의 하나」229) 혹은 '克訟('송사를 이기다'의 생략)'의 뜻이라 하고, "有復, 洫寧, 克吉, 冬兇" 구절을 "爲水利問題爭訟, 因此而問著, 筮人報以「克吉」・「冬兇」之占.(水利 問題로 다툼이 발생하여 점을 치자, 점치는 사람이 「克吉」과 「冬兇」의 점괘가 나왔다고 보고 하였다)"라고 해석하였다. 「克吉」에 대해서는 鄧球柏은 추가 설명을 하지 않았지만, 해석 내용으로 보아 「克吉」을 「能吉」의 의미로 해석하고 있는 것으로 보인다.230)

≪爾雅・釋言≫은 "克, 能也.(「克」은 「能」의 뜻이다)"라 하고, ≪尙書・堯典≫는 "克明後德, 以親九族.(능히 덕을 밝히시어 온 친족들을 화목하게 하였다)"라 했다. 금문 중 "乖白(伯), 朕不(丕)顯且(祖)玟(文)珷(武), 雁(膺)受大命, 乃且(祖)克弼(弼)先王.(乖伯아! 나의 영명하신 文王과 武王은 하늘의 대명을 받들었고, 너의 祖父는 자신의 나라에서 주나라로 와서 기꺼이 先王을 보필하였고, 천명에 부합되도록 실행하였다)"(≪乖伯簋≫)・"隹(唯)虘(吾)老貫(賙)是克行之, 於(嗚)虖(呼)攸(哉)!(오직 나의 대신인 賙만이 능히 이를 調律할 수 있고, 유유자적하게 처리할 수 있으리오!)" (≪中山王䜌鼎≫) 구절 중 「克」자 역시 부사인 「能」의 의미로 쓰

---

228) ≪漢語大字典≫, 269 쪽 참고.
229) ≪書經・洪範≫은 "曰雨曰霽曰蒙曰驛曰克曰貞曰悔"라 하였다.
230) 鄧球柏, 같은 책, 94 쪽.

이고 있다. 따라서 「克」자를 「能」의 의미로 해석하는 경우도 참고할 만하다.

한편 현행본과 백서의 아래 문장 "不克訟" 중 「克」자를 ≪上博楚簡≫ 역시 「蒙(克)」자로 쓰나, ≪上博楚簡≫ 「中吉」 중 「中」자를 현행본과 백서가 모두 「克」으로 쓰는 것으로 보아 분명히 「克」과는 또 다른 「中」의 뜻으로 쓴 것으로 보인다. 혹은 帛書本은 「克」자는 「中」자의 형태가 비슷하여 잘못 썼을 가능성도 배제할 수는 없다.

2) 「 (出)」-「 (永)」

현행본과 ≪帛書≫의 "不永所事" 구절을 ≪上博楚簡≫은 "不出逆事"로 쓴다. 정리본은 "逆, 今本作永(「逆」자를 현행본은 「永」자로 쓴다)"라 했는데,231) 현행본과 백서본의 「永」자를 ≪上博楚簡≫은 「出」로 쓰고, 「所」자를 「逆」로 쓰며, 帛書本의 「所」자는 「忤」자를 잘못 쓴 것이라 하였다.232) 그러나 ≪上博楚簡≫ 「蒙卦」의 「逆」 역시 백서본에서는 「所」자로 쓰고 있는 것으로 볼 때 잘못 썼을 가능성은 적다. 「逆」자와 「所」자는 음이 비슷하기 때문에 서로 통용된다.

≪帛書≫≪周易≫ 중 "永貞吉"(017行)의 「永」자를 「 」으로 쓰고, "元永貞"의 「永」자는 「 」으로 쓴다. 「永」자를 王弼이나 孔穎達은 「永」자를 「오래」라는 의미인 「長」으로 해석하였다.

---

231) 濮茅左(2006), 같은 책, 79쪽.
232) 陳仁仁, 같은 책, 239쪽.

陳仁仁은 "不出迎事"는 "不廢治事.(일 처리하는 것을 그만두지 않다)"이고, 廖名春은 "不生忤逆之事.(거역하는 일이 발생되지 않다)"의 뜻이라 했다.233) 陳仁仁의 해석은 ≪玉篇≫의 "出, 去也, 遠也.(「出」는 '나가다'·'멀어지다'의 의미)"에 가깝고, 廖名春은 ≪正字通≫의 "出, 生也.(「出」은 '발생하다'의 뜻)"에 가깝다. ≪周易≫의 ≪說卦傳≫은 "萬物出乎震.(萬物은 震動에서 나온다)"라 했다.

「永」과 「出」자를 각기 다르게 쓰는 것은 참고한 판본이 각각 다르기 때문인 것으로 보인다.

"不永所事" 구절에 대하여 王弼은 "處訟之始, 訟不可終, 故'不永所事', 然後乃吉. (송사에 처음으로 처하게 되었을 때, 송사는 끝까지 할 것이 못되므로 '不永所事(송사를 길게 하지 않는다)'면 길하다)라 했다.

3) 「▥(四)」-「百(百)」

현행본과 帛書本의 "其邑人三百戶" 중의 「百」자를 ≪上博楚簡≫은 「▥(四)」로 쓴다. 濮茅左의 整理本는 ≪周禮·地官·小司徒≫"九夫爲井, 四井爲邑, 四邑爲丘(九夫는 井이라, 四井은 邑이라, 四邑은 丘라 한다)"·≪國語·齊語≫"三十家爲邑(30 가구를 「邑」이라 한다)"와 ≪左傳·莊公二十八年≫"凡邑, 有宗廟先君之主曰都, 無曰邑.(일반적으로 고을에 선대 군주의 신주를 모시는 곳이 있으며 都라 하고 없으며 邑이라 한다)"의 문장을 참고하

---

233) 陳仁仁, 같은 책, 239쪽.

여 「四」자와 「百」자는 형태가 비슷하기 때문에, 帛書와 현행본이 잘 못 쓴 것이라고 하였다.234) 그러나 張立文은 ≪帛書周易注譯≫에서 "四百形近而誤.(「四」자는 「百」자와 형체가 비슷하기 때문에 잘못 쓴 것이다)"라 하고,235) ≪上海博物館藏戰國楚竹書(三)讀本·周易釋譯≫은 「3과 4를 곱한 숫자인 12」로 보기도 한다.236) 「邑」을 형성하기엔 서넛의 가구는 너무 적은 숫자로, 10호 이상은 되어야 하기 때문에 참고할 만하다.

「百」자를 ≪郭店楚簡≫의 ≪老子≫는 「![]」·「![]」·「![]」으로, ≪緇衣≫는 「![]」·「![]」·「![]」으로 쓴다. 이는 판본이 서로 다르기 때문에 글자가 서로 다르게 쓰인 것으로 보인다.

---

234) 濮茅左(2006), 같은 책, 79 쪽.
235) 張立文(2008), 같은 책, 36 쪽.
236) 季旭昇 主編(2005), 15 쪽 참고.

五. 「需」卦와 「訟」卦 중의 異寫字

楚竹書의 서사체는 문자 연변과 서체 연변에 있어 중요한 의의를 지니고 있다. 이체자는 隸變 현상 중 하나이다. 초죽간의 문자는 다양한 관점에서 폭넓게 연구할 필요가 있다. 현재는 문자를 어떻게 하면 사회적이며 실용적으로 사용할 것인가에 초점을 맞추고 있기 때문에, 상대적으로 고문자의 이체자 연구는 소홀한 감이 없지 않다. 이외에도 고문자의 이체자 연구는 異構字 연구에만 치중되고 있어, 필획의 異寫字 연구는 상대적으로 미약한 실정이다.

이체자 중 통가자로 인해 이체자를 쓰는 것 이외에 필획의 다소, 위치, 모양 차이가 있는 것이 있다. 이와 같은 차이는 일반적으로 「隸變」현상에서 비롯된 것이다. 이러한 문자는 異體字 중 異寫字에 속한다. 異寫字 연구 역시 고문자 연구에서 빠져서는 안 될 중요한 현상이기 때문에 주목하여 연구하여야 하겠다.

통가자의 예를 들면, 편방이 모두 다른 경우는 「需」卦 중 현행본 「需」자를 ≪上博楚簡≫을 「♦」로 쓰고, 帛書 ≪周易≫은 「♦(襦)」로 쓰고, 帛書 ≪繫辭≫는 「♦(嬬)」자로, 현행본 ≪歸藏≫은 「溽」으로 쓴 것이다. 通假字 중 일부의 편방이 다른 경우 ≪上博楚簡≫은 「♦(又)」로 쓰고, 帛書本≪周易≫은 「♦(有)」로 쓰고, 現行本은「有」로 쓴다.

異寫字의 예를 들면, ≪郭店楚簡≫에서는 「♦」(≪六德≫)·「♦」(≪性自命出≫)이나, 「♦」(≪語叢≫)으로 쓴다. ≪上博楚簡≫ 중 ≪周易≫은 모두「三」자를 「♦」의 형태로 쓰나, ≪柬大王泊旱≫의 9간과 16간·≪弟子問≫의 14간·≪凡物流形甲本≫의 제21간은 「♦」의 형태로 쓴다. 「♦」와 「♦」의 차이를 보면 하나는 「日」의 형태로 쓰고, 이를 생략하여 「口」로 쓴다.

≪上博楚簡≫ ≪周易≫에서는 일반적으로 「不」자를 일반적으로 「♦」로 쓰나, 백서본은 윗 부분에 한 획 없이 「不」로 쓴다. ≪上博楚簡≫ ≪周易≫의 제 28간은 백서본의 형태와 같이 장식부호없이 「不」로 쓰기도 한다.237)

通假字와 近意字의 異體字에 대해서는 이미 앞 문장에서 살펴보았으므로, 본문에서는 ≪上博楚簡·周易≫과 帛書本≪周易≫의 문자 비교를 통해서 「需」·「訟」卦의 異寫字에 대하여 살펴보기로 한다.

1) 「♦」-「♦」

현행본 ≪需卦≫의 "光亨" 중 「光」자를 ≪上博楚簡≫은 「♦

---

237) ≪說文≫은 「不(不)」자에 대하여 "鳥飛上翔不下來也. 从一, 一猶天也. 象形"이라 하였다.

(光)」으로 백서본은 「✦」으로 쓴다. ≪馬王堆帛書≫≪刑德·乙≫
은 「✦」으로 쓴다.

≪包山楚簡≫은 「光」자를 「✦」・「✦」・「✦」・「✦」 등으로 쓰
고, ≪望山楚簡≫은 「✦」・「✦」 등으로 쓰며, ≪郭店楚簡·老子
甲≫은 「✦」으로 쓴다.238) 갑골문은 「✦」・「✦」・「✦」으로, 金文은
「✦」・「✦」・「✦」으로 쓰고,239) ≪說文解字≫에서 古文은 「✦」・
「✦」으로 쓰고 "從火在人上. 光明意也.(불이 사람 위에 있는 형상
으로 밝게 빛나다의 뜻이다)"라 했다.

≪上博楚簡≫의 「✦」자는 「✦」과 비슷하고, ≪帛書≫의 「✦」자
는 갑골문이나 금문 중 사람의 형상인 아래 부분을 편방 「人」으
로 생략하여 쓰고 있다.

王弼은 "謂五也, 位乎天位, 用其中正, 以此待物, 需道畢矣, 故
'光亨貞吉'.(五爻를 말한다. 천위에 자리하여 그 中正을 쓰니, 이
로써 사물을 대하면 需卦의 도를 다하므로 '光亨貞吉'이다)"라 하
였다.

鄧球柏은 「光」자를 「亨」의 수식어로 보고, "引伸爲廣大. 光亨,
大亨.(「光」은 '廣大하다'의 뜻이며, 「光亨」은 즉 '大亨(큰 제사)'이
다)"라고 하고, 高亨은 「光」과 「亨」을 각각 독립적인 단어로 이
해하여 「亨」자를 '제사를 지내다'의 뜻이라 했다.240)

---

238) 滕壬生, 같은 책, 873 쪽.
239) 徐中舒, 같은 책, 393 쪽 참고.
240) 김상섭 옮김, ≪고형의 주역≫, 120 쪽.

2) 「🈚」-「貞」

「貞」자를 ≪上博楚簡≫은 「🈚」으로 쓰고, 帛書本은 「貞」으로 쓴다.

≪上博楚簡·紂衣≫(第2簡)의 「🈚」(正)」자를 ≪郭店楚簡·緇衣≫에서는 「🈚」(貞)」으로 쓴다. 「🈚」자는 「貞」자의 아래 두 획을 생략한 형태로, 「正」과 「貞」은 음성이 비슷하기 때문에 서로 통가자로 쓰인다.

≪金文篇≫은 「1146 鼎」에서 "又從卜, 或曰假貞爲鼎.(「鼎」자는 또한 편방 「卜」을 추가하여 쓰기도 한다. 혹은 「貞」자는 「鼎」의 가차자라고 주장하기도 한다)"라 했다.241)

≪說文解字≫는 「貞(貞)」자에 대하여 "卜問也. 从卜, 貝以爲贄. 一曰鼎省聲('점을 쳐서 묻다'의 의미. 자부 「卜」과 예물인 「貝」로 이루어진 자라고 하거나, 「鼎」의 생략형이 음성부분이라고 주장하기도 한다)"라고 설명하고 있다. 고문자에서 「鼎」은 「貞」자의 가차자로 쓰이다가, 후에 상부에 점복의 의미인 「卜」을 추가하여 「貞」자가 되었다. 금문에서는 「貞」자를 「🈚」·「🈚」·「貞」으로 쓴다.242) 아랫부분은 「貝」가 아니고, 「鼎」자의 생략형태다. 「鼎」과 「正」자는 음이 비슷하기 때문에 서로 통한다. ≪包山楚簡≫에서는 「🈚」·「🈚」으로 쓰고, ≪郭店楚簡·老子乙≫에서는

---

241) 容庚, 같은 책, 492 쪽 참고.
242) 容庚, 같은 책, '0562 貞', 225 쪽 참고.

「畐」으로 쓰기도 하고,243) ≪上博楚簡·君人者何必安哉乙本≫은 「」(제3간)으로 쓴다.

「貞吉」은 '점이 길하다'의 뜻으로 해석하기도 하나,244) '곧고 길하다'라 하여 한 자 한 자 독립적으로 해석하기도 한다.245)

2) 「」-「」

≪需卦≫ 중 현행본의 「利」자를 ≪上博楚簡≫은 「」로 쓰고, ≪帛書≫는 「」로 쓴다.

≪楚系簡帛文字編≫은 楚竹書의 「利」자를 「秒」와 「秒」의 형태로 나누었다. 「秒」자를 ≪包山楚簡≫은 「」·「」로, ≪郭店楚簡≫은 「」·「」로 쓰며, ≪上博楚簡·孔子詩論≫은 「」, ≪上博楚簡·性情論≫은 「」, ≪上博楚簡·容成氏≫는 「」로 쓴다. 「秒」의 형태를 ≪郭店楚簡≫은 「」로, ≪九店楚簡≫은 「」로 쓴다.246)

≪說文解字≫는 「(利)」의 고문을 「(秒)」로 쓴다. 갑골문은 「」·「」·「」·「」로 쓰고, 금문은 「」·「」로 쓰고, ≪詛

---

243) 滕壬生, 같은 책, 323쪽 참고.
244) 김상섭 옮김, ≪고형의 주역≫, 87쪽.
245) 임채우 옮김, ≪주역 왕필주≫, 70쪽.
246) 滕壬生, 같은 책, 418-419쪽 참고.

第 一 章 ≪上博楚簡≫의 문자 연구   157

楚文≫은 「🔲」로, ≪侯馬盟書≫는 「🔲」로 쓴다. ≪馬王堆帛書≫ 중 ≪縱橫家書≫는 「🔲」로, ≪老子甲≫은 「🔲」로, ≪孫子兵法≫은 「🔲」로 쓴다.247) 漢代 백서는 戰國 초죽서보다 생략된 형태로 쓴다.

3) 「🔲」-「🔲」

현행본 ≪周易≫ "利涉大川" 중의 「涉」자를 ≪上博楚簡≫은 「🔲」으로 쓰고, ≪帛書≫는 「🔲」으로 쓴다.

孔穎達은 ≪周易正義≫에서 "利涉大川, 往有功也. ……以乾剛健, 故行險有功也.(큰 내를 건넘이 이롭다는 것은 가서 공이 있어서이다. ……건괘는 강건하니 험난한 일을 행하나 공이 있다)"라 하고, 王弼은 "乾德獲進, 往輒亨也.(건괘의 덕은 강건하기 때문에 밀고 나갈 수 있는 것이니, 가면 형통한다)"라 하였다.248)

≪周易≫ 중 「利涉大川」 구절은 모두 일곱 번 보이고, 「不利涉」은 한 번 보인다.

≪郭店楚簡·老子甲≫은 「🔲」으로 쓰고, ≪上博楚簡·周易≫의 제4간, 제12간, 제18간, 제22간, 제25간, 제54간과 제58간에서도 역시 「🔲」과 같은 형태로 쓴다. 두 개의 상하 「止(足)」과 중앙에 편방 「水」로 된 회의자이다.

---

247) 漢語大字典字形組編, ≪秦漢魏晉篆隸字形表≫, 278 쪽 참고.
248) 李學勤 主編(1999), 42 쪽 참고.

≪說文解字≫는 「▨(㵐)」자에 대하여 "徒行廣水也. 从沝从步. ▨篆文從水.('센 물결을 발로 건너가다'의 의미. 편방 「沝」와 「步」로 이루어진 회의자. 篆文은 편방 「水」를 써서 「涉」으로 쓴다)"라 했다. 甲骨文은 「▨」·「▨」·「▨」·「▨」으로 쓰고, 금문은 「▨」·「▨」·「▨」으로 쓰며, ≪石鼓文≫은 「▨」으로 쓴다.249) ≪馬王堆帛書≫중 ≪老子乙≫은 「▨」으로, ≪縱橫家書≫는 「▨」으로, ≪繆和≫는 「▨」으로 쓴다.250) 「步(步)」자를 갑골문은 「▨」·「▨」「▨」로 쓰고, 금문은 「▨」·「▨」로 쓴다. 두 개의 「足(止)」나 편방 「行」과 「止」로 쓴다. ≪帛書≫ 「▨」자의 오른쪽 윗부분은 「止(足)」의 변형이다.

4) 「▨」-「大」

현행본 "大川" 중의 「大」자를 ≪上博楚簡≫은 「▨」로 쓰고, 帛書本은 「大」로 쓴다.

≪說文解字≫에는 「大」자와 「亣」자가 있다. ≪說文解字≫는 「介(亣)」자를 "籒文大, 改古文. 亦象人形.(「介」자는 籒文의 「大」자이다. 古文 「大」자의 변형이다. 또한 사람의 형상이다)"라 하고, 段玉裁≪說文解字注≫는 "謂古文作大, 籒文乃改作亣也. 本是一字. 而凡字偏旁或从古或从籒不一, 許爲字書乃不得不析爲二部.

---

249) 徐中舒, 같은 책, 435 쪽 참고.
250) ≪秦漢魏晉篆隸字形表≫, 818 쪽 참고.

猶人儿本一字, 必析爲二部也. 顧野王玉篇乃用隷法合二部爲一部, 遂使古籒之分不可攷矣.(古文의 尢(大)자는 籒文「亣(亣)」의 변형이다. 본래 같은 자이다. ≪說文≫은 偏旁 중 古文과 籒文이 서로 다르기 때문에 두 개의 部首로 나눌 수 밖에 없었다.「人」과「儿」자 역시 같은 자인데, 두 개의 부수로 나누었다. 顧野王≪玉篇≫에서는 隷書 형태에 따라 두 개의 부수를 하나로 합쳐 古文과 籒文을 알 수 없다)"라 했다. 금문은 일반적으로「大」(≪大禾方鼎≫)·「大」(≪盂鼎≫)·「大」(≪散盤≫)로 쓰나, 戰國시기의 ≪鄂君啓節≫에서는「大」, ≪大賡簋≫는「大」, ≪大子鎬≫는「大」, ≪鑄容鼎≫은「大」로 쓰며,251) ≪上博楚簡≫「大」의 형태와 같다. ≪馬王堆帛書≫에서도 ≪老子甲≫과 ≪縱橫家書≫는 楚竹書의 형태와 비슷하게「大」·「大」로 쓰고, ≪春秋事語≫는「大」로 ≪天文雜店≫은「大」로 ≪帛書·周易≫과 비슷하다. 초죽서는 篆書의 형태이고, ≪帛書≫는 隷書의 형태이다. 따라서 ≪馬王堆帛書≫ 중 ≪周易≫·≪春秋事語≫·≪黃帝四經≫과 ≪老子乙本≫은「隷書」에 가깝고, ≪戰國縱橫家書≫·≪老子甲本≫은「篆書」에 가깝다.252)

---

251) 容庚 같은 책, '1665大', 693 쪽 참고.
252)「由于帛書的抄寫年代不同, 帛書上的字體形態也各不同的, 有篆隷·古隷和漢隷, 如≪陰陽五行≫·≪五十二病方≫等醫書多爲篆書, ≪老子≫·≪春秋事語≫·≪戰國縱橫家書≫等書多爲古隷. ≪周易≫·≪老子≫乙本·≪相馬經≫·≪五星占≫等書多爲漢隷, 這三種字形的不同, 表明帛書抄寫的年代早晚, 卽帛書是在不同時代的書寫的.」(朱啓新 等 主編, ≪長沙馬王堆漢墓≫(三聯書局, 2006年), 163 쪽

5) 「▨」-「▨」

초죽서 중 「言」자를 ≪郭店楚簡≫은 「▨」(≪老子甲≫1簡)·「▨」(≪緇衣≫31簡)·「▨」(≪忠信之道≫5簡)으로 쓰고, ≪上博楚簡≫은 「▨」(≪孔子詩論≫8簡)·「▨」(≪紂衣≫16簡)·「▨」(≪弟子問≫12簡) 등으로 쓴다. 帛書本에서 「言」자는 「▨」·「▨」·「▨」·「▨」·「▨」으로 쓴다.253)

갑골문은 「▨」·「▨」으로, 금문은 「▨」·「▨」으로 쓴다. 鄭樵 ≪六書略≫은 "▨, 從二從舌. 二, 古文上字. 自舌上而出者言也. (「▨」자는 편방 「二」와 「舌」로 이루어진 자이다. 편방 「二」는 고문의 「上」자이다. 혀에서 나오는 것은 곧 「말(言)」이라는 뜻이다)"라 하였다. 「▨(舌)」 위에 한 횡획(▬)이 있는 것은 혀끝을 지나야 소리가 난다는 것을 표시한 것이 아닌가 한다.254)

초죽서의 자형은 기본적으로 갑골문과 금문의 형태와 유사하고, 중간에 竪劃을 쓰거나 혹은 생략하여 쓴다. 백서에서 「▨」은 고문자 형태와 비슷하나 「▨」의 형태에서 혀끝에 해당되는 부분을 이미 일직선의 횡획으로 쓰이고 있다. 따라서 백서 「▨」은 소위 말하는 古隷라 할 수 있다. ≪睡虎地秦墓竹簡≫은 「▨」으로 쓴다.255)

---

253) 陳松長, 같은 책, 89쪽.
254) 湯可敬, 같은 책, 316쪽.

한편 高亨은 ≪周易古經今注≫에서 「需卦」 중 「言(⿱)」자는 「䛖(⿱)」자를 잘못 쓴 것이라고 보고 있다. 즉 형태가 비슷하기 때문에 잘못 쓴 것이라 하며, '꾸지람'으로 해석하여, "需于沙, 小有言, 終吉"을 '모래밭에 머무르니 약간의 꾸지람을 들으나 마침내는 길하다'로 이해하였다.256) ≪說文解字≫는 「䛖」자에 대하여 "語相訶歫也. 从口歫辛. 辛, 惡聲也. 讀若櫱.(상대방을 큰 소리로 꾸짖어 거부하다. 편방 「口」와 「辛(나쁜 소리)」을 거부하는 의미로 이루어진 자이다. 「辛」은 나쁜 소리이다. 「櫱」와 음이 같다)" 라 했다. 그러나 ≪上博楚簡≫과 ≪帛書≫ 모두 「言」으로 쓰고 있다. 따라서 '말하다'의 의미로 해석하는 것이 옳다. 「少有言」의 구절을 李立文≪帛書周易註譯≫은 "給予一些勸誡(약간의 충고를 하다)"로 해석하고,257) 鄧球柏≪帛書周易校釋≫은 "幾乎說不出來.(거의 말을 못하다)"라고 해석하였다.258)

6) 「⿱」-「⿱」

현행본 "需于血" 중 「血」자를 ≪馬王堆帛書≫는 「⿱」의 형태 이외에도 「⿱」·「⿱」 등으로 쓰고,259) ≪天文雜占≫은 「⿱」로 쓰며 ≪睡虎地秦墓竹簡≫은 「⿱」로 쓴다.260) ≪上博楚簡≫은

---

255) ≪秦漢魏晉篆隸字形表≫(四川辭書出版社), 144 쪽 참고.
256) 高亨(1984), ≪周易古經今注≫, 33 쪽. ≪周易大傳今注≫(1979)는 「言, 譴責.(「言」은 '나무라다'의 뜻)」이라 했다.(107 쪽)
257) 張立文, 같은 책, 132 쪽 참고.
258) 鄧球柏, 같은 책, 168 쪽 참고.
259) 陳松長, , 202 쪽 참고.

「」로 쓴다. 갑골문은 「」・「」・「」・「」로 쓴다.261) ≪說文解字≫는 「血」자에 대하여 "祭所薦牲血也. 从皿, 一象血形.(제사를 지낼 때 바치는 희생물의 피. 편방「皿」과 피를 표시하는「一」로 이루어진 자)"라 했다. ≪郭店楚簡≫은「」(≪唐虞之道≫11簡)・「」(≪六德≫)・「」(≪語叢一≫45簡)로 쓰고, ≪上博楚簡・周易≫ 제55간은「」로 쓴다. 백서의「」자는 윗부분의「혈점」이 일직선으로 변했고, 아래「皿」은 해서체의 형태와 유사하다. 熹平石經 ≪周易≫의 今隷「」의262) 형태와 비슷하다.

朱熹는 ≪周易本義≫에서 "血者, 殺傷之地.(「血」은 殺傷이 있는 곳)"이라 하고, 王弼의 ≪周易注≫는 "凡稱血者, 陰陽相傷者也, 陰陽相近, 而不相得, 陽欲進而陰塞之, 則傷害也.(피라는 것은 음양이 서로 다치는 것이다, 음양이 서로 가까이 있되 서로 조화하지 못하여 양은 나가고자 하나 음이 막으면 서로 해친다)"라 했다. 鄧球柏은 "血, 借爲洫. 洫, 大水溝.(「血」은「洫」의 가차자이다.「洫」은 큰 도랑의 뜻이다)"라 했다.263)

---

260) ≪秦漢魏晉篆隷字形表≫(四川辭書出版社), 327 쪽 참고.
261) 徐中舒, 같은 책, 191 쪽.
262) ≪秦漢魏晉篆隷字形表≫(四川辭書出版社), 327 쪽 참고.
263) 鄧球柏, 같은 책, 169 쪽.

第 一 章 ≪上博楚簡≫의 문자 연구   163

7) 「🌿」-「🌿」

현행본 "出自血"의 「出」자를 ≪上博楚簡≫은 「🌿」로 쓰고 帛書本은 「🌿」로 쓴다.

≪說文解字≫는 「出」자에 대하여 "進也. 象艸木益滋, 上出達也.(「앞으로 나아가다」의 의미. 초목이 점점이 위로 자라나 위로 나아가는 모양)"이라 했다. 李孝定은 ≪甲骨文集釋≫에서 "古人有穴居者, 故終止從凵, 而以止之向背別出入也.(옛날에는 움에 사는 사람들이 있었다. 이 자는 편방 「止」와 「凵」으로 이루어진 자이다. 「止」는 맞은 편으로 출입하는 형상이다)"라 했다.264)

갑골문은 「🌿」·「🌿」·「🌿」로 쓰고, 금문의 「🌿」·「🌿」자에 대하여 ≪金文篇≫은 "象足之出于凵也.(발로 웅덩이를 빠져나가는 모양)"이라 했다.265)

≪郭店楚簡≫은 「🌿」(≪老子甲≫23簡)·「🌿」(≪緇衣≫30簡)·「🌿」(≪性自命出≫15簡)로 쓰고, ≪上博楚簡≫은 「🌿」(≪昔者君老≫)·「🌿」(≪周易≫7簡)·「🌿」(≪曹沫之陳≫19簡) 등으로 쓴다. ≪睡虎地秦簡≫은 「🌿」·「🌿」로 쓰고,266) 백서는 「🌿」의 형태 이외에도 「出」·「土」·「🌿」 등으로 쓴다.267) 자형은 「🌿」⇒「🌿」⇒「🌿」·「🌿」⇒「🌿」로 연변되었다.

---

264) 湯可敬, 같은 책, 830 쪽 재인용.
265) 容庚, 같은 책, '0978 🌿', 419 쪽 참고.
266) ≪秦漢魏晉篆隷字形表≫, 402 쪽.
267) 陳松長, 같은 책, 251 쪽 참고.

8) 「⿰」-「⿰」

현행본 "終吉" 중 「終」자를 ≪上博楚簡≫은 「⿰」, ≪帛書≫는 「⿰」으로 쓰고, 현행본은 「終」으로 쓴다.

≪說文解字≫는 「夂(冬)」자에 대하여 "从夂从丹, 丹, 古文終字. ⿰古文冬從日.(「夂」과 「丹」로 이루어진 회의자. 「丹」는 「終」의 古文이다. 冬자의 고문은 편방 「日」인 「⿰」으로 쓴다)"라 하고, 段玉裁≪說文解字注≫는 "冬之爲言終也. 考工記曰, 水有時而凝, 有時而釋. 故冬从仌.(「冬」은 '마치다(終)'의 뜻. ≪考工記≫는 '물은 얼었다 녹았다한다'라 했다. 따라서 「冬」자는 편방 「仌(얼음 빙, bīng)」을 썼다)"라 했다.

「終(終)」자에 대해서 ≪說文解字≫는 "從糸冬聲. ⿰古文終.(편방 「糸」와 「冬」聲으로 이루어진 형성자. ⿰은 「終」자의 古文이다)"라 했다. 郭沫若은 ≪金文叢考≫에서 "冬字多見, 但均用爲終.(金文 중에 「冬」자는 많이 보이는데, 모두 「終」의 뜻으로 쓰인다)"라 했다.[268]

≪郭店楚簡·老子甲≫은 「⿰」(第8簡)·「⿰」(第34簡)으로 쓴다. ≪上博楚簡≫의 ≪弟子問≫은 「⿰」으로 ≪平王問鄭壽≫은 「⿰」으로 쓴다. 이들의 형태 중 「⿰」은 「冬」자의 古文 「⿰」이고, 「⿰」은 「冬」자의 古文 「⿰」과 같다. 「⿰」은 편방 「丹」과

---

268) 湯可敬, 같은 책, 1614 쪽 재인용.

「夂」로 이루어진 회의자이다.

鄧球柏은 通行本 ≪周易≫ 卦爻辭에서 「終」자가 모두 27번 출현하는데, 그 중 「終吉」이라는 단어는 모두 7번 출현하며, 이 7번 중에서 「需」卦의 이곳과 「訟」의 初六에서만 「冬吉」로 쓰고, 나머지는 모두 「終吉」로 쓴다고 하였다. 따라서 ≪백서≫에서 「冬」과 「終」은 구별이 있는 것으로 보이나, 이곳에서는 「終吉」의 의미라 하였다.269)

≪上博楚簡·周易≫ 「謙卦」 중의 「君子有終」의 「終」자는 편방 「心」과 「冬」을 써서 「㣊」으로 쓴다. 이외에 ≪上博楚簡·周易≫에서는 「終」자를 모두 「冬」으로 쓴다.

9) 「事」-「事(事)」

「事」자를 ≪上博楚簡≫은 「事」로 쓰고, 帛書는 「事」로 쓴다. 楚竹書는 篆書이고, 帛書는 隸書의 형태이다. 백서에서 「事」(≪陰陽十一脈灸經·甲≫)·「事」(≪老子甲≫)·「事」(≪戰國縱橫家書≫)·「事」(≪經法≫) 등으로 쓴다.270)

≪金文篇≫의 금문에서 「事」자는 「吏」·「使」자와 같은 자라 하였다.271) 금문에서 「事」자와 「使」자는 같은 의미로 쓰인다.272)

---

269) 鄧球柏, 같은 책, 168 쪽.
270) 陳松長, 같은 책, 119 쪽.
271) 容庚, 같은 책, '0472 事', 198 쪽 참고.
272) 陳初生≪金文常用字典≫, 「使」자와 「事」자를 구별하여 설명하고 있으나, 실

그러나 ≪漢語古文字字形表≫는 갑골문과 금문 중 윗부분이 약간 복잡한 형태를 「事」자로 간단한 형태를 「使」자로 보고 있다.273) ≪楚系簡帛文字編≫은 「卓」・「卓」・「卓」・「卓」 등을 「使」자로 예정하고, 「卓」・「卓」・「卓」・「卓」 등은 「事」자로 보고 있다.274) ≪秦漢魏晉篆隷字形表≫는 漢代 문자 자료는 「史」자를 「屮」・「史」・「史」로 쓰고, 「事」자는 「事」・「事」・「事」로 쓴다. 이상의 자료들로 보아 적어도 商周 고문자 자료에서는 「事」・「使」・「史」자를 구별없이 쓰다가, 후에 세분된 것으로 보인다.

10) 「克」-「克」

현행본은 "不克訟"의 「克」자를 「克」으로 쓰고, 帛書는 「克」으로 쓴다. 앞 ≪上博楚簡≫의 「中吉」을 帛書本에서 「克吉」의 「克(克)」자와 아랫부분이 약간 다른 형태이다. 帛書≪周易≫ 중 "至十年不克正(征)"(054)・"大師克相遇"(007)・"弗克攻"(007)에서는 각각 「克」・「克」・「克」으로 쓴다.275) 「克(克)」은 「克」의 형태와 같다. ≪說文解字≫는 "肩也. 象屋下刻木之形. 克古文克. 克亦古文克.(「극복하다」의 의미. 지붕 아래 깎아 만든 나무기둥의 형상.

질적인 용법은 같다.(337-338 쪽 참고.
273) 徐中舒, 같은 책, 115-116 쪽 참고.
274) 滕壬生, 같은 책, 287-288 쪽 참고.
275) 陳松長, 같은 책, 287 쪽 참고.

「克」의 고문은 「㝉」・「㯱」으로 쓴다)"라 했다. 갑골문은 「🈚」・「🈚」・「🈚」으로 쓰고, 금문은 「🈚」・「🈚」・「🈚」으로, ≪詛楚文≫은 「🈚」으로 쓴다.276) 羅振玉은 ≪增訂殷虛書契考釋≫에서 "象人戴冑形.(사람이 투구를 쓰고 있는 형상)"이라 했다.

≪郭店楚簡・緇衣≫은 「🈚」으로 쓰고, ≪上博楚簡・紂衣≫는 「🈚」으로 쓴다. 「🈚」⇒「🈚」・「🈚」⇒「🈚」⇒「🈚」으로 형태가 변하였다.

張立文≪帛書≫는 「克」자를 「勝」으로 해석하여 "不克訟, 謂爭訟不勝也.(「不克訟」은 소송에서 이기지 못하다의 뜻이다)"라 했다.277)

11) 「🈚」-「🈚(貝易)」

현행본 ≪訟卦≫ "或錫之鞶帶" 중 「錫」자를 ≪上博楚簡≫은 「🈚」(賜)자로 쓰고, 帛書本은 「🈚」로 쓴다. 「🈚」자는 편방 「易」과 「貝」를 상하로 쓴 형태다.

≪說文解字≫는 「賜(賜)」자에 대하여 "予也. 从貝易聲.(「하사하다」의 의미. 편방 「貝」와 「易」聲으로 이루어진 형성자)"라 했다. 帛書 중 ≪戰國縱橫家書≫는 「🈚」・「🈚」로 쓴다.278) ≪上博楚

---

276) ≪漢語大字典≫, 269 쪽 참고.
277) 張立文, 같은 책, 36 쪽.
278) 陳松長, 같은 책, 263 쪽.

簡≫에서 ≪魯邦大旱≫과 ≪容成氏≫ 등은 ≪周易≫의 형태와 같이 상하로 안배하여 「⬚」・「⬚」로 쓰며, ≪弟子問≫은 좌우의 형태인 「⬚」로 쓴다. 금문은 「⬚」・「⬚」・「⬚」로 쓰며, 금문에서 「睗」・「賜」・「錫」는 같은 자로 쓰인다.279) ≪金文常用字典≫은 「⬚」・「⬚」・「⬚」 등의 글자를 「賜」으로 예정하고 "通賜.(「賜」자와 통용된다)"라 설명하고 있는데, 금문에서 「睗」의 의미로 쓰인 실례가 없는 것으로 보아 모두 「賜」의 이체자이다.

≪爾雅・釋詁≫는 「錫, 賜也.(「錫」은 「賜」의 뜻)」이라 하고, 朱駿聲≪說文通訓定聲≫은 "錫, 假借爲賜.(「錫」자는 「賜」의 가차자이다)"라 했다. ≪公羊傳・莊公元年≫에 "王使榮叔來錫桓公命. 錫者何? 賜也.(왕은 榮叔에게 魯나라에 와서 桓公에게 命服을 하달하도록 하였다. 「錫」은 무슨 뜻인가? 「賜」의 뜻이라 했다)"라는 구절이 있다.

≪侯馬盟書≫의 異體字 가운데 異寫字를 筆劃異寫字와 構件異寫字로 나눌 수 있다. 筆劃異寫字는 다시 '筆劃增省異寫字'와 '筆劃變異異寫字'로 나눌 수 있고, 構件異寫字는 '構件增省異寫字'・'構件位異異寫字'와 '構件誤寫異寫字'로 나눌 수 있다. 筆劃增省異寫字는 예를 들어, 「尼」자를 「⬚」나 「⬚」로 쓰고, 「言」자를 「⬚」・「⬚」으로, 「之」자를 「⬚」・「⬚」로 쓴다. 筆劃變異異寫字는

---

279) 容庚, 같은 책, '1007 賜', 432 쪽. '0578 睗'((235 쪽))에서 "與賜錫爲一字.(睗자는 「賜」・「錫」자와 같은 자이다)"고 했다.

「不」자를 「」・「」로 쓰고, 「事」자를 「」・「」로 쓴다. 構件異寫字 중 構件增省異寫字의 예를 들면, 「剛」자를 「」・「」으로, 「嘉」자를 「」・「」로 쓴다. 構件位異異寫字는 예를 들면, 「地」자를 「」・「」로, 「敢」자는 「」・「」・「」으로, 構件誤寫異寫字 중 「質」자는 「」・「」로[280], 「舍」자는 「」・「」로 쓴다.[281]

---

280) 「構件誤寫異寫字」는 물론 반드시 어느 構件을 쓰는 것이 옳다고 할 수 없고, 경우에 따라 고문자는 생략하여 쓸 수 있고, 원 형태와는 다르게 쓸 수 있기 때문에, 잠시 「增省」과 구별하여 「誤寫」로 귀납하여 설명하기로 한다.
281) 張鋒, 〈侯馬盟書異寫字與異構字硏究〉, 曲阜師範大學, 碩士學位論文, 2009.04.01

六　≪民之父母≫·≪孔子閒居≫와 ≪論禮≫ 비교

　　≪上海博物館藏戰國楚竹書(二)≫는 ≪上海博物館藏戰國楚竹書(一)≫에 이어, 2002년 12월 같은 출판사에서 출간되었다. ≪上博楚簡(二)≫는 ≪民之父母≫(濮茅左 整理注釋. 共 14簡, 總 397字)·≪子羔≫(馬承源 整理注釋. 共 14簡, 總 395字)·≪魯邦大旱≫(馬承源 整理注釋. 共 6簡, 總 208字)·≪從政≫甲乙(張光裕 整理注釋. ≪甲≫, 共 19簡, 總 519字. ≪乙≫, 共 6簡, 140字)·≪昔者君老≫(陳佩芬 整理注釋, 共 4簡, 158字)와 ≪容成氏≫(李零 整理注釋, 共 53簡) 등 7편의 도판과 釋文考釋이 실려 있다.

　　본문은 ≪上海博物館藏戰國楚竹書(二)≫(이하 ≪上博楚簡≫의 약칭함) 중 ≪民之父母≫를 ≪禮記·孔子閒居≫·≪孔子家語·論禮≫의 문자와 내용을 상호비교 고찰하고자 한다.

1. ≪上博楚簡·民之父母≫, ≪禮記·孔子閒居≫와 ≪孔子家語·論禮≫

　　≪上博楚簡(二)·民之父母≫는 원래 편명 제목이 없고, 내용은 현행본 ≪禮記·孔子閒居≫와 ≪孔子家語·論禮≫ 등에 보인다. 현행본 ≪禮記·孔子閒居≫는 제일 앞 구절「孔子閒居」를 제목으로 삼고 있으며, ≪孔子家語·論禮≫는 ≪禮記≫ 중에서 ≪仲

尼燕居≫와 ≪孔子閒居≫의 내용을 포함하고 있는데, 시작 부분에 「孔子閒居, 子張·子貢·言游侍, 論及於禮」 구절 중의 「論禮」를 제목으로 취하고 있다. 그러나 본 죽간은 「孔子閒居」라는 구절도 없고, ≪仲尼燕居≫의 내용 또한 보이지 않기 때문에 구절 내용을 제목으로 취하기가 적절치 않아 가장 중요한 내용인 「民之父母」를 편명으로 취하였다.

공자는 「民之父母」에 대한 네 가지 원칙을 밝히고 있다.

첫째는 '達禮樂之原(禮와 樂의 근본을 통달하다)'하고, 두 번째는 '致五至(五至를 이루다)'하고, 세 번째는 '行三無(三無를 행하다)'하고, 네 번째는 '橫於天下, 四方有敗, 必先知之.(널리 천하에 펴고, 사방에 재앙의 조짐이 있거든 반드시 먼저 이를 안다)'이다.

「五至」와 「三無」는 ≪民之父母≫의 중요한 개념이며, 공자는 이에 대하여 하나하나 자세히 설명하고 있다. 또한 공자는 ≪周頌·昊天有成命≫ 중의 '夙夜基命有密.(편히 쉬지 않고, 아침부터 저녁까지 천명을 좇아서 백성에게 관대하게 대하고 편안한 생활을 하도록 힘썼네)'의 내용을 인용하여 「三無」를 보충·설명하고, 이어 「五起」에 대해서 상세하게 설명하면서 문장을 마치고 있다.

≪民之父母≫는 단독적으로 한 편을 이루고 있다. 그러나 ≪禮記·孔子閒居≫는 「民之父母」와 「三王之德」 두 내용을 포함하고 있다. 모두 子夏와 공자가 서로 문답하는 내용이다. ≪孔子家語·論禮≫는 ≪禮記·仲尼燕居≫ 중 공자가 子張·子貢·言游 등과 대화를 나누는 내용과 ≪禮記·孔子閒居≫ 중 孔子가 子夏와 「民之父母」·「三無私」 등에 관하여 대화를 나누는 내용을 포함하고

있다. 그러나 ≪孔子家語≫의 내용은 ≪禮記≫의 내용보다 비교적 간단하다.

楚竹書 ≪民之父母≫는 그동안 전해 내려오는 판본과 그 변천 등을 이해할 수 있는 중요한 자료이다. 초죽서≪民之父母≫에는 보이나, 현행본에는 이미 逸失된 공자의 언급 등을 통하여, 문맥의 이해는 물론 공자의 사상, 儒家의 도덕관과 인생관을 전면적으로 이해할 수 있는 중요한 의의를 지니고 있다. 또한 현행본과의 비교를 통하여 楚文字를 이해하는데 중요한 근거도 된다.

≪民之父母≫·≪孔子閒居≫와 ≪論禮≫의 전체 내용은 아래와 같다. ≪民之父母≫는 ≪上海博物館藏戰國楚竹書(二)≫의 濮茅左 釋文을 참고하고, ≪禮記·孔子閒居≫는 文淵閣의 孔穎達 ≪禮記注疏≫를 참고하기로 한다.

≪民之父母≫:

子夏問於孔子曰: "≪詩≫曰: '凱俤君子, 民之父母', 敢問何如而可謂民之父母?"

孔子答曰: "民 1 ㊂父母乎, 必達於禮樂之泝, ㊂致「五至」㊂行「三無」, ㊂橫于天下. 四方有敗, 必先知之. 亓 2 ㊂謂民之父母矣."

子夏曰: "敢問何如而可謂「五至」?"

孔子曰: "「五至」乎, 勿(志)之所至者, 志(詩)亦至安(焉). 志(詩)之 3 所至者, 禮亦至焉. 禮之所至者, 樂亦至焉. 樂之所至者, 哀亦至焉. 哀樂相生. 君子 4 ㊂正, 此之胃(謂)「五至」."

子夏曰: "「五至」既聞之矣, 敢問何謂「三無」?"

孔子曰: "三無虖, 無聲之樂, 無體 5 ㊂禮, 無服之喪. 君子㊂此橫

第 一 章 《上博楚簡》의 문자 연구   173

天下, 繫耳而聽之, 不可得聞也, 明目而見之, 不可 6 得而
見也, 而得(德?)氣(氣?)塞於四海矣, 此之謂三無."
子夏曰: "無聲之樂, 無體之禮, 無服之喪, 何詩 7 是近?"
孔子曰: "善哉! 商也, 將可敎詩矣, '成王不敢康, 夙夜基命宥密',
無聲之樂. '儀遲遲, 8 不可選也', 無體之禮也. '凡民有喪,
葡匐救之', 無服之喪也."
子夏曰: "亓才諆(?)也, 快矣! 宏矣! 盡 9 於此而巳乎?"
孔子曰: "何爲其然! 猶有五起焉."
子夏曰: "□可得而聞歟?"
孔子曰: "無聲之樂, 氣志不違 10 旡(無)體之禮, 威儀逮逮, 無服之
喪, 內恕巽悲. 無聲之樂, 塞於四方, 無體之禮, 日就月將,
無體〈服〉之 11 喪, 純德同明. 無聲之樂, 施及孫子, 無體
之禮, 塞於四海, 無服之喪, 爲民父母. 無聲之樂, 氣 12 志
旣得, 無體之禮, 威儀翼翼, 無服喪, 施及四國. 無聲之樂,
氣志旣從, 無體之禮, 上下和同, 無服 13 之喪, 以畜萬邦."
∠ 14

《孔子閒居》:

孔子閒居, 子夏侍. 子夏曰: "敢問《詩》云: '凱弟君子, 民之父母',
何如斯可謂民之父母矣?" 孔子曰: "夫民之父母乎, 必達
於禮樂之原, 以致五至, 而行三無, 以橫於天下. 四方有
敗, 必先知之. 此之謂民之父母矣."
子夏曰: "民之父母, 旣得而聞之矣, 敢問何謂「五至」?"
孔子曰: "志之所至, 詩亦至焉. 詩之所至, 禮亦至焉. 禮之所至, 樂
亦至焉. 樂之所至, 哀亦至焉. 哀樂相生. 是故, 正明目而
視之, 不可得而見也, 傾耳而聽之, 不可得而聞也, 志氣塞

乎天地, 此之謂五至."

子夏曰: "五至既得而聞之矣, 敢問何謂三無?" 孔子曰: "無聲之樂,
　　　　無體之禮, 無服之喪, 此之謂三無."

子夏曰: "三無既得略而聞之矣, 敢問何詩近之?"

孔子曰: "'夙夜其命宥密', 無聲之樂也. '威儀逮逮, 不可選也', 無體
　　　　之禮也. '凡民有喪, 匍匐救之', 無服之喪也."

子夏曰: "言則大矣! 美矣! 盛矣! 言盡於此而已乎?"

孔子曰: "何爲其然也! 君子之服之也, 猶有五起焉."

子夏曰: "何如?"

子曰: "無聲之樂, 氣志不違, 無體之禮, 威儀遲遲, 無服之喪, 內恕
　　　孔悲. 無聲之樂, 氣志既得, 無體之禮, 威儀翼翼, 無服之
　　　喪, 施及四國. 無聲之樂, 氣志既從, 無體之禮, 上下和同,
　　　無服之喪, 以畜萬邦. 無聲之樂, 日聞四方, 無體之禮, 日
　　　就月將, 無服之喪, 純德孔明. 無聲之樂, 氣志既起, 無體
　　　之禮, 施及四海, 無服之喪, 施于孫子."

《孔子家語·論禮》

子夏侍坐於孔子曰: "敢問詩云愷悌君子, 民之父母, 何如斯可謂
　　　　民之父母?"

孔子曰: "夫民之父母, 必達於禮樂之源, 以致五至而行三無, 以橫
　　　　於天下, 四方有敗, 必先知之, 此之謂民之父."

子夏曰: "敢問何謂五至?"

孔子曰: "志之所至, 詩亦至焉, 詩之所至, 禮亦至焉, 禮之所至,
　　　　樂亦至焉, 樂之所至, 哀亦至焉. 詩禮相成, 哀樂相生, 是
　　　　以正明目而視之, 不可得而見, 傾耳而聽之, 不可得而聞,
　　　　志氣塞于天地, 行之充於四海, 此之謂五至矣."

子夏曰: "敢問何謂三無?"

孔子曰: "無聲之樂, 無體之禮, 無服之喪, 此之謂三無.」

子夏曰:「敢問三無何詩近之?」孔子曰: "夙夜基命宥密, 無聲之樂也, 威儀逮逮, 不可選也, 無體之禮也, 凡民有喪, 扶伏救之, 無服之喪也."

子夏曰: "言則美矣, 大矣, 言盡於此而已乎?"

孔子曰: "何謂其然?吾語汝, 其義猶有五起焉."

子夏曰: "何如?" 孔子曰: "無聲之樂, 氣志不違, 無體之禮, 威儀遲遲, 無服之喪, 內恕孔悲. 無聲之樂, 所願必從, 無體之禮, 上下和同, 無服之喪, 施及萬邦. 既然而又奉之以三無私, 而勞天下, 此之謂五起."

2. 내용 비교

1) ≪民之父母≫의 내용

≪上博楚簡≫의 ≪民之父母≫는 단독적으로 한 편을 이루고 있으나, ≪禮記·孔子閒居≫는「民之父母」와「三王之德」의 내용을 포함하고 있다. 모두 子夏와 공자가 문답하는 내용이다. ≪孔子家語·論禮≫는 ≪禮記·仲尼燕居≫ 중 공자가 子張·子貢·言游 등과 대화를 나누는 내용과 ≪禮記·孔子閒居≫ 중 孔子가 子夏와「民之父母」·「三無私」등에 관하여 대화를 나누는 내용을 포함하고 있다. 그러나 ≪孔子家語≫의 내용은 ≪禮記≫의 내용보다 비교적 간단하다.

2) 「三無」의 내용

≪上博楚簡≫의 제5간 「㠯正」과 「此之胃(謂)五至」 구절 사이에는 다른 내용이 없다. 그러나 ≪孔子閒居≫는 이곳에 "是故, 正明目而視之, 不可得而見也, 傾耳而聽之, 不可得而聞也, 志氣塞乎天地(그런 까닭에 눈을 바르게 하고 밝게 보아도 볼 수 없고, 귀를 기울여서 들어도 들을 수 없으며, 뜻과 기운이 천지 사이에 가득 차는 것을 말한다)"의 내용이, ≪論禮≫는 "是以正明目而視之, 不可得而見, 傾耳而聽之, 不可得而聞, 志氣塞于天地, 行之克於四海(그런 까닭에 눈을 바르게 하고 밝게 보아도 볼 수 없고, 귀를 기울여서 들어도 들을 수 없으며, 뜻과 기운이 천지 사이에 가득 차고, 행실은 사해에 가득 차는 것을 말한다)"의 내용이 삽입되어 있다.

≪上博楚簡≫의 ≪民之父母≫는 이 구절을 第6, 7 簡의 「三亡(無)」의 내용으로 보고 있다. 즉 「是故, 正明目而視之, 不可得而見也, 傾耳而聽之, 不可得而聞也, 志氣塞乎天地」는 「五至」의 내용이 아니라, 「三無」의 내용이라는 것이다. 현행본이 순서를 잘못 이해하여「五至」와 관련성 없는 내용을 삽입하여 그동안 억지스러운 해석을 하였다. ≪上博楚簡≫ ≪民之父母≫의 제5간 「㠯正」은 ≪孔子閒居≫의 「是故, 正」으로, ≪論禮≫의 「是以正」으로 변화한 것이다.[282]

---

[282] 陳劍, 〈上博簡≪民之父母≫"而得旣塞於四海矣"句解釋〉, ≪上博館藏戰國楚竹書硏究續編≫, 251-255 쪽 참고)

3) 「五起」의 내용

「五起」는 ≪民之父母≫와 ≪禮記・孔子閒居≫의 내용이 기본적으로 같지만, 전후 순서가 서로 다르다.

楚竹書의 출현으로 秦나라「焚書」이전의 孔子가 말한「五起」의 원래 순서를 알 수 있게 되었다.

공자는「五至」와「三無」를 먼저 언급하고 난 다음에 계속해서 「五起」를 설명하고 있다. 이 구절은 공자가 "何爲其然! 猶有五起焉.(어찌 그렇겠는가? 아직도 五起가 있다)"라고 하며, 子夏에게 계속해서「五起」에 대해서 구체적으로 설명하는 내용이다.

≪民之父母≫「五起」의 내용을 구체적으로 살펴보면 아래와 같다.

{一},
亡(無)聖(聲)之樂, 櫼(氣)志不﨤(違), 㠯(無)膿(體)之豊(禮),
禩(威)我(儀)尸=(逮逮), 亡(無)備(服)之䘮(喪), 內虗(恕)㽞悲.
(소리 없는 음악은 기분과 뜻이 서로 어긋나지 않으며,
형용 없는 예의는 威儀가 유유자적 한가롭고,
형식적인 상복이 없는 상례는 내 입장에서 생각하며 몹시 슬픈 것이다.)

{二},
亡(無)聖(聲)之樂, 塞於四方, 亡(無)膿(體)之豊(禮),
日逑(就)月相(將), 亡(無)膿(服)之䘮, 屯(純)㥁(德)同明.
(소리 없는 음악은 날로 사방에 울려 퍼지며,
형용 없는 예의는 나날이 진보하고 다달이 발전되며,

형식적인 상복이 없는 상례는 순수한 덕이 매우 밝아진다.

{三},
亡(無)聖(聲)之樂, 它(施)返(及)孫=(孫子),
亡(無)膿(體)之豊(禮), 塞於四浘(海), 亡(無)備(服)之癹(喪),
爲民父母.
소리 없는 음악은 자손에까지 울려 퍼지고,
형용 없는 예의는 온 천하에 미치고,
형식적인 상복이 없는 상례는 백성의 부모가 되는 것이다.

{四},
亡(無)聖(聲)之樂, 燹(氣)志旣㝵(得), 亡(無)膿(體)之豊(禮),
覗(威)我(儀)異=(翼翼), 亡(無)備(服)癹(喪), 它(施)返(及)四國.
소리 없는 음악은 기운과 의지가 이미 얻어지고,
형용 없는 예의는 威儀가 엄숙하고,
형식적인 상복이 없는 상례는 만방에 미치게 된다.

{五},
亡(無)聖(聲)之樂, 燹(氣)志旣從, 亡(無)膿(體)之豊(禮),
上下禾(和)同, 亡(無)備(服)之癹(喪), 以畜萬邦.
소리 없는 음악은 기운과 뜻이 원하는 대로 따르게 되고,
형용 없는 예의는 위와 아래가 화목하게 되며,
형식적인 상복이 없는 상례는 德化가 만방에 쌓이게 된다.

「無聲의 音樂」이란 마음이 화평해서 소리가 나기를 기다리지 않은 것이고, 「無禮의 禮節」이란 마음이 극히 공손하여 행동으

로 나타나기를 기다리지 않은 것이며, 「無服의 喪禮」란 마음이 至誠惻怛하여 상복을 입는 것을 기다리지 않은 것을 말한다.

《民之父母》와 《禮記·孔子閒居》를 서로 비교하면, 「五起」 중 첫 번째를 제외하고 기타 다른 내용은 그 순서가 같지 않다. 《民之父母》의 순서를 기본 항목으로 했을 때, 《禮記·孔子閒居》의 순서는 1-4-5-3-2이다. 《孔子家語·論禮》는 「五起」 중 1과 5 항목만 언급하고, 「三無私」(天無私覆, 地無私載, 日月無私照「(하늘은 덮어 주는데 사사로움이 없고, 땅은 실어 주는데 사사로움이 없으며, 해와 달은 비쳐주는데 사사로움이 없다)」를 「五起」에 포함시키고 있다.

「五起」는 「三無」에 대한 보충해석으로, 《民之父母》는 제10-14간의 다섯 枚의 죽간이 이어져 있어, 그 내용과 순서를 이해하는데 중요한 자료이다.

《民之父母》는 內(族內)에서 外(族外)로, 작은 것에서 큰 것으로 범위를 확대시켜 나가고 있는 것을 원칙으로 삼고 있다. 「內虗(恕)𦣞(孔)悲」→「屯(純)𦣞(德)同(孔)明」→「爲民父母」→「施及四國」→「以畜萬邦」과 같이 「近親」에서 「外族」으로, 「民父母」로, 「四國」으로, 다시 「萬邦」으로 그 덕망을 실행하는 범위를 점점 확대해 나가고 있다. 《民之父母》가 논리정연하게 그 범위를 전개하고 있는 반면, 《禮記·孔子閒居》는 《民之父母》보다 논리적이지 못하다.

《民之父母》와 《孔子家語·論禮》의 「五起」 내용은 서로 다르다.

《孔子家語·論禮》의 "無聲之樂, 氣志不違, 無體之禮, 威儀遲

遲, 無服之喪, 內恕孔悲.(소리가 없는 음악은 기분과 의지가 서로 이르는 대로 하여 어김이 없고, 형체가 없는 예는 위엄 있고 의표가 매우 유연하고 느긋하며, 상복이 없는 초상은 속마음이 몹시 슬프게 되는 법이다)"·"無聲之樂, 所願必從, 無體之禮, 上下和同, 無服之喪, 施及萬邦.(이를 더 확대해서 설명하자면, 소리없는 음악은 소원이 제대로 이루어지며, 형체없는 예는 위와 아래가 화목하게 되며, 복이 없는 초상은 덕화가 만방에 퍼지게 된다)"와 "三無私(세 가지 사사로운 마음이 없다)"인 "天無私覆, 地無私載, 日月無私照.(하늘은 만물을 덮어 주는데 사사로움이 없으며, 땅은 만물을 실어 주는데 사사로움이 없고, 일월은 만물을 비춰 주는데 사사로움이 없다)" 내용은 ≪禮記·孔子閒居≫와 서로 다르다.

≪民之父母≫·≪孔子閒居≫와 ≪論禮≫의 「五起」에 대한 내용을 비교하면 아래와 같다.

無聲之樂	一起	二起	三起	四起	五起
≪民之父母≫	氣志不違	塞于四方	施及孫子	氣志既得	氣志既從
≪孔子閒居≫	氣志不違	氣志既得	氣志既從	日聞四方	氣志既起
≪孔子家語≫	氣志不違		所願必從		

無體之禮	一起	二起	三起	四起	五起
≪民之父母≫	威儀遲遲	日逑月相	塞于四海	威儀翼翼	上下和同
≪孔子閒居≫	威儀遲遲	威儀翼翼	上下和同	日就月將	施及四海
≪孔子家語≫	威儀遲遲		上下和同		

無服之喪	一起	二起	三起	四起	五起
≪民之父母≫	內虖闘悲	純得同明	爲民父母	施及四國	以畜萬邦
≪孔子閒居≫	內恕孔悲	施及四國	以畜萬邦	純德孔明	施于孫子
≪孔子家語≫	內恕孔悲		施及萬邦		

4) 「五至」의 내용

≪民之父母≫는 「五至」를 「物-志-禮-樂-哀」로 쓰고, ≪孔子閒居≫와 ≪孔子家語≫는 「志-詩-禮-樂-哀」로 쓴다.

≪民之父母≫는 3-5簡에서 「五至」를 아래와 같이 쓴다.

 子夏曰: "敢問何謂「五至」?"
 孔子曰: "「五至」乎, 勿之所至者, 志亦至焉, 志之所至者, 禮亦至焉, 禮之所至者, 樂亦至焉, 樂之所至者, 哀亦至焉. 哀樂相生, 君子以正, 此之謂「五至」."

≪禮記.孔子閒居≫는 아래와 같이 쓴다.

 子夏曰: "「民之父母」既得而聞之矣, 敢問何謂「五至」?"
 孔子曰: "志之所至, 詩亦至焉, 詩之所至, 禮亦至焉, 禮之所至, 樂亦至焉, 樂之所至, 哀亦至焉, 哀樂相生."

≪孔子家語.論禮≫는 아래와 같이 쓴다:

子夏曰: "敢問何謂「五至」?" 孔子曰: "志之所至, 詩亦至焉, 詩之
　　　　所至, 禮亦至焉, 禮之所至, 樂亦至焉, 樂之所至, 哀亦至
　　　　焉. 詩禮相成, 哀樂相生."

濮茅左는 정리본에서 「五至」가 ≪禮記·孔子閒居≫와 ≪孔子家語·論禮≫는 모두 「志-詩-禮-樂-哀」로 쓰기 때문에 ≪民之父母≫의 「物-志-禮-樂-哀」를 「志-詩-禮-樂-哀」로 이해하고 있다.

「勿」, 疑「志」之誤寫, 但「勿」讀作「物」, 似亦通. 「志」, 恩意. ≪說文·心部≫: '志, 意也. 从心, 之聲.' ≪釋名·釋典藝≫: '詩之也志之所之也.' 「志亦至」之「志」讀爲「詩」, 以「志」爲先導, 貫串「五至」之精神. ≪禮記·孔子閒居≫鄭玄注: '凡言至者, 至於民也. 志, 謂恩意也. 言君恩意至於民, 則其詩亦至也. 詩, 謂好惡之情也.' 孔穎達疏: "此經子夏問「五至」之事, 孔子爲說「五至」之理. '志之所至, 詩亦至焉'者, 「志」謂君之恩意之至, 「所至」謂恩意至極於民, 詩者, 歌詠歡樂也. 君之恩意既至於民, 故詩之歡樂, 亦至極於民. 因恩意於民, 而民樂而歌頌, 也是本句的基本語意. '勿(志)之所至者, 志(詩)亦至'的核心思想與≪上海博物館藏戰國楚竹書(一)·孔子詩論≫首簡'詩亡(無)隱(離)志'(第一簡)是相一致的.

(「勿」자는 「志」자를 잘못 쓴 것이 아닌가 한다. 그러나 「勿」은 「物」과 통하기 때문에 「物」의 의미로 쓰일 가능성도 있다. 「志」는 「호의」의 의미이다. ≪說文·心部≫는 '志, 意也, 從心, 之聲. (「志」는 '마음의 의지'라는 뜻. 편방 「心」과 「之」聲으로 이루어진 형성자)'라 하였다. ≪釋名·釋典藝≫는 '詩之也志之所之也.(詩로 표현해 낸다는 것은 곧 마음이 이른바 미쳐 이를 표현해 내는 것이다'라 하였다. 「志亦至」 중의 「志」는 곧 「詩」의 의미이다.

「志(호의)」적인 마음이 「五至」의 가장 중요한 핵심이다. 鄭玄은 ≪禮記·孔子閒居≫에서 '凡言至者, 至於民也. 志, 謂恩意也. 言君恩意至於民, 則其詩亦至也. 詩, 謂好惡之情也.(이른바 「미치다(至)」라는 것은 그 호의가 백성에게 미친다는 것이다. 「志」란 백성에 대한 호의이다. 군주가 백성에게 호의를 베풀면 그 즐거운 마음을 詩歌로 표현해 내는 것이다. 詩는 기쁨과 슬픔을 표현하는 감정이다)'라 하고, 孔穎達은 '此經子夏問「五至」之事, 孔子爲說「五至」之理. 「志之所至, 詩亦至焉」者, 「志」謂君之恩意之至, 「所志」謂恩意至極於民, 詩者, 歌詠歡樂也. 君之恩意旣至於民, 故詩之歡樂, 亦至極於民.(子夏의 「五至」의 물음을 통하여, 공자는 「五至」의 의리를 밝히고 있다. 「志之所至, 詩亦至焉(뜻이 미치면 시 또한 미치게 된다)」 중의 「志」는 군주의 호의가 베풀어지는 것이고, 「所志(「至」자의 誤)」란 그 은혜로운 호의가 백성에게 지극히 미침을 말한다. 「詩」는 기쁜 마음을 노래로 표현해 내는 것을 말한다. 군주의 은혜가 백성에게 미치면 백성들은 당연히 그 기쁜 마음을 시로써 표현해 내는 것이다)'라고 注疏하고 있다. 백성에게 호의를 보이면 백성 또한 기뻐서 노래를 부른다는 것이 본 구절의 가장 근본적인 의미이다. 「勿(志)之所至者, 志(詩)亦至」의 주된 개념은 ≪上海博物館藏戰國楚竹書(一)·孔子詩論≫에서 말한 「詩亡(無)隱(離)志.(詩歌는 사람의 의지를 드러내는 것이며, 樂曲은 인간의 정감을 드러내는 것)」(第一簡)의 내용과 같다.)283)

濮茅左는 "「勿」자는 「志」자를 잘못 쓴 것이 아닌가 한다. 그러나 「勿」은 「物」과 통하기 때문에 「物」의 의미로 쓰일 가능성도

---

283) ≪上博楚簡(二)≫(2002), 159 쪽.

있다"라고 하여 「物」의 해석도 배재하고 있지 않지만, 簡文을 인용할 때 "勿(志)之所至者, 志(詩)亦至"로 쓰는 것으로 보아, 「勿」자는 「志」자의 誤字이고, 「志」는 「詩」의 혹체로 보고 있다.

鄭玄은 ≪禮記·孔子閒居≫에 대하여 「志」는 「恩意(호의)」로 「詩」는 「好惡之情(좋고 나쁨의 감정)」으로 설명하였다.

> 凡言至者, 至於民也. 志, 謂恩意也, 言君恩意至於民, 則其詩亦至也. 詩謂好惡之情也.
> (이른바 미치다(至)는 것은 그 호의가 백성에게 미친다는 것이다. 「志」란 백성에 대한 호의이다. 군주가 백성에게 호의를 베풀면 그 즐거운 마음을 詩歌로 표현해 내는 것이다. 詩는 기쁨과 슬픔을 표현하는 감정이다.)284)

孔穎達 또한 鄭玄의 의견에 따르고 있다.

> 君子之恩意既至於民, 故詩之歡樂亦至極於民, 既能歡樂至極於民, 則以禮接下, 故禮亦至極於民, 既禮能至極於民, 必爲民之所樂, 故樂亦至極於民焉. 君既與民同其歡樂, 若民有禍, 則能悲哀憂恤至極於下, 故哀亦至焉. 己欲恩愛, 民亦欲恩愛, 己有好惡, 民亦有好惡, 己欲禮樂, 民亦欲禮樂, 己欲哀恤, 民亦欲哀恤, 是推己所有, 與民共之也.
> (君子의 호의가 백성에 미치면, 詩歌의 기쁨 또한 백성에 이르게 되는 것이다. 기쁨(歡樂)이 백성에 미치게 되면, 이를 예의로써 받아들이기 때문에, 예의 또한 백성에게 지극히 이르게 되는

---

284) 李學勤 主編, ≪十三經注疏·禮記正義≫(北京大學出版社, 1999), 1393쪽.

것이다. 예의가 백성에 미치게 되면 백성들은 반드시 기쁘게 되는 것이기 때문에 즐거움이 지극히 백성에게 미치게 되는 것이다. 군자와 백성이 이미 이와 같이 기쁨을 같이 하게 되면, 백성에게 어려움이 있는 경우엔 슬퍼하고 애닲게 걱정하고 동정하는 마음이 자연이 아래 백성에게 향하는 것이다. 그렇게 하여 애도하는 마음이 이르게 되는 것이다. 자신이 은혜를 베풀고 사랑하면 백성 또한 은혜를 베풀고 사랑하게 되는 것이다. 만약에 자신에게 좋아하고 싫어하는 마음이 있으면, 백성 또한 그대로 좋아하고 싫어하는 것이며, 자신이 禮樂을 지키고자하면 백성 또한 마찬가지로 禮樂을 지키며, 자신이 애도하고 동정하면 백성 또한 애도하고 동정하는 것이니, 자신의 입장에서 남을 배려하는 마음을 가지고 백성과 함께 하는 것이다.)285)

孔穎達이 설명하는 「五至」는 이 「志詩禮樂哀」들 사이의 어떤 필연적 관계는 없고, 단지 「五至」는 일종의 「推己及人(나의 입장에서 다른 사람의 입장을 고려하다)」하는 수양의 항목일 따름이다. 孔穎達은 「樂」자를 「哀樂」의 「즐거움」과 「禮樂」의 「음악」의 의미 두 가지로 해석하고 있다.

明代 姚舜牧(1543-1622)은 「志」・「詩」・「禮」・「樂」과 「哀」의 상호 관계성에 대하여 다음과 같이 설명하고 있다.

　　五至雖有次弟, 而總由一志來. 此志一至四者, 自無不至, 故云「志氣塞乎天地」. 子民之心誠懇切到, 心目之間, 自然故隱秘而不得, 便是詩至, 有是心目之圖, 自然有許多經綸料理出來, 便是禮

---

285) 李學勤 主編, 앞의 책, 1393 쪽.

至, 有是經綸料理, 自然欣喜從事而不爲疲, 便是樂至. 樂此而不爲疲, 則視民如傷, 唯恐或阽於危亡也, 將戚然而不自寧, 便是哀至.

(「五至」는 순서가 있으며, 모두 첫 번째 「志」를 근간으로 한다. 첫 번째 「志」로부터 나머지 모두 네 가지에 이르기 때문에 「志氣塞乎天地.(志氣가 천지를 채운다)」라 하였다. 백성의 마음이 성실하고 절실함에 이르면, 마음으로 생각하는 것과 보는 것은 자연스럽게 은밀하고 비밀스러운 것이 생기게 되어 시가에 미치게 된다. 마음으로 생각하고 눈으로 보는 과정 중에 의도하는 바가 있으면 자연스럽게 사회의 많은 경론과 질서가 생겨나며, 이 때문에 예절에 미치게 된다. 경론과 질서가 있으면 기쁘게 일에 종사할 수 있게 되고, 피로하지 않기 때문에 기쁨에 이르게 된다. 기쁨에 피곤한 줄 모르게 되면 즉 백성을 해가 미칠까 걱정하여 위태롭게 되는 것을 두렵게 생각하여야 한다. 그래서 근심걱정하게 되고 편안하지 않기 때문에 슬픔에 이르게 되는 것이다.)286)

그러나 清代 姚際恆(1647-1715)은 ≪孔子閒居≫의 「五至」에 대한 견해에 상호 모순성이 있는 것에 대하여 다음과 같이 지적한 바 있다.

≪書≫曰: '詩言志.' 故曰: '志之所至, 詩亦至焉.' 則「志」即在「詩」內, 不得分爲二至. 且章首是言民之父母, 則五至皆謂至於民也. 至「志」於「詩」, 何與於民? 其不得以「志」爲第一至, 審矣! 鄭氏以其不可通, 故曰: '凡言至者, 至于民也. 志謂恩意也. 言君恩意至

---
286) 杭世駿, ≪續禮記集說一百卷≫卷八四, ≪續修四庫全書≫, 上海古籍出版社, 484쪽.

於民, 則其詩亦至也.' 以「志」爲恩意, 曲解顯然, 即作者之意, 亦豈嘗如是? 或「樂亦至焉」之「樂」音岳,「樂之所至」之「樂」音洛, 欲取哀至之義, 忽以樂(岳)字脫換作樂(洛)字, 甚奇!(注與疏以三「樂」字皆音洛, 則禮樂不相接. 陳氏《集說》上二「樂」字皆音岳, 則樂哀又不相接也.) 《詩》·《禮》·《樂》屬經, 哀屬人情, 又何得並《詩》·《禮》·《樂》爲一至乎? 至於哀樂相生, 又別一義, 竟與〈民之父母〉章全不照顧矣!「視之不見」·「聽之不聞」, 本《老子》「希夷」之說,「志氣塞乎天地」襲《孟子》'其爲氣也, 則塞乎天地之間', 然氣可言塞, 志不可塞也!287)

(「志之所至, 詩亦至焉」은 사실상 《書經》이 '詩言志'라 했듯이,「志」가「詩」속에 포함되어「志」와「詩」의 두「至」가 사실상 구분이 없는 것이다. 앞에서 언급한「民之父母」의「五至」는 모두 백성에 이르는 내용인데,「詩」속에 포함 된「志」에 이르는 것이 어떻게 백성과 관련이 있다는 것인가? 따라서 첫 번째「志」에 이르는 것은 잘못된 것이 확실하다. 鄭玄은 이와 같이 서로 통하지 않기 때문에 '凡言至者, 至于民也. 志謂恩意也. 言君恩意至於民, 則其詩亦至也'라고 하고,「志」를「은택(恩意)」이라고 잘못 해석하고 있다. 어찌 이가 작자가 의도한 내용이겠는가? 혹은「樂亦至焉」중「樂」의 음은 음악의 악(音「岳」)이고,「樂之所至」중「樂」은「哀樂의 락(음「洛」)」으로 애도하고 동정하는 의미로 설명하고 있다. 이와 같이「樂」자를 한 곳은「禮樂」의「樂」으로 한 곳은「哀樂」의「樂」으로 풀이하고 있는데, 이는 이상하지 않은가!(注와 疏 모두는 세 곳의「樂」자를 모두 哀樂(음 洛)으로 읽고 있으나, 禮樂과 서로 맞지 않고, 陳氏의 《集說》에서 앞 두「樂」자는 禮樂의 악(音 岳)으로 읽는데, 이는 즐거움과 애도의 의

---

287) 杭世駿,《續禮記集說一百卷》, 484 쪽.

미와는 서로 맞지 않다. ≪詩≫·≪禮≫·≪樂≫은 모두 경서에 속하고 애도(哀)는 사람의 감정에 속하는 것인데, 어떻게 ≪詩≫·≪禮≫·≪樂≫에 이를 수 있겠는가? 애도와 즐거움에 이르는 것과「禮樂」은 다른 의미이기 때문에 〈民之父母〉전체의 내용과는 서로 맞지 않은다.「視之不見」·「聽之不聞」은 ≪老子≫'視之不見名曰夷. 聽之不聞名曰希.(보아도 보이지 않은 것이어서 형체가 없는 것이 곧 夷이고, 들어도 들리지 않은 것이어서 소리도 없는 것이 곧 希이다)'의 구절에,「志氣塞乎天地」는 ≪孟子≫의 '其爲氣也……, 則塞乎天地之間.(기의 양상은 ……하늘과 땅 사이에 꽉 차게 된다)'의 구절에 보인다. 그러나「기운(氣)」천지를 가득 채울 수 있지만,「의지(志)」는 채울 수 있는 것이 아니지 않은가!288)

疑古學派인 姚際恆은 ≪孔子閒居≫의「五至」에 관해 적지 않은 문제점을 지적하였다. 이러한 문제점으로 인하여 淸代 陸奎勳은 "五至·三無·五起, 以數命名, 此係漢儒積習, 疑非孔子本文.(「五至」·「三無」·「五起」와 같이 숫자를 써서 표기하는 命名은 漢代 학자들의 습관적 방법이고, 孔子가 직접 한 말은 아닌가 한다)"라고 하며 ≪孔子閒居≫ 자체를 의심하기도 한다.289)

「志」가 나머지「四至」를 통괄하고 있다는 주장에 설득력이 있지만, 그러나 ≪孔子閒居≫의 본래의 취지는「五至」한 자 한 자에 분명한 의미를 두었을 것이다. 따라서「志」가 나머지를 포함

---

288) 杭世駿, ≪續禮記集說一百卷≫, 485쪽.
289) 杭世駿, ≪續禮記集說一百卷≫, 485쪽.

하고 있다는 것은 제고의 여지가 분명하다.

姜兆錫은 「五至」를 비교적 원만하게 설명하고 있다.

在心爲志, 發言即爲詩, 故志至詩亦至, 興於詩而履之, 即禮也, 故詩至禮亦至, 立於禮而樂之, 即樂也, 故禮至樂亦至, 而樂之中節者, 其於哀也可知矣, 故樂至哀亦至. 而詩禮·哀樂乃相成相生而不已也.

(마음에 두는 것이 「志」이며, 말로 표현하는 것이 「詩」이다. 그래서 「志」에 이르게 되면 당연히 「詩」에 이르게 되는 것이다. 「詩」에 반응을 느끼고 이를 실천에 옮기는 것이 즉 「禮」이다. 따라서 「詩」에 이르면 「禮」에 이르게 되는 것이다. 「禮」가 세워지면 즐겁기 때문에 「樂」이 생겨나는 것이다. 고로 「禮」에 이르면 「樂」에 이르게 된다. 그러나 즐거움의 중용은 슬픔에 있다는 인식하에 있기 때문에 「樂」에 이르면 다시 「哀」에 이르게 되는 것이다. 따라서 「詩禮」·「哀樂」은 상호간에 끊임없이 생겨나는 것이다.)[290]

孫希旦의 ≪禮記集解≫의 주장 역시 姜兆錫의 견해와 비슷하다. 孫希旦은 「樂」은 음악과 즐거움 두 가지를 모두 포함한다고 하였다.

在心爲志, 發言爲詩, 旣有憂民之心在於內, 則必有憂民之言形於外, 故詩亦至焉. 旣有憂民之言, 則必有以踐之, 而有治民之禮, 故禮亦至焉. 旣有禮以節之, 則必有樂以和之, 故樂亦至焉. 樂者

---

290) 杭世駿, ≪續禮記集說一百卷≫, 485쪽.

樂也. 旣與民同其樂, 則必與民同其哀, 故哀亦至焉. 五者本乎一心, 初非見聞之所能及, 而其志氣之發, 充滿乎天地而無所不至, 故謂之五至.

(마음에 두는 것이「志」이고 말이 발흥되는 것이「詩」이다. 백성을 걱정하는 마음을 마음에 두면 백성을 걱정하는 말이 밖으로 나오는 것이다. 그래서「詩」에 미치게 되는 것이다. 만약에 백성을 걱정하는 말이 발흥하면 반드시 이를 실천하기 때문에 백성을 다스리는 예의가 생기게 되며, 그래서 예절에 이르게 되는 것이다. 예가 있고 이로서 절제를 하게 되면 반드시 음악이 있게 되고 이로써 화합을 하게 되는 것이기 때문에 음악에 미치는 것이다. 음악은 곧 즐거움이다. 백성과 함께 즐거워하면 백성과 함께 그 슬픔도 같이 하는 것이다. 그래서「哀」에 이르게 되는 것이다. 이 五者는 모두 마음(心)을 근본으로 한다. 그 시작은 지식으로 능히 미치는 것이 아니지만, 志氣가 발생하면 천하에 그 기운이 충만하여 이르지 않은 곳이 없기 때문에「五至」라고 말하는 것이다.)[291]

설사 위의 설명이「五至」의 상호 관련을 설명하는데 설득력이 있다하더라도, 사실상「五至」와「民之父母」와의 필연적 관계는 있다고는 설명할 수는 없다.

≪上博楚簡≫ ≪民之父母≫가 출현함으로써 이 문제점을 해결할 수 있는 계기가 되었다.

≪民之父母≫의 첫 번째「五至」는「勿」이다.「勿」은「物」의 의미다. 이 자는 ≪郭店楚墓竹簡≫이나 ≪上博楚簡≫에서 자주

---

[291] 清 孫希旦, ≪禮記集解≫(中華書局), 1287 쪽.

보인다. 「物」이란 「我」 이외의 萬事萬物을 가리킨다. ≪郭店楚簡・性自命出≫(12簡)은 "凡見者之謂物.(이른바 世間에 드러나는 物이다)"라 했다. 「物至」는 天地萬物의 이치이면서 인간의 욕망도 이 속에 포함된다.

「志」는 「心志」의 의미로 執政者의 마음 씀씀이다. 「志至」는 天地萬物의 이치를 이해하는 것과 일반 백성의 좋아하고 싫어하는 감정이다. ≪孟子・離婁下≫가 말한 "舜明於庶物, 察於人倫.(순 임금은 여러 가지 사물에서 그 이치를 밝게 살피고, 사람에게 공통적으로 존재하는 본 마음을 살피었다)"의 이치와 같다. 天地萬物의 이치와 백성이 좋아하고 싫어하는 감정을 완전히 이해한 후에, 각종 정책과 규율을 정하고, 이로써 또한 백성을 이끄는 것이 「禮至」이다.

「禮」는 외적인 規範이고, 이 규범이 음악으로 조화를 이루게 되면, 능히 공경하게 되고, 즐거운 생활을 할 수 있게 된다. ≪禮記・文王世子≫는 "樂所以脩內也, 禮所以脩外也. 禮樂交錯於中, 發形於外, 是故其成也懌, 恭敬而溫文.(음악에는 마음을 아름답게 하는 힘이 있고, 예의에는 행실을 아름답게 하는 효력이 있다. 그러므로 이 양자를 겸비하고 그 효력을 발휘하게 하면 거기에서 쾌활하고 예의바르고, 온화한 기상이 나타나는 것이다)" 이것이 바로 「樂至」이다. 「樂」은 음악이다.

音樂은 백성들의 감정을 가장 직접적으로 전달할 수 있는 것이며, 백성의 즐거움이나 고통들을 이 음악을 통해서 알 수 있다. 또한 이 음악을 통하여 마음속의 고통을 이해할 수 있는데, 이가 곧 「哀至」이다.

고대에는 詩를 채집하여 민심을 관찰하였다. 능히 백성에 미치는 것 이것이 바로 「民之父母」인 것이다. 音樂은 마음 속의 哀痛이나 歡愉를 표현하는 것이기 때문에 또한 「哀樂相生.(슬픔과 기쁨이 함께 생겨난다)」라 했다.

「五至」를 근본으로 해서 「三亡(無)」즉 "無聲之樂, 無體之禮, 無服之喪"을 행하고, 「樂」·「禮」·「喪」의 정신을 "皇(橫)於天下.(천하에 이행하여)", 그 결과 "四方有敗, 必先知之.(사방에 재앙의 조짐이 있으면 먼저 알게 되면)" 바로 이상적인 「民之父母」가 된다. 萬事와 萬物을 인식하고 백성의 욕망을 이해하여 禮樂의 체계를 세우고, 백성의 슬픔이나 즐거움에 관심을 보이는 것이 「民之父母」가 되는 것이며, 이래야 「民之父母」는 「必達禮樂之源(반드시 예악의 근본에 통달)」하는 것이다.

이와 같이 ≪民之父母≫는 본래 매우 소박한 정치적 이념임과 동시에 구체적으로 실행할 수 있는 항목으로 후대 학자들이 주장하는 현학적인 개념이 아니다. ≪禮記·孔子閒居≫와 ≪孔子家語·論禮≫가 「五至」중 첫 번째 항목 「勿」을 「志」로 잘못 인식하고, 두 번째 「志」를 「詩」로 인식함으로써 오랜 기간 동안 ≪禮記·孔子閒居≫와 ≪孔子家語·論禮≫는 漢代의 유학자들이 편집한 것이라고 주장되기도 하였다.

漢代에는 五經博士를 설립하는 등 유학의 경서들을 중요시하였기 때문에 古代의 經典들이 시대의 조류에 의하여 자주 고쳐지기도 했다. 예를 들어, 漢代에는 「孝」의 이념을 상당히 중시하였기 때문에 ≪老子≫의 "民復季子.(백성은 어린 아이의 세계와 같은 천진하고 소박한 상태로 다시 돌아가다)"(≪郭店·老子甲≫

第1簡)을 "民復孝慈"로 고쳐 썼다. ≪民之父母≫ 역시 "志禮樂"을 "詩禮樂"으로 바꾸어 "勿之所至者, 志亦至焉, 志之所至者, 禮亦至焉"을 ≪禮記．孔子閒居≫와 ≪孔子家語・論禮≫는 "志之所至, 詩亦至焉, 詩之所至, 禮亦至焉"으로 바꿔 쓰게 된 것이다.

이외에도 「志」와 「詩」의 기본 聲符가 모두 「之」로 음성상 관계가 있으며, 또한 뒤에 「禮樂」이 이어져 출현하며, 제 7-8간의 "善才(哉)! 商也, 牆(將)可孚時(詩)矣.(훌륭하도다, 자하야. 이제부터 너에게 ≪시경≫을 가르칠 수 있겠구나)" 구절이 있고, 한대 유학자들은 이미 「詩言志」에 익숙해져 있는 것과도 관련이 있을 것이다.

濮茅左 정리본은 ≪民之父母≫ "亡(無)聖(聲)之樂, 亡(無)臘(體)之豊(禮), 亡(無)備(服)之喪(喪), 可(何)志(詩)是迡(迡)? 孔=(孔子)曰: 善才(哉)! 商也, 牆(將)可孚時(詩)矣"(第7-8簡)라는 구절 중 「志」자를 「詩」로 해석하였다.292) 이는 바로 이어서 「孚時(詩)」가 출현하였고, ≪禮記・孔子閒居≫와 ≪孔子家語・論禮≫에서 모두 「詩」로 쓰고 있기 때문이다. 그러나 「志」가 「詩」의 의미로 쓰인 예가 없고, 「詩」자를 일반적으로 「詩」・「寺」(≪郭店・緇衣≫簡3)・「時」(≪郭店・性自命出≫簡12)・「時」(≪郭店・六德≫簡24) 등으로 쓰기 때문에 과연 「志」자가 「詩」자로 쓰인 것일까는 재고할 필요가 있다.

---

292) ≪上博楚簡(二)≫, 165 쪽 참고.

3. 文字考察

≪民之父母≫에 있는 중요한 내용 문구가 현행본 ≪孔子閒居≫·≪論禮≫에는 없는 경우가 있다. 예를 들어, "君子吕正"[293] "君子吕此皇(橫)天下"[294]·"善才(哉), 商也, 牂(將)可孝(敎)時(詩)矣, 城(成)王不敢康"[295] 등의 문구가 보이지 않은다.

낱말 중에서 ≪民之父母≫와 ≪孔子閒居≫의 "無聲之樂, 氣志不違" 중의 「志」자를 ≪論禮≫는 「至」로 쓰고, ≪民之父母≫의 "無服之喪, 內恕巽悲"(第11簡) 구절 중 「悲」자를 ≪孔子閒居≫역시 「悲」자로 쓰나 ≪論禮≫는 「哀」자로 쓰는 등 동의어의 차이가 있다.

≪民之父母≫와 ≪孔子閒居≫ 「哀樂相生」(第4簡) 구절을 ≪孔子家語·論禮≫는 "詩禮相成, 哀樂相生"으로 쓴다.

≪孔子家語·六本≫ 「三無」 내용 순서는 ≪上博楚簡≫과는 달리 "無體之禮", "無服之喪", "無聲之樂"의 순서로 되어 있다.

≪禮記·孔子閒居≫는 "傾耳而聽之, 不可得而聞也"로 쓰고, ≪孔子家語·論禮≫는 "傾耳而聽之, 不可得而聞"으로 쓴다. ≪民之父母≫의 "而旻既塞於四海矣"(第7簡)의 구절을 ≪禮記·孔子閒居≫는 "志氣塞乎天地"로 쓰고, ≪孔子家語·論禮≫는 "志氣塞於

---

293) "君子吕正.(군자가 이것으로 바르게 하는 것이다)"(≪民之父母≫, 第4-5簡).
294) "君子吕此皇(橫)天下.(군자는 이를 천자에 널리 행한다)"(≪民之父母≫, 第6簡).
295) "善才(哉), 商也, 牂(將)可孝(敎)時(詩)矣, 城(成)王不敢康.(「훌륭하도다! 子夏여! 이제부터 너에게 ≪詩經≫을 가르칠 수 있겠구나. 成王은 편히 쉬지 않고, 아침부터 저녁까지 천명을 좇아서 백성에게 관대하게 대했네」"(≪民之父母≫, 第8簡).

天地, 行之充于四海"로 쓴다. ≪民之父母≫의 "敗矣! 玄矣! 圭"
(第9簡) 구절을 ≪禮記·孔子閒居≫는 "言則大矣·美矣·盛矣,
言盡於此而已乎"로 쓰고, ≪孔子家語·論禮≫는 "言則美矣·大
矣, 言盡於此而已"로 쓰고 있다.

이외에도 아래와 같이 낱말의 서로 차이가 있기도 하다.

民之父母	四海	㠯=	塞于	它㞋孫	塞於四海	爲民父母	以畜
現行本	天地	逮逮	日聞	氣志旣起	施及四海	施於孫子	施及

아래에서 ≪上博楚簡(二)·民之父母≫를 현행본 ≪禮記·孔子閒
居≫·≪孔子家語·論禮≫와 비교하여 단어의 異同을 간략하게
살펴보고, ≪民之父母≫ 중 비교적 논의가 될 만한 문자 「㝪
(夏)」·「倉(答)」·「者」·「膿(體)」·「桒(喪)」·「洒」·「汇」·「㠯」·「🈁
(曰)」·「虍」 등의 이체자에 대하여 살펴보기로 한다.[296]

---

296) 초간 중 흔히 볼 수 있는 이체자에 대한 설명은 본 논문에서 생략하기로 한다.
예를 들어, ≪民之父母≫의 䎹자는 '宀'·'昏'과 '耳'로 이루어진 자이며, '聞'의
古文이기 때문에 현행본은 '聞'으로 쓴다. 䎹를 簡文는 또한 '䎹'이나 '聝'으로
쓰기도 한다. ≪說文解字·耳部≫는 "聞, 知聲也. 從耳, 門聲, 聝, 古文從昏.(
'聞'은 '소리를 알아듣다'의 의미. '耳'와 '門'으로 이루어진 형성자. 古文은 字符
'昏'을 써서 '聝'로 쓴다.)"라 한다. 䎹는 「聞」이나 「問」의 가차자로 쓰인다. 이
외에도 아래와 같은 이체자가 있다.

民之父母	幾俤	丌	體	奚	見	旻	旣	亡	亓	又	逑	相	敗	聿	同	異	䍃	禾	迉
현행본	凱弟·愷悌	此	體	傾	視	得	氣	無	其(基)	宥	就	將	美	盡	孔	翼	氣	和	近

1) 문자에 대한 고찰

① 「昆(夏)」

≪民之父母≫ 第1簡은 「田昆」 중의 「昆」자를 「🗚」로 쓴다. 濮茅左의 정리본은 「昆」로 예정하면서, 「子昆」는 곧 「子夏」이고, 「昆」자는 「日」과 「它」로 이루어진 자라고 설명하고 있다.297)

≪說文解字≫에 「昆」자는 보이지 않지만, ≪玉篇·日部≫가 수록하고 있는 「昵」의 이체자인 것으로 보인다. ≪玉篇·日部≫는 「昵」자를 "同上睨, 日昳. 牛禮切. (「昵」자는 앞의 「睨」자와 같다. '해가 기울다'의 의미. 反切은 「牛禮切」이다)"고 설명하였다. 「夏」나 「雅」는 편방이 「它」, 「也」와 같은 韻部이기 때문에 서로 통한다.

甲骨文에서 「虫」과 「它」자는 구별없이 같은 의미로 쓰이며,298) 簡文 역시 마찬가지다. 「夏」자를 ≪上博楚簡(一)·紂衣≫는 字部 「日」과 「它」인 「🗚(虽)」자로 쓴다. 즉 第 18簡은 「大雅」를 「大虽」로 써서 「雅」의 가차자로 쓰고 있으나, 본 ≪民之父母≫에서는 「夏」자의 의미로 쓰고 있다.

「夏」자는 簡文에서 「🗚(昆)」 이외에도 「顕」·「頴」·「虽」나 「虍」 등 다양한 형태로 쓰고,299) 金文은 「夏」자를 「🗚」·「🗚」·「🗚」·「🗚」 등으로 쓴다.300) 편방 「女」는 「夂」의 형태가 변한 것이다.

---

297) ≪上海博物館藏戰國楚竹書(二)·民之父母≫, 154 쪽 참고.
298) ≪甲骨文字典≫, 徐中舒 主編, 1430 쪽.
299) 李守奎(2008), 같은 책, 287-288 쪽 참고.

≪孔子詩論≫은 「▩(頭)」(第2簡)로 쓰고, ≪容成氏≫는 「▩(頾)」(第22簡)로 쓰고, ≪緇衣≫는 「▩(虽)」(第18簡)로 쓴다.

② 「宫(答)」

≪禮記・孔子閒居≫와 ≪孔子家語・論禮≫는 ≪民之父母≫의 第1簡 「孔=宫曰」을 모두 「孔子曰」로 쓴다. 즉 「▩(宫)」에 해당하는 자를 「曰」로 쓴다.

「▩(宫)」자는 「答」자와 같다. 何琳儀≪戰國古文字典≫은 "從口(或作甘), 合聲. 或說甘爲合之疊加音符.(「宫」자는 「口」와 音聲符 「合」으로 이루어진 형성자이다. 편방 「口」를 혹은 「甘」으로 쓰기도 한다. 音聲符 「合」에 다시 음성부분 「甘」이 추가된 문자로 설명하기도 한다)"라 하였다.301) ≪集韻・入合≫은 "答・宫・畗, 德合切, 當也. 古作宫・畗, 通作荅.(「答」・「宫」과 「畗」은 反切이 「德合」이고 '대하다'라는 의미이다. 古文은 「宫」・「畗」으로 쓰고, 일반적으로 「荅」으로 쓰기도 한다)"라 하였다. ≪爾雅・釋言≫은 "俞・宫, 然也.(「俞」와 「宫」은 '그러하다'의 의미)"라 설명하고, 이에 대하여 郭璞은 "≪禮記≫曰: '男唯女俞', 宫者, 應也, 亦爲然也.(≪禮記≫의 '男唯女俞' 구절 중 「俞」자는 「宫」자와 같은 의미로, '응하다' 혹은 '그러하다(然)'의 뜻이다)"라고, 陸德明의 ≪音義≫는 "宫, 古答字.(「宫」은 「答」자의 고문이다)"라고, 邢昺

---

300) ≪金文編≫,「0898 夏」, 384 쪽 참고.
301) 何琳儀(1998), 같은 책, 1837 쪽.

≪疏≫는 "畲, 古答字, 故爲應也.(「畲」자는 「答」의 古文으로 '응답하다'의 의미)"라 하였다. ≪玉篇·亼部≫는 "畲, 都合切, 當也, 對也, 然也, 今作答.(「畲」은 反切이 「都合」이고 '대하다(當)'·'對(상대하다)'·'然(그러하다)'의 의미다. 이 자를 지금은 「答」으로 쓴다)"라 하였다. 이 자는 簡文에도 자주 보이며,「合」이나 「會」로 쓰기도 한다.

滕任生≪楚系簡帛文字編≫은 「合」자 아래 ≪荊門包山楚簡≫·≪信陽楚簡≫·≪江陵望山楚簡≫의 「畲」·「畲」·「畲」 등의 문자를 수록하고 있다.302) 즉 「畲」(畲)은 「答」의 이체자이다. 竹簡은 이외에도 「合」·「畲」·「畗」·「㑹」과 「畲」 등으로 쓴다. ≪上海博物館藏戰國楚竹書文字編≫은 「畲」자를 "簡文中與「㑹」字同, 皆爲問答之答. 與說文詥字無涉.(簡文 중 「畲」자는 「㑹」자와 같다. 모두 問答이란 의미의 「答」자이다. ≪說文≫ 중에 보이는 「詥」자와는 다르다"라고 설명하고 있다.303) 또한 「合」자의 이체자로 「畲」·「㑹」과 「畗」를 나열하고, "皆讀爲回答之答, 說文無答字, 楚之畲及其變形當是答之專字, 簡文之畲, 典籍多作「對」.(이들 이체자는 모두 '回答하다'라는 의미의 「答」자이다. ≪說文≫에는 「答」字가 없다. 楚나라 문자 중 「畲」자와 이 자의 변형체들은 모두가 「答」자이다. 簡文의 「畲」자를 다른 고전적에서는 일반적으로 「對」로 쓴다)"라 하였다.304) 李守奎≪上海博物館藏戰國楚竹書文字編≫은 ≪魯邦大旱≫의 「畲」(畲)자를 "楚之回答之答.(楚나

---

302) 滕任生, 같은 책, 411-412 쪽.
303) 李守奎 等 編著, 같은 책, 276 쪽.
304) 李守奎 等 編著, 같은 책, 276 쪽.

라 문자 중 '回答하다'의 「答」자다)"라 하였다.305)

③ 「者」

≪民之父母≫ 第4簡 중 「至者」는 모두 세 번 출현하고 있는데, 「者」는 각각 「▨」・「▨」・「▨」로 쓴다. 이 중 두 번째 「▨」(者)자는 가운데 두 횡획이 서로 일직선을 이루지 않고 어긋나져 있다. 이는 부서진 죽간 조각의 짝맞추기를 잘 못한 것이다.

「▨(者)」자를 ≪說文解字≫는 편방 「白」과 「▨」聲으로 이루어진 형성자라 하였다.

초간에서 「者」자는 매우 다양한 형태로 쓴다. ≪郭店楚簡≫은 「▨(≪尊德義≫)」・「▨(≪老子甲≫)」・「▨(≪五行≫)」・「▨(≪唐虞之道≫)」・「▨(≪語叢一≫) 등이 있고, ≪上博楚簡≫중 ≪孔子詩論≫・≪子羔≫와 ≪魯邦大旱≫ 등은 「▨」의 형태로 쓰고, ≪中弓≫은 「▨」이나 「▨」로 쓰며, ≪性情論≫・≪民之父母≫・≪從政甲乙≫・≪昔者君老≫≪容成氏≫・≪亙先≫과 ≪彭祖≫ 등은 「▨」나 「▨」로 쓰며, ≪紂衣≫는 「▨」・「▨」나 「▨」로 쓴다.

西周 金文은 「▨(≪者泀爵≫)」로 쓰고, 春秋시기는 「▨(≪邾公鐘≫)」로 쓰고, 戰國시기는 「▨(≪陳侯午敦≫)」로 쓴다.306) 초간

---

305) 李守奎 等 編著, 같은 책, 194 쪽.
306) 容庚, 같은 책, '0592 ▨', 247 쪽.

의 「者」자는 모두 금문에서 변형된 것임을 알 수 있다. 금문에서는 주로 「諸侯」의 「諸」나 「書」의 의미로 쓰이고, 초간에서는 동사(형용사, 단어, 구)와 결합하여 名詞性短語를 이루는 結構助詞로 쓴다.

④ 「體(體)」

≪民之父母≫第5-6簡 "亡(無)體(體)㞢豊(禮).(형식적인 상복이 없는 喪禮를 가리킨다)" 중의 「體(體)」자는 「體」의 異體字이다. 편방 「肉」과 「骨」은 뜻이 비슷하기 때문에 서로 통용된다. 예를 들어, 「肌」자를 「肌」자로 쓰고, 「脾」자를 「髀」로 쓴다.

≪民之父母≫ 중의 「體(體)」는 形旁 「肉」을 윗부분에 놓거나, 아래 부분에 놓아 「體」의 형태로 쓰기도 한다. ≪上博楚簡≫ ≪緇衣≫는 「體」자를 「體」 이외에 편방 「人」을 써서 「體(僼)」 (≪緇衣≫, 第5簡)로 쓰기도 한다.307)

高明의 ≪中國古文字通論≫은 「意義相近的形旁互爲通用」이라는 항목에서 「人」과 「女」를 비롯하여 32개 글자의 통용 예를 제시하고 있다. 그 중 「肉」과 「骨」의 예문이 제시되고 있으나, 편방 「人」과 「骨」 혹은 「肉」이 통용되는 예를 제시하고 있지 않다.308)

---

307) 李守奎 等 編著, 같은 책, 215 쪽.
308) 高明, ≪中國古文字通論≫〈第三章 漢字的古形〉(北京大學出版社), 129-159 쪽 참고.

≪毛詩李黃集解≫卷34에서 黃櫄은 "無體之禮, 禮之大也, 無文之敬, 敬之至也.(형용이 없는 예의는 가장 높은 예의의 경계이고, 꾸밈이 없는 경의는 지극한 경의인 것이다)"라 하였다. 형용이 없는 예의는 최고 경계인 자연스런 본래의 상태에 이른 것을 말한다. 이른바 儒家에서 "神無方, 易無體(신은 일정한 장소에 있는 것이 아니고, 역은 눈에 보이는 형체가 있는 것이 아니다)"(≪繫辭≫)와 같은 것으로, 능히 온 천지와 조화를 이루어 臨機應變하는 일정한 형체가 없는 자연상태를 말한다. "大樂希音(지극히 장중한 음악은 소리가 적으며)"・"至誠簡禮(지극한 정성은 예의가 간결하다)"와 같은 개념과 같다. 衛湜은 ≪禮記集說≫(卷120)에서 呂藍田의 말을 인용하여 "禮必有體, 其無體者, 非禮之文, 乃禮之本也.(예는 반드시 표현의 실체가 있어야 하나, 그의 형용이 없다는 것은 예의 꾸밈이 없는 것으로 이것이 예의 근본인 것이다)"라 하였다. 예절이란 仁義의 양상이지 가식적으로 표현해 내는 것이 아니며, 예에서 중요한 것은 마음에서 우러나는 진실됨이며, 외부의 표현도 내재된 마음의 표출인 것이다.309)

⑤ 「喪(喪)」

≪民之父母≫ 第6簡 「亡(無)備(服)之喪(喪).(형식적인 상복이 없는 喪禮를 가리킨다)」 중의 「喪」자를 濮茅左 정리본은 「喪」으로 예정하고, 이는 「喪」의 의미이며, 네 개의 「口」나 혹은 「뻐」

---

309) ≪上博楚簡(二)≫, 162쪽 재인용함.

의 일부를 생략한 字符와 음성부분 「桑」으로 이루어진 자로 「喪」의 이체자라 하였다.310)

≪說文解字≫는 「🔲(喪)」자에 대하여 "喪, 亡也, 從哭, 從亡. (「喪」은 '상실하다(亡)'의 의미. 「哭」과 「亡」으로 이루어진 회의자)"라 하였다.

갑골문은 「🔲」・「🔲」・「🔲」 등으로 쓰며,311) 금문은 「亡」과 「桑」을 써서 「🔲」・「🔲」・「🔲」으로 쓰거나, 「走」를 추가하여 「🔲」・「🔲」으로 쓴다.312) 고문자 자료로 보아 ≪說文解字≫가 언급한 편방 「哭」은 「桑」을 잘못 쓴 것이다.

≪儀禮・士喪禮≫ "髺笄用桑(머리비녀는 뽕나무로 만들다)" 구절에 대하여 鄭玄은 "桑之謂言喪也(「桑」은 곧 「喪」을 의미한다)"라 하였다.

「喪」자를 ≪上博楚簡≫은 세 가지 형태로 쓴다. 첫째, 字符를 「桑」(「桑」의 생략형)과 「亡」을 써서 「🔲」(≪周易≫제44간)이나 「🔲」(「中」는 「桑」의 생략형. ≪周易≫, 제32간)으로 쓰고, 둘째는 첫째 형태에 字符 「歹」을 추가하여 「🔲」(≪昭王毀室≫제1간)으로 쓰고, 셋째는 「桑」(혹은 「桑」의 생략형)과 「死」를 써서 「🔲」(≪民之父母≫제9간)・「🔲」(≪民之父母≫제14간)이나 「🔲」(≪中

---

310) ≪上博楚簡(二)≫, 163 쪽 참고.
311) 徐中舒(1981), 같은 책, 49 쪽 참고.
312) 容庚, 같은 책, 79 쪽 참고.

第 一 章 《上博楚簡》의 문자 연구   203

弓≫제23간)으로 쓴다.313) ≪郭店楚簡≫은 편방「桑」과「死」를 써서「🔲」(≪老子·丙≫제8간)으로 쓰고,「亡」을 써서「🔲」(≪語叢一≫제98간)으로 쓴다.

≪民之父母≫에서 「喪」자는 6·7簡에서 🔲 · 🔲 으로 쓰고, 13·14簡에서 🔲 · 🔲 으로 쓴다. 전자는「桑」자이고, 후자는「死」와「桑」의 생략형으로 되어 있다.

≪上博楚簡(一)·性情論≫은 「🔲」으로 쓰고, ≪郭店楚簡·性自命出≫은 「🔲」으로 쓰고 있다. 혹은「桑」을 더욱 생략하여「亡」과 「屮(桑)」을 써서 「🔲」(≪(五)·弟子問≫)이나 「🔲」(≪(三)·周易≫)·「🔲」(≪(三)·周易≫)으로 쓰거나,「歹」을 추가하여 「🔲」(≪(四)·昭王毀室≫)으로 쓰기도 한다.

⑥「洒(夙)」

≪民之父母≫第8簡 "洒(夙)夜䇾(基)命又(宥)審(密).(아침부터 저녁까지 천명을 좇아서 백성에게 관대히 대하고 편안한 생활을 하도록 힘썼네)" 중 「🔲(洒)」자는 편방「辵」과「丙」으로 이루어진 자이며,「夙」의 의미로 쓰인다. 즉「洒(夙)夜」는「朝夕」의 의미이다.

≪說文解字≫는 「🔲(㚇, 夙)」의 古文을 「🔲」이나 「🔲

---

313) 李守奎 等 編著, ≪上海博物館藏戰國楚竹書文字編≫, 66쪽 참고.

佋」으로 쓰고, "早敬也. 從丮・夕, 持事雖夕不休, 早敬者也. (「이른 아침부터 일에 몰두하다」의 의미. 「丮」과 「夕」으로 이루어진 자. 「저녁에도 늦게까지 일을 하였으나, 아침 일찍부터 일에 몰두하다」라는 의미)"라 하였다.314) 古文 「佋」이나 「佋」은 「宿」자의 고문자 형태이다.

甲骨文은 「宿」자를 「夘」・「𠈇」・「🗛」・「🗛」・「🗛」・「𠈇」으로 쓰고,315) 金文은 「𠈇」・「佰」・「𠈇」 등으로 쓴다.316) 사람이 자리에 앉아있거나 누워있는 형상이다. 「🗛」자는 「辵」과 「佋(「佋」・宿)」 省聲으로 된 형성자이다. 「夘」과 「宿」은 음성이 서로 통한다.

⑦「𨘑(昵)」

≪民之父母≫ 第7-8簡의 "可志是𨘑.(≪詩經≫ 중에 어떤 詩가 이에 해당되는 것입니까?)" 중의 「🗛(𨘑)」자를 현행본은 「近」자로 쓴다. 「🗛」자를 濮茅左 정리본은 「𨘑」로 예정하고 「昵(가까울 니(이); nì)」로 설명하였다.317)

≪集韻≫은 "昵, 近也.(「昵」자는 「가깝다(近)」의 의미이다)"라 하였다. ≪上海博物館藏戰國楚竹書・從政≫은 「昵」자는 字符 「尸」를 추가하여 「🗛(𢗁)」로 쓴다. 또한 「仲尼」의 「尼」자는

---

314) 「夕」과 「丮」으로 이루어진 자는 「𡖊」이다. 이 자는 隸書에서 「夘」으로 쓴다.
315) 徐中舒, ≪甲骨文字典≫, 807 쪽 참고.
316) 容庚, 같은 책, '1208 𠈇', 528 쪽 참고.
317) ≪上博楚簡(二)≫, 165 쪽 참고.

「尼」로 쓰는데, 이 자도 같은 자부를 사용하고 있다. 「迡」자는 「辵」과 「匸」로 이루어진 자며, 이 중에서 「匸(감출 혜, xǐ)」가 음성부분이다. 「匸」는 「㇄」이나 「匸」로 쓰는데, 이 중 검은 점은 指事를 표시한다.

≪說文解字≫는 「㇄(匸)」자에 대하여 "匸, 衺徯, 有小夾藏也, 從乚, 上有一覆之, 讀與傒同.(「匸」자는 '옆구리에 물건을 끼고 비스듬히 서있는 모습'. 「乚」 위에 「一」이 덮고 있다. 「傒」와 음이 같다)"라 하였다.

「尼」와 「迡」는 음이 서로 통하기 때문에 통가자로 사용된다. 또 「迡」는 「怂」의 생략형이라고 보기도 한다.318) ≪上海博物館藏戰國楚竹書(二)讀本≫은 이 자를 「迡」로 예정하고 「邇」와 같은 자라고 설명하고 있다.319) 張光裕는 ≪上博楚簡(二)≫≪從政甲篇≫第13簡의 「怂」를 「遲」로 예정하고 「迡」와 같은 자라고 설명하였다. 「遲(怂)」는 「尼」와 「辵」으로 이루어져 있으며, 「迡」와 같은 자이다. ≪郭店楚簡・尊德義≫ 第 17簡에 「怂」가 보이는데, 「怂」자와 같다. 이 자 중 「巳」와 「匸」는 「尼」(≪中弓≫)자 중 右旁과 같다. 「耳」자를 금문은 「耳」・「耳」・「耳」이나 「耳」로 쓰고,320) 楚簡에서 변형된 「瓦」이나 「匸」 등으로 쓴다. 「怂」・「怂」・「怂」나 「尼(尼)」 중의 「匸」나 혹은 「巳」의 형태는 字符 「耳」이

---

318) ≪上博楚簡(二)・民之父母≫, 165 쪽 참고.
319) 季旭昇 主編, ≪上海博物館藏戰國楚竹書(二) 讀本, 12 쪽, 참고.
320) ≪金文編≫, 같은 책, 「1921 耳」, 771 쪽, 참고.

다. 따라서 이들의 문자는 각각 「遐」·「逞」와 「屖」로 예정할 수 있다. 이들의 자는 음성이 서로 통하기 때문에 「迡」·「昵」·「邇」 등의 의미로 쓰인다. ≪容成氏≫第19簡 「◯」자에 대하여 李零은 「迩(?)」자로 예정하고 "與下文「遠」字相對, 從文意看, 似是「近」之意, 但其聲旁與「近」「迩」都不一樣.(아래 문장 중의 「遠」자와 상대적인 개념으로 쓰이고, 문맥으로 보아 「近」의 의미인 것으로 보인다. 그러나 聲旁은 「近」이나 「迩」와는 다르다)"라 하였다.321) 그러나 이 자 역시 「◯(迡)」와 같은 자로 「迩」와 통하며, 「迩」자와 「邇」는 같은 자이다. ≪上海博物館藏戰國楚竹書(一)~(五)文字編≫도 이미 이 자를 「迡」자 아래에 수록하고 있다.322)

⑧ 「𡰥(尸)」

≪民之父母≫ 第8簡 "禔(威)我(儀)𡰥=(遲遲).(의젓한 그의 용모는 넘쳐나 헤아릴 수 없네)" 중의 「◯(𡰥)」는 「尸」와 같은 자이다. 「◯(尸)」이외에 「◯」는 의미 없는 장식부호이다.323)

金文에서 「尸」자는 「夷」의 의미로 쓰인다. 예를 들어, ≪小臣謎簋≫는 「東夷」를 「東尸」로 쓰고, ≪大盂鼎≫은 「夷司」를 「尸嗣」로 쓴다. ≪金文編≫은 「尸」에 대하여 "象屈膝之形, 意東方之人其狀如此. 後假夷爲尸, 而尸之意晦(무릎을 꿇고 있는 모양으로 동쪽 사람들의 모습이 이와 같다는 뜻이다. 후에 「夷」자로

---

321) ≪上博楚簡(二)≫, 264 쪽 참고.
322) 李守奎 主編, 92 쪽 참고.
323) 何琳儀, ≪戰國古文字字典≫, 1228 쪽.

「尸」자를 대신하여 사용하자 「尸」자의 의미가 모호해졌다)"라 하였다.324)

「夷」의 음성은 「以脂切」로 「喩」紐「脂」部에 속하며, 「尸」자는 「式脂切」로 「審」紐「脂」部」에 속하기 때문에 韻部는 같고, 聲紐는 모두 舌頭音으로 서로 통한다. 「逮」·「遲」·「棣」와 「尸」의 聲紐는 비슷하고, 韻部는 같기 때문에 서로 통한다.

「遲遲」를 혹은 「棣棣」로 쓴다. ≪邶風·柏舟≫는 "威儀棣棣, 不可選也.(의젓한 그의 용모는 아무것도 아니네)"로 쓰고, ≪禮記·孔子閒居≫와 ≪孔子家語·論禮≫는 모두 「逮逮」로 쓴다.

≪禮記·孔子閒居≫에 대하여 鄭玄은 "棣棣, 安和之貌也. 言君之威儀安和逮逮然, 則民傚之, 此非有升降損讓之禮也.(「棣棣」는 편안하고 화목한 모양. 이는 군자의 위엄은 매우 편안하고 화목하니, 백성이 이를 본받고 따른다. 위압감을 주거나 득실을 논하는 억지스런 예의와는 다르다)"라 하였다.325) 「遲」·「棣」와 「逮」자는 모두 음이 통한다.

⑨ 「🗆(曰)」

≪民之父母≫ 第10簡 "孔🗆.(공자가 말하였다)" 중의 「🗆(🗆)」 대하여 濮茅左의 정리본은 문맥으로 보아 「曰」자이거나 「曰」과 같은 의미인 同義字인 형태가 매우 특이한 문자라고 설명하고 있다.326)

---

324) 容庚, 같은 책, 602 쪽.
325) 李學勤 主編, ≪禮記正義≫, 1394 쪽.
326) ≪上博楚簡(二)≫, 170 쪽 참고.

黃錫全은 ≪上博館藏戰國楚竹書硏究續編≫에서 "此字是「於」字, 對照後面的第十一「於」就淸楚了, 只是下部竪丨墨跡脫落. 曰, 匣母月部. 於, 匣母魚部. 以「於」爲「曰」, 典籍似未見. 此當類似於典籍「曰」或作「粤」.(이 자는 「于」자다. 제 11간의 「于」자와 대조해 보면 바로 알 수 있다. 차이점이 아래로 그은 「丨」이 없을 뿐이다. 「曰」자는 음성이 「匣」母「月」部이고, 「於」는 「匣」母「魚」部이다. 그러나 「於」자를 「曰」자로 쓴 경우를 典籍에서 찾아 볼 수가 없다. 이 자의 일반적인 전적은 「曰」자나 혹은 「粤」자로 쓴다)"라 하였다.327) 제11간은 「于」자를 「⿰」로 쓰고 있다. 黃錫全이 말한 대로 「⿰」와 매우 유사하다. 그러나 ≪上博楚簡(四)・相邦之道≫ 제 4간에 「⿰」와 「⿰」자가 있고, ≪(五)弟子問≫第 8簡에 「⿰」가 있는데, 모두 「子貢」과 「孔子」 다음에 「曰」자로 쓰고, 모두 「孔子」나 「子貢」 다음 「曰」자로 쓴다. 따라서 본 죽간의 「⿰」자와 같은 자임이 분명하다. ≪(四)相邦之道≫제 2간은 「⿰」로 쓴다. ≪上博楚簡≫에서 「曰」자는 세 가지 형태로 쓴다. 가장 일반적인 형태는 「⿰」이나 「⿰」이고, 두 번째는 「⿰」이고, 세 번째는 「⿰」이다.

⑩ 「虖(乎)」

≪民之父母≫ 第2簡 「父母虖(乎)」 중의 「⿰(虖)」자에 대하여 濮

---

327) ≪上博館藏戰國楚竹書硏究續編≫, 457쪽.

茅左 정리본은 일반적인 「虖」자의 간략형이거나, 혹은 「虎」자일 가능성도 있으며, 의미는 「乎」라고 설명하고 있다.328)

≪上博楚簡≫에서 「乎」는 다양한 형태로 쓴다. 첫째는 아래 부분에 한 획을 추가한 형태인 「⬚」(≪民之父母≫)・「⬚」(≪采風曲目≫, 第 4簡)・「⬚」(≪魯邦大旱≫第 4簡) 등이 있으며, 둘째는 편방「口」를 추가한 형태인 「⬚」(≪孔子詩論≫第1簡)・「⬚」(≪容成氏≫第 44簡)・「⬚」(≪郭店楚墓竹簡・老子甲≫第 8簡) 등이 있으며, 셋째는 편방「示」를 추가한 형태인 「⬚」(≪孔子詩論≫第 13簡)・「⬚」(≪曹沫之陳≫第 50簡) 등이 있다. 모두 「虎」를 音符로 하고 있기 때문에 「乎」자와 음성이 통한다.

≪上博楚簡≫에서 「虎」자는 「⬚」(≪周易≫第 25簡)나 「⬚」(≪逸詩一≫第2簡)으로 쓴다. 「⬚」・「⬚」와 「⬚」자는 「虎」자와 구별하기 위하여 아래 부분에 다른 字符를 추가한 것으로 보인다.

⑪ 「薵(洍)」

≪民之父母≫第2簡 "必達於豊(禮)樂之薵(洍).(반드시 예악의 근본을 통달하다)"중의 「⬚(薵)」자를 濮茅左 정리본은 「薵」・「簹」이나 「筒」으로 예정하고, 「原」의 동의어인 「洍」의 의미라고 설명하였다.329)

---

328) ≪上博楚簡(二)・民之父母≫, 137쪽.
329) ≪上博楚簡(二)・民之父母≫, 157쪽.

何琳儀는 〈第二批滬簡選釋〉에서 "此字從竹從厂從泉, 厂與泉借用一筆, 所以容易誤釋爲苢. 泉旁參見≪金文篇≫1621「彙」字所從, 包山楚簡86「泉」等. ≪禮記·孔子閒居≫作'必達於禮樂之原', ≪孔子家語·論禮≫「原」作「源」. 與簡文相較, 可知此字與「原」·「源」均爲一字之變.(이 자는 「竹」·「厂」과 「泉」으로 이루어진 자이다. 「厂」과 「泉」자가 서로 필획을 借用하고 있어, 「苢」자로 오해하기 쉽다. ≪金文篇≫'1621彙'字의 「泉」旁과 ≪包山楚簡≫86簡의 「泉」자 등을 참고할 수 있다. ≪禮記·孔子閒居≫는 '必達於禮樂之原'으로 쓰고, ≪孔子家語·論禮≫는 이 구절 중의 「原」자를 「源」으로 쓴다. 簡文과 서로 비교해 볼 때, 이 자는 「原」이나 「源」자의 변형임을 알 수 있다)"라 하였다.330)

≪郭店楚簡·成之聞之≫는 「潹」자를 ▣(제11간)으로 쓰고, 「湶」자를 ▣(제 14간)으로 쓴다. 모두 「源」의 의미이다. 字符 「泉」이 ▣자의 편방 「泉」과 유사하다. 따라서 이 자를 「箢」이나 「簐」으로 예정할 수 있다. 「源」과 「原」자는 같은 자이다.

≪說文解字≫는 ▣(厵)자에 대하여 "水泉本也. 从灥出厂下. 原篆文從泉.('샘의 근원'. 「灥」이 「厂」 아래 있는 형상. 篆文은 편방 「泉」을 써서 「原」으로 쓴다)"라고 하고, 徐鉉은 "今別作源, 非是.(지금은 이 자를 「源」자와 구별하나 이는 잘못된 것이다)"라 하였다.

---

330) ≪上博館藏戰國楚竹書硏究續編≫, 444 쪽.

2) 구절의 異同

① 「幾(凱)俤」

≪民之父母≫ "幾(凱)俤君子, 民之父母" 구절은 ≪大雅·洞酌≫ 의 첫 장 "洞酌彼行潦, 挹彼注茲, 可以餴饎. 豈弟君子, 民之父 母.(저 멀리 흐르는 물을 떠서 이곳에 갖다가 부으면 찐 밥 술 밥 지을 수 있지. 和樂하고 단정한 군자님은 백성들의 부모시 네)" 구절 중에 보인다. 이 시는 成王이 향락을 즐기지 않고 백 성의 부모가 되었다는 내용이다.

「幾」는 「豈」·「愷」나「凱」와 서로 통한다.

≪戰國策·楚策四≫의 "則豈楚之任也哉.(어찌 초나라가 이를 감당해 낼 수 있겠는가)" 구절 중 「豈」자를 ≪馬王堆漢墓帛書≫ 는 「幾」로 쓴다. ≪荀子·大略≫의 "幾爲知計哉(어찌 계책을 안 다하겠는가?)"를 楊倞은 "幾, 讀爲豈(「幾」는 「豈」의 의미)"라고, ≪禮記·孔子閒居≫의 "凱俤君子" 구절에 대하여 鄭玄은 "凱, 本 又作愷, 又作豈.(「凱」자는 본래 「愷」로 쓰거나 혹은 「豈」로 쓴 다)"라 하였다.

≪說文解字≫는 「豈」자에 대하여 "豈, 還師振旅樂也.(「豈」자는 전쟁에 승리하고 돌아온 군대의 사기를 진작해 주는 樂曲)"이라 하였다.

「俤」자는 「弟」의 의미이다. ≪包山楚簡≫ "靰俤無後者.(형제 중 후대가 없는 자)"(第二二七簡) 구절 중의 「靰俤」는 「兄弟」의 의 미다.331) ≪禮記·孔子閒居≫에서 鄭玄은 "弟, 本又作悌(「弟」자

---

331) 湖北省荊沙鐵路考古隊, ≪包山楚簡≫(文物出版社, 1991), 35쪽 참고.

는 「悌」로도 쓴다)"라 하였다.
「幾俤」는 「豈弟」・「凱弟」・「愷弟」나「愷悌」 등과 같다.
≪詩經≫의 「豈弟」를 ≪左傳・僖公十二年≫은 ≪詩經≫을 인용하여 「愷悌」로 쓴다. 「凱」란 이른바 기쁨과 즐거움이 생겨나는 것이며, 「悌」는 순조로움과 예의가 생겨나는 것으로, 모두 君子의 덕성에서 우러나는 것이다.

君子에 대하여 ≪大戴禮記・主言≫은 "所謂君子者, 躬行忠信, 其心不買, 仁義在己, 而不害不志, 聞志廣博, 而色不伐, 思慮明達, 而辭不爭, 君子猶然如將可及也, 而不可及也. 如此, 可謂君子矣.(君子는 몸소 忠과 信을 행하나, 다른 사람이 忠信을 행하지 않음을 탓하지 않고, 仁義를 자기 자신에게서 구하나, 남을 해치지 않고 시기하지 않으며, 듣고 아는 것이 많지만 교만하지 않으며, 사려가 깊고 만사를 통달하고 있지만 남과 다투지 않는다. 君子는 유연하게 장차 어떤 것을 이룰 수 있지만, 마치 그것에 도달하지 못할 것 같은 겸손한 태도를 취하니 이를 가히 군자라 할 수 있는 것이다)"라 하였다.

≪孝經・廣至德≫은 "≪詩≫云: '愷悌君子, 民之父母.' 非至德, 其孰能順民如此其大者乎?(≪詩經≫은 '愷悌君子, 民之父母.(和樂하고 단정한 군자님은 백성의 부모로세)'라 했다. 큰 덕을 갖추고 있지 않고서야 어찌 능히 백성에게 순종을 이와 같이 크게 이룰 수 있겠는가?"라 하였다. 子夏는 이 시구를 예로 들어 공자에게 백성의 부모가 될 수 있는 도리에 대하여 물어 본 것이다.

본 구절을 ≪禮記・孔子閒居≫는 "敢問≪詩≫云: '凱弟君子, 民之父母"로 쓰고 ≪孔子家語・論禮≫는 "敢問≪詩≫云: '愷悌君子,

民之父母'"로 쓴다.

② 「旻旣」

"而旻(得)旣(氣)塞於四㴜(海)矣.(그 기운이 능히 천지에 가득 차게 되다)"(第7簡) 중의 「旻旣」를 현행본은 「志氣」로 쓴다. 즉 「(旻)」자를 현행본은 「志」자로 쓰며, 「(旣)」자를 현행본은 「氣」자로 쓰고 있다. 그러나 「氣」자를 제 10간에서는 「」자로 쓴 것으로 보아 「(旣)」자와 구분하여 쓰는 것으로 보인다. 「旻旣」를 「志氣」·「德氣」·「德旣」나 혹은 문자 그대로 「得旣」로 해석하기도 한다. ≪上海博物館藏戰國楚竹書(二)讀本≫은 문자 그대로 「能夠已經(능히 이미)」로 해석하고 있다.[332] 「志」자는 본 ≪民之父母≫ 제 3·7·10·13簡 등에서는 「」로 쓰며, 「德」자 또한 상용 戰國문자이기 때문에, 「志」나 「德」으로 해석하지 않고, 문자 그대로 「得旣」로 해석하기도 한다.

陳劍은 〈上博簡≪民之父母≫'而得既塞於四海矣'句解釋〉에서 "將「得(德)既」改爲讀音相近的「志氣」以求文意的通順.(「得(德)既」는 음이 근접한 「志氣」로 이해하면 문맥이 매끄럽다)"라 하여 「志氣」로 해석하고, 張豊乾은 〈≪民之父母≫"得氣"說〉에서 "≪民之父母≫第7簡該句可以被釋爲'而得氣塞于四海矣'.(≪民之父母≫의 第7簡의 구절은 '而得氣塞于四海矣'로 이해하여야 한다)"라

332) 季旭昇 主編, ≪上博楚簡(二)讀本≫, 12 쪽.

하여 정리본의 주장과 같이「得氣」로 해석하였다.

③「亓才詐(?)也」

≪民之父母≫의 "亓才詐(?)也"을 李守奎 主編≪文字編≫은 "其才辯也"로,333) ≪上博楚簡硏究續編≫에서 林素淸은 "其在詩也"로,334) 劉信芳은 ≪上博藏竹書試讀≫은 "其在語也"로, 黃錫全은 ≪上博楚簡硏究續編≫에서 "其在許也" 등으로 이해하였다.335) 季旭昇의 ≪(二)讀本≫은 劉信芳의 견해에 따라 "其在語也"로 해석하고 있다.336)

「㐱(詐)」자는 字符「又」와 「許」로 되어 있다.「許」자를 ≪上博楚簡(三)·恒先≫은 「訏」로 쓰고, ≪上博楚簡(四)·柬大王泊旱≫은 「訏」로 쓴다.「㐱」자는 「許」자의 繁體가 아닌가 한다. ≪孔子閒居≫와 ≪論禮≫의 구절은 「言則」이고, 음성상 「許」와 「語」가 통하기 때문에, 劉信芳 등의 견해에 따라 「語」의 의미로 해석할 수 있다.

④「敗」

濮茅左는 ≪民之父母≫제9간의 「敗」자를 「敗」자로 예정하고 「快」의 의미로 해석하고, "或疑「敓」之誤寫.(혹은 「敓」자를 잘못

---

333) 李守奎, 같은 책, 774 쪽.
334) ≪上博楚簡硏究續編≫(2004), 230 쪽 참고.
335) ≪上博楚簡硏究續編≫(2004), 456 쪽 참고.
336) 季旭昇 主編,≪上博楚簡(二)讀本≫, 19 쪽.

쓴 것이 아닌가 한다)"라 했다.337)

何琳儀는 ≪上博楚簡研究續編≫에서 "「敗」可讀美, 二字雙聲可通.(「敗」자는 「美」로 읽을 수 있다. 두 자는 음성이 雙聲관계이기 때문에 서로 통한다)"라 하였다.338) ≪上博楚簡≫에서 「敚」자를 「󰀀」(≪容成氏≫)・「󰀀」(≪周易≫)・「󰀀」(≪季庚子問於孔子≫) 등으로 쓰는 것으로 보아 참고할 만하다. 「敚」와 「美」는 같은 자다.

3) 同字異讀

① 「󰀀」

≪民之父母≫ 자체 내에서 동일한 자를 다르게 읽는 경우(同字異讀)가 있다. 예를 들어, 「子󰀀(夏)曰: 五至旣󰀀(聞)之矣, 敢󰀀(問)可(何)胃(謂)三亡(無)?」와 같이 「󰀀」자가 앞에서는 「聞」의 의미로 사용되나, 뒤에서는 「問」의 의미로 사용되고 있다.

「󰀀」의 「聞」자의 이체자로 「問」자와 음성이 유사하기 때문에 서로 통용된다. 「聞」자를 簡文은 「󰀀」 이외에도 「󰀀」・「󰀀」으로 쓴다. 예를 들어, ≪容成氏・甲≫은 「󰀀(󰀀)」(第3簡)으로 쓰고, ≪緇衣≫는 「󰀀(󰀀)」(第19簡)으로 쓴다. 金文 중 ≪中山王󰀀鼎≫는 「󰀀」으로 같다. 容庚은 ≪金文編≫에서 "說文古文作󰀀, 古文尙書作󰀀, 與婚通.(≪說文≫은 古文을 「󰀀」으로 쓰고, 古文≪尙

---

337) ≪上博楚簡(二)≫, 168 쪽.
338) ≪上博楚簡研究續編≫(2004), 445 쪽.

書≫은 「聞」으로 쓴다. 이 자는 「婚」자의 의미로도 쓰인다)"라고 설명하고 있다.339)

≪正字通≫은 "聞, 與問通.(「聞」자는 「問」자의 통가로 쓰인다)"라 하고, ≪葛藟≫"謂他人昆, 亦莫我聞.(남을 형이라 부르기는 하지만 그는 또한 나를 못본 체 하네)"와 ≪大雅·雲漢≫"羣公先正, 則不我聞.(선공들과 선공의 신하들은 나에게 묻지 않는다)" 구절에 대하여 王引之≪經義述聞≫은 "聞, 猶問也, 謂相恤問也. 字聞與問通.(「聞」은 「問」의 의미이다. 서로 걱정하여 동정을 묻는 것이다. 「聞」자와 「問」자는 서로 통한다)"라 하고, ≪荀子·堯問≫"不聞即物少至, 少至則淺.(남에게 듣지 않으면 곧 사물에 대해서도 적게 접하게 되며, 적게 접하면 아는 것이 깊지 않다네)"에 대하여 王念孫≪讀書雜誌≫에서 "聞, 即'問'字也. 言不問, 則所知之事少也.(「聞」자는 「問」자이다. 묻지 않은 것은 이른바 아는 것이 많지 않기 때문이라는 뜻이다)"라 했다.340)

② 「旻」

「旻」(旻)」자는 「得」과 「德」의 통가자로 쓰인다.

"不可旻(得)而𦖠(聞)也.(듣고자 해도 들을 수 없다)"이나 "而旻(得)1既(氣)塞於四洦(海)矣.(그 기운이 능히 천지에 가득 차게 되다)"에서는 「得」의 의미로 쓰이고, "屯(純)旻(德)同(孔)明.(순수한 덕이 널리 밝혀진다)"에서는 「德」의 의미로 쓰인다.

---

339) 容庚, 같은 책, 772-773 쪽 참고.
340) ≪漢語大字典≫, 4295쪽 재인용.

≪周易・剝卦≫의 ≪象傳≫"君子得輿, 民所載也.(군자가 수레를 얻어 백성을 태우다)"에 대하여 陸德明≪釋文≫은 "京作'德輿', 董作'德車'.(京本은 '德輿'로 쓰고, 董本은 '德車'로 쓴다)"라 하고, ≪荀子・解蔽≫"宋子蔽於欲而不知得.(송자가 욕망에 가려서 덕을 알지 못하다)"에 대하여 兪樾≪平議≫는 "古得・德字通用(고문에서 「得」자과 「德」자는 서로 통용된다)"라 하였다.341)

---

341) ≪漢語大字典≫, 829쪽 재인용.

【參考文獻】

馬承源 主編, ≪上海博物館藏戰國楚竹書(一)-(八)≫, 上海古籍出版社, 2001-2011.

清華大學思想文化研究所編, ≪上博館藏戰國楚竹書研究≫, 上海書店出版社, 2002.

_____, ≪上博館藏戰國楚竹書研究續編≫, 上海書店出版社, 2004.

荊門市博物館 編者, ≪郭店楚墓竹簡≫, 文物出版社, 1998.

清　杭世駿, ≪續禮記集說一百卷≫, ≪續修四庫全書·經部·禮類≫, 上海古籍出版社.

王國維, ≪古史新證-王國維最後的講義≫, 清華大學出版社, 1994.

羅根澤 編, ≪古史辨≫, 上海古籍出版社, 1982年.

王力 著, ≪古代漢語≫(修訂本), 中華書局, 1981.

容庚 著, ≪金文編≫, 中華書局, 1985.

陳初生, ≪金文常用字典≫, 陝西人民出版社, 1987.

漢語大字典編輯委員會, ≪漢語大字典≫, 四川辭書出版社, 1992.

陳松長, ≪馬王堆簡帛文字編≫, 文物出版社, 2001.

朱淵淸, ≪中國出土文獻與傳統學術≫, 華東師範大學, 2001.

李明曉 著, ≪戰國楚簡語法研究≫, 武漢大學出版社, 2010.

高明, ≪帛書老子校注≫, 中華書局, 1996.

高明, 涂白奎 編著, ≪古文字類編≫(增訂本), 上海古籍出版
　　　　社, 2008.
高明 著, ≪中國古文字學通論≫, 北京大學出版社, 1996.
徐中舒　主編, ≪漢語古文字字形表≫, 四川辭書出版社,
　　　　1981.
徐中舒 主編, ≪甲骨文字典≫, 四川辭書出版社, 1988.
淸 阮元校刻本, ≪十三經注疏≫, 中華書局, 1980.
李學勤　主編, ≪淸華大學藏戰國竹簡(壹)(貳)≫, 上海中西書
　　　　局, 2010, 2011.
李學勤　主編, ≪十三經注疏·周易正義≫, 北京大學出版社,
　　　　1999.
李學勤　主編, ≪十三經注疏·禮記正義≫, 北京大學出版社,
　　　　1999.
李學勤　著, ≪走出疑古時代≫(修訂本), 遼寧大學出版社,
　　　　1997.
古文字詁林編纂委員會編纂, ≪古文字詁林≫, 上海敎育出
　　　　版社, 2003.
馬承源 主編, 최남규 역주, ≪상해박물관장전국초죽서·치
　　　　의≫, 소명출판사, 2012.
裘錫圭, ≪文字學槪要≫, 商務印書館, 1988.
湯可敬, ≪說文解字今譯≫, 岳麓書社, 1997.
羅福頤 主編, ≪古塞文編≫, 文物出版社, 1981.
張守中 編, ≪睡虎地秦簡文字編≫, 文物出版社, 2003.
張守中 選集, ≪郭店楚簡文字篇≫, 文物出版社, 2000.

張守中 選集, ≪包山楚簡文字篇≫, 文物出版社, 1996.
騈宇騫 編著, ≪銀雀山漢簡文字編≫, 文物出版社, 2001.
濮茅左 著, ≪楚竹書周易硏究≫(上)(下), 上海古籍出版社, 2006.
鄧球柏 著, ≪帛書周易校釋≫, 湖南人民出版社, 2002.
張立文 著, ≪帛書周易注譯≫, 中州古籍出版社, 2008.
馬王堆漢墓帛書整理小組, ≪馬王堆漢墓文物≫, 湖南出版社, 1992.
高亨 著, ≪周易古經今注≫(重訂本), 中華書局, 1984.
_____, ≪周易大傳今注≫, 齊魯書社, 1979.
김상섭 옮김, 高亨 著, ≪고형의 주역≫, 예문서원, 1995.
임채우 옮김, 王弼 著, ≪周易王弼注≫, 도서출판 길, 1998.
김인환 옮김, ≪주역≫, 나남출판, 1997
李正光, ≪馬王堆漢墓帛書竹簡≫, 湖南美术出版社, 1988.
季旭昇 主編, ≪上海博物館藏戰國楚竹書(一)讀本≫, 萬卷樓, 2003.
_____, ≪上海博物館藏戰國楚竹書(二)讀本≫, 萬卷樓, 2004.
_____, ≪上海博物館藏戰國楚竹書(三)讀本≫, 萬卷樓, 2005.
陳仁仁 著, ≪戰國楚竹書〈周易〉研究≫, 武漢大學出版社, 2010.
漢語大字典字形組編, ≪秦漢魏晉篆隸字形表≫, 四川辭書出版社, 1985.

顧廷龍 主編, ≪續修四庫全書≫≪經部·易類≫, 上海古籍
　　　出版社, 1995.
陳漢平 著, ≪金文編訂補≫, 中國社會科學出版社, 1993.
傅擧有　陳松長 編著, ≪馬王堆漢墓文物≫, 湖南出版社,
　　　1992.
최남규 等著, ≪郭店楚墓竹簡老子考釋≫, 도서출판 덕,
　　　2011.
中國科學院考古硏究所編輯, ≪甲骨文編≫, 中華書局, 1965.
李守奎 等 編著, ≪上海博物館藏戰國楚竹書(1-5)文字編≫,
　　　作家出版社, 2007.
商承祚 編著, ≪戰國楚竹書匯編≫, 齊魯書社, 1995年11月.
郭沫若,　≪兩周金文辭大系圖錄考釋≫,　上海書店出版社,
　　　1999.
淸 李道平 著, ≪周易集解纂疏≫, 中華書局, 1994.
黃錫全, ≪汗簡注釋≫, 臺灣古籍出版社, 2005.
何琳儀 著, ≪戰國古文字典≫上下冊, 中華書局, 1998.
張書岩 主編, ≪異體字硏究≫, 商務印書館, 2004.
馬瑞辰 著, ≪毛詩傳箋通釋≫, 中華書局, 1989.
湖北省荊沙鐵路考古隊, ≪包山楚簡≫, 文物出版社, 1991.
張鋒, 〈侯馬盟書異寫字與異構字硏究〉, 曲阜師範大學, 碩士
　　　學位論文, 2009.
何琳儀·程燕·房振三, ≪滬簡〈周易〉選釋(修訂)≫, ≪周易
　　　硏究≫, 2006(1).
廖名春, ≪楚簡〈周易〉校釋記(一)≫, ≪周易研究≫, 2004(3).

李零, ≪讀上博楚簡〈周易〉≫, ≪中國歷史文物≫, 2006(4).
季旭昇,≪上博三・周易〉簡六「朝三褫之」說≫,簡帛硏究인터넷사이트, 2004-4-18.
楊澤生, ≪竹書〈周易〉中的兩個異文, 簡帛硏究인터넷사이트, 2004-5-29.

第二章

《清華簡》의 考釋과 문자 연구

≪淸華大學藏戰國竹簡≫(≪淸華簡≫)은 출토문헌 가운데 ≪郭店楚墓竹簡≫(≪郭店楚簡≫)·≪上海博物館藏戰國楚竹書≫(≪上博楚簡≫)과 함께 戰國 楚竹書 중 가장 주목을 받고 있는 자료 중 하나이다.

중국 淸華大學이 2008년에 홍콩에서 약 2388枚(殘簡 포함)의 楚竹簡을 매입하였다. 그 후 2010년 11월에 李學勤이 主編하여 ≪淸華大學藏戰國竹簡(壹)≫을 발표하였다.[1]

≪淸華簡(壹)≫에는 ≪尹至≫·≪尹誥≫·≪程寤≫·≪保訓≫·≪耆夜≫·≪金滕(周武王有疾周公所自以代王之志)≫·≪皇門≫·≪祭公≫과 ≪楚居≫ 등 9편이 실려 있다.

2011年 12月에는 ≪淸華大學藏戰國竹簡(貳)≫가 발표되었다. 죽간은 모두 138매, 문자는 약 4000字이며, 내용은 周初에서 戰國初期까지의 역사를 編年體로 기록한 ≪繫年≫이다. ≪淸華簡≫의 전체는 모두 약 64편에 달한다고 한다. 문자의 형태·죽간의 형식과 내용은 ≪上博楚簡≫이나 ≪郭店楚簡≫과 비슷하며, 특히 ≪尙書≫의 일부 내용이 포함되어 있어 현재 학계의 상당한 주목을 받고 있는 楚竹書이다.

≪淸華簡(壹)≫ 중 ≪尹至≫와 ≪尹誥≫는 伊尹과 商湯이 夏桀을 정복한 내용이다.

≪尹至≫는 오래 전부터 전해 내려오지 않은 유실된 ≪尙書≫ 중 한 편이다.

≪尹誥≫는 ≪咸有一德≫이라고도 하며, ≪上博楚簡·紂衣≫·≪郭店楚簡·緇衣≫와 ≪禮記·緇衣≫에서도 인용하고 있다. ≪尹

---

1) 李學勤 主篇,≪淸華大學藏戰國竹簡(壹)≫(上海中西書局, 2010).

誥≫는 僞古文 ≪咸有一德≫의 眞僞문제를 해결할 수 있는 중요한 자료이다.

≪程寤≫와 ≪保訓≫은 周 文王에 관한 내용이다. ≪程寤≫는 ≪逸周書≫의 한 편 즉 ≪漢書藝文志≫≪周書≫ 71편 중의 한 편으로, 文王이 天命을 받은 내용이다. ≪保訓≫은 周 文王이 임종 전에 武王에게 전한 遺言이다. 그 중 商朝의 祖先 上甲微와 '中道'에 관한 내용은 오래 전에 유실되어 전해 내려오지 않는다.

≪耆夜≫는 周 武王 8年 耆國을 정복한 후, 周나라 文王 宗廟에서 武王·周公·畢公·召公·辛甲·作冊逸·師尙父 등이 모여 祭禮「飮至」를 거행하는 내용이다.[2] ≪耆夜≫의 내용을 통하여 周가 黎國을 정복한 해가 周 武王 8년이라는 것을 알 수 있다.[3]

≪金縢(周武王有疾周公所自以代王之志)≫은 ≪尙書≫ 중 한 편이다. 武王이 商을 멸망시킨 후 병이 나자 武王의 동생 周公이 武王을 대신해서 병들고 싶다는 기도문을 「金縢之匱」에 보관한 내용이다. ≪金縢(周武王有疾周公所自以代王之志)≫은 현행본 ≪金縢≫과 내용이 다르기 때문에 ≪尙書≫의 원상태를 이해할 수 있는 자료이다.

≪皇門≫은 ≪逸周書≫의 한 편이다. 신하들은 마땅히 獻言하여야 하고 현인을 추천해야 한다는 周公의 훈계내용이다. 현행본 ≪皇門≫을 이해할 수 있는 자료이다.

≪祭公(祭公之顧命)≫ 역시 ≪逸周書≫의 한 편이다. ≪禮記·緇衣≫에서 인용하고 있는 ≪喋公之顧命≫과 같다.≪上博楚簡·

---

[2] 劉國忠, ≪走進淸華簡≫(北京高等敎育出版社, 2011), 132 쪽 참고.「耆國」은「黎國」이며,「黎」·「塾」·「鸄」·「阢」로 쓰기도 한다.
[3] 李學勤 主篇(2010), 앞의 책, 151 쪽 참고.

紂衣≫는 "艸公之≪募(寡)命≫員(云): 毌㠯㠯(以)少(小)慰(謀)敗大惷, 毌㠯(以)辟(嬖)御䰂妝后, 毌㠯(以)辟(嬖)士䰂夫=向(卿)使(士)"로 쓰고, ≪郭店楚簡·緇衣≫는 "𦬖公之募(顧)命員(云): 毌以少(小)悁(謀)敗大惨(作), 毌以卑(嬖)御息(塞)妝(莊)句(后), 毌以卑(嬖)士息(塞)大夫·卿事(士)"로 쓰며,[4] ≪禮記·緇衣≫는 "葉公之顧命曰: 毌以小謀敗大作, 毌以嬖御人疾莊后, 毌以嬖御士疾莊士大夫·卿士"로 쓴다.[5] ≪楚居≫는 歷代 초나라의 國君의 世系와 定都에 관한 내용을 기록하고 있다. ≪清華簡≫에는 ≪古文尙書≫·≪今文尙書≫나 ≪逸周書≫에 속하는 내용이 포함되어 있기 때문에, 고전적의 실제와 초나라 문화를 이해할 수 있는 중요한 문서자료이다.

본 장에서는 ≪清華簡(一)≫중 ≪尹至≫·≪尹誥≫와 ≪程寤≫편을 譯註하고, ≪尹至≫와 ≪尹誥≫편 중 논의할 만한 문자에 대하여 살펴보기로 한다.

---

4) 簡文의 내용으로 보아 艸公이 ≪寡命≫을 지은 것으로 본다. ≪禮記·緇衣≫에서 鄭玄은 "葉公, 楚縣公葉公子高也, 臨死遺書曰顧命(葉公은 楚縣公 葉公으로써 이름이 子高이다. 죽음을 앞두고 유서로 남긴 내용이 顧命이다)"라고 설명하였다. 簡文에서의 「艸公」은 즉 「葉公」을 가리킨다. ≪禮記本≫의 「葉公」을 鄭玄은 ≪禮記注≫에서 초나라 葉公子 高라 하였으나, 孫希旦(≪禮記集解≫)은 「葉」은 「祭」의 오자라고 주장하였다. 이 내용은 ≪逸周書≫의 ≪祭公≫ 중에 보이며, 「祭」와 「蔡」는 고문에서 종종 호환되어 사용한다. 「蔡」와 「葉」의 형태가 비슷하기 때문에 잘못 쓴 것으로 보인다. 따라서 「葉公」이 아니라 「祭公」이다. 「顧命」이란 죽을 때 회고(回顧)하면서 남기는 유언을 말한다. 최남규 譯註, ≪上海博物館藏戰國楚竹書·紂衣≫(2012), 161-164 쪽 참고.
5) "小臣의 계략을 가지고 대신의 계획을 망치지 말며, 嬖御(폐어, 비천한 출신으로 왕의 총애를 받는 사람)의 사람으로써 莊后(장후)를 버리지 말고, 폐사로써 장사·대부·경사를 미워하지 말아야 한다."

一 ≪尹至≫譯註

≪尹至≫는 원래 편제가 없었고, 죽간 뒷면에 죽간의 순서가 적혀 있다. 죽간의 길이와 형식이 ≪保訓≫과 같다. ≪保訓≫도 죽간 뒷면에 죽간의 순서가 적혀 있다. ≪尹至≫ 중의「尹」은「伊尹」을 가리키며, 또는「執(摯)」이라고도 한다. ≪尹至≫의 첫 구절 "隹(惟)尹自顕(夏)蔑(徂)白(亳).(伊尹이 夏나라 桀王을 피해 상나라 亳都로 왔다)"의 내용은 ≪國語·楚語上≫의 "自河徂亳"과 비슷하며, 伊尹이 湯王을 보자 "湯曰: 格(湯王이 '어서 오시오!'라 했다)" 라 했는데, 이 내용은 ≪商書·湯誓≫의 "王曰: 格"과 비슷하다.

≪尹至≫에서 伊尹이 夏나라 백성이 "余迖(及)女(汝)皆(偕)芒(亡).(나는 너 夏桀과 함께 모두 망해버렸으면 좋겠다)"라고 원망한다라고 했는데, 이 구절은 ≪湯誓≫와 ≪孟子·梁惠王上≫에도 보인다.

≪尹至≫ 중에 夏后(桀)가 "龍(寵)二玉.(桀王은 琬과 琰 두 여인만을 사랑했다)"라고 한 내용은 古文≪竹書紀年≫·≪國語·晉語≫나 ≪呂氏春秋·愼大≫ 등에도 보인다. 하지만 그 내용에는 약간씩 차이가 있다.

≪尹至≫에는 伊尹이 夏나라에서 商나라로 돌아와 商 湯王에게 하나라 군주의 폭정과 이 폭정으로 인한 백성들의 고통, 기상이변으로 인한 민중들의 동요 등을 설명해주고, 하나라를 정벌하겠다고 맹세하는 내용이 포함되어 있다. 이러한 내용은 ≪尙書·

湯誓≫・古本≪竹書紀年≫・≪史記・殷本紀≫ 등에도 보인다.

　≪尹至≫의 전체 내용은 ≪呂氏春秋≫의 ≪愼大≫와 상당히 유사하다.6) 이는 아마도 ≪愼大≫의 작자가 이 ≪尹至≫를 보았거나 혹은 이와 유사한 문장을 참고하였던 것으로 보인다. ≪尹至≫ 중에 백성들의 질병에 관한 내용은 ≪上博楚簡・容城氏≫ 중에 "唐(虐)疾台(始)生, 於是唐(乎)又(有)誩(喑)·聾·皮(跛)·⬥瘻(癭)·宗·婁(僂)台(始)记(起).(학질이 발생해 벙어리, 귀머거리, 절름발이, 외눈박이, 혹부리, 곱추, 난장이 등과 같은 병자들이 생기게 되었다)"라는 내용과 유사하다.7)

　≪尹至≫의 죽간은 모두 5개이며, 길이는 45㎝이고, 세 곳에 끈으로 묶은 편선의 흔적이 있다. 죽간은 글자를 공간 없이 가득 써 넣은 滿寫簡으로 문자는 한 簡에 약 29자 내지 32자가 있다. 篇題가 원래 없었으나, 제일 앞 구절 "隹(惟)尹自顕(夏)慶(徂)白(亳), 彔(逯)至才(在)湯=(湯. 湯)"을 참고하여 편집자가 ≪尹至≫라 정하였다. 제 2간의 첫 자가 잘 보이지 않는 것을 제외하면 문자의 상태는 비교적 양호한 편이다.

【凡例】
① 「【釋文】」과 「圖片」은 清華大學出土文獻研究與保護中心이 편찬한 ≪清華大學藏戰國竹簡≫을 참고하며,8) 「【설명】」과 「[ ]」는 ≪清華大學藏戰國竹簡(壹)≫을 번역한 부분이다.

---

6) ≪呂氏春秋・愼大≫의 원문과 우리말 해석은 정하연 옮김, ≪呂氏春秋≫ (2011), 398-404 쪽을 참고하였다.
7) 馬承源 主篇, ≪上海博物館藏戰國楚竹書(二)≫, 第35-36簡, 277-288 쪽 참고.
8) 李學勤 主編, 같은 책, 上海中西書局, 2010.

② 「【譯者註】」는 본문의 譯註 부분이다. 주요 참고 문헌은 劉國忠의 ≪走近淸華簡≫과9) 인터넷 사이트의 각종 문장을 참고하기로 한다.

≪尹至≫
【釋文】

隹(惟)尹自夏(夏)徂(徂)白(亳)[1], 彔(逯)至才(在)湯=(湯.[2] 湯)曰: "各(格)![3] 女(汝)亓(其)又(有)吉志[4]." 尹曰: "旬(后)! 我逨(來)越(越)今昀=(旬日)[5]. 余耑(閔)亓(其)又(有)夏眾 【1】 □吉好[6], 亓(其)又(有)旬(后)毕(厥)志亓(其)倉(爽)[7], 龍(寵)二玉[8], 弗慭(虞)亓(其)又(有)眾[9], 民沈(噂)曰[10]: '余返(及)女(汝)皆(偕)兦(亡)[11].' 隹(惟)哉(灾): 虐(虐)悤(極)瘧(暴)痓(瘧)[12], 【2】 亡箴(典)[13]. 顕(夏)又(有)祥(祥)[14], 才(在)西才(在)東, 見章于天[15]. 亓(其)又(有)民銜(率)曰: '隹(惟)我棘(速)褊(禍).'[16] 咸曰: '憲(胡)今東祥(祥)不章[17]?' 今 【3】 亓(其)女(如)侖(台)[18]?" 湯曰: "女(汝)告我顕(夏)隱(隱), 銜(率)若寺(時)[19]?" 尹曰: "若寺(時)." 湯盟(盟)蘗(誓)返(及)尹[20], 摯(茲)乃柔大縈[21]. 湯迋(往) 【4】 延(征)弗备(服)[22]. 執(摯)尼(度)[23], 執(摯)悳(德)不僣(僣)[24]. 自西哉(捷)西邑[25], 汵(戡)亓(其)又(有)顕=(夏)[26]. 夏崙(播)民內(入)于水, 日嘼(戰)[27]. 帝曰: "一勿遺."[28] 【5】.

一【一背】 二【二背】 三【三背】 四【四背】 五【五背】

【해석】
伊尹이 夏나라 桀王을 피해 상나라 亳都로 와 湯王을 찾아가

---

9) 劉國忠(2011), 같은 책.

第 二 章 ≪清華簡≫의 考釋과 문자 연구   231

서 안부를 전했다.

湯王이 "어서 오시오! 그대는 나에게 좋은 소식을 전해 주실 수 있겠소"라 했다.

伊尹이 말하였다.

"왕이시여! 제가 온지 이미 십 여일이 지났습니다. 저는 夏나라 백성들은 매우 선량하고 착한 마음씨를 가지고 있다고 생각하고 있습니다. 그러나 夏나라 桀王의 심기는 나라 백성들과 사뭇 달라 냉혹합니다. 桀王은 琬과 琰 두 여인만을 사랑하고 일반 백성들을 근심걱정하지 않습니다. 백성들이 원망하기를 '차라리 너와 함께 모두 망해 버렸으면 좋겠다'라 했습니다. 재난과 학질이 발생하고 악질과 악창이 생겨나고 있으나, 桀王은 전혀 백성을 돌보지 않습니다. 하나라에는 이미 변화의 조짐이 보이기 시작하여, 서쪽 하늘에는 하나라의 변화의 조짐이 동쪽엔 상나라의 변화의 징조가 또렷히 나타났습니다. 백성들은 모두 '우리에게 화가 곧 미칠 것이네', '어찌하여 동쪽에 있는 상나라의 길조가 아직 또렷하게 나타나지 않는가?'라고 이구동성 말합니다. 지금 상황이 이런데 어떻게 해야 좋습니까?"

탕왕이 "당신이 나에게 알려 준 대로 하나라 백성의 고통이 지금 바로 이 지경에 이르렀는가"라 했다.

이윤은 "그렇습니다. 지금 보고한 그대로 입니다"라 했다. 그래서 탕왕과 이윤은 곤궁에 빠진 하나라 백성들을 도와 잘못되고 비정상적인 일들을 평안케 잘 다스리기로 맹세하였다. 탕왕은 복종하지 않는 나라들을 정복하였다. 탕왕은 伊尹에게 계획을 세우도록 부탁하고, 이를 정직하고 성실하며 착오 없이 이행하도록 하였다.

군대는 하나라의 서쪽 지방을 공격하여 하나라를 정복하였다.

걸왕은 유랑민들은 데리고 南巢로 도망가 전쟁을 하였다. 商湯은 "철저하게 정복하여라"라고 명령했다.

【설명】

《尹至》는 모두 5개의 죽간으로 이루어져 있으며, 길이는 45cm이다. 세 곳에 편선의 자리가 있다. 滿寫簡(문자를 모두 써 넣은 죽간)의 문자는 모두 29자 내지 32자이다.

篇題가 원래 없었으나, 제일 앞 구절「惟尹自夏徂亳, 逯至在湯」을 참고하여 《尹至》라 정하였다.

죽간 뒷면에 죽간의 순서를 표시하는 번호가 있다.

제 2간의 첫 자가 잘 보이지 않는 것을 제외하고는 비교적 양호한 상태이며, 문자도 잘 보인다.

《尹至》는 伊尹이 夏나라에서 商나라로 가서 商湯王에게 하나라 군주의 폭정, 그 폭정으로 인한 백성들의 고통, 기상 이변 때 민중들의 동요 등을 설명해주고, 하나라를 정벌하겠다는 맹세를 하는 내용이 포함되어 있다. 이러한 내용은 《書經·湯誓》·古本《竹書紀年》·《史記·殷本紀》 등에도 보인다.

《尹至》의 전체 내용과 어휘는 《呂氏春秋》의 《愼大》와 상당히 유사하다. 이는 아마도 《愼大》의 작자가 이 《尹至》를 보았거나 혹은 이와 유사한 문장을 참고하였던 것으로 보인다.

《尹至》는 이 다음 편 《尹誥》와 죽간의 체제와 길이가 완전히 같고, 서체의 풍격 또한 같아 한 사람이 쓴 것으로 보인다. 따라서 죽간을 편집할 때, 죽간의 뒷면 상태를 자세히 관찰·비교하고 《呂氏春秋·愼大》의 내용을 참고하여 《尹至》와 《尹誥》를 분리 편집하였다.

第 二 章 ≪淸華簡≫의 考釋과 문자 연구   233

[1] '隹尹自顕𦲷白'

「尹」은 「伊尹」이다. 淸 梁玉繩의 ≪古今人表考≫卷二는 「伊尹」을 "尹氏, 尹字, 名摯(「尹」은 성씨이고, 「尹」은 자이며, 이름은 「摯」이다)"라 설명하였다.

「白」과 「亳」자의 고음은 모두 「並」母「鐸」部이다.

「自夏徂亳(夏나라에서 商의 도읍지 亳으로 오다)」는 ≪國語・楚語上≫의 「武丁」에 관한 내용 중에서 "自河徂亳(殷나라 武丁은 黃河에서 亳都로 돌아오다)" 구절과 같다.

【譯者註】

-🦋(顕)-

≪上博楚簡・孔子詩論≫은 ≪詩經≫≪大夏≫ 중의 「夏」자를 「🦋(顕)」로 쓴다. 「顕」는 「夏」의 古文이다. 「顕」자는 古文에서 「昗」・「䪽」・「頵」・「虽」나 「㫑」 등으로 쓰기도 한다.[10] ≪上博楚簡≫은 「🦋(顕)」(≪孔子詩論≫第2簡)・「🦋(頵)」(≪容成氏≫第22簡)・「🦋(虽)」(≪緇衣≫第18簡)・「🦋(昗)」(≪民之父母≫第1簡) 등으로 쓴다. 이외에 초간 중에는 편방 「日」과 「止」를 써서 「🦋」(≪包山楚簡≫)・「🦋」(≪楚帛書≫)・「🦋」(≪郭店楚簡・緇衣≫)・「🦋」(≪上博楚簡・性自命出≫)로, 편방 「日」과 「正」을 써서

---

10) 李守奎 主編, ≪上海博物館藏戰國楚竹書(一)-(五)文字編≫(2007), 287-288 쪽 참고.

「🖼」(≪江陵天星觀≫)・「🖼」(≪新蔡葛陵楚墓≫)로, 편방 「日」과 「女」를 써서 「🖼」(≪包山楚簡≫)・「🖼」(≪曾侯乙墓竹簡≫)・「🖼」 (≪江陵秦家嘴十三號墓)・「🖼」(≪新蔡葛陵楚墓≫)로, 편방 「日」 과 「虫」을 써서 「🖼」(包山楚簡)로, 편방 「日」을 써서 「🖼」(包山楚簡)・「🖼」(新蔡葛陵楚墓)로 쓰기도 한다.11)

金文은 「夏」자를 초간의 「🖼」나 「🖼」의 형태와 비슷하게 「🖼」・「🖼」・「🖼」・「🖼」 등으로 쓴다.12) 편방 「女」는 「夊」의 변형이다.

朱駿聲은 「雅」의 가차에 대하여 ≪說文通訓定聲≫에서 "又爲 夏. ≪荀子・榮辱≫'君子安雅', 按≪儒效≫篇'居夏而夏'之「夏」同, 楊倞注'正而美德者謂之雅'.(또한 「夏」와 통한다. ≪荀子・榮辱≫ 은 '子는 바른 것에 편안하다'라고 했는데, ≪儒效≫篇의 '居夏而 夏(雅에 살면 雅하게 된다)'의 「夏」자와 같다. 楊倞은 '바른 미덕 을 갖추고 있는 것을 雅'라 한다)"라 하였다.

≪鄂君啓節≫은 「夏」자를 意符가 「頁」이고 聲符가 「疋」인 「🖼」로 쓴다.13) 「疋」자는 윗부분 자부 「口」에 한 획을 추가하고, 「疋」자를 복잡하게 쓴 것으로 보인다. ≪說文解字≫는 「疋(🖼)」 자에 대하여 "疋, 足也. ……古文以爲詩大雅字. 亦以爲足字, 或

---

11) 滕壬生, ≪楚系簡帛文字編(增訂本)≫(2008), 526 쪽.
12) 容庚, ≪金文編≫, '0898 🖼', 384 쪽 참고.
13) ≪鄂君啓節≫은 「夏」자를 「🖼」로 쓴다. 容庚, 같은 책, '0898 🖼', 384 쪽 참고.

曰疋字(「疋」는 「足」의 의미이다. ……古文에서는 이 자를 ≪詩・大雅≫의 「雅」자로 쓰기도 하고, 「足」자로 쓰기도 하며, 혹은 「胥」자로 쓰기도 한다)"라 했고, 朱駿聲은 "「疋」字隸體似正, 故傅會訓正, 其實古文假疋譌, 後借雅譌(「疋」자는 예서체 「正」자와 비슷한 형태이기 때문에 「正」의 의미로 잘못 풀이하기도 하지만, 古文에서 「疋」자는 「譌」의 가차자로 쓰며, 후에는 「雅」를 「譌」의 가차자로 쓰기도 한다)"라 하였다.[14]

≪說文解字≫의 고문은 초간의 「夏」자 보다 더욱 생략하여 「🔲 (會)」로 쓰고, ≪三體石經≫은 「🔲」로 쓴다.

-🔲(蔖)-

「🔲(蔖)」자는 「艸」와 「虘」聲으로 이루어진 형성자이다. 이 자의 기본 성부는 「且」이다. ≪上博楚簡・孔子詩論≫에서 「蔖」자는 🔲(제 23간)로 쓰고, 「虘」자를 🔲(제 6간)로 쓴다. 「蔖」는 편명 「兎罝」의 「罝」의미로 쓰이고, 「虘」자는 「且」의 뜻이다. 商承祚는 ≪殷墟文字≫에서 "羅師說沇兒鐘及王孫鐘並有'中諡虘殤'語, 猶詩言旣多且有, 終和且平. 殆語辭之且古如此(羅振玉은 ≪沇兒鐘≫과 ≪王孫鐘≫ 중에 '中諡虘殤'라는 구절이 있는데, 이 구절 중 「虘」자는 ≪詩經・鹿鳴之什・伐木≫'旣多且有'나 '終和且平(모두 화평하게 지내네)' 구절 중 어조사 역할을 하는 古語 「且」의 의미와 같다고 하였다)"라고 설명하였다. 簡文에서 「虘」

---

14) 「爾雅」를 「爾疋」로 쓰기도 한다.

는 대부분 「且」의 의미로 쓰인다. ≪王孫遺者鐘≫의 「中諡戲殤」은 '終翰且揚(끊이지 않고 길게 울려 퍼지다)'의 뜻이다.

본 구절에서는 「徂(「가다」)」의 뜻이다.

- ⊖(白)-亳

「亳」은 商湯의 都城을 말한다. 「亳城」은 세 곳이 있었다고 전한다. 南亳 谷熟으로 지금의 河南 商丘縣 東南 쪽에 있었고, 北亳 蒙은 湯이 천명을 받아 盟主가 된 곳으로 지금의 河南 偃師縣 西 쪽에 있었으며, 西亳 偃師는 湯이 夏를 공격할 때 머문 곳이라 한다.

[2] 「彔至才湯=」

「彔」자의 音符는 「彔」으로, 「逯(갈 록{녹}; lù)」의 의미이다. ≪方言≫十二와 ≪廣雅·釋詁一≫은 "逯, 行也(「逯」은 「行」의 뜻이다)"라 하였다.

「才」는 「在」의 의미이다. ≪爾雅·釋詁≫는 "在, 存也(「在」는 '존재하다'의 뜻)"이라 하였다. ≪左傳·襄公二十六年≫의 "吾子獨不在寡人(그대만이 홀로 나에게 안부를 묻지 않았다)"에 대하여 晉 杜預

≪春秋左傳注≫는 "在, 存問之(「在」는 '안부를 묻다'의 뜻이다)"라 하였다.

「湯」자 아래에는 重文 부호 「=」가 있다.

【譯者註】
-彔(彖)-

「彔」자를 ≪郭店楚簡≫≪魯穆公問子思≫는 「彔」(제 6간)으로, ≪六德≫은 「彔」(제 14간)으로 쓰고, ≪上博楚簡・孔子詩論≫은 「彔」(제 11간)으로 쓰며, 모두 「祿」의 뜻으로 쓴다.

≪淮南子・精神≫의 "渾然而往, 逯然而來" 구절에 대하여 高誘는 "謂無所爲而忽然往來也(인위적인 것이 아닌 갑자기 오고 가는 것을 말한다)"라 하였다. 「彖至」 중의 「彖」은 副詞의 용법으로, '탕왕이 불러서 간 것이 아니라 伊尹이 스스로 찾아 간 것'을 말한다. 혹은 이 자를 시간부사인 「暮」의 의미로 해석하기도 한다.15) 이 또한 참고할 만하다.

---

15) 張崇禮는 '暮(해질 무렵)'로 해석하기도 한다. "'彖'字如隸定無誤, 或可釋爲「暮」. 明母和來母關係密切, 鐸屋旁轉." (인터넷사이트 http://www.gwz.fudan.edu.cn/SrcShow.asp?Src_ID=1352, ≪清華(一)專輯≫ 참고.) ≪殷墟甲骨文所見夜間時稱考≫(黃天樹, ≪黃天樹古文字論集≫, 185-188쪽)는 甲骨文 중 저녁시간을 표시하는 「中殊」을 생략하여 쓴 것이라 했다.(≪試論≪尹至≫的「至在湯」與尹誥的「及湯」≫, 孫飛燕, http://www.gwz.fudan.edu.cn/SrcShow.asp?Src_ID=1352, 참고.)

-才(才)-

「才」는 「在」의 의미로 쓰인다. ≪易經·小畜≫의 "尙德載.(上德이 있다)"에 대하여 于省吾는 ≪新證≫에서 "載·在·才·哉, 古通……金文在字哉字多假才爲之, 如王在某之在, 假才爲之者不勝枚擧.(「載」·「在」·「才」와 「哉」는 고문에서 통용된다. ……金文에서 「才」자는 「在」와 「哉」자로 가차하여 사용된다. 예를 들어, 왕이 어느 지역에 있다고 하는 「在」의 의미는 「才」자가 가차되어 사용된다. 이러한 예는 부지기수이다)"라 했다. ≪睡虎地秦墓竹簡·秦律·倉律≫에는 "廥才都邑.(창고는 都邑에 있다)"라는 구절이 있다. 본 구절의 「至在湯」은 즉 "至於湯"의 뜻으로 '湯이 있는 처소에 도착하다'의 의미이다.

[3] 「湯曰各」

「湯曰格」은 ≪書經≫의 ≪湯誓≫ "王曰: 格(왕이 '어서 오시오. 제가 말을 하겠소'라 했다)」와 ≪盤庚上≫ "王若曰: 格(왕은 다음과 같이 말했다. 오서 오시오)" 구절과 비슷하다.

【譯者註】

-各(各)-

≪說文解字≫는 「各(各)」자에 대하여 "从口·夊. 夊者, 有行而止之, 不相聽也.(「口」와 「夊」로 이루어진 회의자. 「夊」는 가고자 하나 저지하여 서로 의견이 다름을 나타낸다)"라 하였다. 金文은 「各」(≪宰㭪角≫)으로 쓰는 것 이외에, 편방 「彳」이나 「辵」·「走」

를 추가하여 「⿰彳各」(≪沈子它簋≫)·「⿱爫各」(≪庚嬴卣≫)·「⿱⺾各」(≪髻匜≫)으로 쓴다. 容庚 ≪金文編≫은 "孳乳爲佫爲格, 方言佫至也. 佫說文所無. 經典通用格, 書堯典格于上下, 傳格至也.(「各」자는 「佫」이나 「格」의 의미로 쓴다. ≪方言≫은 '「佫」은 '이르다(至)' 의 의미'라 했다. 「佫」자는 ≪說文≫에 없다. 經典에서 일반적으로 「格」으로 쓴다. ≪書經·堯典≫의 '格于上下(하늘과 땅에 이르다)'에 대하여 ≪傳≫은 '「格」은 이르다(至)'라 했다)"고 설명하였다.[16]

[4]「女丌又吉志」

≪說文≫은 「吉」자를 "善也(「훌륭하다」)"라 했고, 「志」는 "意也(「의지」)"라 설명하였다. ≪盤庚下≫는 "歷告爾百姓于朕志(그대의 백성들에게 짐의 의지를 전부 고하라)"라 했다.

【譯者註】

「女丌又吉志」 중의 「丌(其)」는 楚簡에서 「連詞」나 「副詞」의 용법으로 사용된다.[17] 여기에서는 「勸令副詞」로 쓰이고 있다. 「吉志」은 '좋은 뜻'·'좋은 소식'의 뜻이다.

[5]「我迷越今昀=」

「越」자는 일반적으로 「止」를 하나만 쓰나, 본 자는 두 개를

---

16) 容庚, 같은 책, '0150 哥', 73 쪽 참고.
17) 張玉金, ≪出土戰國文獻虛詞研究≫(人民出版社, 2011), 401-407 쪽.

쓰고 있다. 「越」은 '及(이르다)'의 뜻이다. ≪書經·召誥≫ "越六日乙未(六日 乙未일이 지니다)"와 "越三日戊申(三日 戊申 일이 지나다)" 구절 중의 「越」자에 대하여 ≪經典釋詞≫는 '及(이르다)'라고 설명하였다.

「昀」자 아래 합문 부호 「=」가 있다. 「旬日」의 뜻이다.

【譯者註】

- ※(我)-

「我」자를 ≪淸華簡(壹)≫에서는 ≪尹至≫의 「※」(제 1간)·「※」(제3 간) 이외에 「※」(≪尹誥≫, 제 2간)·「※」(≪金縢≫, 제 7간) 「※」(≪皇門≫, 제 2간)·「※」(≪祭公≫, 제 1간) 등으로 쓴다. ≪郭店楚簡≫은 「※」(≪老子甲≫, 제 31간)·「※」(≪緇衣≫, 제 18간)로, ≪上博楚簡≫은 「※」(≪紂衣≫, 제 24간)·「※」(≪民之父母≫, 제 8간)·「※」(≪魯邦大旱≫, 제 1간)·「※」(≪吳命≫, 제 9간) 등으로 쓴다.

- ※(逨)-

「逨」자를 ≪逨盤≫은 「※」로 쓰며, 인명이다. ≪逨鼎≫ 참고. 본 구절에서는 「徠(돌아오다)」의 뜻이다.

-▨(越)-

「▨」자는 자건 「走」・「止」와 「戉」聲으로 이루어진 형성자이다. ≪說文解字≫는 「▨(越)」자에 대하여 "度也. 從走戉聲('지나치다'의 뜻. 「走」와 「戉」聲으로 이루어진 형성자)"라 했다.

「我迷越今昀=」은 '제가 온 지가 십여 일이 지났습니다'의 뜻이다.

[6]「余兇丌又顕眾【1】□吉好」

「兇」는 음성이 「明」母「微」部로 「微」자와 통하며, 음성이 「明」母「文」部인 「閔」자와는 서로 對轉관계이다[18].

「丌又顕眾(其有夏衆)」중의 「有」자는 명사 앞에 추가되어 쓰이는 語助詞이다.

제 2간 앞 부분 「吉」앞의 「▨」자는 글자가 또렷하지 않아 알아 볼 수가 없다.

---

18) 古音學에 있어 「對轉」이란 主要元音이 같은 陰聲・陽聲과 入聲이 서로 전환할 수 있는 음성적 관계를 말한다. 清 孔廣森은 入聲을 陰聲에 포함시켜 古音의 「陰陽對轉」이론을 먼저 제기하였다. 대부분의 학자들은 古音學에서 陰聲과 入聲을 분리하지만, 훈고학에 있어 「對轉」관계는 通假 관계를 설명하는 중요한 음성적 기준이다. 예들 들어, ≪詩・大雅・抑≫ 중의 「子」(陰聲)자와 「承」(陽聲) 혹은 「則」(入聲)자와 「子」는 對轉관계이기 때문에 압운한다. 또한 ≪儀禮・士虞禮≫ "中月而禫" 중의 「禫」자에 대하여 鄭玄 "古文禫或爲導(古文에서 「禫」자를 혹은 「導」로 쓴다)"라 했고, ≪漢書・高帝紀上≫ "令趣銷印" 구절에 대하여 颜師古 "趣讀曰促(「趣」는 「促」으로 읽는다)"라 하였다. 「禫」(陽聲)과 「導」(陰聲)혹은 「趣」(陰聲)와 「促」(入聲)은 對轉관계이기 때문에 통가자로 쓰인다.

【譯者註】

-윿(岂)-

「媺(아름다울 미; měi)」자를 ≪淸華簡·楚居≫는 「𡠍」(제 13간)로 쓴다. ≪上博楚簡·紂衣≫의 「𩑸(頾)」자를 ≪郭店楚簡·緇衣≫에서는 「娓(娓)」자로 쓰고, ≪禮記本≫에서는 「賢」으로 쓴다. ≪禮記本≫에서는 "好賢如緇衣 '어진 이(賢)'를 좋아함을 ≪緇衣篇≫과 같이 하라"했으나, 초간서 모두「賢」대신「頾」나「娓」로 쓴다. 「美」의 이체자이다. ≪郭店楚簡·緇衣≫의 「娓」는 편방「女」인「娓」로 쓰고, ≪上博楚簡≫「𩑸」는 편방이「頁」인「頾」로 쓴다. 「頁」자를 갑골문은 「𩑋」로 쓰고, 금문은 「𩑊」로 쓰고 篆書는 「𩑌」로 쓴다.19) 「娓」자와「頾」자는 聲符「岂」부분은 같고, 意符「女」와「頁」부분은 서로 다르다. 모두 ≪說文解字≫에 안 보인다. 「岂」자를 갑골문은 「𠂉(岂)」로 쓴다. 사람이 머리위에 장식물을 부착하고 있는 모습을 형상화한 것으로, 「𦍌(美)」와 같은 자이다. 「𠂉(岂)」는 측면에서 바라본 모습이고, 「𦍌」는 정면에서 바라본 모습이다. 「岂」는 또한「敚」자와 같다. 의미 부분인 「𠂇(支, 攵)」만 더 추가했을 뿐이다. 「敚」자를 갑골문은 「𣀳」로 쓰고, 금문은 「𣀴」로 쓰고, 篆書는 「𣀵(敚)」로 쓴다.20) ≪說文解字≫는

---

19) 徐中舒, ≪漢語古文字字形表≫(1981), 351 쪽 참고.

이 자를「妙」(美妙)의 의미로 풀이하고 있다.「𢼸(散)」자는「𠤎(兂)」에「攴·攵(支, 攵)가 추가된 형태로 사람이 머리의 장식물을 손질하고 있는 형상이다. 이 자는 머리의 장식품이 여자와 관계가 많기 때문에 후에 다시「女」를 추가하여「㜯」자로 발전하였다.

따라서「㜯(착하고 아름다울 미, měi)」자는 곧「美」자와 같고,「美」자에「女」를 추가하여「媄」자로 쓰기도 한다. ≪廣韻≫도「㜯」자는 곧「美」자라고 설명하고 있다. ≪集韻≫도 "㜯, 通作美(「㜯」는「美」와 통한다)"라 하였고, ≪周禮·地官≫의 "師氏掌以㜯詔王(사씨는 좋은 일을 임금에게 보고하는 일을 담당한다)" 중의「㜯」자에 대하여 鄭玄은「㜯」는 곧 '美이다'라고 풀이하였다. ≪說文解字≫는「媄(媄)」자를 "色好也, 從女, 美聲('여인이 아름답다'의 의미이다.「女」와「美」聲으로 이루어진 형성자)"라고 설명하였고, 段玉裁는 "周禮作㜯, 盖其古文(媄자를 ≪周禮≫는 㜯자로 쓰고, 이는 고문자이다)"라고 주석하고 있다. 따라서「美」·「微」·「兂」·「散」·「媺」·「㜯」·「媄」자는 음과 의미가 같은 同源字이다.「媺」자와「頮」자 중의 편방「女」와「頁」은 의미가 서로 통하기 때문에 종종 편방으로 통용되어 사용되기도 한다. 고문자 형성자 중에서 편방의 의미가 비슷하면 편방을 서로 호환하여 사용하곤 한다. 예를 들어「儿(亻)」과「女」가 서로 통하기 때문에「任」을「妊」으로,「僚」를「嫽」로 쓰기도 한다.

---

20) 徐中舒(1981), 같은 책, 315 쪽 참고.

정리본은 「閔」으로 해석하고 있으나, 「㦸(美)」는 '善良하다'의 뜻이다. ≪國語·楚語上≫은 "夫美也者, 上下內外小大遠邇皆無害焉, 故曰美(「아름답다」는 것은 상하, 내외, 대소, 원근에 상관없이 모두 어긋남이 없음을 말한다. 그리고 훌륭하다는 뜻이다)"라 했다.

-□(🖼)-

잘 알 수 없는 자를 「不」자로 해석하기도 한다.[21] 그러나 다음 구절 내용이 「夏나라 桀王」의 태도와 마음이 백성들과 다르다는 부정적인 내용이기 때문에 앞 구절은 이와 반대인 백성의 선량한 면을 언급한 것으로 보인다. 따라서 「不」자로 해석하지 않기로 한다. 만약에 「不」로 해석한다면, 「㦸」를 「閔」의 의미로 해석하고 '하나라 백성의 좋지 않은 어려움을 가벼이 여긴다'의 뜻으로 볼 수 있다.

[7] 「亓又句㻌志亓倉」:

古音이 「淸」母「陽」部인 「倉」은 「心」母「陽」部인 「爽」의 의미로 쓰이는 것이 아닌가 한다. ≪爾雅·釋言≫은 "爽, 差也(「爽」은 '위배되다(差)'의 뜻)"이라 했고, 또한 "忒也('어긋나다'의 뜻)"이라 했다.

---

21) 李松儒, ≪淸華一專輯≫, 復旦大學出土文獻學古文字硏究中心. http://www.gwz.fudan.edu.cn/SrcShow.asp?Src_ID=1352 참고.

【譯者註】

-󰀀(氏)-

「󰀀(氏)」자는 「𡴑(厥)」자의 誤字이다.22) ≪說文解字≫는 「𡴑(𡴑)」자에 대하여 "木本. 从氏, 大於末. 讀若厥.(나무의 뿌리. 「氏」와 「下」로 이루어진 회의자. 뿌리가 나무의 끝부분보다 큰 모습이다. 「厥」과 음이 같다)"라 했다.23) ≪金文編≫은 「󰀁」(≪盂鼎≫)자 아래에서 "𥯤說文作𡴑, 是知𡴑爲𥯤之古文, 亦厥之古文. 敦煌本隸古定尙書厥皆作𡴑, 史記引尙書多改作其.(≪說文≫이 「𥯤」자를 「𡴑」로 쓰는 것으로 보아 「𡴑」자는 「𥯤」과 「厥」의 古文이라는 것을 알 수 있다. 古文을 예정하여 쓴 敦煌本 ≪尙書≫는 「厥」자를 모두 「𡴑」로 쓰며, ≪史記≫는 ≪尙書≫를 인용한 문장에서 모두 「其」자로 쓴다)"라 했다.24)

-󰀂(句)-

초간에서 「󰀂(句)」자는 「後」나 혹은 「后」의 의미로 쓰인다. 본 구절에서는 「君主」인 「后」의 뜻이다. 예를 들어, ≪上博楚簡・紂衣≫ 중 "昊=(昊天)有城(成)命, 二后受之.(≪昊天有成命≫의 '넓은 하늘의 밝은 명을 문왕과 무왕께서 받으시다')"(제 6간)는 「君主」의 의미로, "丌(其)言又(有)所載而后內(納).(마음속에 품고 있는 생각을 말하러 갈 때 수레에 물건을 싣고 가며, 그런 연후에야 상대방으로부터 선물을 받을 수 있는 것이다)"(제 20간)는 문

---

22) 裘錫圭, ≪談談上博簡和郭店簡中的錯別字≫(2004), 310 쪽 참고.
23) 湯可敬, 같은 책, 1799 쪽 참고.
24) 容庚, 같은 책, '2027, 𡴑', 817 쪽 참고.

장에서는 「後」의 뜻으로 쓰인 것이다.

-■(倉)-

≪郭店楚簡·太一生水≫는 「倉(滄)然(熱)」의 「倉」자를 ■으로 쓴다. ≪淸華簡≫의 ■과 같다. 정리본은 「爽」의 의미로 해석하고 있으나, 「滄」의 뜻으로 쓰이는 것 같다. ≪說文解字≫는 「滄(滄)」자에 대하여 "寒也. 从仌倉聲('차갑다'의 의미. 「仌」과 「倉」聲으로 이루어진 형성자)"라 하였다. 「寒」은 냉정하고 인정미가 없음을 말한다.[25]

[8] 「龍二玉」

「龍二玉」은 「寵二玉」의 의미로 「琬」과 「琰」 두 여인을 총애한 일을 가리킨다. ≪太平御覽≫卷135는 ≪紀年≫을 인용하여 "后桀伐岷山, 岷山女于桀二人, 曰琬·曰琰. 桀受二女, 无子, 刻其名于苕華之玉, 苕是琬, 華是琰(桀王이 岷山을 정벌하자 岷山族은 桀王에게 琬과 琰이라는 두 여인을 바쳤다. 桀은 이 두 여인을 매우 총애하였으며, 이들에게서 아들이 없었다. 이름을 각각 苕玉과 華玉 위에 새겼는데, 「苕玉」을 「琬」이라 하고, 「華玉」은 「琰」이라 한다)"라 했다. 이 내용은 ≪呂氏春秋·愼大≫와 ≪上海博物館藏戰國楚竹書·容成氏≫에도 보인다.

---

25) 이외에도 「喪」·「渙」이나 「戕」으로 해석하기도 한다. ≪淸華一專輯≫, 復旦大學出土文獻與古文字研究中心, http://www.gwz.fudan.edu.cn/SrcShow.asp?Src_ID=1352 참고.

【譯者註】

「二玉」에 관한 내용은 아래와 같다.

≪上海博物館藏戰國楚竹書·容成氏≫:

"不量其力之不足, 起師以伐岷山氏, 取其兩女琰·琬, □北去其邦, □爲桐宮, 築爲瑤室, 飾爲瑤台, 立爲玉門【38】"[26]

(걸왕은 자신의 능력이 모자람을 모르고, 군대를 파견하여 岷山氏를 정복하고 琰과 琬이라는 두 여인을 차지한 후, 이 두 첩을 데리고 尹洛을 떠나 북쪽 땅으로 가서 桐宮을 짓고 옥으로 방을 만들고, 화려하게 장식한 瑤台를 세우고 옥으로 만든 대문을 세웠다.)

≪呂氏春秋·愼大≫:

"桀迷惑于末嬉, 好彼琬·琰, 不恤其衆, 衆志不堪, 上下相疾, 民心積怨."

(걸왕이 妹嬉에 미혹되고 琬과 琰이라는 두 첩을 총애하여, 백성을 불쌍히 여기지 않으니 백성은 심한 고통을 겪게 되었고 괴로워하였으며 원망은 날로 쌓여만 갔다.)

≪上博楚簡≫의 ≪容成氏≫는 「琰」과 「琬」을 각각 「☒」과 「☒」으로 쓴다. 李零은 이 자를 각각 「晉」과 「☒」으로 예정하고 "岷山氏之二女曰琰·琬, 見≪竹書紀年≫, 簡文晉疑讀琰(琰是喻母談部字, 晉是精母或淸母從母, 侵部字, 讀音相近), ☒與逸字所從魯

---

26) 陳劍, 〈上博簡〈容成氏〉的拼合與編連問題小議〉, ≪上博藏戰國楚竹書硏究續編≫(上海書店出版社, 2004), 327쪽 참고.

略同, 疑讀琬.(岷山氏의 두 딸 「琰」과 「琬」에 관한 내용은 ≪竹書紀年≫에 보인다. 簡文 중의 「晉」은 「琰」의 의미가 아닌가 한다.(「琰」은 古音이 「喩」母 「談」部이고, 「晉」은 「精」母 혹은 「淸」母나 「從」母이며 「侵」部와 비슷하다.) 「🔲」자의 자건 「🔲」의 부분과 「逸」자의 자건 「兔」의 자형이 비슷하므로 「琬」의 의미가 아닌가 한다)"라 했다.27) 「晉」자를 ≪包山楚簡≫은 「🔲」·「🔲」으로 쓰고, ≪上博楚簡·用曰≫은 「🔲」으로 쓴다.

≪上博楚簡·孔子詩論≫의 「🔲(兔/甬)」(제 8간)자에 대하여 馬承源은 ≪整理本≫에서 「🔲」자는 「宛」인데 제 21간의 ≪宛丘≫에서 「宛」자를 「🔲(䏌)」으로 쓰고 있기 때문에, 형태가 달라 잘 알 수 없는 자라 하였다.28) 그러나 李零은 ≪容成氏≫의 「琬」자 또한 같은 형태이기 때문에 「宛」자가 틀림없다고 주장하였다.29) 「🔲」자의 윗부분은 편방이 「冤(宛)」이다. ≪說文解字≫에 聲符가 「冤」인 자는 「蒬(풀이름 원, yuán)」·「鞣」·「𩖖」·「婉」 등이 있으며, 음은 각각 「於元切」·「於袁切」·「於月切」·「於願節」이다.30) 「鞣(鞣)」자의 或體를 ≪說文解字≫는 「革」과 「宛」聲인 「鞔」으로 쓴다. 「🔲」자의 윗부분이 「冤(宛)」임이 확실하다.

---

27) 馬承源 主編(2002), ≪上博楚簡(二)≫, 280 쪽.
28) 馬承源 主編(2001), 같은 책, 136 쪽.
29) 李零, ≪上博楚簡三篇校讀記≫(2007), 26 쪽 참고.
30) ≪說文解字≫의 反切音은 大徐本(徐鉉)의 孫恤 ≪唐韻≫을 가리킨다. 이하 같음.

[9]「弗愳亓又眾」:

「弗愳亓又眾」은 '弗虞其有眾(백성을 위하여 조심하지 않다)'의 의미이다.

「愳」는 '虞('근심걱정하다')'의 뜻이다. 范望은 揚雄《太玄經·玄瑩》의 《注》에서 "虞, 憂也(「虞」는 '憂(근심하다)'의 뜻)"이라 했다. 《呂氏春秋·愼大》는 桀王에 대하여 "不恤其衆(백성을 동정하지 않다)"라 했는데, 이 중 「恤」은 「憂」의 의미이다.

【譯者註】
-愳-

「👁(愳)」자는 「心」과 「吳」聲으로 이루어진 형성자이다. 「虞(虞)」자에 대하여 《說文解字》는 "從虍吳聲.(「虍」와 「吳」聲으로 이루어진 형성자)"라 했다. 「愳」와 「虞」자는 음성부분이 모두 「吳」이다.

[10]「民沈」

「沈」은 「噂(수군거릴 준; zǔn)」의 뜻이다. 音符가 「允」인 「俊」자와 「噂」은 모두 古音인 「精」母「文」部이다. 《詩經·十月之交》는 "噂沓背憎(모여서 수군거리고 뒤에서 증오하다)"라 했고, 《說文》은 "噂, 聚語也(「噂」은 '군중의 소리')"라 했다.

【譯者註】
정리본은 「𣴲(沈)」자를 「噂」의 의미로 해석하고 있다.

[제2간]

□吉好亓又句乐志亓㑆▪龍二玉弗黳亓又眾民沈曰余退女皆岜隹歳盧懸孼嬕【二】

《說文解字》는 「㳅(沈)」자가 「水」와 「允」으로 이루어진 형성자이고, 古文은 「㴆」으로 쓴다라고 했다. 음은 「以轉切(yăn)」이다. 《淸華簡·程寤》는 「允」자를 「𠃌」(제 8간)으로 쓴다. 「噂(噂)」자는 음성부분이 「尊」이며, 음은 「子損切(zǔn)」이다. 「沈」과 고음은 가깝지 않다.

본 구절에서는 '원망하다'의 의미인 「怨」자의 통가자로 쓰이고 있는 것이 아닌가 한다. 《說文解字》는 "𢙳,恚也. 从心夗聲. 𢘲古文(「怨」은 '성내다'의 뜻. 「心」과 「夗」聲으로 이루어진 형성자. 古文 「𢘲」으로 쓴다)"라 했다. 음은 「於願切」이다.

黃人二은 《讀〈淸華大學藏戰國竹簡〉書後(一)》에서 "「沈」字整理者謂當讀爲 「噂」. 按, 此字不若讀爲「呪」,「允」·「兄」二字形近.(「沈」자를 정리본은 「噂」으로 해석하고 있지만, 「呪」자의 의미로 해석하는 것이 낫다. 「允」와 「兄」자의 자형이 비슷하다)"라 했다. 즉 저주하다의 의미로 해석하고 있다.

[11]「余及女皆亡」

「余及女皆亡」은 "時日曷喪, 余及汝偕亡(이 해(천하)는 언제 멸망할 것인가? 우리는 차라리 너와 함께 망했으면 한다)"의 뜻이다. ≪書經·湯誓≫는 "余及汝皆亡"라 하였고, ≪孟子·梁惠王上≫은「皆」자를「偕」로 쓴다.

【譯者註】

「及」자를 ≪郭店楚簡≫의 ≪老子乙≫은「及」(제 7간)으로 쓰고,「及」자를 ≪上博楚簡·孔子詩論≫은「及」(제 15간)으로 쓴다.

「亡(亡)」자를 ≪淸華簡·祭公≫은「亡」(제 3간)·「亡」(제 16간)으로 쓴다.

[12]「隹蠚盧悥瘴瘴」

「隹蠚盧悥瘴瘴」은 "惟災虐極暴瘴(재난, 질병, 고통, 악질, 악창 등 각종 질고)"의 의미이다.

「蠚」자 중의 자건「虐」은 ≪說文≫의「虐」자의 古文과 같다. ≪書經·金縢≫의 "遘厲虐疾(심한 학질에 걸리다)"의 구절에 대하여 孔安國의 ≪傳≫은 "暴也(해로운 질병)"이라 하였다.

「悥」자는 고음이「端」母「職」部로, 고음이「群」母「職」部인「極」과 통한다. ≪呂氏春秋·適音≫에서 ≪呂氏春秋注≫(高誘)는「極」자를 "病也('병'이다)"라고 하였다.

≪說文解字≫는「瘴」자에 대하여 "脛氣足腫. 从疒童聲. ≪詩≫曰: '旣微且瘴'.(정강이에 열기가 나서 발에 나는 종기.「疒」과

「童」聲으로 이루어진 형성자. ≪詩經·小雅·巧言≫은 '정강이에 종기가 났는데 발에도 부스럼 생겼네')"라고 했다. 「䯒」은 혹은 「腫」의 의미로 해석할 수 있다. ≪說文解字≫는 "腫, 癰也(「腫」은 '癰(악창 옹; yōng)'의 뜻)"이라 했다.

【譯者註】

-    (戠)-

≪说文≫은 「戠」자에 대하여 "戠, 大脔也. 从肉, 弋聲.(크게 썬 고기조각. 「肉」과 「弋」聲으로 이루어진 형성자)"라 했고, 음은 「側吏切」이다. 본 구절에서는 「災」의 의미이다. 「災」자는 「烖」와 같은 자이다. ≪說文解字≫는 「烖(烖)」자에 대하여 "天火曰烖. 从火弋聲. 灾, 或從宀火. 古文從才, 㛱. 籒文從巛, 災.(자연적으로 발생한 화재를 「烖」라 한다. 「火」와 「弋」聲으로 이루어진 형성자. 혹은 편방이 「宀」과 「火」인 「灾」으로 쓴다. 古文은 「火」와 「才」聲인 「㛱」로 쓰고, 籒文은 편방 「巛」을 써서 「災」로 쓴다"라 했고, 음은 「祖才切」이다.

-    (虐)-

≪說文解字≫는 「虐」자의 古文을 「虘」으로 쓴다. ≪金縢≫의 제 3간 「 」도 역시 「虐」의 의미이다. ≪尙書·金縢≫의 "惟爾元孫某, 遘厲虐疾.(당신의 어떤 손자가 위험하고 위태로운 심

한 질병에 걸리다)" 구절에 대하여 孔穎達 ≪疏≫는 "厲, 危也. 虐訓爲暴, 言性命危而疾暴重也.(「厲」는 '위태롭다(危)'의 뜻이다. 「虐」자를 「暴」이라고 설명한 것은 생명이 위태로울 정도로 심한 중병이기 때문이다)"라 했고, 孫星衍의 ≪尚書今古文注疏≫는 "虐者, ≪廣雅·釋詁≫云惡也, 言遇厲氣致惡疾.(≪廣雅·釋詁≫는 「虐」은 「惡」의 뜻이라 했다. 숨이 넘어갈 정도로 매우 심한 질병에 걸렸다는 의미)"라고 했다.

-🙂(悤)-

정리본은 「悤」자를 「極」의 통가자로 보고, 「疾病」으로 해석하고 있다. 「極」은 기력이 쇠하다라는 의미가 있다. 清 吳善述은 ≪說文廣義校訂≫에서 "極, 又因窮極之義引爲困也, 病也, 疲也. (「極」은 궁극하다의 의미가 확대되어 '괴롭다'·'병들다'·'피곤하다'의 의미로 쓰인다)"라 설명하였다. ≪孟子·離婁下≫는 "有故而去, 則君搏執之, 又極之於其所往.(까닭이 있어 떠나는 것을 군주가 붙잡아 포박하며 그가 가는 곳에서 곤궁에 처하게 하다)"라 하고, ≪漢書·王褒傳≫은 "胸喘膚汗, 人極馬倦.(가슴은 숨이 차고 피부는 땀이 나며, 사람은 피곤하고 말은 지쳤다)", ≪世說新語·言語≫은 "顧司空(和)未知名, 詣王丞相(導), 丞相小極, 對之疲睡.(顧和가 아직 이름이 없을 때 丞相 王導를 배알한 적이 있는데, 丞相이 약간 피곤하자 그를 두고 피곤하여 잠을 잤다)"라 했다.

그러나 「隹戠盧悤瘍癙」 중 「隹(惟)」와 「悤」자는 동사의 용법이 아닌가 한다. ≪尚書·益稷≫"萬邦黎獻共惟帝臣(온 세상의 어진이들이 모두 군주의 신하가 되다)"와 ≪≪尙書‧太甲上≫"惟尹躬先見于西邑夏, 自周有终, 相亦惟终.(이윤이 몸소 먼저 서쪽의 도읍 하나라를 살펴보니, 군주도 유종의 미를 거두고 재상 또한 유종의 미를 거뒀다)" 중의 「惟」자는 동사용법으로 쓰인다.

「悳」은 「得」자와 통한다. ≪廣雅‧釋詁三≫은 "德, 得也.(「德」은 「得」의 뜻이다)"라 했고, ≪墨子‧節用上≫의 "是故用財不費, 民德不勞, 其興利多矣.(그런고로 재물을 쓰되 낭비하지 않으며, 백성은 이득이 있으나 수고롭지 않으니 이익이 되는 일이 많게 된다)"에 대하여 孫詒讓≪閒詁≫는 "德與得通.(「德」과 「得」은 통한다)"라 했다. ≪管子‧君臣下≫의 "參伍相德而周擧之, 尊勢而明信之.(상세히 고찰하여 적절한 인물을 선택하도록 하고 두루 인재를 구하고 그의 권위를 존중하고 확실하게 믿어야 한다)"에 대하여, 郭沫若의 ≪集校≫는 "相德猶相得. 德與得通.(「相德」은 즉 「相得」이다. 「德」과 「得」자는 서로 통용된다)"라 했다. ≪潛夫論‧釋難≫"二聖相德而致太平之功也.(요순 두 성인이 있어 태평의 공적을 거두게 되었다)"에 대하여 汪繼培≪箋≫은 "德, 何本作得. 德‧得古字通.(「德」자를 何本은 「得」으로 쓴다. 「德」과 「得」자는 고문에서 서로 통한다)"라 했다. 그 다음 구절 「亡箕」 중의 「箕」도 동사의 용법으로 쓰이고 있다.

따라서 「佳烖盧悳瘧疸」은 '재난과 학질이 발생하고 악질과 악창이 생기다'의 의미이다.

第 二 章 ≪清華簡≫의 考釋과 문자 연구   255

-▨(瘯)-

「▨」자는 「疒」과 「暴」으로 이루어진 형성자이다. ≪郭店楚簡·性自命出≫은 「▨」으로 쓰고, ≪上博楚簡·鬼神之明≫은 「▨」으로 쓴다. 「瘯」자는 편방 「疒」이 있는 것으로 보아 질병과 관련이 있는 자라는 것을 알 수 있다. 갑자기 발생한 심한 질병을 말하는 것으로 보인다. ≪說文解字≫는 「暴(暴)」자에 대하여 "晞, 晞也. 从日从出, 从収从米. ▨古文暴从日麃聲.(「暴」자는 '말리다'의 뜻. 「日」・「出」・「収」・「米」로 이루어진 회의자. 「暴」자의 고문은 「日」과 「麃」聲인 「麍」으로 쓴다)"라 했다.

[13] 「亡箕」

「亡箕」은 「亡典」의 뜻이다. 「箕」은 ≪說文≫ 중 「典」의 古文이다. ≪周禮·天官·序官≫의 "典歸功(論功行賞을 주관하다)" 구절에 대하여 ≪注≫는 "主也('주관하다'의 의미)"라 했다.

【譯者註】
-箕(箕)-

≪說文解字≫는 「典」자의 고문을 「箕」으로 쓴다. 段玉裁는 ≪說文解字注≫에서 "古文冊作▨. 此从古文冊也. 漢碑多有从竹・从艸者.(「冊」자의 고문은 「箕」으로 쓴다. 이 「冊」자의 고문은 漢碑에서 일반적으로 자건 「竹」이나 「艸」를 쓴다)"라 했다.

정리본은 「箕」자를 동사 용법인 "主也('주관하다'의 의미)"로 해석하나, 「腆(선할 전; tiǎn)」・「典常(常法)」・「法度」나 혹은 「典籍」으로 풀이하기도 한다.31) 문맥상, 「亡箟」의 앞 내용이 백성의 질고에 관한 것이기 때문에, 「亡箟」은 이러한 질고가 발생했을 때 桀王이 어떻게 반응했는가에 대한 설명으로 '주관하지 않다'나 '책임지지 않다'라는 해석이 옳다.

[14] 顕(夏)又(有)恙(祥)

「顕又恙」은 「夏有祥」의 뜻이다. 「恙」은 '祥(길흉의 징조)'의 의미이다. 「祥」자에 대하여 ≪左傳・昭公十八年≫의 ≪注≫는 "變異之氣(변화의 징조)"라 했고, ≪國語・楚語上≫의 ≪注≫는 "吉氣爲祥(좋은 기운을 祥이라 한다)"라 했다.

[15] 「才西才東見章于天」

「才西才東」은 '서쪽에는 하나라의 변화의 조짐이, 동쪽에는 상나라의 변화의 조짐이 있다'의 뜻이다.

【譯者註】

(章)-

「章」은 「彰」의 뜻이다. ≪說文解字≫는 「彰」자에 대하여 "彰, 文彰也. 从彡从章, 章亦聲.('채색 무늬'의 뜻. 「彡」과 「章」으로 이

---

31) ≪清華簡〈尹至〉・〈尹誥〉研讀札記(附：〈尹至〉・〈尹誥〉・〈程寤〉釋文)≫(復旦大學出土文獻與古文字研究中心網站, http://www.gwz.fudan.edu.cn/SrcShow.asp?Src_ID=1352, 2011年1月5日

第 二 章 ≪淸華簡≫의 考釋과 문자 연구   257

루어진 회의자. 「章」은 또한 음을 표시 하기도 한다)"라 했다. ≪廣雅·释诂四≫는 "彰, 明也.(「彰」은 '밝게 나타나다'의 뜻)"이라 하고, ≪尚书·皋陶谟≫의 "彰厥有常吉哉.(불변의 常規가 밝게 드러나며, 도덕 기준에 맞는 선한 정치를 하게 된다)" 구절에 대하여 孔安國 ≪傳≫은 "彰, 明. 吉, 善也. 明九德之常, 以擇人而官之, 則政之善.(「彰」은 「밝게 드러나다」, 「吉」은 「善」의 뜻이다. 九德의 常規를 밝게 드러내고, 인재를 선별하여 다스리게 하는 것이 가장 좋은 정치이다)"라 했다.

[16]「民衒曰隹我棘褐」

「民衒曰隹我棘褐」은 "民率曰隹我速禍.(우리에게 곧 화가 미치다)"라는 뜻이다.

초죽서 「速」의 편방을 「棘」으로 쓴다. 「棘」자는 「速」의 의미이다. ≪詩經·行露≫의 ≪傳≫은 「速」자를 '召(야기하다)'라 설명하였다.

[제3간]

广箎頡又㦖才酉才東見章于天亓又民衒曰隹我棘褐戓曰憲今東㦖不章■今【三】

【譯者註】

-繇(銜)-

「繇」자는 「達」 혹은 「銜」자이다.

≪上博楚簡・紂衣≫에서 「率」자는 자건 「止」를 생략하고 「繇」(제 17간)로 쓴다. ≪說文解字≫는 「達(達)」자에 대하여 "先道也. 从辵率聲.(「앞장서다」의 의미. 「辵」과 「率」聲으로 이루어진 형성자)"라 하고, 음은 「疏密切」이며, 「銜(銜)」에 대해서는 "將衛也. 从行率聲.(「장수」의 뜻. 「行」과 「率」聲으로 이루어진 형성자)"[32]라 하고, 음은 「所律切」이다. 段玉裁 ≪說文解字注≫는 「達」와 「銜」자에 대하여 각각 "率, 循也. 此引伸之義. 有先導之者, 乃有循而行者. 亦謂之達也.(「率」자는 '좇다(循行하다)'라는 의미로 파생되어 쓰인다. '앞장서다(先導)'라는 것은 '좇아서 나아가는 것'을 말하고, 또한 '達(선도자인 장수)'를 가리키기도 한다)", "銜, 導也. 循也. 今之率字. 率行而銜廢矣. 率者, 捕鳥畢也. 將帥字古祇作將銜. 帥行而銜又廢矣. 帥者, 佩巾也. 銜與辵部達音義同.(「銜」는 '인도하다(導)', '좇아 나아가다(循)'의 뜻이다. 지금은 「率」자로 쓴다. 「率」자를 쓰자 「銜」자를 쓰지 않게 되었다. 「率」자는 원래 '새를 잡는 망'이라는 뜻이다. 「將帥」는 고문에서 「將銜」로 썼다. 「帥」자로 쓰게 되자 「銜」자는 쓰지 않게 되었다. 「帥」는 원래 「佩巾」의 뜻이다. 「銜」과 「達」의 음과 뜻은 같다)"라 했다. 따라서 「達」자와 「銜」은 같은 자라는 것을 알 수 있다.

---

32) 湯可敬≪說文解字今釋≫은 「銜當作銜.(「銜」자는 「銜」자로 써야 한다)」라 했다.(275 쪽 참고)

본 구절에서는 부사「率」즉「모두(皆, 都)」라는 뜻으로 쓴다. ≪古今韻會擧要·質韻≫은 "率, 皆也.(「率」은 '皆(모두)'의 의미)"라 하고, ≪史記·老子韓非列傳≫은 "故其著書十餘萬言, 大抵率寓言也.(莊子는 십여만 자의 책을 저술하였는데, 일반적으로 그 모두는 寓言에 관한 내용이다)"에 대하여 張守節의 ≪正義≫는 "率, 猶類也.(「率」은 '모두'의 뜻)"라 했다. 唐 韓愈의 ≪調張籍≫는「惟此兩夫子, 家居率荒涼.(그러나 이와 같이 이백과 두보의 처지는 거의 모두 처량하고 곤란하였다)」라 했다.

-棘(棘)-

「速」자를 ≪淸華簡≫≪耆夜≫는 자건「棘」을 써서 「㦛」(제 04간)·「㦛」(제 6간)으로 쓴다. ≪郭店楚簡≫≪尊德義≫는 「㦛」(제 28간)으로, ≪性自命出≫은 「㦛」(제 36간)·「㦛」(제 49간)으로, ≪上博楚簡≫≪容成氏≫는 「㦛」(제 22간)·「㦛」(제 32간)으로 쓴다. 모두 편방「棘」을 쓰고,「速」의 의미로 쓰인다.

본 구절에서는 '초래하다'·'야기하다'의 의미로 쓰인다. ≪尙書·太甲中≫의 "欲敗度, 縱敗禮, 以速戾于厥躬.(욕심으로 법도를 어기고, 방종함으로써 예를 어겨 이 몸이 죄악에 빠지게 되었다)"에 대하여 孔安國≪傳≫은 "速, 召也. 言己放縱情欲, 毀敗禮儀法度, 以召罪於其身.(「速」은 '초래하다(召)'의 의미. 자신이 방종하고 사욕 때문에 예의와 법도를 어기게 되어 자신은 죄악에 빠지게 되었다의 뜻이다)"라하고, ≪國語·楚語下≫는 "是之

不恤, 而蓄聚不厭, 其速怨於民多矣.(백성을 불쌍히 여기지 않고, 자신의 사리사욕을 채워 백성들로부터 많은 원망을 사게 되었다)"라 했다.

≪說文解字≫는 「逨(速)」자의 고문을 「警」으로 쓰고, 籒文은 「遬(遬)」으로 쓴다.

-禍(禍)-

≪淸華大學藏戰國竹簡(一)≫의 〈字形表〉는 「禍」자를 「禍」의 이체자로 보고 있다.33) 「禍」를 ≪楚居≫는 「禍」로 쓴다. 「禍」 중 편방 「月」은 편방 「口」의 변형으로 보인다. 혹은 「禍」와 「禍」자의 음이 비슷하기 때문에 가차자로 쓰였다.

[17] 이상의 내용을 ≪呂氏春秋·愼大≫는 "末嬉言曰: '今昔天子夢西方有日, 东方有日, 两日相與鬪, 西方日勝, 东方日不勝.' 伊尹以告湯.(末嬉는 '어제 저녁 천자의 꿈에 서쪽의 해와 동쪽의 해가 서로 다투었는데, 서쪽 태양이 이기고 동쪽 태양이 졌다'했다. 이 이야기를 伊尹은 湯王에게 보고 하였다)"라 했다. ≪開元占經≫卷六은 이와 유사한 내용을 ≪孝經緯≫와 ≪論語讖≫을 인용하여 소개하고 있다. 이와 관련된 자료는 王利器 ≪呂氏春秋注疏≫卷十五를 참고할 수 있다.

≪尹至≫에는 위와 달리 해(日)에 관한 내용이 없다.

---

33) 李學勤 主編(2010), ≪淸華簡(一)≫, 209쪽 참고.

[18]「亓女𤖵」

「亓女𤖵」는 「其如台」의 의미이다. 「其如台」의 구절은 ≪商書≫에 자주 보인다. 예를 들어, ≪湯誓≫는 "夏罪其如台(하나라의 죄는 무엇입니까)", ≪盤庚上≫은 "卜稽曰其如台(점을 쳐 어찌합니까를 물었다)", ≪高宗肜日≫은 "其如台(그가 어찌하랴)", ≪西伯戡黎≫는 "今王其如台(지금 왕을 어찌하면 좋은가)"라 했다. 「如台」는 '奈何(어떠합니까)'의 의미이다.

【譯者註】

-𤖵(𤖵)-

「𤖵(𤖵)」자는 「心」과 「台」로 이루어진 형성자이다. 「㠯(台)」는 "說也. 从口㠯聲.('기뻐하다'의 의미. 「口」와 「㠯」聲으로 이루어진 형성자)"라 하고, 음은 「與之切」이다. 清 孫星衍은 ≪尚書今古文注疏≫에서 "「如台」爲「奈何」者, 薛綜注≪東京賦≫:「如, 奈也; 台·何, 音之轉.(「如台」는 「奈何」의 의미이다. 薛綜은 ≪東京賦≫의 ≪注≫에서 「如」는 「奈」의 의미이고, 「台」와 「何」자의 음은 對轉관계이다)"라 했다.[34]

[19]「湯曰女告我顛𦞢銜若寺」

「𦞢」은 음성부분이 「垔」이다. 고음은 「影」母「文」部로, 음성이 같은 「隱」의 의미로 쓰인다. ≪詩經·柏舟≫의 ≪傳≫은 「隱」자에 대하여 「痛(고통)」의 뜻이라고 설명하였다. ≪盤庚下≫는 "尚

---

34) ≪漢語大字典≫, 575쪽 재인용.

皆隱哉(일찍이 모두가 걱정하다)"라 했고, ≪國語·周語上≫은 "勤恤民隱而除其害也(백성의 고통을 가벼이 여겨 그 해로움을 없애다)"라 했다.

「寺」자는 「時」의 의미로 쓰인다. ≪詩經·馴驖≫의 ≪毛詩鄭箋≫은 「是」의 의미로 해석하였다. ≪呂氏春秋·愼大≫ "湯謂伊尹曰: '若告我曠夏盡如詩'.(湯은 伊尹에게 '그대는 나에게 대국 하나라가 어찌 지금 이 지경에 이르렀는지 말해주시오'라 했다)" 구절에 대하여 高誘를 비롯한 역대 많은 학자들이 주석을 하였지만 그 의미를 확실히 알 수 없었다. 지금 簡文을 참고하면 「詩」는 「時」의 의미로 쓰인다는 것을 알 수 있다.

【譯者註】

-亖(寺)-

≪清華簡≫의 「寺」자를 ≪保訓≫은 「亖」자로, ≪程寤≫는 「亖」자로 쓴다. 楚簡에서 「時」자는 「亖」(≪郭店楚簡·太一生水≫, 제4간)·「亖」(≪郭店楚簡·窮達以時≫, 제14간)·「亖」(≪郭店楚簡·五行≫, 제27간)·「亖」(≪上博楚簡·從政甲≫, 제15간) 등으로 쓰기도 한다. 「亖(寺)」자는 편방 「寸」과 「止」聲, 「亖(時)」는 편방 「日」과 「寺」聲으로 이루어진 형성자이다. ≪說文解字≫는 「時」의 古文으로 「亖(旹)」를 쓴다.

[20] 「尹曰若寺湯絫慭?尹」

第 二 章 ≪淸華簡≫의 考釋과 문자 연구   263

楚竹書에서「戠」자는 원래「愼」의 의미로 쓰이며, 이 자는「誓」자를 잘못 쓴 것이다.「湯盟誓及尹」은 '湯及尹盟誓(탕왕은 이윤과 맹서하다)'를 도치한 구절이다. ≪呂氏春秋 愼大≫는 "湯與伊尹盟, 以示必滅夏(湯과 伊尹은 하나라를 반드시 멸하기로 맹서하였다)"라 했다.

【譯者註】

- 🞲(㮻)-

「㮻」은 편방「示」와「明」으로 이루어진 형성자이다.「皿」과「明」聲으로 이루어진 형성자로「盟」과 통한다. ≪說文解字≫는 「盟(盟)」자의 篆文을 「盟(盟)」으로, 古文은 「盟(盟)」으로 쓴다.「盟」은 음성부분이「明」이다. 朱駿聲 ≪說文通訓定聲≫은 "從朙聲.(음성부분이「朙」이다)"라 했다. ≪上博楚簡·孔子詩論≫에서「㮻(㮻)」(제 7간)자는「明」의 의미로 쓰이고, ≪上博楚簡·競建內之≫는 「盟(盟)」(제 7간)으로 쓴다.

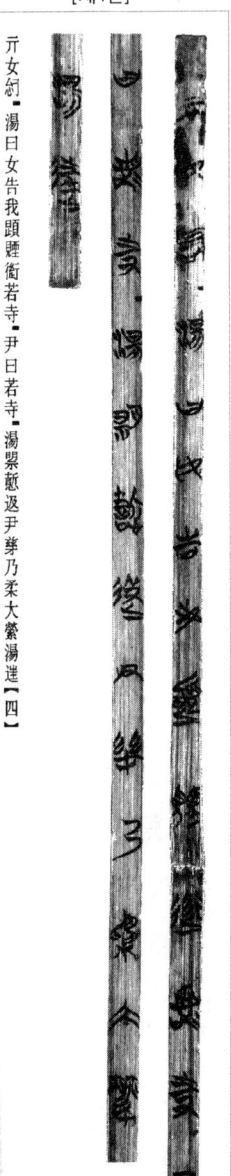

[제4간]

- ▨(慭)-

「▨(慭)」자는 편방 「言」·「十」·「斤」과 「心」으로 이루어진 자이다.

≪上博楚簡·性情論≫의 「▨(訐)」자는 오른쪽 부분이 편방 「言」과 「十」의 형태이며, 같은 자를 ≪郭店楚簡·性自命出≫은 편방 「幺」를 써서 「▨(訮)」로 쓴다. ≪上博楚簡·紂衣≫와 ≪郭店楚簡·緇衣≫는 각각 「▨」와 「▨」로 쓰고, 현행본 ≪禮記·緇衣≫는 「愼」으로 쓴다. 이 자는 다섯 가지 형태가 있다. 첫째는 왼쪽 윗부분에 「▨」형을 추가하여 「▨」≪老子甲≫로 쓰거나, 둘째는 자건 「幺」을 추가하여 「▨」(≪紂衣≫)·「▨」(≪成之聞之≫)로 쓰거나, 셋째는 편방 「訐」과 「心」을 추가하여 「▨」(≪五行≫)로 쓰거나, 넷째는 편방 「心」과 「幺」을 추가하여 「▨」(≪紂衣≫)·「▨」(≪五行≫)로 쓰고,35) 다섯 째는 본 ≪淸華簡≫과 같이 「▨」로 쓴다. 滕壬生과 李守奎는 이 자를 모두 「愼(신중하다)」의 의미로 「愼」의 이체자로 보고 있다.36) 이 자는 楚簡에서 「愼」이나 「誓」의 의미로 쓰인다. ≪郭店楚簡文字編≫은 「▨」나 「▨」자를 「▨」와 구별하여 「誓」자로 예정하였다.37) 馬承源은

---

35) 張守中, ≪郭店楚簡文字編≫(2000), 40 쪽 참고.
36) 滕壬生, 같은 책, 1178 쪽 참고. 李守奎 主編, 같은 책, 482-483 쪽 참고.
37) 張守中 主編(2000), 같은 책, 40쪽, 42-43 쪽 참고.

≪上博楚簡·孔子詩論≫의 제28간에서 「𢛳睧」은 「愼密(신중하고 면밀하다)」의 뜻이다. 「𢛳」은 意符 「幺」와 「心」과 聲符 「訢(기뻐할 흔, xīn,xī,yín)」으로 이루어진 자이다. ≪說文解字≫에는 없고, 簡文에서는 일반적으로 「愼」의 의미로 쓰인다. 「睧」은 「甘」과 「宓」로 이루어진 자이며, 이 자 역시 ≪說文解字≫에 보이지 않는다」라 했다.38) 「誓(誓)」자를 ≪說文解字≫는 "約束也. 從言折聲('약속하다'의 뜻. 「言」과 「折」聲으로 이루어진 형성자)"라 했다.

[21] 「孳乃柔大縈」

「孳乃」는 「玆乃」의 뜻이다. ≪爾雅·釋詁≫는 「玆」자를 "此也(「此」의 의미)"라 하였다. ≪書經≫중 ≪酒誥≫는 "玆乃允惟王正事之臣(이렇게 하면 진실로 임금에게 올바른 일을 하는 신하가 된다)", ≪立政≫은 "玆乃三宅無義民(이렇게 하면 이 세 가지 벼슬하는 자는 백성에게 의롭지 않는 행위를 한다)"·"玆乃俾乂國(이렇게 하여 나라 일을 돌보도록 하였다)"라 했다.

≪爾雅·釋詁≫는 「柔」자에 대하여 "安也(안정시키다)"라 했다. 「縈」자는 음성부분이 「熒」이다. 본 구절에서는 「傾」의 의미로 쓰이고 있다. ≪國語·晉語三≫의 ≪注≫는 「傾」자를 '危也(위태롭다)'라고 설명하였다. 「安」의 뜻인 「柔」와 반의어이다.

---

38) 馬承源 主編(2001), 같은 책, 158 쪽 참고.

【譯者註】

-𢆶(孳)-

「𢆶」자는 편방 「茲」와 「才」로 이루어진 자이며, 모두 음성부분에 해당된다. ≪保訓≫은 「茲」를 「𢆶」로 쓴다. ≪金文編≫은 「𢆶」(≪何尊≫)자 아래서 「孳乳爲玆, 爲玆此也.(「玆」로 파생되어 쓰인다. 「玆」는 此」의 뜻이다)」라 했다.39)

≪上博楚簡≫의 ≪從政甲≫제 8간의 「𢆶(孳)」는 「災」의 의미로 쓰이고, ≪紂衣≫의 「紂」(제 1간)자는 「緇」와 같은 자로 음성부분이 모두「才」이다.

-柔(柔)-

≪說文解字≫는 「柔(柔)」자에 대하여 "木曲直也. 从木矛聲.('나무가 굽히거나 펼 수 있게 부드럽다'의 의미. 「木」과 「矛」聲으로 이루어진 형성자)"라 했다.

≪說文解字注≫는 "柔之引申爲凡軟弱之偁, 凡撫安之偁.(약하고 부드럽거나 편안하게 안정시키다의 의미로 파생되어 쓰인다)"라 하고, ≪尚書·舜典≫은 "柔遠能邇.(먼 곳을 달래고 가까운 곳을 도와주다)"에 대하여 孔安國≪傳≫은 "柔, 安.(「柔」는 '편안하게 해주다'의 뜻)"이라 하고, ≪國語·晉語七≫은 "和安而好敬, 柔惠小物而鎮定大事.(평안하고 안정된 마음이 있어야 남을 존경할 수 있고, 사소한 일이라도 편안하게 해주고 은혜를 베풀어 주어

---

39) 容庚, 같은 책, '0643 𢆶', 269 쪽 참고.

第 二 章 ≪淸華簡≫의 考釋과 문자 연구 267

야 대사가 있을 때 안정시킬 수 있다)"에 대하여 韋昭≪注≫는 "柔, 仁也.(「柔」는 '仁政을 베풀어 주다'의 뜻)"이라 했다.

- 縈(縈)-

≪淸華簡≫의 정리본은 「縈」자를 「傾」의 통가자로 보고 있다.

≪說文解字≫는 「縈(縈)」자에 대하여 "收卷也. 从糸, 熒省聲. ('긴 실을 타래로 감다'의 의미. 「糸」과 「熒」省聲으로 이루어진 형성자)"라 하고, 段玉裁는 ≪說文解字注≫에서 "各本作聳, 非也. 今依韵會·玉篇正. 凡舒卷字, 古用卻曲之卷, 今用氣勢之捲, 非也. 收卷長繩, 重疊如環, 是爲縈. 於營切. 今俗語尙不誤. 詩周南, 葛藟縈之, 傳曰, 縈, 旋也.(각 판본이 「卷」자를 「聳」으로 잘못 쓰고 있다. ≪韵會≫와 ≪玉篇≫을 참고하여 잘못을 바로 잡는다. '구부리고 피다(舒卷)'나 '무릎을 구부리다'의 뜻으로 '기운을 내다'의 「捲」자로 쓰는데 이는 잘못된 것이다. 「縈」자는 '긴 실을 고리처럼 타래로 감는다'는 뜻이다. 음은 「於營切」이다. 현재의 속어 역시 같은 의미로 쓰인다. ≪周南·樛木≫의 '葛藟縈之'에 대하여 ≪傳≫은 「縈」은 '돌리다(旋)'의 뜻)"이라 했다. ≪說文解字≫는 「藥(藥)」자를 "艸旋皃也. 从艸榮聲. ≪詩≫曰: '葛藟藥之.' (「풀이 감겨있는 모양」의 의미. 「艸」와 「榮」聲으로 이루어진 형성자. ≪周南·樛木≫은 '葛藟藥之.(칡 넝쿨이 엉켜있네)')"라 했다. 따라서 「縈」과 「藥」자는 같은 자이고, '엉키고 설키다(縈)'라는 뜻을 가지고 있음을 알 수 있다.

따라서 본 구절을 정리본이 「傾」으로 해석하고 있는데, 「縈」

은 '일이 엉키고 설킨 것처럼 서로 꼬여있어 정상적이지 않음'이란 본뜻으로 쓰이고 있다.

[22]「湯迬㢟弗雔」

「雔」자는 음성부분이 「鳥」이고, 「鳥」자는 음성부분이 「勹(쌀포; bāo)」이다. 「鳥」는 「鳧(오리 부, fú)」와 같은 자이다. 고음이 「並」母「職」部인「服」자와 통한다.

「湯往征弗服(복종하지 않는 나라를 정복하다)」는 ≪詩經·長發≫에서 언급한 「韋」·「顧」와 「昆吾」를 정복한 것을 말한다.

【譯者註】

-𨒥(迬)-

「𨒥」자는 편방 「辵」과 「㞷」으로 이루어진 자로, 「往」의 고문이다.

≪說文解字≫는 「徃(往)」에 대하여 "之也. 从彳㞷聲. 𨒥, 古文从辵.('가다'의 뜻. 「彳」과 「㞷」聲으로 이루어진 형성자. 古文은 편방 「辵」을 써서 「𨒥」으로 쓴다.)"이라 했다. ≪說文解字注≫는 "汗簡云𨒥尙書往字.(≪汗簡≫은 「𨒥」자를 ≪尙書≫는 「往」으로 쓴다)"라 했다.

-㢟(㢟)-

「㢟」자는 자건 「辵」과 「正」으로 이루어진 「㢟」자이다. ≪說文

第 二 章 ≪淸華簡≫의 考釋과 문자 연구   269

解字≫는「延(证)」자에 대해 "正, 行也. 从辵正聲.延证或从彳.('단정하게 걸어가다'의 뜻.「辵」과「正」聲으로 이루어진 형성자.「证」자의 혹체는 편방「彳」을 써서「征」으로 쓴다)"라 했다. ≪說文解字注≫는 "形聲包會意. 引伸爲征伐. 孟子曰, 征之爲言正也.(「正」은 음과 의미를 동시에 표시한다. '정벌하다'의 의미로 파생되어 쓰인다. ≪孟子≫는 '정복한다'는 것은 곧「바르게 하다」라는 뜻이다)"라 했다.

- 夢(雂)-

「夢(雂)」자는 음성부분이「鳧(오리 부; fú)」이다. ≪說文解字≫는「鳧(鳧)」자에 대하여「从鳥几聲」이라 하고 음은「房無切」이며,「几」자에 대하여 "鳥之短羽飛几几也. 象形. 讀若殊.(새가 작은 날개를 퍼덕이는 모양. 상형자이다. 음은「殊」와 같다)"라 했다. 음은「市朱切」이다.

본 구절에서는 '복종하다(服)'의 뜻으로 쓰인다. 혹은 '附(歸附, 귀순하다)'의

[제5간]

통가자가 아닌가 한다. ≪尙書·武成≫은 "天休震動, 用附我大邑 周.(하늘이 크게 감동하여 우리 큰 도읍 주나라에 귀순하게 된 것이다)"라고, ≪淮南子．主術≫는 "所任者得其人, 則國家治, 上 下和, 群臣親, 百姓附.(각기 각소에 적임자를 임명하면 나라가 잘 다스려지게 되고, 상하가 화목하고 모든 신하가 친하게 지내 면 백성은 자연히 따르게 되는 것이다)"라 했다.

[23] 「執乇」

이윤의 이름은 「執(摯)」이다. ≪孫子·用間≫·≪墨子·尙賢 中≫·≪楚辭≫의 ≪離騷≫와 ≪天問≫ 등에 이윤의 이름이 언 급되어 있다.

「乇」은 「宅」자로 「度」자와 통한다. ≪爾雅·釋詁≫는 「度」자를 "謀也(도모한다는 뜻)"이라 하였다.

【譯者註】

-乇(乇)-

≪淸華簡≫≪祭公≫은 「乇」(제 4간)·「乇」(제 5간)으로 쓰며, 모두「宅」의 의미로 쓴다.

≪郭店楚簡·老子乙≫의 "若可以乇(천하를 맡길 수 있다)" 중 의「乇(乇)」자는「託」의 의미로 쓰며, ≪帛書·老子甲≫과 ≪帛 書·老子乙≫은 각각「迬」·「橐(자루 탁, tuó)」으로 쓴다.「託」과 음이 서로 통한다.「乇(乇)」자는「宅」과 같은 자이다. ≪說文解 字≫는「宅(宅)」자에 대하여 "宅, 所託也. 從宀乇聲. 宅古文宅.

第 二 章 ≪淸華簡≫의 考釋과 문자 연구 271

厇亦古文宅(「宅」은 「사람이 기거하는 곳」. 「宀」과 「乇」聲으로 이루어진 형성자. 「宅」자의 고문은 「㡀」과 「厇」으로 쓴다)"라고 설명하였다. 초간에서는 일반적으로 「宅」・「託」・「托」의 뜻으로 쓴다.40)

整理本은 「厇(宅)」을 「度」로 해석하였는데, 본 구절에서는 伊尹에게 계획을 준비하도록 부탁하다는 「託」・「托」의 의미로 쓰인 것이 아닌가 한다. ≪尙書・康誥≫의 "宅心知訓.(사람들의 마음을 헤아려 백성을 다스릴 교훈을 알다)"에 대하여 孔安國 ≪傳≫은 "常以居心, 則知訓民.(나이 많고 경험 많은 사람들의 뜻을 헤아려 백성을 다스릴 교훈을 학습하여라)"라 했다.

[24] 「執悳不僭」

「執悳不僭」은 '摯德不僭'의 뜻이다. ≪詩經・抑≫의 "不僭不賊(어긋남이 없고 해침이 없다)" 구절에 대하여 ≪傳≫은 "僭, 差也(「僭」는 '어긋나다'의 뜻)"이라 했다. 「不僭」의 내용은 ≪詩經≫ 가운데 ≪鼓鍾≫・≪殷武≫와 ≪書經≫ 가운데 ≪大誥≫에 보인다.

≪番生簋≫는 "溥求不僭德(어진 덕을 널리 구하다)"(≪殷周金文集成≫4326)라고 했다.

【譯者註】

-𢡺(僭)-

「𢡺」은 편방 「心」과 「朁」으로 이루어진 형성자이다. ≪說文解

---

40) 滕壬生, 같은 책, 680 쪽 참고.

字≫는 「僭(僭)」자에 대하여 "假也. 从人朁聲.("의심하다"의 의미.
「人」과 「朁」聲으로 이루어진 형성자)"라 했다. ≪說文解字注≫에
서 「假」는 「儗」자의 잘못 쓰여진 자라하고, "儗也, 各本作假也.
今依玉篇所引正, 廣韵亦云擬也. 以僭儗二篆相聯互訓, 知作假之
非矣. 以下儗上, 僭之本義也, 引伸之則訓差. 大雅不僭不賊傳是
也. 又訓不信, 小雅覆謂我僭箋是也. 其小雅巧言傳曰, 僭, 數也,
則謂僭卽譖之假借也. 詩亦假譖爲僭, 如大雅桑柔·瞻卬箋是也.(각
판본에서 「僭」자를 「假」로 설명하고 있는데, 이는 「儗」의 뜻으로
설명해야 옳다. ≪玉篇≫의 인용문을 참고할 수 있고, ≪廣韵≫
은 「擬」의 뜻이라 했다. 「僭」과 「儗」자는 서로를 뜻풀이 자로
사용되었다고 볼 수 있으나, 「假」는 잘못된 것이라는 것을 알
수 있다. 아랫사람이 윗사람을 의심하는 것이 「僭」의 본래 의미
이고, 「差」는 파생된 의미다. ≪大雅·抑≫ "不僭不賊" 구절에
대해 ≪傳≫은 「差」라 했다. 또한 「不信」의 뜻이 있는데, ≪大
雅·抑≫의 "覆謂我僭" 구절에 대한 ≪箋≫은 「不信」이라 하였
다. ≪小雅·巧言≫의 ≪傳≫은 "僭, 數也"이라 했는데, 「僭(참람
할 참, jiàn)」은 또한 「譖」의 가차로 쓰인다. ≪大雅≫의 ≪桑柔≫
·≪瞻卬≫ 중 ≪箋≫은 「僭」을 「譖(참소할 참; jiàn,zèn)」의 뜻
으로 설명하였다)"라 했다.

[25]「自西戠西邑」
「自西(서쪽으로부터)」라는 내용은 ≪呂氏春秋·愼大≫의 "故令
師從東方出於國, 西以進(그래서 군대가 나라의 동쪽 편에서 출
발하여 하나라의 서쪽을 향하여 나아갔다)"를 참고할 수 있다.

이와 같은 방향은 당시의 기상 현상을 고려하여 행동이다.

「哉」자는 ≪三體石經·春秋僖公三十二年≫ 중 「捷」자의 고문과 같다. ≪左傳·莊公八年≫의 ≪注≫는 "捷, 克也.(「捷」은 '정복하다'의 뜻)"이라 했다.

【譯者註】

-𢦏(哉)-

≪三體石經·春秋僖公三十二年≫중 「捷」자의 古文은 「𢦏」으로 쓰고, ≪虢鼎≫은 「𢦏」으로 쓴다.41) ≪尹誥≫도 같은 형태인 「𢦏」(제 2간)로 쓴다. 정리본은 「𢦏」자를 「哉」로 예정하고 「捷」으로 해석하고 있는데, 이 자는 「哉」자의 변형이 아닌가 한다. ≪說文解字≫는 「𢦏(哉)」자에 대하여 "言之閒也. 从口𢦏(𢦏)聲. (어조사. 「口」와 「𢦏」聲으로 이루어진 형성자)"라 하고, 음은 「將來切」이다. 「𢦏」자는 「戈」와 「才」聲으로 이루어진 형성자이다. 「捷(捷)」에 대하여 "獵也. 軍獲得也. 从手疌聲. ≪春秋傳≫曰: '齊人來獻戎捷.'('사냥을 하듯 군대가 정벌하여 전리품을 획득하다'의 의미. 「手」와 「疌」聲으로 이루어진 형성자. ≪春秋傳≫은 '齊 나라 사람이 戎族을 정벌하도록 도왔다'라 했다)"라고 했고, 음은 「疾葉切」이다. 「哉」자는 고음이 「精」母「咍」部이고, 「捷」은 「從」母「葉」部로 對轉관계이다.

周法高의 고음은 아래와 같다.

---

41) 徐中舒(1981), 같은 책, 461 쪽 참고. 容庚, ≪金文編≫ '1945 𢦏', 783 쪽 참고.

哉 tsəɣ/tsəi(咍部), 之部開一
捷 dzjiap/dziᵅp(葉A), 葉部開三

[26]「夲亓又頹」

「夲」자는 「戏」과 같은 자이며, ≪說文解字≫ 중의 「戡」자의 고문과 같다. ≪西伯戡黎≫의 ≪序傳≫은 「勝也('승리하다'의 뜻)」이라 하였다.

【譯者註】

-夲(夲)-

「戏」자를 ≪耆夜≫는 「戏」(제 1간)으로, ≪祭公≫은 「戏」(제 12간)으로 쓴다. ≪說文解字≫는 「戏(戏)」에 대하여 "殺也. 从戈 今聲. ≪商書≫曰: '西伯旣戏黎.'('살해하다'의 의미. 「戈」와 「今」聲으로 이루어진 형성자. ≪商書≫는 '西伯이 黎國을 정벌하다')"라 하였는데, 음은 「口含切」이다. ≪說文解字注≫는 "殺者, 戮也. 按漢·魏·六朝人戏堪戡龕四字不甚區別. 左傳王心弗堪, 漢五行志作王心弗戏. 勝也. …… 西伯戡黎文, 今作戡黎. 許所據作戏黎, 邑部郚下又引西伯戡郚, 其乖異或因古文今文不同與. 爾雅曰: 堪, 勝也. 郭注引書西伯堪黎蓋訓勝. 則堪爲正字. 或叚戏, 或叚戡, 又或叚龕, 皆以同音爲之也.(「殺」은 '살육하다'의 의미. 漢·魏·六朝 때는 「戏」·「堪」·「戡」·「龕」 등 네 자가 구별없이 사용됐다. ≪左傳≫의 「王心弗堪」을 漢代의 ≪五行志≫는 「王心弗戏」으로 쓴다. '승리하다(勝)'의 의미이다. …… 「西伯戡黎」중의 「戡黎」를

≪說文解字≫는 「戜黎」로 쓴다. 「邑」部의 「鼙」자 아래에서는 「西伯戡鼙」로 쓰고 있다. 이와 같은 차이는 고문과 금문이 달라서이다. ≪爾雅≫는 「堪, 勝也.(「堪」은 '승리하다'의 의미)」라 하고 郭璞의 ≪爾雅注≫는 ≪尙書≫를 인용하여 「西伯堪黎」로 쓰고, 「勝」으로 해석하였다. 「堪」이 正字이고, 「戜」·「戡」·「龕」이 동음이기 때문에 가차로 쓰인다)」라 했다.

[27]「釆民內于水曰罨」

「釆」자는 ≪說文解字≫의 「番」의 古文과 같은 자이며, 본 구절에서는 「播」의 뜻으로 쓰인다. ≪國語·晉語二≫≪注≫는 「播」자를 "散也('흩어지다')"라 하였다. ≪書經·大誥≫"于伐殷逋播臣(은나라를 정벌하고 도망 다니는 신하를 잡아들이다)"에 대하여 ≪疏≫는 "謂播蕩逃亡之意('도망 다니는 신하를 소탕하다'의 뜻)"이라 했다.

「曰」은 「以」의 의미이다.(裴學海≪古書虛字集釋≫卷二, 참고).

「水」는 지명이다. ≪墨子·三辯≫은 "湯敗桀於大本(湯王은 桀王을 大本에서 무찔렀다)"로 쓰나, ≪道藏≫本은 "湯敗桀於大水(湯王은 桀王을 大水에서 무찔렀다)"로 쓴다.

≪呂氏春秋·愼大≫에 "未接刃而桀走, 逐之至大沙, 身体离散, 爲天下戮(桀王이 싸우지도 않고 도망가자 이를 쫓아 大沙에서 사지를 찢어 천하를 위해 살해하였다)"라는 구절이 있는데, 王利器는 ≪呂氏春秋注疏≫에서「大沙」를 설명하면서 ≪墨子·三辯≫의 「大水」중 「水」자는 「沙」자를 잘못 쓴 것이라 했다. 또한 王利器는 呂調陽의 "大沙卽南巢也, 今桐城西南有沙河埠, 其水東經

故巢城南, 而東入萊子湖也(「大沙」는 즉 「南巢」를 가리킨다. 현재의 安徽省 桐城市의 西南 쪽에 있는 모래 언덕이다. 이곳을 흐르는 강물은 故巢城 남쪽을 지나 동쪽 萊子湖로 흘러들어 간다)"와 ≪山海經 大荒西經≫의 "成湯伐夏桀于章山, 克之(成湯은 夏桀을 章山에서 싸워 정복하였다)"의 구절을 인용하였다. ≪路史·後紀≫卷十四는 ≪郭注≫의 "章山名大沙, 或云沙丘(「章山」을 혹은 「大沙」나 「沙丘」라고 부른다)" 구절을 인용하여 설명하였다. ≪太平御覽≫卷八十二는 ≪帝王世紀≫를 인용하여 "桀未戰敗績, 湯追至大涉, 遂禽桀於焦, 放之歷山, 乃與妹喜及諸嬖妾同舟浮海, 奔於南巢之山而死(桀王이 전쟁을 하기도 전에 이미 패하여 도망가자 湯王이 大涉까지 추적하였고 焦에서 붙잡아서 歷山으로 추방하였다. 그 후 妹喜·애첩들과 함께 바다를 건너 南巢의 산으로 들어가 그곳에서 죽었다)"라 했다. 徐宗元은 ≪帝王世紀輯存≫에서 "大涉當作大沙(「大涉」은 「大沙」이다)"라 했다.

【譯者註】

-🙻(𡢓)-

≪說文解字≫는 「番(番)」자에 대하여 "獸足謂之番. 从釆田, 象其掌. 🙻番或从足从煩. 🙻古文番.(짐승의 다리를 番이라 한다. 「釆」와 「田」으로 이루어진 회의자로, 「田」은 짐승의 발바닥을 형상화한 것이다. 「番」자의 혹체는 자건이 「足」과 「煩」인 「𨆌」으로 쓰고, 고문은 「𡢓」으로 쓴다)"라 했다.

第 二 章 ≪淸華簡≫의 考釋과 문자 연구   277

- 🐦(曰)-

본 구절에서 「曰」은 어조사로 사용되고 있다. ≪玉篇≫은 「曰, 語端也.(「曰」는 어두사이다)」라 하고, 楊樹達은 ≪詞詮≫에서 "曰, 語首助詞.(「曰」은 어두조사이다)"라 했다. ≪豳風·七月≫은 "嗟我婦子, 曰爲改歲, 入此室處.(아, 처자들이여. 해가 바뀌려 하니 방으로 들어가 편히 쉬기를)", ≪秦風·渭陽≫은 "我送舅氏, 曰至渭陽.(외숙을 전송하려 위수 북쪽으로 왔네)", ≪豳風·東山≫은 "我東曰歸, 我心西悲.(우리는 동쪽으로 돌아갈 날만을 생각하며, 서쪽에서 그리움에 슬퍼했었네)", ≪小雅·角弓≫은 "雨雪瀌瀌, 見晛曰消.(눈이 펑펑 내린다 해도 해만 뜨면 녹아내릴걸세)"라 하고, 이에 대하여 陸德明≪釋文≫은 "曰, 韓詩作聿.(「曰」자를 韓詩는 「聿」자로 쓴다)"라 했다.

-🗡(罸)-

≪郭店楚簡·老子丙≫은 「戰」자를 「🗡」(제 10간)으로, ≪上博楚簡·曹沫之陳≫은 「🗡」(제 13간)으로 쓴다. 「🗡」은 편방 「戈」가 생략된 형태다.

[28] 「帝曰一勿遺」

「帝」는 이미 왕위에 제위한 湯王를 가리킨다. ≪天問≫은 「后帝」라 칭하였다.

「一」자에 대하여 ≪大戴禮記·衛將軍文子≫의 ≪注≫는 "皆也('모두'의 의미)"라 했다. ≪盤庚中≫은 "我乃劓殄滅之, 無遺育(나

는 그를 베어 죽이고 자손을 남겨놓지 않았다)"라 했고, 西周 金文 ≪禹鼎≫(≪殷周金文集成≫2833-2834)은 "無遺壽幼(어른과 아이를 남겨놓지 않다)"라 했다.

【譯者註】

-遺(遺)-

「遺」자를 ≪金縢≫은 「遺」(제 8간)로, ≪皇門≫은 「遺」(제 12간)로, ≪祭公≫은 「遺」(제 14간)로, ≪楚居≫는 「遺」(제 16간)로 쓴다. ≪說文解字≫는 「遺(遺)」자를 "亾也. 从辵貴聲.('유실되다'의 뜻이며, 「辵」과 「貴」로 이루어진 형성자)"라 했다. ≪廣雅·釋詁三≫은 "遺, 餘也.(「遺」는 「남겨두다」의 의미)"라 하고, ≪左傳·昭公三年≫의 "君若不忘先君之好, 惠顧齊國辱收寡人, 徼福於大公·丁公, 照臨敝邑, 鎭撫其社稷, 則猶有先君之適, 及遺姑姊妹若而人.(군주께서 만약 선대부터의 우호관계를 잊지 않으시어, 저희 제나라를 돌아보시고 저를 포용하시어 저의 조상 大公과 정공에게 복을 받게 하시고 저의 나라를 살피시며, 저의 나라를 안정케 해 주신다면 저의 나라에는 아직도 선군의 정실과 선군의 자매들이 남아있는 것이나 마찬가지입니다)"에 대하여 杜預≪注≫는 "遺, 餘也"라 했다.

第 二 章 ≪淸華簡≫의 考釋과 문자 연구   279

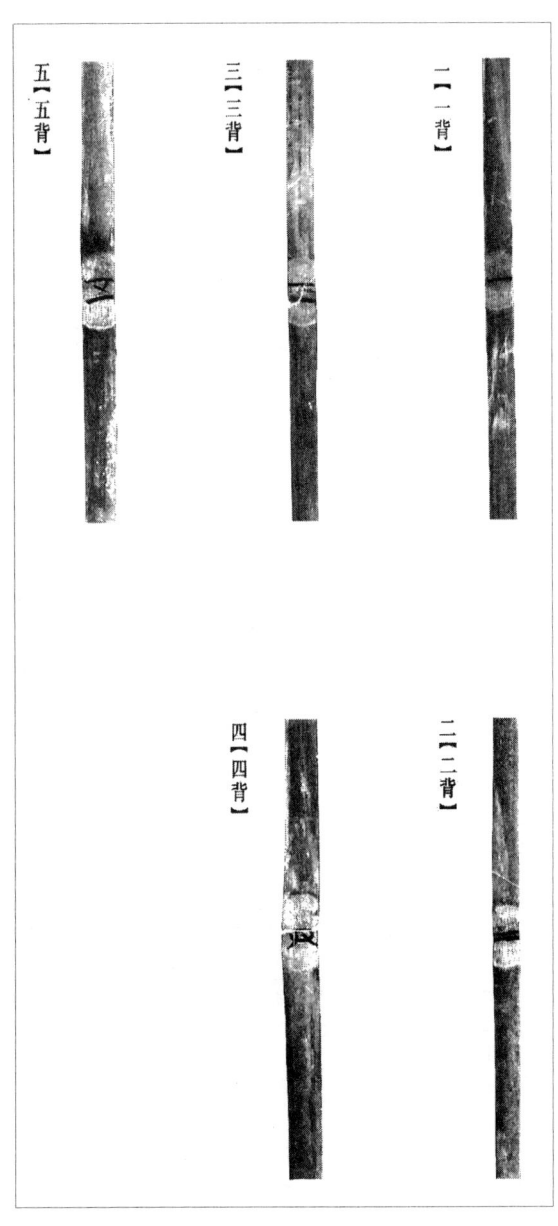

二. ≪尹至≫의 문자 고찰

본문에서는 ≪淸華簡≫의 ≪尹至≫ 중 주의할 문자에 대하여 다시 정리하고자 한다. 따라서 앞에서 살펴본 「一, ≪尹至≫譯註」부분의 설명과 중복되는 경우가 있으나, 종합정리하고자 하는 목적이기 때문에 중복을 피하지 않기로 한다.

1) 「隹尹自顕薄白」 중 「顕」자와 「薄」자.

정리본은42) 「尹」은 「伊尹」을 가리키고, 「白」자와 「亳」자의 고음은 모두 「並」母「鐸」部로 서로 통하며, 「隹尹自顕薄白(夏나라에서 商의 도읍지인 亳으로 오다)」는 ≪國語·楚語上≫의 「武丁」에 관한 내용 중에서 "自河徂亳(殷나라 武丁은 黃河에서 亳都로 돌아오다)" 구절과 같으며, 전체적으로 '伊尹이 夏나라 桀王을 피해 상나라 亳都로 와 湯王이 있는 곳으로 갔다'는 뜻이라 했다.43)

아래에서는 「顕」자와 「薄」자에 대하여 살펴보기로 한다.

≪淸華簡≫은 「夏」자를 (顕)로 쓴다. ≪上博楚簡·孔子詩論≫은 ≪詩經≫의 ≪大雅≫ 중의 「雅」자를 (顕)로 쓴다.

---

42) 李學勤이 主篇한 ≪淸華大學藏戰國竹簡(壹)≫은 청화대학이 소장하고 있는 초죽간을 처음으로 종합 정리하여 출판한 것이기 때문에 이를 ≪정리본≫이라 부르기로 한다.
43) 李學勤 主篇(2010), ≪淸華簡(壹)≫, 126쪽 참고.

「顕」는 「夏」의 古文이다. 「顕」자는 「昰」・「頭」・「頢」・「昷」나 「芭」 등으로 쓰기도 한다.44)

금문 중 ≪秦公簋≫의 「[夏]](夏)」자와45) 「[夏]」・「[夏]」자와 비슷하다.

중국 고대 중원지역의 「夏」나라를 「雅」로 쓰기도 한다. ≪荀子・榮辱≫ "越人安越, 楚人安楚, 君子安雅.(越나라 사람은 越나라에 편히 살고, 楚나라 사람은 楚나라에서 편히 살고 君子는 夏나라에 편히 사는 것이다)" 구절에 대하여 王引之≪讀書雜志≫는 "雅讀爲夏, 夏爲中國也, 故與楚越對文. ≪儒效篇≫: '居楚而楚, 居越而越, 居夏而夏', 是其證.(「雅」자는 「夏」로 읽는다. 夏는 中國을 중원의 한 국가를 가리킨다. 楚나라와 越나라가 댓구를 이루고, ≪儒效篇≫은 '초나라에 살면 초나라 풍습을 따르고, 월나라에 살면 월나라 풍습을 따르고, 하나라에 살면 하나라의 풍속을 따르는 것이다'로 쓰고 있는 것이 그 증거다)"라 하였다. 朱駿聲은 ≪說文通訓定聲≫에서 「雅」자에 대하여 "又爲夏.(「雅」자는 또한 「夏」자로 쓴다)"라 하였다.

「雅」자는 또한 「牙」자로 쓰기도 한다. ≪集韻≫은 "雅, 人名, ≪尙書≫有君雅, 通作牙(「雅」는 人名이다. ≪尙書≫는 「君雅」의 「雅」자를 「牙」로 쓴다)"라 하였고, ≪上博楚簡・紂衣≫는 "≪君啻(牙)≫員(云): '日俈雨, 少(小)民隹(惟)曰怨, 晉夅(冬)耆(祁)寒, 少(小)民亦隹(惟)曰怨.'(≪상서・군아≫는 '여름에 덥고 습하면 백성들은 매일 매일 원망을 하고, 겨울 내 추우면 백성은 또한 매일 매일

---

44) 李守奎 主編, 같은 책, 287-288 쪽 참고.
45) 容庚, 같은 책, '0898 [夏]', 384 쪽 참고.

원망을 하게 된다'라고 했다)"(제6간)라 하여 「牙」자를 ▨(舊)자로 쓴다. 鄭玄은 "雅, ≪書序≫作牙. 假借字也. 君雅, 周穆王司徒作尙書篇名也.(「雅」자를 ≪書序≫는 「牙」자로 쓴다. 假借字이다. 「君雅」는 周나라 穆王의 司徒이다. ≪尙書≫에서는 篇名으로 쓰인다)"라 하였다. ≪上博楚簡≫의 ▨(舊)자는 ≪說文解字≫의 '牙'자의 고문 '▨'와 같다. 어린이라는 의미인 「小伢」를 「小雅」로 쓰거나 혹은 「小牙」로 쓴다. ≪論衡・自紀≫"以聖典而示小雅, 以雅言而說丘野.(성인들이 쓴 경전을 아이들에게 가르쳐 주고 표준말(雅言)로 방언을 설명해 주다)" 구절에 대하여 劉盼遂≪集解≫는 "小雅之雅, 古祇作牙, 小兒之稱也.(「小雅」중이 「雅」자는 옛날에는 「牙」자로 썼다. 어린이라는 뜻이다)"라 하였다.[46]

「夏」・「牙」・「雅」와 「伢」자는 음성이 서로 통한다.

≪鄂君啓節≫에서 「夏」자는 편방 「頁」이고 「昆」聲인 「▨」・「▨」로 쓴다.[47] 「昆」자는 윗부분 「口」에 한 획을 추가하여, 「疋」자를 복잡하게 쓴 것으로 보인다. ≪說文解字≫는 「疋(▨)」자에 대하여 "疋, 足也. ……古文以爲詩大雅字. 亦以爲足字, 或曰胥字.(「疋」는 「足」의 의미이다. ……古文에서는 이 자를 ≪詩・大雅≫의 「雅」자로 쓰기도 하고, 「足」자로 쓰기도 하며, 혹은 「胥」자로 쓰기도 한다)"라 했고, 朱駿聲은 "疋字隸體似正, 故傳會訓正, 其實古文假疋謂, 後借雅謂.(「疋」자는 예서체 「正」자

---

46) ≪漢語大字典≫, 4094 쪽.

47) ≪鄂君啓節≫과 금문의 「夏」자는 容庚, ≪金文編≫, '0898 ▨', 384 쪽 참고.

와 비슷한 형태이기 때문에 「正」의 의미로 잘못 풀이하기도 하지만, 古文에서 「疋」자는 「諝」의 가차자로 쓰며, 후에는 「雅」를 「諝」의 가차자로 쓰기도 한다)"라고 설명하였다. ≪說文解字≫의 고문은 초죽간의 「夏」자 보다 더욱 생략하여 「🈁(夒)」로 쓰고, ≪三體石經≫은 「🈁」로 쓴다. ≪上博楚簡·紂衣≫의 제 9간 "🈁 容又(有)棠(常).(용모는 한결같아야 한다)" 중 「🈁」자를 ≪郭店楚簡·緇衣≫는 "🈁頌(容)又(有)棠(常)"으로 쓰고, 禮記本은 "从容有常"으로 쓴다. 이 중 ≪郭店楚簡≫의 「🈁」자는 ≪說文解字≫의 「夏」자 古文 「🈁」와 상당히 유사하다. ≪禮記本≫에 따라 「從」자로 해석하거나, 혹은 「適」과 「夏」로 예정(隷定)하기도 하는데, 아직도 이 자에 대해서는 좀 더 연구할 필요가 있다.[48]

≪郭店楚簡·緇衣≫의 「🈁」자는 ≪說文解字≫의 「夏」자의 고문 「🈁」자와 비슷하고, 그 다음자 「頌」자는 편방이 「頁」로 되어 있다. 「🈁」자 중의 왼쪽 편방은 「頁」과 의미가 통하는 「人」이고, 오른쪽 편방은 「🈁」자의 이체자가 아닌가 한다. 따라서 「🈁」자는 「🈁(夏)」에 사람을 표시하는 편방 「人」을 추가하여 쓴 「夏」의 이체자로 생각된다. 「夏頌」·「夏容」이란 「雅容」으로 '보기좋은 용모' 혹은 일반적인 사람의 '용모'를 뜻한다.

「蘆」자를 ≪清華簡≫은 「🈁」로 쓴다. 「🈁」자는 「艸」와 「歔」聲으

---

48) 崔南圭 역주, ≪上博楚簡·紂衣≫(2012), 소명출판사, 133-139 쪽 참고.

로 이루어진 형성자이다. 이 자의 기본 聲符는 「且」이다. 초죽서 중 ≪上博楚簡·孔子詩論≫의 「▨(蔖)」(제 23간)자는 「叡」가 음성 부분으로 쓰이며, ≪詩經≫의 편명인 ≪兎罝≫에서 「罝」의 가차자로 쓰이고,49) ≪孔子詩論≫의 「▨(叡)」(제 6간)자는 「且」의 뜻으로 쓰인다.50) 「蔖」자와 「叡」자의 기본 음성부분은 「且」이다.

≪說文解字≫는 「叡」자에 대하여 "又卑也. 从又虘聲.('아래 있는 물건을 손으로 취하다'의 의미. 편방 「又」와 「虘」로 이루어진 형성자)"라 하고, 孫詒讓은 ≪古籀餘論≫에서 "叡當讀爲徂.……此卽借叡爲徂.(「叡」자는 응당히 「徂」로 읽는다.……이 「叡」자는 「徂」의 가차자로 쓰였다)"라 하였다.51) 「圓(虘)」자는 편방 「虍」와 「且」聲으로 이루어진 형성자이다. 「虘」자를 ≪上博楚簡·紂衣≫는 「▨」로 쓰고, ≪郭店楚簡≫은 편방 「又」를 추가하여 「▨(叡)」자로 쓴다.52) 「叡」자는 편방「又」와 「虘」聲으로 이루어진 형성자이다.

초죽서에서는 또한 「虘」에 「又(手)」를 추가하여 「▨」(≪包山楚簡≫)·「▨」(≪郭店楚簡≫)·「▨」≪上博楚簡≫)로 쓰며, '且'의 의미로 쓰인다.53)

---

49) 崔南圭 역주, ≪上博楚簡·孔子詩論≫, 소명출판사, 209-211 쪽 참고.
50) 崔南圭 역주, ≪上博楚簡·孔子詩論≫, 106 쪽 참고.
51) ≪古文字詁林≫卷三, 上海教育出版社, 410 쪽.
52) 滕壬生, 같은 책(增訂本), 487 쪽 참고.
53) 滕壬生, 같은 책(增訂本), 280 쪽 참고.

金文에서「虘」자를 ≪彔卣≫는「虘」로 ≪王孫鐘≫은「虘」로 쓴다. 羅振玉은 "沈兒鐘及王孫鐘並有'中諆虘殤'語, 猶詩言既多且有, 終和且平. 殆語辭之且, 古如此.(≪沈兒鐘≫과 ≪王孫鐘≫ 중 '中諆虘殤'라는 구절이 있는데, 이 구절에서「虘」자는 ≪鹿鳴之什·伐木≫ '既多且有'나 '終和且平(모두 화평하게 지내네)' 구절도 어조사 역할을 한다. 古語「且」의 의미와 같다)"라 하였다.54) 簡文에서「虘」는 대부분「且」의 의미로 쓰인다. 본 구절에서는 '徂(가다)'의 뜻으로 쓰인다.「徂」의 聲符는「且」이기 때문에 서로 통한다.

≪說文解字≫는「徂(退)」자에 대하여 "往也. 从辵且聲. 退, 齊語. 徂退或从彳. 遺籒文从虘.('가다'의 의미. 편방「辵」과「且」聲으로 이루어진 형성자.「退」는 齊나라의 방언이다.「退」는 편방「彳」을 써서「徂」로 쓰고, 籒文은 편방「虘」를 써서「遺(遺)」로 쓴다)"라 하였다.

2)「我逨越今昀=」중「逨」자.

「我逨越今昀=」은 "我來越今旬日"로 '제가 온 지 이미 십여 일이 지났습니다'의 뜻이다.「逨」자를 ≪淸華簡≫ 중 ≪尹至≫는 「逨(逨)」로, ≪耆夜≫는「逨」로, ≪祭公≫은「逨」로 쓴다.55) 편방「辵」과「來」聲으로 이루어진 형성자이다. 본 구절에서는 '徠

---

54) ≪古文字詁林≫卷三, 같은 책, 410 쪽.
55) 李學勤 主編, (2010) ≪淸華簡(壹)≫, 208 쪽 참고.

(돌아오다)'의 뜻으로 쓰인다.

　금문 ≪逨盤≫ 중에 「[?]」가 있는데, 편방이 「辵」이고 「來」聲인 형성자로 ≪淸華簡≫의 「[?](逨)」자와 같은 자가 아닌가 한다. ≪逨盤≫에서는 인명으로 쓰인다. 「[?]」자를 李學勤 등은 「逤」자로 예정하고, 음은 「佐」라고 설명하였다.56) 이 자를 일반적으로 「逨」자로 隸定하나, 음과 의미에 대해서는 아직도 의견이 분분하다.57) ≪小雅·正月≫ "執我仇仇(나를 원수 대하 듯 하다)" 중의 「仇仇」를 ≪郭店楚簡·緇衣≫(제 19간)은 「[?]」로, ≪上博楚簡·紂衣≫(제 10간)는 「[?](戜)」로 쓴다.

　≪郭店楚簡·緇衣≫는 「[?]」자를 「救」나 혹은 「戠」로 예정하는데,58) 李零은 이 자를 「仇」로 예정하고, "仇, 原從戈從來, 乃混來爲求. ≪老子乙組≫簡13『終身不來』, 王弼本作'終身不救', 爲類似的例字)(「仇」자는 「戈」와 「來」로 이루어진 자이다. 편방 「來」를 「求」로 혼동하여 쓴 것이다. ≪郭店楚簡·老子乙≫ 제 13간의 '終身不來'를 王弼本은 '終身不救'로 쓰는 예와 같다)"라 했다.59) ≪郭店楚簡·老子乙≫(제 13간)의 「[?](逨)」자를 帛書本≪老子乙≫은 「棘」자로 쓰고, 王弼本은 「救」로 쓴다. 「救」는 「逨」의 가차자이다. ≪說文解字≫는 「[?](逨)」자에 대하여 "聚斂也('거두어

---

56) 李學勤, 〈眉縣楊家村新出靑銅器硏究〉, ≪文物≫, 2003年第6期, 66 쪽.
57) 李潤乾 著, ≪楊家村五大考古發現考釋≫(陝西人民出版社, 2006年), 74 쪽.
58) 崔南圭 역주, ≪上博楚簡·紂衣≫, 148-149 쪽 참고.
59) 李零 著(2007), 같은 책, 81 쪽.

모으다'의 의미)"라고 설명하였다. 白於藍은 ≪郭店楚簡〈老子〉「丞」·「賽」·「來」校釋≫에서 "確知「棘」·「救」·「來」三字音通義同, 都包含有窮盡, 終止之意. 故本段最後一句'終身不救(或棘·或來)'. 意卽終身不會窮盡·不會終止.(「棘」·「救」와 「來」자는 음이 통하고 의미가 같다는 것을 확실하게 알 수 있다. '다하다(窮盡)'·'끝나다(終止)'의 의미이다. 따라서 '終身不救(혹은 「棘」나 「來」로 쓴다)'는 '평생 동안 다하지 않다'나 '일생 동안 그치지 않다'의 의미)"라고 설명하였다.60) 「⿰」자의 오른쪽 윗부분은 ≪淸華簡≫의 「⿰」자의 오른쪽 윗부분과 「⿰」자의 윗부분과 매우 비슷하다. 「⿰」자는 「彳」을 생략하여 쓴 형태다. 따라서 「⿰」자는 「⿰」·「⿰」와 같이 「逨」로 예정할 수 있다. 음은 「仇」·「來」나 「棘」 등으로 읽을 수 있으며, 「오다」라는 의미에서는 「來」의 음으로 읽을 수 있다.

≪散氏盤≫은 「⿰」·「⿰」로 쓴다. 容庚은 ≪商周彝器通考≫에서는 「逨」로 예정하나, ≪金文編≫에서는 「0260 遲」에 수록하고 있다.61) ≪金文編≫은 또한 ≪逨觶≫의 「⿰」자 대해서 "三字石經僖公來字古文作⿰.(≪三字石經·僖公≫은 「來」자의 고문을 「⿰」로 쓴다)"라 하며 「來」의 이체자로 보고 있다.62) 「⿰」·「⿰」자와

---

60) ≪古籍整理硏究學刊≫, 2000, 60-61 쪽 참고.
61) 容庚, 같은 책, 「0260 遲」, 109 쪽 참고. 최남규, ≪중국 고대 금문의 이해(Ⅱ)≫, 529 쪽 참고.
62) 容庚, 같은 책, '0893 朿', 383 쪽 참고.

「⿱」자는 모두 「迷」의 이체자이다.

3) 「余兇亓又顕眾□吉好」 중 「兇」자.

「余兇亓又顕眾□吉好」는 "余閔其有夏□吉好"로 '나는 夏나라 백성들이 지극히 선량하고 착하며 좋은 사람들이라 생각한다'의 뜻이다. 이 중 「兇」자를 ≪淸華簡≫은 「⿱」자로 쓴다. ≪淸華簡≫의 정리본은 「兇」의 음성이 「明」母 「微」部로 「微」자와 통하며, 음성이 「明」母 「文」部인 「閔」자와는 서로 對轉관계라 하였다.

「媺(아름다울 미, měi)」자를 ≪淸華簡·楚居≫는 「⿱」(제 13간)로 쓴다. 「媺」자는 「美」자와 같은 자이다. ≪集韻≫은 "媺, 善也. 通作美.(「媺」는 '아름답다'는 의미. 이 자는 일반적으로 「美」자로 쓴다)"라 하고, 淸 錢大昕 ≪十駕齋養新錄≫에서 "微, 古美字.(「微」자는 「美」자의 고문자이다)"라 하였다. ≪周禮·地官·師氏≫ "師氏掌以媺詔王.(師氏는 선량한 도리를 군주에게 알리는 것을 담당하였다)"에 대하여 鄭玄은 "告王以善道也.(왕에게 선량한 도리를 고하다)"라 하고, 賈公彦은 "微, 美也.(「微」는 「美」의 뜻이다)"라 하였다.63)

≪上博楚簡·紂衣≫의 「⿱(頣)」자를 ≪郭店楚簡·緇衣≫는 「⿱(娍)」로 쓰고, ≪禮記≫는 「賢」으로 쓴다.64) ≪禮記≫는 "好賢如緇衣.(어진 이(賢)를 좋아함을 ≪緇衣篇≫과 같이 하라)"했으나, 초

---

63) ≪漢語大字典≫, 1071 쪽 참고.
64) 崔南圭 역주, ≪上海博物館藏戰國楚竹書·紂衣≫, 45 쪽 참고.

간서 모두 「賢」 대신 「頯」나 「娓」로 쓴다. 「頯」나 「娓」자 역시 「美」자의 이체자이다. ≪郭店楚簡・緇衣≫의 「𡜇」는 편방 「女」인 「娓」로 쓰고, ≪上博楚簡≫ 「𩑸」는 편방이 「頁」인 「頯」이다.(65) 「娓」자와 「頯」자 중 「屵」는 음성부분이고, 의미부분은 각각 「女」와 「頁」로 쓴다. 모두 ≪說文解字≫에 보이지 않는다.

「散」자를 갑골문은 「𠂉」로 쓰고, 금문은 「𣪘」로 쓰고, 篆書는 「𢼸(散)」로 쓴다.(66) ≪說文解字≫는 이 자를 「妙(美妙)」라 설명하였다. 「𢼸(散)」자는 「𠂉(屵)」에 「丨・𣎵(攴, 夊)」이 추가된 형태로 사람이 머리의 장식물을 손질하고 있는 형상으로 머리의 장식품이 여자와 관계가 많기 때문에 후에 다시 「女」를 추가하여 「媺」자로 발전하였다.

≪說文解字≫자는 「𡢖(媄)」자에 대하여 "色好也. 從女, 美聲.('아름다운 여인'의 의미. 편방 「女」와 「美」聲으로 이루어진 형성자"라 하고, ≪說文解字注≫"案凡美惡字可作此. 周禮作美. 蓋其古文.(「媄」자는 아름답거나 추함의 의미로 쓰인다. ≪周禮≫는 「美」자로 쓴다. 이 자는 「美」자의 고문자이다)"라 하고, 朱駿聲 ≪說文通訓定聲≫은 "經典皆以美爲之.(경전에서는 「媄」자는 「美」자로 쓴다)"라 하였다. 「媄」자에서 「美」는 '亦聲'이다.

「美」・「微」・「屵」・「散」・「娓」・「媺」・「媄」자는 음과 의미가 같은 同源字 관계이다. 「娓」자와 「頯」자 중의 편방 「女」와 「頁」은 의미가 서로 통하기 때문에 종종 편방이 통용되어 사용되기

---

65) 徐中舒(1981), 같은 책, 351 쪽 참고.
66) 徐中舒(1981), 같은 책, 315 쪽 참고.

도 한다.

≪淸華簡≫ 정리본은 「岺」자를 「閔」으로 해석하고 있으나, 「岺(美)」는 '善良하다'의 뜻이다. ≪國語·楚語上≫는 "夫美也者, 上下內外小大遠邇皆無害焉, 故曰美.('아름답다'는 것은 상하, 내외, 대소, 원근에 상관없이 모두 어긋남이 없음을 말한다. 그런고로 훌륭하다는 뜻이다)" 했다. 따라서 본 논문은 「岺」자를 「美」의 의미로 해석하기로 한다.

4) 「亓又句亳志亓倉龍二玉」 중 「倉」자와 「二玉」의 내용.

「亓又句亳志亓倉龍二玉」의 구절을 정리본은 「其有后厥志其爽寵二玉」으로 해석하였다.67) ≪淸華簡≫은 「倉」자를 「🔲」으로 쓰고, 정리본에서는 「倉」자가 古音이 「淸」母「陽」部이고, 「心」母「陽」部인 「爽」의 의미로 쓰이는 것으로 보았다. ≪爾雅·釋言≫의 「爽, 差也.(「爽」은 '위배되다(差)」의 뜻)'이라 하였으며, '忒(어긋나다의 뜻)' 구절을 인용하였다.68)

≪上博楚簡·紂衣≫의 「晉螽(冬)耆(祁)寒」(제6간) 구절을 ≪郭店楚簡·緇衣≫는 「晉冬旨(耆)滄」으로 쓰고, ≪禮記本≫는 「資冬祁寒」으로 쓴다. ≪尚書≫의 ≪君牙≫ 중 한 구절이다. 즉 ≪上博楚簡≫에서의 「🔲(寒)」자를 ≪郭店楚簡≫에서는 「🔲(滄)」으로, ≪禮記≫에서는「寒」으로 쓴다. ≪君牙≫는 이전에는 모두 僞作

---

67) 전체적인 의미는 "夏나라 桀王의 심기는 나라 백성들과 사뭇 달리 냉혹합니다. 桀王은 琬과 琰 두 여인만을 사랑한다"이다.
68) 李學勤 主編, ≪淸華簡(壹)≫, 129 쪽 참고.

된 古文으로 알고 있었지만, 초죽간에 ≪君牙≫의 내용이 있는 것으로 보아 僞古文은 아니라는 것을 알 수 있다.

「耆寒」은 즉 「酷寒」 혹은 '엄동설한'을 뜻한다.69) 「滄」은 「寒」의 의미이다. 「寒」자는 사람이 추위를 녹이기 위하여 풀로 짠 거적을 덮고 있는 모습이다. 「耆寒」은 곧 「耆滄」으로 '極寒(심한 추위)'의 의미이다. 금문은 「寒」자를 「囧」・「冏」으로 쓴다.70)

≪郭店楚簡・太一生水≫는 「倉(滄)然(熱)」의 「倉」자를 「𩵋」으로 쓴다.71) ≪淸華簡≫의 「𩵋」과 중간부분에서 좌우의 위치만 다를 뿐 같다. ≪淸華簡≫정리본은 「爽」의 의미로 해석하고 있으나, 「倉」자는 고음이 「滄」과 가깝기 때문에 「滄」의 뜻으로 쓰여, 「寒」자와는 동의어이다. ≪說文解字≫는 "𣱩(滄)"자에 대하여 「寒也. 从仌倉聲('차갑다'의 의미. 「仌」과 「倉」聲으로 이루어진 형성자)"라 하였다. 「寒」은 냉정하고 인정미가 없음을 말한다.72)

段玉裁≪說文解字注≫는 "此與水部滄音義皆同.(「滄」자는 「水部」 중의 「滄」자와 음과 뜻이 같은 자이다)"라 하고, ≪荀子・正名≫"以鼻異. 疾養・滄熱・滑鈹・輕重, 以形體異. 說故喜怒哀樂欲, 以心異.(코로 차이를 안다. 아프고 가렵고, 차고 뜨겁고, 매끄럽고 따갑고, 가볍고 무거운 것은 육체로 차이를 구별하고, 기

---

69) 최남규 역주, ≪上海博物館藏戰國楚竹書・紂衣≫, 107-109 쪽 참고.
70) 容庚, 같은 책, '1214 𩵋', 531 쪽 참고.
71) 張守中(2000), 같은 책, 89 쪽 참고.
72) 이외에도 「喪」・「澳」이나 「戕」으로 해석하기도 한다. 復旦大學出土文獻學古文字研究中心, http://www.gwz.fudan.edu.cn/SrcShow.asp?Src_ID=1352 참고.

뻐하고 체하고 기뻐하고 노하고 슬퍼하고 즐거워하고 사랑하고 미워하고 욕심내는 것은 마음으로 차이를 구별한다)"에 대하여 楊倞은 "凔, 寒也.(「凔」은 '차갑다(寒)'의 의미)"라 하였다.

「凔」자는 「滄」자와 같다. 段玉裁≪說文解字注≫는 "滄字音義同.(「滄」자는 「凔」자와 음과 뜻이 같다)"라 하고, ≪逸周書·周祝≫"天地之間有滄熱.(세상에는 차가움과 뜨거움이 있다)"에 대하여 孔晁는 "滄, 寒.(「滄」은 '차갑다(寒)'의 의미)"라 하였다.

「二玉」에 관한 내용은 ≪上海博物館藏戰國楚竹書·容成氏≫와 ≪呂氏春秋·愼大≫에도 보인다. ≪容成氏≫는 "不量其力之不足, 起師以伐岷山氏, 取其兩女琰·琬, □北去其邦, □爲桐宮, 築爲璿室, 飾爲瑤台, 立爲玉門"73)으로 쓰고, ≪呂氏春秋·愼大≫은 "桀迷惑于末嬉, 好彼琬·琰, 不恤其众, 众志不堪, 上下相疾, 民心積怨"으로 쓴다.74)

≪說文解字≫는 「琰」자에 대하여 "琰, 璧上起美色也.(「琰」은 '아름다운 색이 감도는 옥'이다)"라 하고, 徐鍇≪說文繫傳≫은 "郭璞注≪上林賦≫引≪竹書≫云'桀得有婚二美女, 刻其名於苕華之玉. 苕是琬, 華是琰', 然則琰亦美色之玉也. 琰之言炎也, 光炎起

---

73) 釋文은 陳劍의 〈上博簡〈容成氏〉的拼合與編連問題〉(≪上海博物館藏戰國楚竹書研究續編≫, 327 쪽 참고). "걸왕은 자신의 능력이 모자람을 모르고, 군대를 파견하여 岷山氏를 정복하고 琰과 琬이라는 두 여인을 차지한 후, 이 두 첩을 데리고 尹洛을 떠나 북쪽 땅으로 가서 桐宮을 짓고 옥으로 방을 만들고, 화려하게 장식한 瑤台를 세우고 옥으로 만든 대문을 세웠다."
74) "걸왕이 妹嬉에 미혹되고 琬과 琰이라는 두 첩을 총애하여, 백성을 불쌍히 여기지 않아 백성은 심한 고통을 겪게 되었고 괴로워하였으며 원망은 날로 쌓여만 갔다."

也.(郭璞은 ≪竹書≫에 '桀王은 이미 결혼을 한 두 미녀를 차지하게 되었는데, 그들의 이름을 苕玉과 華玉에 각각 새겨 넣었다. 苕玉에는 「琬」의 이름을 華玉에는 「琰」의 이름을 새겼다' 구절을 인용하여 ≪上林賦≫를 설명하였다. 하지만 「琰」은 아름다운 빛깔의 옥이다. 「琰」은 「炎」의 의미로, 불꽃의 광채가 나는 것을 말한다)"라 하였다.

≪上博楚簡≫의 ≪容成氏≫에서는 「琰」과 「琬」을 각각 「![img]」과 「![img]」으로 쓴다. 李零은 이 자를 각각 「晉」과 「![img]」으로 예정하고, "岷山氏之二女曰琰·琬, 見≪竹書紀年≫, 簡文晉疑讀琰(琰是喩母談部字, 晉是精母或淸母從母, 侵部字, 讀音相近), ![img]與逸字所從 ![img]略同, 疑讀琬.(岷山氏의 두 딸 「琰」과 「琬」에 관한 내용은 ≪竹書紀年≫에 보인다. 簡文 중 「晉」은 「琰」의 의미가 아닌가 한다. 「琰」은 古音이 「喩」母 「談」部이고, 「晉」은 「精」母 혹은 「淸」母나 「從」母이며 「侵」部로 비슷하다. 「![img]」자의 편방 「![img]」의 부분과 「逸」자의 편방 「兔」의 자형이 비슷하다. 「琬」의 의미가 아닌가 한다)"라 했다.75)

「晉」자를 ≪包山楚簡≫은 「![img]」·「![img]」으로 쓰고, ≪上博楚簡·用曰≫은 「![img]」으로 쓴다.

≪上博楚簡·孔子詩論≫의 「」(제 8간)자에 대하여 馬承源은 ≪整理本≫에서 「![img]」자는 「宛」인데 제 21간의 ≪宛丘≫가

---

75) 馬承源 主編(2002), 같은 책, 280쪽.

「宛」자를 「🔲(同)」으로 쓰고 있기 때문에, 형태가 달라 잘 알 수 없는 자라 하였다.76) 그러나 李零은 ≪容成氏≫의 「琬」자 또한 같은 형태이기 때문에 「宛」자가 틀림없다고 주장하고 있다.77)

「🔲」자의 윗부분은 편방이 「冤(宛)」이다. ≪說文解字≫에 聲符가 「宛」인 자는 「薗(풀이름 원, yuán)·鞠·𩖬·婉」 등이 있으며, 음은 각각 「於元切」·「於袁切」·「於月切」·「於願節」이다.78) 「🔲(鞠)」자의 或體를 ≪說文解字≫는 「革」와 「宛」聲인 「鞠」자를 「🔲」으로 쓴다. 「🔲」자의 윗부분은 「冤(宛)」임이 확실하고, 「冤」의 의미로 쓰인 것이다. 「鞠」자는 또한 「𩊍」자로 쓴다. ≪古今韻會擧要≫는 "鞠或作𩊍.(「鞠」자는 혹은 「𩊍」자로 쓴다)"라 하였다.

5) 「民沈」 중 「沈」자.

≪淸華簡≫은 「沈」자를 「🔲」으로 쓴다. 정리본은 「沈」자는 「噂(수군거릴 준, zǔn)」의 뜻이며, 音符가 「允」인 「俊」자와 「噂」은 모두 古音인 「精」母 「文」部라 하였다. 또한 정리본은 ≪詩經·十月之交≫ "噂沓背憎(모여서 수군거리고 뒤에서 증오하다)"와 ≪說文≫의 "噂, 聚語也.(「噂」는 '군중의 소리')" 구절을 이용하여 설명하였다.79)

---

76) 馬承源 主編(2001), 136 쪽.
77) 李零, ≪上博楚簡三篇校讀記≫(2007), 26 쪽 참고.
78) ≪說文解字≫의 反切音은 大徐本(徐鉉)의 孫愐≪唐韻≫을 가리킨다. 이하 같음.

≪說文解字≫는 「👁(沈)」자에 대하여 "沈水. 從水允聲. 🝆古文沈如此.(「沈水」의 이름. 편방 「水」와 「允」聲으로 이루어진 형성자. 沈자의 고문은 「沿」으로 쓴다)"라 하였고, 段玉裁≪說文解字注≫는 고문을 「👁(㕣)」으로 고쳐쓰고, "各本篆作沿, 誤, 今正.(각 판본이 篆文 「沿」자로 쓰는데 이는 잘못 쓴 것이기 때문에 이를 정정한다)"라 하였다. 음은 「以轉切(yǎn)」이다.

≪淸華簡·程寤≫는 「允」자를 「👁」(제 8간)으로 쓴다.「👁(噂)」자는 음성부분이 「尊」이며, 음은 「子損切(zǔn)」이다.「沈」과 고음은 가깝지 않다.

「沈」자는 「兗」자나 혹은 「浣」으로 쓴다. ≪廣韻≫은 「浣」자에 대하여 "浣, 濟水別名. 出王玉山. 沈, 同.(「浣水」는 「濟水」의 다른 이름이다. 발원지는 王玉山이다. 「沈」자와 같다)"라 하였다.80)

≪釋名·釋州國≫은 "兗州, 取兗水以爲名也.(「兗州」는 「兗水」를 따서 취한 이름이다)"라 하고, 淸 王先謙≪疏證補≫는 王啓原의 말을 인용하여 "兗水卽沈水……沈通爲兗, 故云兗取兗水爲名.(「兗水」는 즉 「沈水」이다. ……「沈」자와 「兗」자는 서로 통한다. 고로 「兗」은 「兗水」를 따서 취한 이름이다)"라 하였다.81)

본 구절에서는 '원망하다'의 의미인 「怨」자의 통가자로 쓰인 것이 아닌가 한다. ≪說文解字≫는 "👁,恚也. 从心夗聲. 👁古文.(「怨」은 '성내다'의 뜻. 「心」과 「夗」聲으로 이루어진 형성자. 古

---

79) 李學勤 主編(2010), ≪淸華簡(壹)≫, 129 쪽 참고.
80) ≪漢語大字典≫, 273 쪽 참고.
81) ≪漢語大字典≫, 1567 쪽.

文「命」으로 쓴다)"라 했다. 음은 「於願切」이다.

「怨」자는 「冤」자와도 통한다. 楊樹達은 ≪積微居讀書記≫는 〈讀後漢書札記〉에서 "怨疑冤之假字, 二字古同音也.(「怨」자는 「冤」자의 가차자가 아닌가 한다. 두 자는 고음이 같다)"라 하였다.

黃人二은 〈讀≪淸華大學藏戰國竹簡≫書後(一)〉에서 "「沇」字整理者謂當讀爲「噂」. 按, 此字不若讀爲「呪」, 「允」·「兄」二字形近.(「沇」자를 정리본은 「噂」으로 해석하고 있지만, 「呪」자의 의미로 해석하는 것만 못하다. 「允」와 「兄」자의 자형이 비슷하다)"라 했다.82) 즉 '저주하다'의 의미로 해석하고 있다. 「沇」자는 음성상 「怨」자가 「呪」보다 가깝다. 周法高 上古 擬音은 「怨」자는 「ʔjwan」이고, 「沇」자는 「riwan」이다.83)

6)「隹㦰盧悥癅疃」 중 「隹」·「悥」자와 「癅」자.

≪淸華簡≫ 정리본은 「隹㦰盧悥癅疃」을 "惟災虐極暴瘴(재난, 질병, 고통, 악질, 악창 등 각종 백성의 질고)"의 의미라 하고, 「盧」자 중의 편방 「虍」은 ≪說文解字≫의 「虐」자 古文과 같으며, 「悥」자는 고음이 「端」母「職」部로, 고음이 「群」母「職」部인 「極」과 통한다하였다.84)

≪淸華簡≫의 ≪金縢≫은 「虐疾」의 「虐」자를 같은 형태인 「𧆞」(제3간)으로 쓰고, ≪上博楚簡≫의 ≪容成氏≫는 「𧆣」으로 쓰고,

---

82) 黃人二·趙思木, 簡帛硏究 사이트, 2011.01.07.
83) 漢字古今音資料考, 컴퓨터 사이트 http://xiaoxue.iis.sinica.edu.tw/ccr/# 참고. 아래 周法高의 擬音은 본 사이트를 참고함.
84) 李學勤 主編, ≪淸華簡(壹)≫, 129 쪽 참고.

≪包山楚簡≫은 「囚」으로 쓴다.85) ≪說文解字≫는 「虐」자의 고문을 「虍(虐)」으로 쓴다. 「囚」자와 ≪說文解字≫의 고문은 같은 형태이다.

≪淸華簡≫은 「悳」자를 「悳」으로 쓴다. 정리본은 「悳」자를 「極」의 통가자로 보고, 「疾病」으로 해석하고 있다. 「極」에는 「기력이 쇠하다」라는 의미가 있다.

淸 吳善述은 ≪說文廣義校訂≫에서 "極, 又因窮極之義引爲困也, 病也, 疲也.(「極」은 궁극하다의 의미가 확대되어 '괴롭다'·'병들다'·'피곤하다'의 의미로 쓰인다)"고 설명하였다. ≪孟子·離婁下≫은 "有故而去, 則君搏執之, 又極之於其所往.(까닭이 있어 떠나는 것을 군주가 붙잡아 체포하며 그가 가는 곳에서 곤궁에 처하게 하다)"라 하고, ≪漢書·王褒傳≫은 "胸喘膚汗, 人極馬倦.(가슴은 숨이 차고 피부에서는 땀이 나, 사람은 피곤하고 말은 지쳤다)", ≪世說新語·言語≫는 "顧司空(和)未知名, 詣王丞相(導), 丞相小極, 對之疲睡.(顧和가 아직 유명하지 않을 때, 丞相 王導를 방문할 기회가 있었는데, 丞相은 몸이 피곤하여 그에게 조는 모습을 보였다)"라 했다.86) 그러나 「悳(德)」자가 「極」의 가차자로 쓰이는 예가 많지 않다.

「隹截悳瘴疃」 중 「隹(惟)」와 「悳」자는 모두 동사의 용법으로 쓰인 것 같다. ≪尙書·益稷≫ "萬邦黎獻共惟帝臣.(온 세상의 어진 이들이 모두 군주의 신하가 되다)"와 ≪尙書·太甲上≫ "惟尹

---

85) 滕壬生, 같은 책, 488 쪽.
86) ≪漢語大字典≫, 1241 쪽 재인용.

躬先見于西邑夏, 自周有终, 相亦惟终.(이윤이 전에 몸소 西邑인 하나라를 살펴보니, 군주도 유종의 미를 거두고 재상 또한 유종의 미를 거뒀다)" 중의 「惟」자는 동사의 용법으로 쓰인다. ≪玉篇≫은 「惟, 爲也.(「惟」자는 '이다(爲)'의 의미)」라 했다.[87]

「悳」은 「得」자와 통한다. ≪廣雅·釋詁三≫은 "德, 得也.(「德」은 「得」의 뜻이다)"라 했고, ≪周易·升≫의 ≪象傳≫은 "地中生木, 升. 君子以順德, 積小以高大.(땅 속에서 나무가 자라는 것이 升卦이다. 君子는 순조롭게 이를 받아들여서 작은 것부터 쌓아 높고 크게 한다)"에 대하여 ≪釋文≫은 "姚(信)本德作得.(姚信本은 「德」자를 「得」으로 쓴다)"라 하고, ≪周易·剝≫의 "上九. 碩果不食, 君子得輿, 小人剝廬.(上九는 큰 과실을 먹지 아니하니, 군자는 수레를 얻고, 소인은 집을 잃는다)"에 대하여 ≪釋文≫은 "京(房)作德輿, 董(遇)作德車.(京房本은 「德輿」로 쓰고, 董遇本은 「德車」로 쓴다)"라 하였다.

또한 馬王堆漢墓帛書≪老子乙本≫의 "信者信之, 不信者亦信之, 德信也.(진실된 자를 진실하다고 하고 진실되지 않은 사람도 우리는 역시 진실되다고 하여야 만이 진실된 것을 얻을 수 있다)"의 구절을 王弼本과 河上公本은 모두 「得信」으로 쓴다. ≪墨子·節用上≫의 "是故用財不費, 民德不勞, 其興利多矣.(그런고로 재물을 쓰되 낭비되지 않으며, 백성은 이득이 있으나 수고롭지 않으니 이익이 되는 일이 많게 된다)"에 대하여 孫詒讓≪閒詁≫는 "德與得通.(「德」과 「得」은 통한다)"라 했다. ≪管子·君臣下≫의 "參伍相德而周舉之, 尊勢而明信之.(상세히 고찰하여 적절한

---

87) ≪漢語大字典≫, 2316 쪽 재인용.

인물을 선택하도록 하고 두루 인재를 구하며 그의 권위를 존중하고 확실하게 믿어야 한다)"에 대하여, 郭沫若의 ≪集校≫는 "相德猶相得. 德與得通.(「相德」은 즉 「相得」이다. 「德」과 「得」자는 서로 통용된다)"라 했다. ≪潛夫論・釋難≫ "二聖相德而致太平之功也.(요순 두 성인이 있어 태평의 공적을 거두게 되었다)"에 대하여 汪繼培 ≪箋≫은 "德, 何本作得. 德・得古字通.(「德」자를 何本은 「得」으로 쓴다. 「德」과 「得」자는 고문에서 서로 통한다)"라 했다.88)

이와 같이 고문에서 「得」자와 「德」자는 통가자로 자주 사용된다. 따라서 본 구절의 「悳」자 역시 동사로 해석하는 것이 문맥상 옳다.

그 다음 구절 「亡箕」 중의 「箕」자 역시 「典」과 같은 자로 동사의 용법 「주관하다」의 뜻으로 쓰였다. 따라서 「隹」자와 「悳」자는 모두 동사의 용법으로 쓰이며, 「隹歲虐悳瘧癉」은 '재난과 학질이 발생하고 악질과 악창이 생기다'의 의미이다.

「瘧」자를 ≪淸華簡≫은 「🗚」으로 쓴다. 「🗚」자는 「疒」과 「暴」으로 이루어진 형성자이다. ≪郭店楚簡・性自命出≫은 「🗚」으로 쓰고, ≪上博楚簡・鬼神之明≫은 「🗚」으로 쓴다. 「瘧」자는 편방 「疒」이 있는 것으로 보아 질병과 관련된 글자라는 것을 알 수 있다. 갑자기 발생한 심한 질병을 말하는 것으로 보인다. ≪說文解字≫는 「暴(暴)」자에 대하여 "🗚, 晞也. 从日从出, 从廾从米.

---

88) ≪漢語大字典≫, 824쪽 재인용.

̌古文暴从日麃聲.(「暴」자는 '말리다'의 뜻. 「日」・「出」・「収」・ 「米」로 이루어진 회의자. 「暴」자의 고문은 「日」과 「麃」聲인 「麔」으로 쓴다)"라 하고, ≪說文解字注≫는 "經典皆作暴.(「暴」자를 經典에서는 「暴」자로 쓴다)"라 하였다. 혹은 '침해를 당하다'의 뜻이 아닌가 한다. ≪廣韻≫은 "暴, 侵暴.(침해하다)"라 하고, ≪國語・晉語≫ "子何患焉. 忠不可暴, 信不可犯.(그대가 걱정할 일이 무엇이 있겠는가? 충성은 침해할 수 없는 것이며, 신용은 침범할 수 없는 것이다)"라는 구절에 대하여 韋昭는 "不可侵暴.(침해하지 않는 것이다)"라 하였다.

7) 「湯㮣䜘汲尹」중 「䜘」자.

≪淸華簡≫은 「䜘」자를 ̌자로 쓴다. 편방 「言」・「十」・「斤」과 「心」으로 이루어진 자이다. ≪淸華簡≫ 정리본은 「䜘」자가 楚竹書에서 원래 「愼」의 의미로 쓰이고, 「誓」자를 잘못 쓴 것이며, 「湯盟誓及尹」은 "湯及尹盟誓(탕왕은 이윤과 맹서하다)"를 도치한 구절이라 하였다.[89]

≪尙書・湯誓≫의 ≪序≫는 "伊尹相湯伐桀, 升自陑, 遂與桀戰于鳴條之野, 作≪湯誓≫.(伊尹이 湯王과 함께 桀王을 정벌하기 위하여 陑 지역까지 거슬러 올라가 鳴條의 들판에서 전쟁을 한 후 ≪湯誓≫를 지었다)"라 하고, 孔穎達 ≪疏≫는 "將戰而誓戒士衆, 史敍其事, 作湯誓.(탕이 이 전쟁을 하기 전에 전군을 모아놓고 훈시를 한 것을 사관이 적은 것이 ≪湯誓≫이다)"라 하였다.

---

89) 李學勤 主編(2010), 같은 책, 130 쪽 참고.

≪上博楚簡・性情論≫의 「」자는 오른쪽 편방 「言」과 「十」이며, ≪郭店楚簡・性自命出≫은 편방 「幺」를 써서 「」로 쓴다. ≪上博楚簡・紂衣≫와 ≪郭店楚簡・緇衣≫는 각각 「![]」와 「![]」로 쓰고, 현행본 ≪禮記・緇衣≫는 「愼」으로 쓴다. 이 자는 초죽서에 다섯 가지 형태가 있다. 첫째는 왼쪽 윗부분에 「![]」형을 추가하여 「![]」(≪老子甲≫)로 쓴 것, 둘째는 자건 「幺」을 추가하여 「![]」(≪紂衣≫)・「![]」(≪成之聞之≫)로 쓴 것, 셋째는 편방 「訢」과 「心」을 추가하여 「![]」(≪五行≫)으로 쓴 것, 넷째는 편방 「心」과 「幺」을 추가하여 「![]」(≪紂衣≫)・「![]」(≪五行≫)로 쓴 것과90) 다섯째는 본 ≪淸華簡≫ 같이 편방 「言」・「十」・「斤」과 「心」을 써서 「![]」로 쓴 것이다. 滕壬生과 李守奎는 이 자의 의미가 '신중하다'인 「愼」자의 이체자로 보고 있다.91) 이 자는 楚簡에서「愼」이나「誓」의 의미로 쓰인다. ≪郭店楚簡文字編≫은 「![]」나 「![]」자를 「![]」와 구별하여 「誓」자로 예정하였다.92) 馬承源은 ≪上博楚簡・孔子詩論≫의 제28간에서 「訢箸」은 '愼密(신중하고 면밀하다)'의 뜻이고, 「訢」은 意符「幺」와「心」과 聲符「訢(기뻐할 흔, xīn,xī,yín)」으로 이루어진 자이며, ≪說文解字≫에는 없고, 簡文에서는 일반적으로「愼」의 의미로 쓰이고,

---

90) 張守中(2000), 같은 책, 40 쪽 참고.
91) 滕壬生, 같은 책, 1178 쪽 참고. 李守奎 主編(2007), 같은 책, 482-483 쪽 참고.
92) 張守中 主編(2000), 같은 책, 40쪽, 42-43 쪽 참고.

「窓」은 「甘」과 「宓」로 이루어진 자이며, 이 자 역시 ≪說文解字≫에 없다고 했다.93) 「愼密」은 「縝密」로 쓰기도 한다. ≪禮記·聘義≫ "縝密以栗, 知也.(치밀하고 굳센 것은 앎이다)"라고 한 다에 대하여 鄭玄은 "縝, 致也.(「縝」은 '다하다(致)'의 의미)"라 하였다.

「誓(誓)」자를 ≪說文解字≫는 "約束也. 從言折聲.(「약속하다」의 뜻. 「言」과 「折」聲으로 이루어진 형성자)"라 했다. ≪淸華簡≫의 「誓」자와 위에서 滕壬生과 李守奎 등이 「愼」의 이체자라고 언급한 자를, ≪淸華簡≫ 정리본이 「愼」자는 「誓」자를 잘못 쓴 것이라고 하였는데 잘못 쓴 것이 아니라 「誓」의 이체자이다. 초죽서에서는 '맹서하다(誓)'의 의미가 「愼」의 가차자로 쓰인다. ≪說文解字≫는 「愼(愼)」자에 대하여 "謹也. 从心眞聲. 㥧古文.(「근신하다」의 의미. 편방 「心」과 「眞」聲으로 이루어진 형성자. 고문은 「㥧」로 쓴다)"라 하고, 徐鍇 ≪繫傳通論≫은 古文 「㥧」을 편방 「屮(艸)」·「火」와 「日」로 이루어진 자라 하였다. 「誓」자와 차이가 있다.

8) 「孳乃柔大縈」중 「柔」자와 「縈」자.

「孳乃柔大縈」은 「茲乃柔大縈」으로 '잘못된 비정상적인 일들을 평안하게 잘 다스리다'의 의미이다. ≪淸華簡≫ 정리본의 「孳乃」는 「茲乃」의 뜻이며, 「柔」자는 '安(안정시키다)'의 의미로, 「縈」자

---

93) 馬承源 主編(2001), 같은 책, 158쪽 참고.

는 음성부분이 「熒」이며, 본 구절에서는 「傾」의 의미로 쓰인다고 했다.94)

「柔」자를 ≪清華簡≫은 「⿳」로 쓴다. ≪說文解字≫는 「⿳(柔)」자에 대하여 "木曲直也. 从木矛聲.('나무가 굽히거나 펼 수 있게 부드럽다'의 의미. 「木」과 「矛」聲으로 이루어진 형성자)"라 했다. ≪說文解字注≫는 "柔之引申爲凡軟弱之偁, 凡撫安之偁.('약하고 부드럽거나 편안하게 안정시키다'라는 의미로 파생되어 쓰인다)"라 하고, ≪尙書·舜典≫은 "柔遠能邇.(먼 곳을 달래고 가까운 곳을 도와주다)"에 대하여 孔安國≪傳≫은 "柔, 安.(「柔」는 「편안하게 해주다의 뜻」)"이라 하고, ≪國語·晉語七≫은 "和安而好敬, 柔惠小物而鎭定大事.(평안하고 안정된 마음이 있어야 남을 존경할 수 있고, 사소한 일이라도 편안하게 해주고 은혜를 베풀어 주어야 대사가 있을 때 안정시킬 수 있다)"에 대하여 韋昭≪注≫는 "柔, 仁也.(「柔」는 '仁政을 베풀어 주다'의 뜻)"이라 했다.

「縈」자는 「⿳」으로 쓴다. ≪清華簡≫ 정리본은 「縈」자를 「傾」의 통가자로 보고 있다. ≪說文解字≫는 「⿳(縈)」자에 대하여 "收卷也. 从糸, 熒省聲.('긴 실을 타래로 감다'의 의미. 「糸」과 「熒」省聲으로 이루어진 형성자)"라 하고, 段玉裁는 ≪說文解字注≫에서 "各本作䋣, 非也. 今依韵會·玉篇正. 凡舒卷字, 古用卻曲之卷, 今用氣勢之捲, 非也. 收卷長繩, 重疊如環, 是爲縈. 於營切. 今俗語尙不誤. 詩周南, 葛藟縈之, 傳曰, 縈, 旋也.(각 판본이

---

94) 李學勤 主編(2010), 같은 책, 130 쪽.

「卷」자를 「聳」으로 잘못 쓰고 있다. ≪韵會≫와 ≪玉篇≫을 참고하여 잘못을 바로 잡는다. '구부리고 피다(舒卷)'나 '무릎을 구부리다'의 뜻으로 '기운을 내다'의 「捲」자로 쓰는데, 이는 잘못된 것이다. 「縈」자는 '긴 실을 고리처럼 타래로 감는다'의 뜻이다. 음은 「於營切」이다. 현재의 속어 역시 같은 의미로 쓰인다. ≪周南·樛木≫의 '葛藟縈之'에 대하여 ≪傳≫은 「縈」을 '돌리다(旋)'의 뜻"이라 했다. 「蘮」(藥)」자에 대해서 ≪說文解字≫는 "艸旋皃也. 从艸榮聲. ≪詩≫曰: '葛虆藥之'.(「풀이 감겨 있는 모양」의 의미. 「艸」와 「榮」聲으로 이루어진 형성자. ≪周南·樛木≫은 '葛虆藥之(칡 넝쿨이 엉켜있네)'라 했다"라 했다. 따라서 「縈」자와 「藥」자는 같은 자이고, '엉키고 설키다(縈)'라는 뜻이라는 것을 알 수 있다. 본 구절에서 「縈」자를 정리본은 「傾」의 가차자로 해석하고 있는데, 굳이 「傾」의 가차자로 해석하는 것보다 「縈」자의 본 뜻인 '일이 서로 엉키고 설켜서 정상적이지 않다'로 해석하는 것이 문맥상 옳다하겠다.

9) 「自西戩西邑」 중 「戩」자

≪淸華簡≫ 정리본에서 「戩」자는 ≪三體石經·春秋僖公三十二年≫ 중 「捷」자의 고문과 같으며, ≪左傳·莊公八年≫의 ≪注≫는 "捷, 克也.(「捷」은 '정복하다'의 뜻)"이라 했다.[95]

「戩」자를 ≪淸華簡≫은 「𢧵」로 쓴다. ≪三體石經·春秋僖公三十二年≫ 중 「捷」자의 古文은 「𢧵」로 쓰고, ≪虘鼎≫은 「𢧵」로

---

95) 李學勤 主編(2010), 같은 책, 130 쪽.

쓴다.96) ≪尹誥≫도 같은 형태인 「![image]」(제 2간)로 쓴다. 정리본은 「![image]」자를 「戠」로 예정하고 「捷」으로 해석하고 있지만, 이 자는 「哉」자의 변형이 아닌가 한다. ≪說文解字≫는 「𢦒(哉)」자에 대하여 "言之閒也. 从口𢦒(𢦒)聲.(어조사. 「口」와 「𢦒」聲으로 이루어진 형성자)"라 하고, 음은 「將來切」이다. 「𢦒」자는 「戈」와 「才」聲으로 이루어진 형성자이다. 「𢦒(捷)」에 대하여 "獵也. 軍獲得也. 从手疌聲. ≪春秋傳≫曰: '齊人來獻戎捷.'('사냥을 하듯 군대가 정벌하여 전리품을 획득하다'의 의미. 「手」와 「疌」聲으로 이루어진 형성자. ≪春秋傳≫은 '齊나라 사람이 戎族을 정벌하도록 도왔다'라 했다)"고 했고, 음은 「疾葉切」이다.

≪爾雅・釋詁≫는 "捷, 勝也.(「捷」은 '승리하다'의 의미)"라 했고, ≪小爾雅・廣詁≫는 "捷, 成也.(「捷」은 '성공하다'의 의미)", ≪玉篇≫은 "捷, 剋也, 勝也.(「捷」은 '이기다'・'승리하다'의 의미)"라 하였다. ≪小雅・采薇≫ "豈敢定居, 一月三捷.(어찌 한 곳에 머무를 수 있는가? 한 달에 세 번은 싸워 이겨야지)"에 대하여 毛傳은 "捷, 勝也.(「捷」은 '승리하다'의 의미)"라 하였다.

「哉」자는 고음이 「精」母「咍」部이고, 「捷」는 「從」母「葉」部로 對轉관계이다. ≪淸華簡≫에서는 「![image]」자는 「哉」의 이체자이고 「捷」의 의미로 쓰였다.

周法高의 古音의 擬音은 아래와 같다.

---

96) 徐中舒, 같은 책, 461 쪽 참고. 容庚, 같은 책, '1945 ![image]' 783 쪽 참고.

哉 tsəɣ/tsəi(哈部), 之部開一
捷 dzjiap/dziᵆp(葉A), 葉部開三

10) 「夏繇民內于水曰嵒」 중 「曰」자.

「夏繇(播)民內(入)于水」는 '걸왕은 유랑민들을 데리고 南巢로 도망가 전쟁을 하였다'의 뜻이다. ≪淸華簡≫ 정리본은 「繇」자는 ≪說文解字≫의 「番」자의 古文과 같은 자이며, 본 구절에서는 「播」의 뜻으로 쓰이고, 「曰」은 「以」의 의미이며, 「水」는 지명인 「南巢」를 가리킨다라 하였다.97) ≪淸華簡≫의 「💭(嵒)」을 ≪郭店楚簡·老子丙≫은 「戰」자를 「💭」(제 10간)으로, ≪上博楚簡·曹沫之陳≫은 「💭」(제 13간)으로 쓴다. 「💭」은 편방 「戈」가 생략된 형태다.

본 구절의 「💭(曰)」자를 정리본은 「以」의 의미로 해석하고 있으나, 어조사의 용법으로 해석하는 것이 문맥상 옳다. ≪玉篇≫은 "曰, 語端也.(「曰」은 어두사이다)"라 하고, 楊樹達은 ≪詞詮≫에서 "曰, 語首助詞.(「曰」은 어두조사이다)"라 했다. ≪豳風·七月≫은 "嗟我婦子, 曰爲改歲, 入此室處.(아, 처자들이여. 해가 바뀌려 하니 방으로 들어가 편히 쉬기를)"라고 하였고, ≪秦風·渭陽≫은 "我送舅氏, 曰至渭陽.(외숙을 전송하러 위수 북쪽으로 왔네)", ≪豳風·東山≫은 "我東曰歸, 我心西悲.(우리는 동쪽에서 돌아갈 날을 생각하며, 서쪽을 생각하며 슬퍼했었네)",

---

97) 李學勤 主編, ≪淸華簡(壹)≫, 130쪽 참고.

≪小雅・角弓≫은 "雨雪瀌瀌, 見晛曰消.(눈이 펑펑내리지만 햇빛만 보면 녹아내리네)"라 하고, 이에 대하여 陸德明≪釋文≫은 "曰, 韓詩作聿(「曰」자를 韓詩는 「聿」로 쓴다)"라 했다.98) 「聿」자 역시 문중이나 문두에서 어조사로 쓰인다. ≪書經・湯誥≫"聿求元聖, 與之戮力.(위대한 성인을 구하여 그대와 함께 힘을 합하라)" 구절과 ≪詩經・唐風・蟋蟀≫"蟋蟀在堂, 歲聿其莫.(귀뚜라미 집에 들어오니, 이 해도 저물어가네)" 구절 중 「聿」은 「曰」과 같이 조사로 쓰인다. ≪玉篇≫은 "聿, 辭也.(「聿」은 助詞이다)"라 했다.

---

98) ≪漢語大字典≫, 1482쪽 재인용.

≪尹誥≫의 譯註

1. ≪尹誥≫와 ≪古文尙書≫

≪尙書≫는 孔子가 고대의 문헌을 100편으로 정리한 책이라고 알려져 있지만,99) ≪堯典≫·≪皋陶謨≫·≪禹貢≫이나 ≪洪範≫ 등은 후에 추가된 내용이다.100) ≪尙書≫ 이전에 이와 유사한 경전으로 ≪三墳≫·≪五典≫·≪八索≫나 ≪九丘≫ 등이 있었다고 하나, 지금은 이미 유실되어 그 내용을 알 수가 없다.101) 秦始皇이 ≪挾書律≫을 발표한 후 ≪尙書≫ 역시 수난을 당하였

---

99) 屈萬里 註譯, ≪尙書今註今譯≫, 臺灣商務印書館發行, 1969, 1쪽 참고.
100) 屈萬里, 같은 책, 참고. 屈萬里는 ≪尙書今註今譯≫에서 ≪堯典≫에 대하여 "可知本篇之著成, 最早亦不能前於戰國之世.(본 편이 출현은 빨라도 전국시기 이전이라고 할 수 없다)"(3쪽)라고, ≪皋陶謨≫에 대해서는 "疑與堯典同時(或稍後)著成.(≪堯典≫과 같은 시기이거나 혹은 그보다 약간 뒤에 쓰여졌다)"(20쪽)라고, ≪禹貢≫에 대해서는 "本篇蓋成於春秋時也.(본 편은 대략 춘추시기에 쓰여진 것이다)"라고(32쪽), ≪洪範≫에 대해서는 "蓋約當戰國初年也.(본 편은 대략 전국시기 초기에 쓰여진 것이다)"(74쪽)라 하였다.
101) ≪左傳·昭公十二年≫은 "楚左史倚相趨過, 王曰: 是良史也, 子善視之, 是能讀 ≪三墳≫·≪五典≫·≪八索≫·≪九丘≫.(초나라 左史인 倚相이 그들의 앞을 달려 지나갔다. 王이 말하기를 「저 사람은 좋은 사관이오. 그러니 당신은 잘 보아두시오. 그는 ≪三墳≫·≪五典≫·≪八索≫과 ≪九丘≫ 등 옛 책을 잘 읽을 수 있소」라 했다.
본 논문에서 인용하고 있는 일반적인 經典이나 ≪說文解字≫·≪說文通訓定聲≫ 등은 사고전서 혹은 일반 字典 등에서 참고할 수 있기 때문에 출판사나 쪽수를 표시하지 않기로 한다.

다.102) ≪今文尚書≫는 西漢 초기에 秦나라 博士였던 伏生(伏勝)이 입으로 전해 내려오던 것을 漢 文帝 때 隸書로 옮겨 쓴 28篇을 말한다. 漢나라 景帝의 아들 魯共王 劉餘가 孔子의 故宅 벽에서 발견한 ≪尙書≫는 古文으로 쓰여 있기 때문에 ≪古文尙書≫라 한다. 漢 武帝 말기 때 孔子의 제 23대 후손인 博士 孔安國이 ≪古文尙書≫를 정리하였고, 이 ≪古文尙書≫는 伏生의 ≪今文尙書≫에 비하여 16篇이 더 많다. 그러나 魏晉 永嘉 때 전란으로 인하여 유실되었다.103)

晉 元帝때 豫章內史 梅賾(매색. 혹은 枚頤라고도 한다)이 孔安國이 쓴 ≪古文尙書≫ 58篇을 헌납하였는데, 이 책은 經文 아래 〈傳(註解)〉이 있고 앞 부분에는 孔安國의 〈序〉가 있다. 이를 일반적으로 각 편마다 있는 〈小序〉와 구별하여 〈大序〉라 한다. 이 58편 중에는 ≪今文尙書≫ 33편, ≪古文尙書≫ 25편이 포함되어 있다. 이 중 ≪今文尙書≫는 伏生이 ≪今文尙書≫를 재편집한 것이고, ≪古文尙書≫는 공자 고택에서 발견한 壁中書다. 孔穎達의 ≪尙書正義≫와 陸德明의 ≪經典釋文≫, 宋代의 ≪十三經注疏≫는 모두 이 梅賾의 판본을 사용하였고, 지금 우리가 보는 ≪書經≫은 일반적으로 이 판본을 가리킨다.

그러나 梅賾의 헌납본에 대하여 그동안 많은 학자들이 의심을 해왔다. 宋代 吳棫의 ≪書稗傳≫과 朱熹의 ≪書集傳≫에서는 ≪古文尙書≫가 ≪今文尙書≫보다 쉬운 문체로 쓰여 있는 것은

---

102) 「挾書律」이란 秦始皇이 焚書를 할 때 실행한 法令 중의 하나이다. 官府는 藏書를 허락하고 民間이나 個人은 藏書를 금지한 법령이다.
103) 金學主 譯著, ≪書經≫, 明文堂, 2002, 26-30쪽 참고.

일반적인 상식과 맞지 않는다 하였다. 《今文尙書》는 기본적으로 伏生이 외우고 있던 내용을 朝錯이 정리한 것이기 때문에 난해한 내용만을 암기하고 있지 않았을 것이고, 《古文尙書》는 秦 이전 문자로 기록된 것이며 발견 당시 흩어져 있던 것을 정리한 것이기 때문에 당연히 이해하기 힘든 부분들이 많았을 것이다. 또한 朱熹는 孔安國의 〈序〉와 〈傳〉도 漢代의 문장 풍격과 다르기 때문에 魏晉 때 공안국에게 위탁하여 쓴 것일 것이고, 孔子가 썼다는 〈小序〉도 각 편의 내용과 맞지 않기 때문에 의심스럽다고 하였다.

이후 吳棫・蔡沈・吳澄・梅鷟(매작)・王鳴盛 등도 《古文尙書》와 孔安國의 〈傳〉에 대하여 의심을 가졌고, 특히 淸 閻若璩의 《尙書古文疏證》은 각종 문헌 자료와 역사적 사실을 참고하여 《古文尙書》의 문제점을 상세하게 고증하였고, 惠棟 《古文尙書考》는 이를 더 보충 설명하였다.[104] 그래서 지금은 일반적으로 《僞古文尙書》・《僞孔傳》 혹은 《僞孔》・《僞傳》・《梅氏僞古文尙書》라고도 한다.

《尹誥》는 《古文尙書》의 한 편으로 《咸有一德》이라고 한다. 《禮記・緇衣》에 "尹吉曰: 惟尹躬及湯咸有一德.(이윤과 탕 임금은 모두 큰 덕을 지니고 있다)"라는 구절이 있는데, 《上博楚簡・紂衣》는 "尹㒑(誥)員(云):「隹(惟)尹夋及康(湯), 咸(咸)又(有)一㥁(德)」"으로, 《郭店楚簡・緇衣》는 "《尹㒑(誥)》員(云):「隹(惟)尹(伊)㝐(尹)及湯, 咸又(有)一㥁(德)」"으로 쓴다. 「尹㒑」는 즉 「尹誥」로 '伊尹의 誥誡(훈계)'라는 뜻이다.[105] 「康」자와 「湯」

---

104) 金學主, 같은 책, 31-33쪽 참고.

자는 고문에서 서로 통용되며, ≪郭店楚簡≫과 ≪禮記≫는 「湯」으로 쓴다. ≪上博楚簡≫과 ≪郭店楚簡≫은 먼저 ≪詩經≫을 인용하고, 다음에 ≪尹誥≫를 인용하고 있지만, ≪禮記≫는 이와 반대로 ≪尹誥≫를 먼저 인용하고 ≪詩經≫을 후에 인용하고 있다. 楚竹簡은 「鼎」자를 偏旁 「言」과 「収(共)」聲인 「㒸」·「㒸」로 쓰는데, ≪史䇂篡≫「王鼎畢公」에서의 「㒸(鼎)」자와 형태가 같다. 唐蘭은 ≪何尊≫의 「㒸」자를 「誥」자로 해석하였다.106) ≪經典釋文≫은 "誥本亦作㒸.(「誥」자를 「㒸」자로 쓰기도 한다)"라 하였고, ≪玉篇≫에도 "㒸古文告.(「㒸」는 「告」의 古字)"라고 설명하였다.107) 「鼎」자는 「誥」의 이체자이다. ≪汗簡≫에 ≪王子庶碑≫를 인용한 「誥」자는 ≪楚簡本≫의 형태와 같다.108) 「尹夋」은 즉 「伊尹」이다. ≪郭店楚簡≫에서는 「尹㔾」로 쓴다. ≪禮記≫의 ≪緇衣≫는 「尹告」를 「尹吉」로 잘못 쓴 것이다. 鄭玄은 "吉當爲告. 告古文誥字之誤字也. 尹告, 伊尹之誥也. ≪書序≫以爲≪含有壹德≫今亡. (「吉」은 「告」자여야 한다. 「告」의 고문인 「誥」의 誤字이다. 尹告는 伊尹의 誥誡이다. ≪書序≫는 ≪含有壹德≫을 언급하고 있지만 지금은 보이지 않는다)"라 하였다. ≪郭店楚簡·緇衣≫의 「㔾」는 意符가 「身」이고 聲符가 「㔾」로 되어 있다. ≪禮記≫에서 「躬」으로 쓴다. 楚簡에는 「䠷」자가 자주 보이는데, 이 자는 일반적으로 「躬」의 의미로 쓰이며 「㔾」과는 음이 다르다. ≪禮

---

105) 崔南圭 譯註, ≪上博楚簡(一)≫, 앞의 책, 87 쪽 참고.
106) 容庚, 같은 책, 「0409 鼎」, 163 쪽.
107) 陳初生 編纂, 같은 책, 251 쪽 재인용.
108) 黃錫全, ≪汗簡注釋≫, 臺灣古籍出版有限公司, 2005, 33-3 쪽 참고.

記≫에서는 이 자를「躳」으로 쓰지만, 이는「躬」을 잘못 쓴 것이다.「躬」은「尹」의 의미로,「吕」는 韻部「之」에 속하고,「尹」은「文」部에 속하기 때문에 음이 서로 통하며 통가자로 쓰인다.「允」字는 聲符가「吕」로「文」部에 속한다. 따라서 楚簡의「尹躬」는 즉「伊尹」이다.

≪淸華簡≫의 ≪尹誥≫의 내용과 현행본 ≪尙書≫의 ≪咸有一德≫의 내용은 서로 다르다. 따라서 ≪尹誥≫는 ≪咸有一德≫이 僞古文이라는 것을 알 수 있는 중요한 증거자료이다. ≪淸華簡≫을 통하여 閻若璩가 ≪尙書古文疏證≫에서 고증한 僞古文이 확실히 옳다는 것을 알 수 있다.

≪史記·殷本紀≫에서 ≪尹誥≫는 商湯이 夏桀을 정벌할 때의 일이라 하였고, ≪僞孔傳≫은 湯王이 죽은 후에 伊尹이 商湯의 아들인 太甲에게 하는 훈계라고 하였으나, ≪淸華簡·尹誥≫에 夏桀을 정벌하고자하는 내용이 언급되어 있는 것으로 보아 ≪史記≫의 내용이 옳다고 하겠다.[109]

2. ≪尹誥≫의 고석

【釋文】

隹(惟)尹既返(及)湯咸又一惪(德)[1], 尹念天之敗(敗)西邑顕(夏)[2], 曰:「顕(夏)自薏(絶)亓(其)又(有)民[3], 亦隹(惟)毕(厥)眾[4], 非民亡與獸(守)邑【一】[5]. 毕(厥)辟复(作)息(怨)于民=(民, 民)鑋

---

109) 李學勤 主篇(2011), 앞의 책, 132 쪽 참고.

(復)之甬(用)麗(離)心[6], 我戡(捷)泧(滅)顒(夏)[7]. 今句(后)誓(曷)不藍(監)?」執(摯)告湯曰:「我克叶(協)我叴(友)[8]. 今【二】隹(惟)民遠邦遆(歸)志[9]」湯曰:「於(嗚)虖=(呼, 吾)可(何)复(祚)于民[10], 卑(俾)我眾勿韋(違)朕言?」執(摯)曰:「句(后)亓(其)賚(賚)之[11], 亓(其)又(有)顒(夏)之【三】金玉日(實)邑[12], 舍之吉言.」乃至(致)眾于白(亳)审(中)邑[13]【四】.

一【一背】二【二背】三【三背】四【四背】

【해석】
이윤과 商湯 즉 군주와 신하 두 사람은 똑같이 하나의 순수한 덕을 가지고 있었다.

이윤은 하늘이 서쪽 도읍지 하나라를 이미 버렸다고 생각하며,「하나라 걸왕이 스스로 백성과 관리들을 져 버리니, 군주는 백성의 보좌가 없으면 국가를 지켜낼 수 없는 것입니다. 하나라 군주는 백성으로부터 원망을 샀고, 백성의 마음은 이미 군주에게서 멀어졌습니다. 그러므로 저는 곧바로 하나라를 멸하고자 하는데, 군주는 왜 아직도 이를 파악하지 못하는가요?」라 했다.

이윤 摯은 또한「내가 나의 동맹국과 협력하려는 것은 고국을 멀리 떠났던 백성들이 모두 고국으로 돌아오게 하고자 하는 것입니다」라 했다.

탕왕은「아 그러하는가! 그렇다면 내가 어떻게 해야 백성을 복되게 할 수 있으며, 백성들로 하여금 짐을 저버리지 않게 할 수 있는가?」라 물었다.

이윤 摯은「군주는 그들에게 하사품을 내려 위로하고, 하나라의 금은보화로 우리나라의 재정을 튼튼하게 하며, 그 재정으로 백성에게 은혜를 베풀어 위로를 해 주십시오」라 했다.

그래서 商湯은 백성들을 도읍지 亳으로 불러 들었다.

【설명】

죽간은 모두 4매이며, 길이는 45cm이고, 세 곳에 편선(編線)이 있다. 滿寫簡은 31 내지 34자가 있다. 원래는 제목이 없었으나, ≪禮記≫와 ≪郭店楚簡·緇衣≫·≪上博楚簡·紈衣≫에서 인용한 구절을 참고하여 ≪尹誥≫라 칭하였다. 죽간의 뒷면에 순서를 나타내는 번호가 쓰여져 있고, 문자는 비교적 보존이 잘된 상태이나, 제 4간 제일 첫 글자는 파손되어 잘 보이지 않는다.

≪尹誥≫는 ≪尚書≫ 중 한편으로 ≪咸有一德≫이라고도 한다. 孔穎達의 ≪正義≫는 ≪尚書·堯典≫을 설명하면서, 西漢 景帝 말기(혹은 武帝 때라고도 한다)에 曲阜 공자 저택 벽에서 발견된 ≪古文尚書≫ 중에 ≪咸有一德≫이 수록되어 있다고 하였다. ≪史記·殷本紀≫·孔安國 ≪尚書≫와 ≪尚書序≫는 모두 ≪咸有一德≫이라 한다.

본 죽간의 내용은 孔安國의 ≪尚書≫와는 완전히 다르다. 따라서 東晋 때 梅賾이 헌증한 孔安國 ≪尚書≫는 송대 학자들이 고증하였던 것처럼 僞書라는 것을 알 수 있다.

≪殷本紀≫는 "伊尹作≪咸有一德≫.(伊尹이 ≪咸有一德≫을 짓다)"는 商湯이 재위를 한 후인 ≪湯誥≫와 ≪明居≫의 중간이라고 하였으나, 孔安國≪尚書≫와 ≪尚書序≫는 太甲 때 발생한 일이라 하여 세편의 ≪太甲≫ 아래 수록하고 있다.

司馬遷은 孔安國으로부터 배웠고, 孔安國 역시 눈으로 직접 孔壁 ≪尚書≫를 확인했기 때문에 믿을 만하다.

현재 죽간의 내용으로 보아 ≪咸有一德≫은 商湯 때의 일이며, 僞書古文의 ≪咸有一德≫이 僞書라는 것을 확실히 알 수 있다.

[1]「隹(惟)尹既逯(及)湯咸又一惪(德)」110)

「旣」는「已」의 의미이다. ≪禮記·緇衣≫의 "≪尹吉≫曰: '惟尹躬及湯, 咸有壹德.'(≪尹誥≫는 '이윤과 탕은 모두 한결같은 덕이 있다'라 했다)" 구절에 대하여 鄭玄은 "吉當爲告. 告古文誥字之誤字也. 尹告, 伊尹之誥也. ≪書序≫以爲≪咸有壹德≫今亡.(「吉」은 「告」자여야 한다. 「告」의 고문인 「誥」의 誤字이다. 「尹告」는 '伊尹의 誥誡'이다. ≪書序≫는 ≪咸有壹德≫을 언급하고 있지만, 지금은 보이지 않는 僞古文이다)"라 하였다.

≪郭店楚簡·緇衣≫는 "≪尹羣(誥)≫員(云): '隹(惟)尹(伊)允及湯咸又(有)一惪(德)'.(≪尙書·尹誥≫는 '이윤과 탕은 모두 한결같은 덕이 있다'라 했다)"로 쓰고, ≪上博楚簡·紂衣≫는 「湯」자를 통가자「康」으로 쓰는 것 이외에는 모두 같다.

鄭玄은 ≪禮記·緇衣≫의 「咸有一德」에 대하여 "咸, 皆也. 君臣皆有一德不貳, 則無疑惑也.(「咸」은 '모두'라는 의미이다. 君臣 모두가 둘이 아닌 하나의 덕을 가지고 있다는 뜻이다. 즉 의혹이 없다는 뜻이다)"라 하고, ≪書經·咸有一德≫에서 孔安國 ≪書傳≫은 "言君臣皆有純一之德.(君臣은 모두 순수한 덕을 지니고 있다)"라 했다. 해석상 약간의 차이가 있다.

【譯者註】

-𦤶(旣)-

정리본은「旣」자를 '이미(已)'로 해석하고 있다. ≪尹誥≫의 인

---

110) [1] 등의 숫자는 李學勤의 【原註】을, 【譯者註】는 역자의 주석을 가리킨다. 이하 같음.

용문을 ≪上博楚簡·紟衣≫는 「隹(惟)尹夋及康(湯), 咸(咸)又(有) 一悳(德)」으로, ≪郭店楚簡·緇衣≫는 「隹(惟)尹(伊)躬(尹)及湯, 咸又(有)一悳(德)」으로, 현행본 ≪禮記·緇衣≫는 「惟尹躬及湯, 咸有壹德」으로 쓴다. ≪淸華簡≫의 「旣」자 부분을 「夋」·「躬」와 「允」으로 쓴다. 따라서 「旣」는 부사가 아니라 인명으로 쓰인 것이 아닌가한다.

≪上博楚簡≫의 「夋」를 ≪郭店楚簡≫은 「躬」으로 쓰고, ≪禮記本≫에서는 「躬」으로 쓴다. 裘錫圭는 ≪長沙楚帛書≫의 「」자를 예로 들면, ≪郭店楚簡≫의 「」자는 「允」자며 「夋」자로 가차하여 썼다고 했다.111) 金文의 「(允)」(≪虢季子白盤≫)은 초간과 형태가 비슷하다.112) 「夋」은 聲符가 「允」인 형성자이다. 「躬」의 이체자로 「躳」자가 있는데, 오른쪽 부분 「呂」가 「㠯」와 비슷하기 때문에 ≪禮記本≫에 「躬」자를 「躬」자로 오인한 것이다. 「」자의 윗부분은 「㠯」형이고, 아랫부분은 「身」형이다. 「身」자를 초간에서 「」으로 쓰고, 「身」방이 있는 「息(仁)」을 「」으로 쓴다. 따라서 「」자는 「身」과 「㠯」聲으로 이루어진 형성자 「躬」이며, 음이 「允」·「夋」·「尹」과 통한다.

「旣」자의 고음은 「見」母「微」部이고, 「尹」은 「以」母「諄」部로, 「伊」는 「影」母「脂」部, 「允」은 「以」母「諄」部로 서로 통한다.

---

111) 荊門市博物館 編著, ≪郭店楚墓竹簡≫, 130쪽, 注15 참고.
112) 容庚, 같은 책, '1434 ', 614쪽 참고.

第 二 章 ≪淸華簡≫의 考釋과 문자 연구   317

-(汲)-

「![]」자는 「辵」과 「及」聲으로 이루어진 형성자이다. 「辵」을 생략하고 「![]」(≪保訓≫, 제 11간)·「![]」(≪楚居≫, 제 6간)으로 쓴다.

[2] 「尹念天之敗(敗)西邑䵣(夏)」:

≪禮記·緇衣≫의 "尹吉曰: '惟尹躬天見于西邑夏, 自周有終, 相亦有終'.(≪尹告≫는 '伊尹은 하늘이 西邑 夏나라를 버렸다고 생각하고, 몸소 충성을 다하여 주나라에서 좋은 결과를 맺었으며, 그의 輔相 역시 좋은 끝을 맺었다'라 했다)"에 대하여 鄭玄은 "尹吉, 亦尹誥也……. 見或爲敗. 邑或爲予.(尹吉은 즉 尹誥다. ……「見」자를 혹은 「敗」로 쓰고, 「邑」자를 혹은 「予」로 쓴다)"라 했다. 본 죽간 역시 「敗」로 쓰고, 「自周」 구절은 없다.

【譯者註】

-(念)-

「念」은 「생각하다」의 의미이다. ≪淸華簡≫≪保訓≫은 「![]」으로, ≪郭店楚簡·成

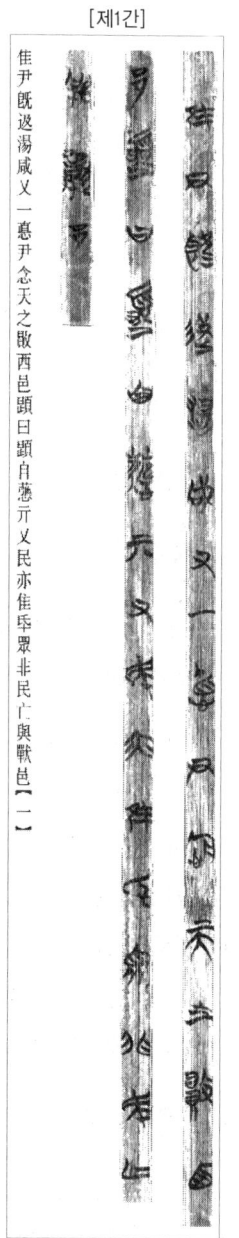

[제1간]

之聞之≫는「」(제 2간)으로, ≪郭店楚簡·語叢二≫는「」·
「」(제 13간)으로, ≪上博楚簡·鬼神之明融師有成氏≫는「」
으로 쓴다.

[3]「顯(夏)自蕝(絶)亓(其)又(有)民」:
「蕝」자의 중간부분은「絶」자의 생략형인「叀」이 아닌가 한다.
「蕝」자는「絶」자의 이체자이다.

【譯者註】
 --

「![]」자의 중간 부분을「弦」聲으로 보고,「捐(버릴 연, juān)」으로 해석하기도 한다.[113] 그러나 중간 부분의 왼쪽 편방은「弓」과 비슷하지만, 오른쪽 부분은「叀」과 유사하다.

≪郭店楚簡·老子甲≫ "叀(绝)智(知)弃卞(辯), 民利百伓(倍). 叀(绝)攷(巧)弃利, 覜(盗)惻(賊)亡又(有). 叀(绝)憍(偽)弃慮, 民復(復)季〈孝〉子(慈).(지모를 단절하고 교묘한 말 재주를 버리면 백성의 이익은 백배로 늘어난다. 교묘함을 단절하고 탐욕을 버리면 도적은 사라진다. 허위를 단절하고 사사로운 걱정을 없애면 백성은 어린아이의 세계와 같은 천진하고 소박한 상태로 다시 돌아간다)" 중의「叀」자를「![]」로 쓴다. 이 자는「」(≪郭店楚

---

113) 蘇建洲, ≪〈清華簡〉考釋四則≫, 컴퓨터 사이트, 2011-1-9.

簡・老子乙≫로 쓰기도 하며,114) 楚文字만이 가지고 있는 특별한 형태이기도 하다. "丝(絕)智(知)弃卞(辯)"을 馬王堆漢墓帛書 ≪老子・甲≫과 ≪老子・乙≫은 "絕聲(聖)弃知"로 쓴다. ≪說文解字≫는 「̸(絕)」자의 古文을 「̸(𢇍)」로 쓰며, 죽간문과 비슷하다. ≪中山王䤪鼎≫은 「絕」자를 「̸(𢇍)」로 쓴다.115) 따라서 정리본의 의견을 따르기로 한다.

[4] 「隹(惟)孚(厥)眾」

이 구절은 「하나라의 멸망은 그 백성 민중이 촉진시킨 것이다」의 뜻이다.

【譯者註】

劉國忠≪走進淸華簡≫은 "夏朝的民衆也與他們國君決裂.(하나라의 백성 또한 군주에게서 멀어졌다(민심이 돌아섰다)"로 해석하고 있다.116) 그러나 「民」과 「衆」이 분리되어 사용되고 있는 것으로 보아 각각 다른 의미로 사용된 것으로 보인다. 그리고 또한「隹孚眾」 중의 「孚」자는 「蕝(絕)」자와 같이 동사의 용법인 '蹶(넘어질 궐; jué,juě)'이란 뜻으로 사용되고 있는 것으로 보인다.

---

114) ≪郭店楚簡・老子乙≫은 "丝(絕)學亡恚(憂), 唯與可(呵), 相去幾可(何)?(배움을 끊으면 걱정이 없다. 공손한 대답과 공손치 않은 대답의 차이가 얼마나 되겠는가?)"로, ≪帛書乙本≫은 "絕學无憂, 唯與呵, 其相去幾何?"로 쓴다.(≪郭店楚簡老子考釋≫, 최남규 등저, 도서출판덕, 168-170 쪽 참고.)
115) 容庚, 같은 책, '2100 ̸', 858 쪽 참고.
116) 劉國忠(2011), 같은 책, 125 쪽.

殷商 시기에는 「眾」은 지위가 낮은 농업에 종사하는 奴隸나 노예를 관리하는 관리자라는 의미로 쓰였다.117) ≪周頌・臣功≫은 "命我眾人, 痔乃錢縛.(농업을 관장하는 관리자에게 명하노니 가래와 호미를 준비토록 해라)"라 했다.

[5] 「非民亡與獣(守)邑」

「非民亡與守邑」의 내용은 ≪國語・周語上≫에서 ≪夏書≫를 인용한 "眾非元后何戴?后非眾, 無與守邦.(백성에게 좋은 군주가 없으면 누구를 옹호할 것이며, 군왕은 백성이 없으면 그와 함께 나라를 보위코자 할 사람이 없게 된다)" 구절을 참고할 수 있다. 현행 孔傳本의 ≪咸有一德≫ 구절 "后非民罔使, 民非后罔事.(군주는 백성이 없으면 다스릴 수 없으며, 백성은 군주가 없으면 섬길 자가 없다)"와 유사한 내용이다.

【譯者註】

문맥 구조와 「非」자에 대한 이해가 쉽지 않기 때문에, 다음 「대사+명사」 구절인 「罕(厥)辟」을 참고하여 「彼」의 의미로 해석하기도 한다.118) 사실상 「非民亡與守邑」은 ≪國語・周語上≫의 "后非眾, 無與守邦"과 같은 문장으로 초간은 「非」자 앞에 군주의 의미인 「后」자가 생략되었다. 「與」자 뒤에도 「后」를 가리키는 代詞가 생략되었다.

---

117) 朱歧祥, ≪殷墟甲骨文字通釋稿≫(臺灣文史哲出版社, 1989) 16쪽. 「眾爲殷民一種, 階級卑下, 乃勞動力的主要來源, 多從事農耕.」
118) 劉洪濤, "「非」疑應讀爲「彼」", 復旦大學出土文獻古文字研究中心, ≪〈清華一〉專輯≫.

[6]「氒(厥)辟复(作)息(怨)于民=(民, 民)复(復)之甬(用)麗(離)心」

「民」자 아래 중문 부호가 있다. ≪左傳·昭公六年≫의 ≪注≫에서 「復」자를 "報也.(보복하다)"로 해석하고 있다.

「用」은 「以」의 용법이다.

「離心」은 ≪左傳·昭公二十四年≫의 ≪大誓≫의 인용문 "紂有億兆夷人, 亦有離德. 余有亂臣十人, 同心同德.(걸왕에게는 수많은 사람이 있으나, 그들 간에는 서로 마음이 떨어져 있다. 나에게는 어진 신하 열 사람이지만 서로 마음과 덕이 똑 같다)"119)를 참고할 수 있다.

【譯者註】

-于(于)-

≪淸華簡·尹誥≫에서 「于」와 「於」(제 3간)자의 용법이 서로 다르다. 「于」는 개사, 「於」는 「嗚呼」의 감탄사로 쓰인다. ≪書經·堯典≫은 "僉曰, 於! 鯀哉!(여럿이 말하기를 아아! 禹의 아버지 곤이여!)"라 하고, 鄭玄 ≪箋≫은 ≪周頌·淸廟≫의 "於穆淸廟, 肅雝顯相.(아! 엄숙한 청묘에 제사를 돕는 공경하고 온화한 대신들이 많이 모여 있네)"에 대하여 "於, 歎辭也.(「於」는 탄사이다)"라 했다.

「厥辟作怨于民」은 '하나라 군주는 백성의 원망을 샀다'는 뜻이다. 이 구절 중 「于」는 피동을 표시하는 개사로 사용되고 있다.

---

119) ≪泰誓≫의 「予有乱臣十人」에 대하여 孔穎達 ≪疏≫는 "≪释诂≫云, 乱, 治也"라 했다.

[제2간]

畢辟佐又惪于民=螶之甬麗心我哉浅頿今句畵不藍埶告湯曰我克甂我备今【二】

≪國語·晉語二≫는 "內困于父母, 外困于諸侯.(안으로는 부모로부터 곤란을 당하고 있고, 밖으로는 제후로부터 곤궁에 빠져있다)"라 하고 ≪漢書·賈誼傳≫은 "然而兵破于陳涉. 地奪于劉氏.(그러나 군사는 陳涉에게 패하고 땅은 劉氏에게 빼앗겼다)"라 했다.

「甹(甬)」

「甬」은 介詞「以」의 용법과 같은 「用」의 의미로 쓰이고 있다. 楊樹達의 ≪詞詮≫卷九는 "以·用一聲之轉, 故義同.(「以」와「用」은 음이 對轉 관계이기 때문에 같은 의미로 쓰인다)"라 하고, 王引之는 ≪經典釋詞≫에서 "用·以·爲, 皆一聲之轉, 故「何以」謂之「何用」,「何爲」, 亦謂之「何用」.(「用」·「以」와「爲」자는 음을 전환할 수 있는 관계이기 때문에「何以」를「何用」으로 쓰기도 하고,「何爲」를「何用」으로 쓰기도 한다)"라 했다. ≪易·井≫의 "井渫不食, 爲我心惻, 可用汲, 王明並受其福.(샘을 파도 마실 수 없으니, 나의 마음을 아프게 한다. 그러나 이로써 물을 길을 수 있으나, 왕이 명석해야 그

복을 받는다)"의 구절을 ≪史記·屈原賈生列傳≫은 "可以汲"으로 쓴다.

[7]「我戠(捷)泧(滅)頤(夏)」:

「戠」자는 三體石經 중의 「戠(捷)」자와 같다. ≪呂氏春秋·貴卒≫ 의 ≪注≫는 「捷」자를 "疾也.('질주하다')"라 설명하고 있다.

「泧」은 「滅」과 같은 자이다. ≪郭店楚簡·唐虞之道≫의 제 28간의 「滅」자의 형태와 같다. ≪說文通訓定聲≫은 「威」자를 「戌」로 설명하였다.

【譯者註】

-戠(戠)-

≪三體石經·春秋僖公三十二年≫중 「捷」자의 古文은 「戠」으로 쓰고, ≪憲鼎≫은 「戠」으로 쓴다. ≪尹至≫ 제 5간의 【譯者註】 참고.

만약에 「疾」로 보면, 부사의 용법으로 '곧바로'·'즉시'로 해석할 수 있다.[120]

-泧(滅)-

≪郭店楚簡·唐虞之道≫의 제 28간은 「滅」자를 「泧」로 쓴다. 「威」자를 ≪上博楚簡≫의 ≪季庚子問於孔子≫는 「威」(제 22간)

---

120) ≪戰國策·趙策≫은 "不能疾走"라 했다.

로, ≪三德≫은 「▩」(제 10간)로 쓴다.

[8] 「今句(后)害(曷)不藍(監)執(摯)告湯曰我克燮(協)我㕛(友)」
「協」자에 대하여 ≪說文≫은 "眾之同和也.('대중과 마음을 같이 하다'의 뜻)"라 했다. ≪書經·湯誓≫는 "有眾率怠不協.(일반 백성 모두는 태만하고 불협화음을 이룬다)"라 했다.
「㕛」자는 ≪說文≫에서 「友」자의 고문과 같다.

【譯者註】
▩(燮)-

徐中舒 ≪甲骨文字典≫은 「▩」·「▩」·「▩」·「▩」·「▩」자 등을 「麗」로 예정하고 "從二𠨯(耒)從二𤞤(犬). 從二耒象並耕之形, 古代偶耕, 故麗有耦意, 從二犬相附亦會偶意. ≪周禮·夏官·校人≫:「麗馬一圉, 八麗一師」, 注「麗, 耦也」. 故麗得訓爲伉儷. 金文作▩(≪盠𩰫鐘≫)·▩(≪齊侯鎛≫). 盠𩰫鐘云「麗𩰫萬民」, 齊侯鎛云:「𩰫麗而九事」. 「麗𩰫」·「𩰫麗」卽≪堯典≫之「協和」, 借麗爲協, 與劦音轉爲協例同.(이 자는 두 개의 「𠨯(耒)」와 두 개의 「𤞤(犬)」으로 이루어진 자이다. 두 개의 쟁기가 나란히 밭을 가는 형태이다. 古代에 짝을 이루어 논밭을 갈았기 때문에 「麗」자에는 「耦(짝 우, ǒu)」의 의미가 있다. 두 마리의 개 또한 짝을 의미한다. ≪周禮·夏官·校人≫의 「한 쌍의 말을 한 圉라하고, 여덟 쌍을 한 師라 한다」에 대하여 ≪注≫는 '「麗」는 「한 쌍」이다'라 했다.

第 二 章 ≪淸華簡≫의 考釋과 문자 연구   **325**

그래서「麗」는 또한「한 쌍의 부부(伉儷)」라는 의미가 있다. 金文은「🀰(≪盠龢鐘≫)」·「🀰(≪齊侯鎛≫)」로 쓴다. ≪盠龢鐘≫은 '온 백성이 화합하고 협력하네', 齊侯鎛은「모든 일이 화평하네」라 했다.「麗龢」와「龢麗」는 즉 ≪堯典≫ 중의 '協和(화합하고 평화롭다)'와 같은 의미다.「麗」자가「協」자로 가차하여 쓴 것은「劦」자가「協」으로 音이 對轉하여 쓰인 예와 같다)"라 했다.121)

🀰

≪說文解字≫는「🀰(友)」자의 고문을「🀰(𠬪)」와「🀰(𦥑)」로 쓴다. ≪金文編≫은 ≪毛公旅鼎≫의「🀰」·「🀰」자 아래에서 "說文友古文作🀰, 乃傳寫之譌.(≪說文≫은「友」자의 古文을「🀰」로 쓰는데, 이는 와전된 것이다)"라 했다.122) ≪上博楚簡·紂衣≫와 ≪郭店楚簡·緇衣≫는「🀰」와「🀰」로 쓴다.「友」·「侑」나「宥」의 의미로 쓴다. ≪左傳·莊公十八年≫에 "虢公, 晉侯, 朝王, 王饗醴命之宥(괵의 군주인 공작과 진나라의 후작이 천자를 찾아보았다. 천자께서는 그들에게 단술을 대접하시고 선물 줄 것을 명하였다)" 구절에 대하여 孔穎達은 "王饗醴命之宥者, 王爲之設饗醴, 置醴酒, 命之以幣物, 所以助歡也. 宥, 助(「王饗醴命之宥」라는 뜻은 왕이 그들을 위하여 향연을 베풀고, 좋은 술을 준비하고, 그들에게 폐물을 주도록 명하여 흥을 돋구어 주었다는 의미이다.

---

121) 徐中舒(1988), 같은 책, 1083-1085 쪽 참고. 容庚, 같은 책, '0162 🀰', 76 쪽 참고.
122) 容庚, 같은 책, '0466 🀰', 192 쪽 참고.

「宥」는 '돕다'라는 뜻이다)"라고 설명하였다.

[9]「今隹(惟)民遠邦遑(歸)志」

「遠邦歸志」는 '나라를 떠났던 백성들이 고향으로 돌아 오고자 하는 마음'을 말한다. ≪國語·周語下≫의 "將有遠志(장차 도망하려는 마음을 가지다)"에 대하여 ≪注≫는 "遠志, 逋逃也.(「遠志」는 '달아나다'의 뜻)"이라 했다. ≪呂氏春秋·愼大≫는 夏나라에 대하여 "衆庶泯泯, 皆有遠志(대중 모두는 어수선하여 모두 떠나려하는 마음을 가지다)"라 하고 ≪注≫는 "有遠志, 離散也.(「有遠志」는 '흩어져 떠나다'의 의미"라 했다.

【譯者註】

-▮(隹)-

전후 문맥을 참고하여 「隹(惟)」를 원인을 표시하는 連詞로 해석하기로 한다. 이는 현대 중국어의 「就是因爲」·「只因爲」의 뜻이다.[123] 전체적인 의미는 「내가 동맹국과 협력하는 것은 단지 나라를 떠나 있던 백성들을 고향으로 돌아오게 하고자 해서이다」이다.

[10]「湯曰於(嗚)虐=(呼, 吾)可(何)夂(祚)于民」:
「虐」자 아래 중문 부호「=」가 있다.「夂」자는「祚」의 뜻이다. ≪說文解字≫는 "祚, 福也.(「祚」는「福」의 뜻)"이라 했다.

【譯者註】

-厃-

「厃」를 정리본은「呼吾」의 重文으로 보고 있다. 이러한 예가 다른 초간에는 보이지 않는다.124)

-夂(祚)-

徐鉉은「祚(祚)」자에 대하여 "凡祭必受祚, 祚卽福也.(제사 때 반드시 음복은 내린다.「祚(복 조, zhuò)」는 즉「福」이라는 의미이다)"라 했다.

[11]「卑(俾)我眾勿韋(違)朕言執(摯)曰句(后)亓(其)李(賚)之」
「李」자는「賚」의 의미이다. ≪湯誓≫의 "予其大賚汝.(내가 그대에게 크게 상을 내리겠다)" 중의「賚」자를 ≪史記·殷本紀≫는

---

123) 張玉金, ≪出土戰國文獻虛詞硏究≫(人民出版社, 2011), 423 쪽 참고.
124) 李守奎(2007)의 ≪上海博物館藏戰國楚竹書(1)-(5)文字編≫과 滕任生 ≪楚系簡帛文字編≫을 참고할 수 있다.

「理」로 쓴다.

【譯者註】

-界(卑)-

「界(卑)」는 介詞(전치사)인 「俾」의 뜻이다. 「俾」자를 ≪祭公≫은 「𢔅」로 쓴다. ≪爾雅·釋詁下≫는 "俾, 使也.(「俾」는 「使」의 의미다)"라 하고, ≪大雅·民勞≫의 "式遏寇虐, 無俾民憂.(약탈하고 포악한 자들은 막아 백성들이 근심치 않도록 하네)" 구절에 대하여 ≪毛傳≫은 "俾, 使也.(「俾」는 「使」의 의미이다)"라 했다.

-𨞺(李)-

≪淸華簡·祭公≫은 「𨞺」로 쓰고 「士」의 의미로 쓴다.125) 「子」와 「來」聲으로 이루어진 자로 「賚」와 「理」자와 통한다. ≪說文≫은 「𧶠(賚)」자에 대하여 "賜也. 从貝來聲. ≪周書≫曰: '賚尒秬鬯'.('하사하다'의 뜻. 「貝」와 「來」聲으로 이루어진 형성자. ≪周書≫는 '그대에게 오곡과 울창주를 하사하노라'라 했다)"라 하였고, 음은 「洛帶切」이다. 朱駿聲은 ≪說文通訓定聲·頤部≫에서 "理, 假借賚.(「理」는 「賚」의 가차자로 쓰인다)"라 했다. ≪史記·殷本紀≫의 "予其大理女.(내가 그대에게 크게 하사하겠노라)"에 대하여 裵駰≪集解≫는 "≪尙書≫「理」字作「賚」.(≪尙書≫는 「理」자를 「賚」로 쓴다)"라 했다.

---

125) 李學勤(2010), 같은 책, 注44, 178 쪽.

第 二 章 ≪淸華簡≫의 考釋과 문자 연구   **329**

[12]「亓(其)又(有)顕(夏)之金玉日(實)邑」:

「日」은 「實」의 뜻이다. ≪釋名≫은 "日, 實也.(「日」은 「차다(實)」의 의미)"라 하고, ≪小爾雅·廣詁≫는 "實, 滿也.(「實」은 '가득차다(滿)'이다)"라 했다.

【譯者註】

-◉(日)-

「◉」자를 「田」으로 예정하여 「金玉」과 「田邑」을 하사한다고 해석하기도 하나, 誤字가 아니면 「日」자가 확실하기 때문에 정리본을 따르기로 한다.

[13]「舍之吉言乃至(致)眾于白(亳)审(中)邑」:

「致眾」은 ≪左傳·哀公二十六年≫의 내용을 참고할 수 있다. 「亳」은 상나라를 가리킨다. 당시 상나라의 수도는 「亳」이었다.

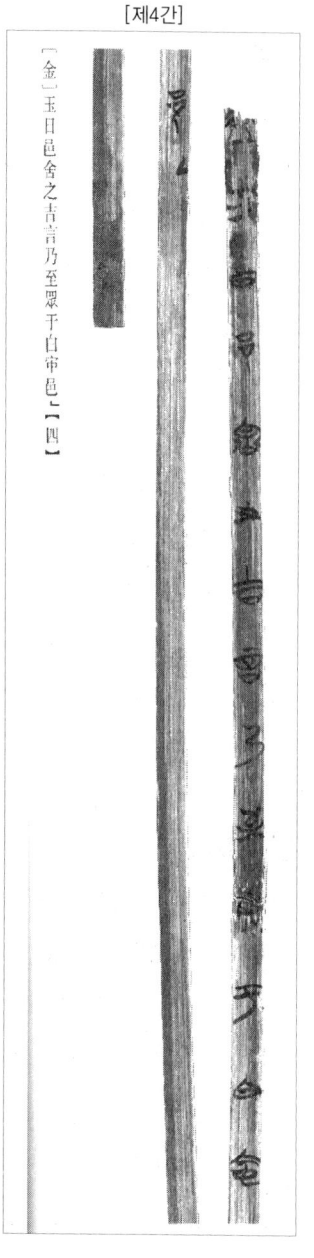

[제4간]

【譯者註】

-☗(审)-

劉國忠은 「白(亳)审(中)邑」에 대하여 "可能是指亳中的城邑.(亳에 있는 城邑일 가능성이 있다)"라 했다.126) 그러나 여기에서 「中」은 의미없는 조사로 쓰이는 것으로 보인다.127) 馬瑞辰은 ≪毛詩傳箋通釋≫에서 ≪周南·葛覃≫「施于中谷」구절 중의 「中」자에 대하여 "凡≪詩≫言「中」字在上者, 皆語詞. '施于中谷'猶言施于谷也, '施于中逵'·'施于中林'猶言施于逵·施于林也. '中心有違'·'中心好之'·'中心藏之', 凡言'中心'者, 猶言'心'也. 又≪詩≫'瞻彼中原'·'于彼中澤'·'中田有廬'之類, '中'皆語詞. ≪式微≫詩「露」與「泥」皆邑名, 詩言「中露」·「泥中」, 兩「中」字亦語詞. 推之, ≪禮≫言'中夜無燭', ≪易≫言'葬于中野', '中'字亦皆語詞.(≪詩經≫에서 「中」자가 실사(實詞) 앞에 놓인 경우는 모두 語助詞이다. 예를 들어, '施于中谷(칡 길게 산골짜기에 뻗어 있네)'는 즉 '施于谷'이고, '施于中逵(토끼그물이 언덕 위에 쳐 있네)'·"施于中林(숲 속에 쳐 있네)'는 각각 '施于逵'와 '施于林'의 뜻이다. '中心有違(마음에 원한있네)'·'中心好之(가슴 깊이 좋아하네)'·'中心藏之(마음 속에 품고 있네)' 중의 '中心'은 곧 '心'의 의미다. 또한 ≪詩經≫의 '瞻彼中原(평야를 바라보네)'·'于彼中澤(저 연못에 있네)'128)·'中田有廬(밭에 움막이 있네)' 중의 「中」은 모두 어조사이다. ≪式微≫ 중의 「露」와 「泥」는 모두 邑名이고, 「中露」와

---

126) 劉國忠, 같은 책, 125쪽, 注 [17] 참고.
127) ≪〈清華一〉專輯≫, 復旦大學出土文獻學古文字研究中心 사이트.
128) 「于彼中澤」은 ≪詩經≫ 중 어느 구절을 말하는지 알 수 없다.

第 二 章 ≪淸華簡≫의 考釋과 문자 연구   **331**

「泥中」중의 「中」역시 어 조사이다. 따라서 ≪禮記≫ '中夜無燭(밤에 촛불이 없 다)'와 ≪周易≫ '葬于中野 (들판에 묻다)' 구절 중 '中' 역시 어조사라는 것을 알 수 있다)"라 했다.

- -

≪左傳・哀公二十六年≫은 「文子致衆而問焉(문자는 대 중을 모아 놓고 물었다)」라 했다.

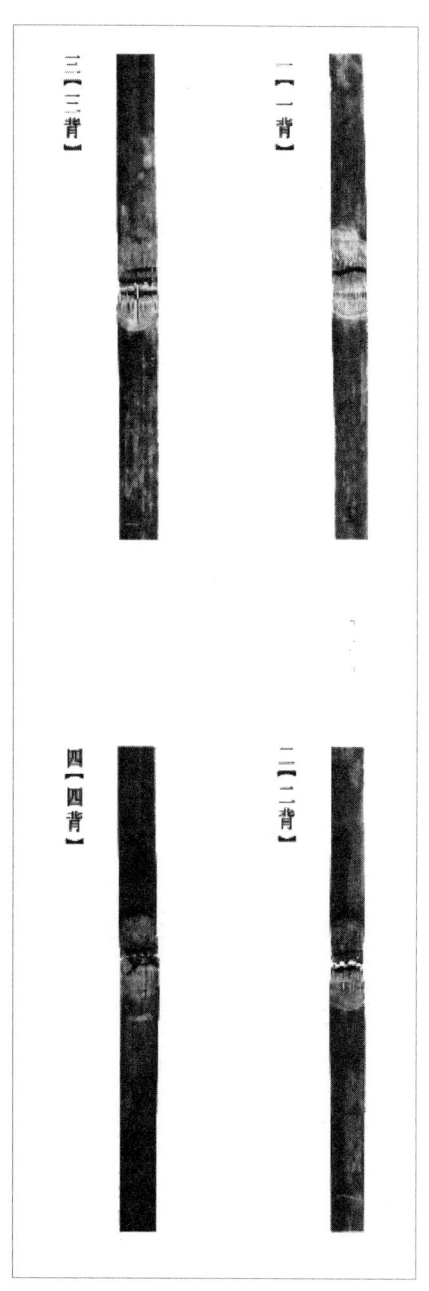

四 ≪尹誥≫의 문자 고찰

≪淸華簡≫의 ≪尹誥≫는 모두 네 매의 죽간으로 되어 있으며, 죽간의 길이는 45㎝로, 죽간을 묶었던 흔적 편선(編線)이 세 곳 있다. 원래 제목이 없었으나, ≪禮記≫와 ≪郭店楚簡·緇衣≫·≪上博楚簡·纣衣≫에서 인용한 구절을 참고하여 ≪淸華簡≫ 편집부가 ≪尹誥≫라 하였다. ≪尹誥≫는 今文에는 없고 僞古文에 속하는 현행본≪咸有一德≫에 해당된다.129) ≪淸華簡≫≪尹誥≫의 내용은 孔安國의 ≪咸有一德≫과는 완전히 다르다.

아래에서는 淸華大學出土文獻硏究與保護中心이 편찬하고 李學勤이 주편한 ≪淸華大學藏戰國竹簡(壹)≫의 「釋文」과 「圖片」을 참고하여 「≪尹誥≫譯註」에서 살펴 본 내용 중 중요하다고 생각되는 내용을 다시 종합 정리하기로 한다.

1. 「隹尹既及湯咸又一悳」 중 「既」자.

≪淸華簡≫은 「既」자를 「󰀀」로 쓴다.

정리본은 「既」자를 「已」의 의미로 풀이하고, ≪禮記·緇衣≫의 "≪尹吉≫曰: 惟尹躬及湯, 咸有壹德.(≪尹誥≫는 '나 이윤과 탕은 모두 한결같은 덕이 있다'라 했다)" 구절에 대하여 鄭玄은 "吉當

---

129) 金學主, 앞의 책, 194 쪽.

爲告. 告古文誥字之誤字也. 尹告, 伊尹之誥也. ≪書序≫以爲≪含有壹德≫今亡.(「吉」은 「告」자여야 한다. 「告」의 고문인 「誥」의 誤字이다. 「尹告」는 '伊尹의 誥誡'이다. ≪書序≫는 ≪含有壹德≫을 언급하고 있지만, 지금은 없는 僞古文이다)"라고 했다.130)

≪尹誥≫의 인용문을 ≪上博楚簡·纺衣≫는 "隹(惟)尹夋及康(湯), 咸(咸)又(有)一悳(德)"으로, ≪郭店楚簡·緇衣≫는 "隹(惟)尹(伊)躳(尹)及湯, 咸又(有)一悳(德)"으로, 현행본 ≪禮記·緇衣≫는 "惟尹躬及湯, 咸有壹德"으로 쓴다. ≪淸華簡≫의 「旣」자 부분을 인명인 「夋」·「躳」와 「躬」으로 쓴다. 따라서 「旣」는 부사가 아니라 인명 「尹」으로 쓰인 것이 아닌가 한다.

≪上博楚簡≫의 「夋」을 ≪郭店楚簡≫은 「躳」으로 쓰고, ≪禮記本≫에서는 「躬」으로 쓴다. 裘錫圭는 ≪長沙楚帛書≫의 「 」자를 예로 들어, ≪郭店楚簡≫의 「 」자는 이 자는 「允」자며 「夋」자로 가차하여 썼다고 했다.131) 金文의 「 (允)」(≪虢季子白盤≫)은 초간과 형태가 비슷하다.132) 「夋」은 聲符가 「允」인 형성자이다. 「躬」의 이체자로 「躳」자가 있는데, 오른쪽 부분 「呂」가 「弓」와 비슷하기 때문에 ≪禮記本≫이 「躳」자를 「躬」자로 오인한 것이다.

林義光≪文源≫은 "一人之名, 無專制字之理. 伊尹生於伊川空桑, 本以伊水為姓. 伊為姓, 故從人, 猶姬姜之字從女也.(「伊」는 사

---

130) 李學勤 主篇, 앞의 책, 133 쪽 참고.
131) 荊門市博物館 編著, ≪郭店楚墓竹簡≫, 130 쪽, 注15 참고.
132) 容庚, 같은 책, '1434 ', 614 쪽 참고.

람의 이름. 사람 이름으로 쓰기 위해 전문적으로 만들어진 자가 아니다. 伊尹은 본래 伊川의 空桑에서 태어났기 때문에 伊水를 성씨로 삼았다. 「伊」는 성씨이기 때문에 편방「人」을 썼다. 「姬」와 「姜」자에 편방「女」를 쓴 것과 같다)"라 하였다.

≪說文解字≫는 「伊」자에 대하여 "伊, 殷聖人阿衡, 尹治天下者. 從人, 從尹. 𠇷古文伊 °从古文死.(「伊」는 殷나라 聖人 阿衡이다. 천하를 다스린 자이다. 편방「人」과「尹」으로 이루어진 회의자. 고문은 편방이「死」인「𠇷」로 쓴다)"라 하고, 段玉裁는 "从古文死"에 대하여 "以死爲聲.(「死」는 聲符이다)"라 하였다. 「死」와 「尹」자는 고음 중 주요 원음과 聲母가 서로 통하는 것으로 보아 「伊」자의 「尹」은 「亦聲(會意兼形聲)」이다. 아래는 周法高의 상고음이다.

　　　死 sjier 脂部
　　　伊 ʔjier 脂部
　　　尹 ɣriwen 眞部. ɣriwən 文部
　　　旣 kjər 微部
　　　允 riwən 文部

「旣」자의 고음은 「見」母「微」部, 「尹」은 「以」母「眞」部, 「伊」는 「影」母「脂」部, 「允」은 「以」母「眞」部로 서로 통한다.133)

---

133) 鄭張尙芳 著, ≪上古音系≫, 上海敎育出版社, 2003. 「旣」자는 363쪽, 「尹」자와 「伊」자는 530쪽, 「允」자는 550쪽 참고할 수 있다.

2. 「𨴿自蕝亓又民」 중 「蕝」

≪尹誥≫의 "𨴿自蕝亓又民"은 "夏自絶其有民"으로 '하나라 걸왕은 스스로 백성과 관리들을 저버리다'의 의미이다.134)

「蕝」자를 ≪清華簡≫은 「▨」로 쓴다. 정리본은 「蕝」자로 예정하고, 중간 오른쪽 부분은 「絶」자의 생략형인 「㡭」로 추증하며, 전체적으로 「絶」자의 이체자로 보고 있다.135)

「▨」자는 또한 중간 부분을 「弦」聲으로 보고, 「捐(버릴 연, juān)」으로 해석하기도 한다.136) 그러나 중간 부분의 왼쪽 편방이 「弓」과 비슷하지만, 오른쪽 부분은 「㡭」과 비슷한 형태이다.

초죽서에서 「絶」자는 「㡭」의 형태인 「▨」·「▨」·「▨」나, 「㡭」의 형태인 「▨」·「▨」나, 혹은 편방 「刀」를 추가하여 「▨」로 쓴다.137)

≪說文解字≫는 「絶」자에 대하여 "斷絲也. 從刀絲, 卩聲.(실을 자른다의 의미. 편방 「刀」·「絲」와 「卩」聲으로 이루어진 형성자)"라 하고, 段玉裁는 "斷絲也"라 했다. 「斷」자의 편방 「㡭」은 초죽서의 「▨」·「▨」자와 유사하다.

≪郭店楚簡·老子甲≫ "㡭(絶)智(知)弃卞(辯), 民利百怀(倍). 㡭(絶)攷(巧)弃利, 覞(盜)惻(賊)亡又(有). 㡭(絶)僞(僞)弃慮, 民復(復)

---

134) 李學勤 主篇(2011), 앞의 책, 133 쪽.
135) 李學勤 主篇(2010), 앞의 책, 133 쪽 참고.
136) 蘇建洲, 〈≪清華簡≫考釋四則〉, 컴퓨터 사이트「簡帛硏究」, 2011.1.9.
137) 滕壬生, 같은 책, 1080 쪽 참고.

季〈孝〉子(慈).(지모를 단절하고 교묘한 말 재주를 버리면 백성의 이익은 백배로 늘어난다. 교묘함을 단절하고 탐욕을 버리면 도적은 사라진다. 허위를 단절하고 사사로운 걱정을 없애면 백성은 어린아이와 같은 천진하고 소박한 상태로 다시 돌아간다)" 중의 「丝」자를 「㲵」로 쓴다. 이 자를 「𢇍(幽)」(≪郭店楚簡‧老子乙≫로 쓰기도 한다.138) "丝(絶)智(知)弃卞(辯)"을 馬王堆漢墓帛書 ≪老子‧甲≫과 ≪老子‧乙≫은 「絶聲(聖)棄知」 중의 「絶」자를 「𦁐」로 쓴다.139) ≪說文解字≫는 「𦂄(絶)」자의 古文을 「𢇍(𢇍)」로 쓰며, 죽간문과 비슷하다. ≪中山王𩰞鼎≫은 「絶」자를 「𢇍(𢇍)」로 쓴다.140) 따라서 「蕬」자는 「絶」의 이체자로 정리본이 옳다.

3. 「隹㞷衆非民亡與獸邑」 중 「衆非民」에 대한 이해

"隹㞷衆非民亡與獸邑"은 "惟厥衆非民亡與守邑"으로 "군주는 대중의 지지를 받지 못하고, 백성의 보좌가 없으면 국가를 지켜낼 수 없는 것이다"라는 의미이다.141)

≪淸華簡≫ 정리본은 "惟厥衆"은 "意謂夏敗也是其民衆促成.(하

---

138) ≪郭店楚簡‧老子乙≫은 "丝(絶)學亡息(憂), 唯與可(呵), 相去幾可(何)?(배움을 끊으면 걱정이 없다. 공손한 대답과 공손치 않은 대답의 차이는 얼마나 되겠는가?)"로, ≪帛書乙本≫은 「絶學无憂, 唯與呵, 其相去幾何?」로 쓴다. 최남규 등著(2011), 168-170 쪽 참고.
139) 崔南圭 等著(2011), 앞의 책, 4-6 쪽 참고.
140) 容庚, 같은 책, 「2100 絶」(858 쪽) 참고.
141) 李學勤 主篇(2010), 앞의 책, 133 쪽 참고.

나라의 멸망은 그 백성 민중이 야기시킨 것이다"라고 해석하고, "非民亡與守邑"은 ≪國語·周語上≫에서 ≪夏書≫를 인용한 "衆非元后何戴, 后非衆無與守邦.(대중에게 좋은 군주가 없으면 누구를 옹호할 것이며, 군왕에게 백성이 없으면 그와 함께 나라를 보위코자 할 사람이 없게 된다)" 구절과 현행본 孔傳本의 ≪咸有一德≫ "后非民罔使, 民非后罔事.(군주는 백성이 없으면 다스릴 수 없으며, 백성은 군주가 없으면 섬길 자가 없다)"와 유사한 내용이라 하였다.142)

劉國忠 ≪走進淸華簡≫은 "夏朝的民衆也與他們國君決裂.(하나라의 백성 또한 군주에게서 멀어졌다(민심을 돌렸다)"로 해석하고 있다.143) 그러나 「民」과 「衆」은 「民衆」이 아니라, 독립된 각각의 의미로 사용된 것으로 보인다. 그리고 "隹𢓸眾" 중의 「𢓸」자는 「蔖(絶)」자의 용법과 같이 동사인 「蹶(넘어질 궐; jué,juě)」이란 뜻으로 사용되고 있는 것으로 보인다.

갑골문은 「衆」자를 「𧖅」·「𧖅」으로 쓰고, 금문은 「𧖅」·「𧖅」」으로 쓴다. 날이 밝자 사람들이 모여든 형상이다.

殷商 시기에 「衆」은 지위가 낮은 농업에 종사하는 奴隷나 노예를 관리하는 관리라는 의미로 쓰였다.144) ≪周頌·臣功≫은 "命我眾人, 痔乃錢縛.(관리자에게 농업을 명하노니 가래와 호미를 준비토록 해라)", ≪尙書·湯誓≫는 "格! 爾衆庶, 悉聽朕言.(여

---

142) 李學勤 主篇(2010), 같은 책, 133-134 쪽 참고.
143) 劉國忠, 앞의 책, 125 쪽.
144) 朱歧祥, 같은 책. 16 쪽. "衆爲殷民一種, 階級卑下, 乃勞動力的主要來源, 多從事農耕.(衆은 은 백성 중의 하나로 계급이 낮고 노동력의 주력 생산자로 주로 농업에 종사한다)".

러분에게 고하니 내 말을 잘 들으시오)" 중의 「衆」은 관리자나 일반 대중을 뜻한다.

「民」은 「官吏」와 상반된 개념으로 쓰였다.145) 물론 「衆」과 「民」의 뜻이 확실히 구별되어 사용되지는 않지만, 「民衆」이라는 합성어로는 사용되지 않고, 각각 독립적으로 쓰인다.

≪說文解字≫는 「民」자에 대하여 "衆萌也. 從古文之象. 古文民.(일반 백성의 무지몽매한 모양. 고문의 형태를 약간 고친 형태이다. 고문은 「民」자를 「」으로 쓴다)"라 하고, 郭沫若은 ≪甲骨文字硏究≫에서 "(周代彝器)作一左目形, 而有刃物以刺之. ……周人初以敵囚爲民時, 乃盲其左目以爲奴徵.(周나라 청동기의 「民」자는 좌측 눈의 형태이며, 날카로운 물체로 눈을 찌른 형상이다. ……周나라 죄수를 「民」으로 삼았을 때는 좌측 눈이 맹인이 노예의 상징이었다)"라 하였다.146) 고대에는 「民」은 「君」・「臣」・「人」과 구별되는 개념으로 쓰였다.

≪大雅・假樂≫"宜民宜人, 受祿于天.(백성이나 관리에게 적절히 대하니 하늘로부터 은총을 받네)"에 대하여, 朱熹는 "民, 庶民也. 人, 在位者.(「民」은 서민이고, 「人」은 지위가 있는 관리)"라 하였다.

"非民亡與獸邑"의 문맥 구조와 「非」자에 대한 이해가 쉽지 않기 때문에, 다음 「대사+명사」 구절인 "㪱(厥)辟"을 참고하여 「彼」의 의미로 해석하기도 한다.147) ≪國語・周語上≫은 "夏書有

---

145) 王鳳陽 著, ≪古辭辨≫(吉林文史出版社, 1993), 378 쪽 참고.
146) 湯可敬, 같은 책, 1796 재 인용.
147) 劉洪濤, 〈「非」疑應讀爲「彼」〉, 復旦大學出土文獻學古文字研究中心. (http://

之曰:「衆非元后, 何戴? 后非衆, 無與守邦」 在湯誓曰:「余一人有罪, 無以萬夫, 萬夫有罪, 在余一人」 在盤庚曰:「國之臧, 則惟女衆. 國之不臧, 則惟余一人, 是有逸罰」 如是則長衆使民.(≪夏書≫에 이르기를 '대중에게 좋은 군왕이 없으면, 누구를 옹대하겠는가? 군왕에게 대중이 없으면 그와 함께 나라를 보위코자 할 사람이 없게 된다'라 했다. ≪湯誓≫는 '나 한 사람에게 죄가 있으면 한 사람이 이를 받으면 되고, 백성에게 화난이 떨어져서는 안된다. 백성에게 죄가 있다면 그 죄는 모두 나 한 사람에게 있는 것이다'라 했다. ≪盤庚≫은 '나라를 잘 다스리는 것은 너의 대중들의 공로이고, 잘 다스리지 못하는 것은 나 한 사람의 잘못이다'라 했다. 군주가 이와 같아야 비로소 대중의 우두머리가 되고 백성을 부릴 수 있다)"라고 하였는데, 이는 ≪淸華簡≫의 사실상 "非民亡與守邑.(백성의 지지가 없으면 나라를 지킬 수 없다)" 구절을 구체적으로 잘 설명해주고 있다. ≪國語≫의 "后非衆, 無與守邦"과 "非民亡與守邑"은 문장 형식이 유사하며, 「非」자 앞에 군주의 의미인 「后」자가 생략되었다. 또한 「與」자 뒤에도 「后」를 가리키는 代詞가 생략되었다.≪國語≫의 "長衆使民" 구절 중의 「衆」과 「民」을 ≪淸華簡≫의 "隹乎衆非民" 중의 「衆」과 「民」의 형식처럼 각각 나누어 쓰고 있다. 따라서 "隹乎衆非民亡與獸邑" 문장은 「隹乎衆」·「[君]非民」과 「亡(無)與[君]獸邑」 세 구절로 되어있다.

---

www.gwz.fudan.edu.cn/), 2011.2.22

4 . 「我克㚔㚔(協)我咎(友)」 중 「㚔㚔(協)」자.

≪淸華簡≫의 「🔲」자를 정리본은 「協」자로 해석하고, ≪書經·湯誓≫의 「有衆率怠不協.(일반 백성 모두는 태만하고 화합하지 않았다)」라는 구절의 뜻과 같다 하였다. 「咎」자는 ≪說文≫ 중의 「友」자 고문과 같다.148)

「🔲」자는 사실상 「🔲」 혹은 「麗」로 예정할 수 있다. 徐中舒 ≪甲骨文字典≫은 甲骨文 「🔲」·「🔲」·「🔲」·「🔲」·「🔲」자 등을 「麗」로 예정하고 "從二才(耒)從二𤝏(犬). 從二耒象並耕之形, 古代偶耕, 故麗有耦意, 從二犬相附亦會偶意. ≪周禮·夏官·校人≫: '麗馬一圉, 八麗一師', 注'麗, 耦也'. 故麗得訓爲伉儷. 金文作🔲(≪盠龢鐘≫)·🔲(≪齊侯鎛≫). 盠龢鐘云'麗龢萬民', 齊侯鎛云: '龢麗而九事'. 「麗龢」·「龢麗」卽≪堯典≫之「協和」, 借麗爲協, 與劦音轉爲協例同.(이 자는 두 개의 「才(耒)」와 두 개의 「𤝏(犬)」으로 이루어진 자이다. 두 개의 쟁기가 나란히 경작을 하는 형태이다. 古代에 짝을 이루어 논밭을 갈았기 때문에 「麗」자에는 「耦(짝 우, ǒu)」의 의미가 있다. 두 마리의 개 또한 짝을 의미한다. ≪周禮·夏官·校人≫의 「한 쌍의 말은 한 圉라 하고, 여덟 쌍을 한 師라 한다」에 대하여 ≪注≫는 「「麗」('한 쌍')이라 했다. 그래서 「麗」에는 또한 '한 쌍의 반려자(伉儷)'라는 의미가 있다.

---

148) 李學勤 主篇(2010), 앞의 책, 134 쪽 참고.

金文은 「㷟」(≪盠龢鐘≫)·「𩁹」(≪齊侯鎛≫)로 쓴다. ≪盠龢鐘≫은 '온 백성이 화합하고 협력하네', 齊侯鎛은 '모든 일이 화평하네'라 했다. 「麗龢」와 「龢麗」은 즉 ≪堯典≫ 중의 '協和(화합하고 평화롭다)'와 같은 의미다. 「麗」자가 「協」자로 가차하여 쓰이는 것은 「劦」자가 「協」으로 音이 對轉하여 쓰인 예와 같다"라 했다.149) ≪說文解字≫는 「麗」자에 대하여 "从鹿丽聲. 丽, 古文. 𠪳, 篆文麗字.(「鹿」과 「丽」聲으로 이루어진 형성자. 古文은 「丽」로 쓰고, 篆文은 「𠪳」로 쓴다"라 하였다.150)

그러나 ≪漢語大字典≫은 「㷟」·「𦫵」·「𦫵」·「㷟」자 등을 「協」자에 수록하고, "協即劦之孳乳. 甲骨文象三耒, 表示合力並耕的意思.(「協」자는 즉 「劦」에서 파생된 문자다. 甲骨文 중 세 개의 쟁기가 협력하여 경작한다는 뜻이다)"라 하였다.151) 참고할 만하다.

「協」자 중 「劦」자는 「亦聲(會意兼形聲)」이다.

「瓈」자와 「荔」자는 음성부분이 모두 「劦」이고, 徐鉉의 반절음은 「麗」자와 마찬가지로 「郞計切」인 것으로 보아, 「麗」와 「協」의 음성적 관계를 추측할 수 있다.

따라서 「㷟(㷟)」자는 甲骨文 「㷟」나 金文의 「㷟」의 이체자로

---

149) 徐中舒(1988), 같은 책, 1083-1085 쪽 참고. 容庚, 같은 책, '0162 㷟', 76 쪽 참고.
150) 李孝定≪甲骨文字集釋≫은 "麗旣以古文爲聲.(「麗」자는 고문의 「丽」가 음성부분이다"라 했다. 湯可敬 著(2001), 같은 책, 1340 쪽 재인용.
151) ≪漢語大字典≫, 64 쪽 참고.

徐中舒의 주장에 따르면 「麗」로 예정할 수 있고, 「協」의 가차자로 쓰인 경우이다. 「麗」자와 「協」자와 관련이 있는 자에 대한 周法高의 상고음이다. 이 중 「瑒」자는 董同龢의 상고음이다.

  麗 lieɤ 支部, leɤ 支部
  協 geap 葉部
  劦 geap 葉
  荔 lie   脂部, ler 脂部
  瑒 liab 葉部

그러나 鄭張尙芳《上古音系》는 「劦」자의 고음을 「ril」로 擬音하고 「來」母「脂」部 로 보고 있다.152) 徐鉉의 반절음을 고려한다면 鄭張尙芳의 擬音이 더욱 설득력이 있다.

5. 「眾于白(亳)审(中)邑」 중 「审」자.

《淸華簡》은 「审」자를 「⿳」으로 쓴다. 정리본에서는 「亳」은 상나라를 가리키고, 당시 상나라의 수도는 「亳」지방에 있었다고 하며,153) 「审」자에 대해서는 실질적으로 언급하지 않았다.

劉國忠은 「白(亳)审(中)邑」에 대하여 "可能是指亳中的城邑.(亳에 있는 城邑일 가능성이 있다)"라 했다.154) 그러나 「中」자는 實

---

152) 鄭張尙芳, 《上古音系》, 398 쪽 참고.
153) 李學勤 主篇(2010), 앞의 책, 134 쪽.

詞의 용법이 아니라, 虛詞인 조사로 쓰인 것으로 보인다.

馬瑞辰은 ≪毛詩傳箋通釋≫에서 ≪周南・葛覃≫ '施于中谷' 구절 중의 「中」자에 대하여 "凡≪詩≫言「中」字在上者, 皆語詞. '施于中谷'猶言施于谷也, '施于中逵'・'施于中林'猶言施于逵・施于林也. '中心有違'・'中心好之'・'中心藏之', 凡言「中心」者, 猶言「心」也. 又≪詩≫'瞻彼中原'・'于彼中澤'・'中田有廬'之類, 「中」皆語詞. ≪式微≫詩「露」與「泥」皆邑名, 詩言「中露」・「泥中」, 兩「中」字亦語詞. 推之, ≪禮≫言'中夜無燭', ≪易≫言'葬于中野', 「中」字亦皆語詞. 後人失其義久矣.(≪詩經≫에서「中」자가 실사 앞에 놓인 경우는 모두 語助詞이다. 예를 들어, '施于中谷(칡 길게 산골짜기에 뻗어 있네)'는 즉 '施于谷'이고, '施于中逵(토끼 그물 언덕 위에 쳐 있네)'・'施于中林(숲 속에 쳐 있네)'는 각각 '施于逵'와 '施于林'의 뜻이다. '中心有違(마음에 원한 있네)'・'中心好之(가슴 깊이 좋아하네)'・'中心藏之(마음 속에 품고 있네)' 중의 「中心」은 곧 「心」의 의미다. 또한 ≪詩經≫의 '瞻彼中原(평야를 바라보네)'・'于彼中澤(저 연못에 있네)'・'中田有廬(밭에 움막이 있네)' 중의 「中」은 모두 어조사이다. ≪式微≫ 중의 「露」와 「泥」는 모두 邑名이고, 「中露」와 「泥中」 중의 「中」 역시 어조사이다. 따라서 ≪禮記≫ '中夜無燭(밤에 촛불이 없다)'와 ≪周易≫ '葬于中野(들판에 묻다)' 구절 중 「中」 역시 어조사라는 것을 알 수 있다. 후대 사람들이 해석을 잘못한 것이 오래 되었다)"라 하였다.155)

≪淸華簡≫「宀(中)邑」의 「中」은 ≪詩經≫ 중의 「中露」와 「泥

---

154) 劉國忠, 앞의 책, 125쪽, 注 [17] 참고.
155) 馬瑞辰 著, ≪毛詩傳箋通釋≫, 中華書局, 1989. 36 쪽.

中」의 「中」과 같은 형식이다. 따라서 본 논문은 ≪淸華簡≫의 「宙(中)邑」중의 「中」자를 굳이 「~중에 있는」이라는 의미로 보지 않고, 어조사로 해석하기로 한다. 「宙」자는 ≪淸華簡≫의 「🗚」 이외에도 ≪上博楚簡≫은 「🗚」(≪容成氏≫14簡)・「🗚」(≪周易≫4간)으로, ≪郭店楚簡≫은 「🗚」(≪老子甲≫22)・「🗚」(≪老子乙≫9)・「🗚」(≪五行≫5)・「🗚」(≪唐虞之道≫16)・「🗚」(≪成之聞之≫26)・「🗚」(≪六德≫12)・「中」(≪語叢一≫19) 등으로 쓴다.

五 ≪程寤≫譯註

【凡例】

본 考釋은 李學勤이 主編한 ≪清華大學藏戰國竹簡(壹)≫(上海文藝出版有限公司, 2011)을 기본 자료로 하고, 劉國忠의 ≪走進清華簡≫(高等教育出版社, 2011)을 주 참고문헌으로 하며, 이와 관련이 있는 각종 논문을 참고하기로 한다.

본 考釋 중 ≪清華大學藏戰國竹簡≫은 「【정리본】」으로, ≪走進清華簡≫은「【走進】」으로 표시하기로 하며, 본 주석은 「【譯者註】」로 표시하기로 한다.

이외에도 인터넷 사이트에서 〈清華簡≪程寤≫解讀〉(黃懷信, 曲阜師範大學孔子研究所), 〈清華簡≪程寤≫校讀〉(袁瑩, 中國人民大學國學院) 등의 논문을 참고하기로 한다.

【釋文】

佳(惟)王元祀貞(正)月既生朗(魄)①, 大(太)姒夢見商廷佳(惟)棘(棘), 廼孚=(小子)豐(發)取周廷梓(梓)桓(樹)于氒(厥)開(間)②, 憂=(化爲)松柏棫柞③. 【1】

惹(寤)敬(驚), 告王=(王. 王)弗敢占, 誓(詔)大(太)子發, 卑(俾)需(靈)名莧(凶), 敓(祓)④. 祝忘敓(祓)王, 晉(巫)衛(率)敓(祓)大(太)姒, 宗丁敓(祓)大(太)子發⑤. 敝(幣)告【2】

宗方(祊)杢(社)禝(稷), 忘(祈)于六末山川, 攻于商神, 䁱(望), 承

(烝), 占于明堂.⑥ 王及大(太)子發並拜吉夢, 受商命【3】

于皇帝=(上帝).⑦ 興, 曰:「發!女(汝)敬聖(聽)吉夢.⑧ 朋棶(棘)
戠(織)杍=松=(梓松, 梓松)柏副, 械囊(覆)柞=(柞, 柞)息=(化爲)臘.
⑨ 於(嗚)虗(呼), 可(何)敬(警)非朋, 可(何)戒非【4】

商? 可(何)甬(用)非桓=(樹, 樹)因欲, 不違芽(材).⑩ 女(如)天隆
(降)疾, 旨味既甬(用), 不可藥, 時(時)不遠.⑪ 隹(惟)商感才(在)周
=(周, 周)感才(在)商.【5】⑫

欲隹(惟)柏夢, 徒庶言迷引(矧)又勿亡𥞅(秋)明武禩(威), 女(如)
械柞亡堇(根).⑬ 於(嗚)虗(呼), 敬才(哉)! 朕聞(聞)周長不弍(貳),
㲻(務)【6】

睪(擇)用周, 果拜不忍, 妥(綏)用多福.⑭ 隹(惟)杍(梓)敝不義, 逃
(芫)于商. 卑(俾)行量亡乏⑮, 明=(明明)才(在)向, 隹(惟)容內(納)
棶(棘), 意(億)【7】

亡勿甬(用), 不忍,⑯ 思(使)卑脜(柔)和川(順), 眚(生)民不芽
(災), 裹(懷)允.⑰ 於(嗚)虗(呼)! 可(何)監非肯(時), 可(何)㲻(務)非
和, 可(何)禩(襄)非尨(文), 可(何)【8】

保非道? 可(何)悉(愛)非身? 可(何)力非人=(人,⑱ 人)戀(謀)疆
(疆), 不可以臧(藏).⑲ 逡=戒(後戒, 後[戒]), 人甬(用)女(汝)母(謀),
悉(愛)日不趹(足).」【9】⑳

【해석】

　元年 正月 旣生覇(음력 초 삼일 전후) 일, 周文王의 妻 太姒는 商나라 조정에 가시덤불(荊棘)이 자라고, 小子 發(周武王)이 周나라 조정에 있는 가래나무(梓樹)를 그 사이에 심자 松樹·柏樹·槭樹와 柞樹로 변하는 꿈을 꾸었다.
　꿈에서 놀라 깨어나 文王에게 이 사실을 알렸다. 文王은 이 꿈이 凶夢이라 생각하여 감히 점복(占卜)을 치지 못하고, 太子 發에게 巫師가 직접 凶夢이라고 선포하도록 하고 祓祭를 지내 凶災를 없애도록 하였다.
　그래서 司祭 大祝 忻은 왕을 위하여 祓祭를 지내고, 여자 巫師 率은 太姒를 위하여 祓祭를 지내고, 宗人 丁은 太子 發을 위하여 제사를 지내도록 하였다. 또한 제사를 지낼 때, 희생물을 사용하지 말고, 玉帛을 사용하여 宗廟 社稷에서 六末(天地東西南北)과 山川에 있는 신에게 기도를 올려 商나라 神들을 공격하도록 하였다. 望祭와 烝祭를 지낸 후에 다시 明堂에서 점을 치자 좋은 징조(吉兆)가 나타났다.
　文王과 太子 發은 하늘(上帝)이 商나라의 天命을 周나라에 내려 준 좋은 꿈(吉夢)에 감사하였다.
　文王은 일을 마치고 일어서면서 말하였다.
　「姬發아 너는 하늘이 주신 吉夢의 뜻을 잘 따르도록 하여라. 많은 가시나무(荊棘)들이 梓松을 황폐하게는 하지만, 梓松은 柏의 도움을 받을 수 있고, 槭樹가 柞樹를 도와 柞樹가 결국에는 丹膣이 되어 훌륭한 재목이 될 수 있는 것이니라.
　그러하니 너는 어찌 소인배를 경계하지 않겠는가! 어찌 商나라 사람들을 경계하지 않겠는가? 어찌 훌륭한 인재들을 등용하지 않겠는가? 큰 재목은 알맞은 자리에 쓰여야지 그 재질이 잘못 쓰여서는 안 되는 것이다.

　하늘이 재난을 주셨는데도, 맛 좋은 음식만 먹고, 재난을 극복할 처방을 하지 않고 있으니, 망할 시기가 멀지 않았다.

　商나라의 우환은 周나라에 있고, 周나라의 우환은 商나라에 있음을 알아라.

　白日夢과 같이 실질적이지 못하고, 하급관리들이 헛된 짓을 하고, 또한 군대를 잘 정비하여 위엄을 분명하게 갖추지 않으면, 마치 梴柞에 뿌리가 없어 바로 말라 죽는 것과 같은 것이다. 아, 그러니 신중에 신중을 다하여라!

　철저하게 빈틈없이 잘 계획된 일에는 변고가 생겨나지 않듯이, 철저하게 계획하고 꾸며 일을 추진하도록 하여라. 나쁜 무리들을 제거하는 것은 마음 아픈 일이지만 과감하게 제거하고, 많은 복을 내리도록 하여라. 재목 梓가 피패하고 쓸모없게 되면, 오히려 商나라에 재목이 무성하게 자라게 되어 사용할 수 있는 물량이 모자라지 않게 된다.

　아래 사람들을 잘 살펴, 가시와 같은 무리들을 포용하여라. 장차 망할 것이라 생각하여 商나라의 인재를 등용하지 않거나, 미워하거나 증오하지 말아라.

　백성들을 겸손하고 부드럽게 대해주고 해를 당하는 일이 없도록 진실한 마음으로 대하라.

　아! 너는 어찌 때의 시기를 잘 살펴보지 않는가! 어찌 화합하고 화목에 힘쓰지 않는가? 文德을 갖추고자 하지 않는가? 大道를 행하려 하지 않는가? 어찌 자기 몸을 항상 소중하게 생각하지 않는가? 어찌 그들을 근면성실하게 일하도록 하지 않는가?

　백성들이 전쟁에 대비해서 계획을 강구하도록 하지 않으면 안 된다.

항상 훗일을 걱정하고 사람들이 너의 지혜를 잘 활용하도록 하고, 시간이 많지 않으니 낭비하는 일이 없도록 하라.

【정리본】【설명】

아홉 개의 죽간으로 되어 있으며, 편선(編線) 자리가 세 곳 있다. 죽간의 길이는 45cm며, 상태는 양호하다. 원래 제목(篇題)이 없고, 죽간의 순서를 표시하는 부호가 없다. ≪藝文類聚≫와 ≪太平御覽≫ 등에서 ≪周逸書·程寤≫의 구절을 인용하고 있는 곳이 있으나, 본 편과 대조해 보면, ≪程寤≫은 이미 오래 전에 유실되었음을 알 수 있다.

본 편은 周나라 文王의 妻子 太姒가 商나라 조정에 가시나무가 자라나 있고, 太子 發(후에 周나라 武王이 됨)이 周나라 조정에 심어져 있던 梓樹를 그 중간에 심는 꿈을 꾼 내용이다. 이는 周나라가 장차 商나라를 대신할 것을 암시하는 내용이며, 또한 周나라 사람들이 좋아하는 "文王受命.(文王이 천명을 받다)"의 사건과 관련이 있다.

본 편의 문장이 발견됨에 따라, 이 사건의 전체적인 경과와 사건의 구체적인 顚末관계를 이해할 수 있게 되었다.

또한 본 문장 중에서 周나라 문왕이 "商感在周, 周感在商.(商나라의 근심이 周나라에 있고, 周나라의 근심은 商나라에 있다)"고 언급하는 내용으로 보아, 商代 말기 周나라 初期 당시의 복잡했던 양국 관계를 추측할 수 있다.

부록에 ≪程寤≫와 관련있는 古書의 내용을 수록하기로 한다.

① 「隹(惟)王元祀貞(正)月既生朙(魄)」
전체적인 뜻은 "元年 正月 旣生霸(음력 초 삼일 전후) 일"이다.

【정리본】
[1] 貞月, 즉 正月이다. 「貞」자는 古音중 聲母가 「端」母이고, 「章」자는 「章」母이며, 古韻은 「耕」部이다.

【走進】
[1] 본 편은 본래 편제가 없었다. ≪逸周書≫에 ≪程寤≫가 있으나, 唐宋 이래 이미 실전되었다. 하지만 전해 내려오는 古典籍에 이와 관련된 내용이 인용되고 있다. 그 내용과 본 죽간의 내용을 비교해 보면, 본 편이 이미 失傳된 ≪程寤≫ 라는 것을 알 수 있기 때문에 ≪정리본≫이 ≪程寤≫라고 제목을 붙인 것이다. 본 편은 周나라 文王의 妻가 꿈을 꾸고 난 후, 文王과 太子 發(후의 周武王)이 꿈을 점쳐 解夢하고, 동시에 文王이 太子 發에게 훈계하는 내용이다. 본 죽간을 통하여 文王이 천명을 받은 구체적인 정황을 이해할 수 있을 뿐만 아니라, 고대인들이 꿈을 점치는 내용, 商나라와 周나라의 관계를 이해할 수 있는 중요한 자료이다.
그러나 내용 중 아직도 상당부분의 내용이 난해하고 해독할 수 없어 아직도 많은 연구가 필요하다.
[2] 「元祀」:「元祀」는 「元年」의 뜻이다.
[3] 「旣生魄」:「旣生魄」은 옛날에 달이 기울고 차는 것을 보고

날짜를 계산했던 방법 중의 하나이다. 「魄」자는 「霸」자로 쓰기도 한다. 「旣生霸」는 즉 「上弦(음력 7~8일경)」에서 「月望(보름달)」까지의 기간을 말한다.

【譯者註】
　「旣生霸」를 금문에서는 「旣生霸」·「旣望」과 「旣死霸」 등으로 月相을 나눈다. 「霸」란 밝은 달빛을 의미하고, 「望」이란 「滿月」을 의미하고 「生」은 빛을 내기 시작하는 때를 의미하고, 「死」는 빛이 점점 어두워져 가는 때를 말한다. 따라서 「旣生霸」는 일반적으로 初三 일이나 初四 일을 말한다. 음력 16·17이나 18일을 「旣望」이라 하고, 「旣死霸」는 음력 28·29이나 30일을 말한다. 王國維의 ≪生霸死霸考≫(≪觀堂集林≫卷一)에서 初吉·旣生霸·旣望과 旣死霸는 음력 한달을 7,8 일씩 사등분한 것으로 이해하고 있으나, 唐蘭은 ≪逸周書·世俘解≫의 "二月旣死霸甲子"라는 문장을 참고하여, 「旣死霸」는 「朔」에 해당된다고 주장하고 있다.156) 王國維는 "古者蓋分一月之日爲四分, 一曰初吉, 謂自一日至七八日也. 二曰旣生霸, 謂自八九日以降至十四五日也. 三曰旣望, 謂自十五六日以後至二十二三日, 四曰旣死霸, 謂自二十三日以後至于晦也(고대에는 매월을 날짜에 따라 네 등분하였다. 하나는 初吉로 1일에서 7일이나 8일까지이고, 두 번째는 旣生霸로 8일이나 9일에서 14일이나 15일까지이고, 세 번째는 旣望으로 15일이나 16일에서 22일이나 23일까지이고, 네 번째는 旣死霸로 23일부터 그믐까지이다)"라고 「四分說」을 주장하고 있다.157)

---

156) 唐蘭, ≪西周靑銅器銘文分代史徵≫, 275쪽

「🩿」자는 「朗」자로 편방 「月」과 「白」聲으로 이루어진 형성자이다. 「覇」자는 편방 「月」과 「𩇨」聲으로 이루어진 자이며, ≪說文解字≫는 古文을 「🩿」(胃)로 쓴다. ≪說文解字≫는 "𩇨, 雨濡革也. 从雨从革. 讀若膊.(「𩇨」는 '비에 젖은 가죽'의 의미. 편방 「雨」와 「革」으로 이루어진 회의자. 「膊(포 박,bó)」의 음과 같다)"라 했다. 「白」과 「𩇨」자의 古音은 서로 비슷하다. 따라서 「🩿」(朗)」자는 「覇」의 이체자임을 알 수 있다.

≪太平御覽≫卷八四에서는 ≪帝王世紀≫를 인용하여 "十年正月, 文王自商至程, 太似夢商庭生棘.(十年 正月에 文王이 商나라에서 程으로 돌아왔는데, 太姒가 商나라 정원에 멧대추나무가 자라는 꿈을 꾸었다)"라 하였다. 이 구절 중 十年은 어느 때를 말하는지 확실히 알 수 없으나, 아마도 文王이 羑里에서 석방된 후 부터를 말하는 것 같다. 「程」은 지금의 陝西省 咸陽의 동쪽에 해당되며, 고대 畢程氏가 거주했던 지역이다. ≪逸周書·大匡≫은 "維周王宅程三年, 遭天之大荒, 作大匡, 以詔牧其方.(周나라 왕이 程으로 옮겨와 산지 3년 후에 큰 재난을 만나자 ≪大匡≫을 지었고, 文王을 西伯으로 임명하고 西方을 다스리도록 하였다)"라 했고, 현행본 ≪竹書紀年≫은 "文丁五年, 王季作程邑. 帝辛三十三年, 文王遷于程. 三十五年, 周大饑.(文丁(太丁) 5년, 王季(季歷, 文王 姬昌의 父)가 程지방을 도읍지로 정하고, 帝辛(紂王) 33년에 文王이 程 지방으로 옮겨 왔으며, 35년에 주나라

---

157) ≪觀堂集林·生覇死覇考≫

에 큰 흉년이 있었다)"라 했다.158)

② 「大(太)姒夢見商廷隹(惟)棘(棘)廼孚=(小子)豐(發)取周廷杍(梓)桓(樹)于毕(厥)開(外)」

전체적인 뜻은 "周文王의 妻 太姒는 商나라 조정에 가시덤불(荊棘)이 자라자, 小子 發(周武王)이 周나라 조정에 있는 가래나무(梓樹)를 그 사이에 심다"이다.

【정리본】

[2] ≪博物志≫는 "乃小子發"로 쓴다. 「廼」자와 「乃」자는 서로 통용된다.

「毕」(厥) 자는 금문에서 자주 쓰이는 자로, 「其」의 뜻이다. ≪藝文類聚≫와 ≪太平御覽≫은 「闕」로 쓴다.

【走進】

[4] 「太姒」: 周 文王의 처이자 周 武王의 어머니이다.

[5] 「惟棘」: '많은 가시나무가 정원에 가득 자랐다'는 뜻이다. 「惟」자는 語氣詞의 용법으로 쓰여 강조하는 역할을 한다.

[6] 「廼」: 「廼」는 '그래서(於是)'의 뜻이다.

[7] 「小子發」: 「小子發」은 뒤에 왕이 된 周 武王이다. 「發」은 주나라 武王의 이름이다.

---

158) 黃懷信, ≪逸周書校補注譯≫(上海古籍出版社), 73 쪽 참고.

[제1간]

隹王三祀貞月骮生朙大姒夢見商廷隹棟廼字=蘩取周廷杍槁于氐開憂=松柏械柞【二】

【譯者註】

≪左傳·定公六年≫은 "大姒之子, 唯周公康叔爲相睦也.(大姒의 아들은 노나라 군주의 선조인 周公과 위나라 군주의 선조인 康叔과 서로 화목하게 지냈다)"라 하였고, ≪大雅·思齊≫는 "思齊大任, 文王之母. 思媚周姜, 京室之婦. 大姒嗣徽音, 則百斯男.(훌륭하신 태임은 문왕의 어머님이고, 시어머님인 태강께 효도하시며 왕실의 주부 노릇을 하셨네. 태사께서는 아름다운 일 이으시어 많은 아들 낳으셨네)"라 하여 大姒에 대하여 언급하였다.

「商」자를 ≪蔡公≫은 「」(07簡)·「」(14簡) 등으로 쓴다. ≪上博楚簡≫에서 ≪民之父母≫는 「」(8簡)으로, ≪采風曲目≫은 「」(2簡)으로 쓴다. ≪說文解字≫는 「商」자의 古文은 「」·「」으로 쓰고, 籒文은 「」으로 쓴다.

「商廷」은 「商庭」으로 商나라 왕이 거주하는 庭院을 가리킨다. 「」자는 편방 「𠃌」과 「壬」聲으로 이루어진 형성자이다. 林義光 ≪文源≫은 "廷與庭古多通用.

(「廷」자와 「庭」자는 고문자에서 통용된다)"라 했다.

「隹(惟)棶(棘)」두 자를 ≪太平御覽≫(卷533)과 ≪冊府元龜≫(卷892)는 「産棘」으로 쓰고, ≪冊府元龜≫(卷 21)은 「生」으로 쓴다. 「生」과 「産」은 동의어이다.

「棶」자는 편방 「木」과 「來」聲으로 이루어진 형성자이다. ≪逨盤≫ 중 「逨(逨)」자가 있는데, 李學勤은 「逨」자를 「逨」자로 예정하고, 음은 「佐」라고 설명하고 있다.159) 이 자를 일반적으로 「逨」로 예정하나, 음과 의미에 대해서는 아직도 의견이 분분하다.160) ≪小雅·正月≫ "执我仇仇(나를 원수 대하듯 하다)" 중의 「仇仇」를 ≪郭店楚簡·緇衣≫의 제 18간은 「仇」로 ≪上博楚簡·紂衣≫는 「仇(哉)」로 쓴다. ≪郭店楚簡·緇衣≫의 「仇」자를 「救」나 혹은 「戴」로 예정한다. 李零은 이 자를 「仇」로 예정하고 "仇, 原從戈從來, 乃混來爲求. ≪老子乙組≫簡13 '終身不來', 王弼本作 '終身不救', 爲類似的例字.(「仇」자는 「戈」와 「來」로 이루어진 자이다. 편방 「來」를 「求」로 혼동하여 쓴 것이다. 예를 들어, ≪郭店楚簡·老子乙≫ 제 13간의 '終身不來(평생이 순조롭지 않다)'를 王弼本은 '終身不救'로 쓴다)"라 했다.161) ≪郭店楚簡≫에는 「逨(逨)」자를 ≪帛書·乙≫은 「棘」자로 쓰고, 王弼本 은 「救」로 쓴다. 「救」는 「逑」의 가차자이다. ≪說文解字≫는 「逨(逑)」자에 대

---

159) ≪眉縣楊家村新出靑銅器硏究≫, ≪文物≫, 2003年第6期, 66 쪽.
160) 李潤乾 著, ≪楊家村五大考古發現考釋≫(陝西人民出版社, 2006年), 74 쪽.
161) 李零 著(2007), 81 쪽.

하여 "聚斂也(「거두어 모으다」의 의미)"라고 설명하고 있다. 白於藍은 ≪郭店楚簡〈老子〉「孞」・「賽」・「朿」校釋≫에서 "確知「棘」・「救」・「來」三字音通義同, 都包含有窮盡, 終止之意. 故本段最後一句'終身不救(或棘・或來)'. 意卽終身不會窮盡・不會終止(「棘」・救」와「來」자는 음이 통하고 의미가 같다는 것을 확실하게 알 수 있다. '다하다(窮盡)'・'끝나다(終止)'의 의미이다. 따라서 '終身不救(혹은「棘」나「來」로 쓴다)'는 '평생 동안 다하지 않다'나 '일생 동안 그치지 않다'의 의미이다)"라고 설명하고 있다.162) 따라서 「❋」자는 「棶」로 예정할 수 있고, 「棘」의 통가자로 쓰인다. ≪散氏盤≫은 「❋」・「❋」로 쓴다. 容庚은 ≪商周彝器通考≫에서는 「逨」로 예정하나, ≪金文編≫에서는 「0260 遵」에 수록하고 있다.163) ≪金文編≫은 또한 ≪逨觶≫「❋」자 아래서 "三字石經僖公來字古文作❋.(≪三字石經・僖公≫은 「來」자의 고문을 「❋」로 쓴다)"라 하며 「來」의 이체자로 보고 있다.164)

≪說文解字≫는 「棘」자에 대하여 「小棗叢生者也.(무더기로 자라는 키가 작은 대추나무)」라 했다. 「棘」은 '荊棘(가시덤불)'로 가시가 많은 야생 灌木이다. 「生棘」이란 '소인배가 생겨났음'을 비유한다. ≪老子≫는 "師之所處, 荊棘生焉.(군사가 있는 곳에 가시덤불이 자라게 된다)"라 하고, ≪楚辭・七諫·怨思≫의 "行明白而曰黑兮, 荊棘聚而成林.(행동거지가 분명하고 청결해도 나쁘다

---

162) ≪古籍整理研究學刊≫, 2000, 60-61 쪽 참고.
163) 容庚, 같은 책, '0260 遵', 109 쪽 참고. 최남규(2010), 같은 책, 529 쪽 참고.
164) 容庚, 같은 책, '0893 ❋', 383 쪽 참고.

第 二 章 ≪淸華簡≫의 考釋과 문자 연구   357

하고, 가시덤불이 우거져 숲을 이루네)"에 대하여 王逸은 "荆棘 多刺, 以喻讒賊.(가시가 많은 가시덤불은 참언하여 남을 해치는 자를 비유한다)"라 했다.

「▨(▨)」의 윗부분은 편방 「十」과 네 개의 「止」, 아랫부분은 「又(手)」와 「止」로 이루어진 자이다. 「發」은 周 武王의 이름이다. 아랫부분 「止」를 생략하고 ▨(≪程寤≫02簡)이나 혹은 다시 「又」를 생략하고 ▨(≪保訓≫09)로 쓴다.

▨자는 편방 「木」과 「子」聲으로 이루어진 형성자이다. ≪博物志≫와 ≪藝文類聚≫ 등은 「梓(가래나무 재, zǐ)」로 쓴다. 「杍」와 「梓」는 음이 통한다. ≪說文解字≫는 「梓」자에 대하여 "楸也. 从木宰省聲.(卽里切).('楸(가래나무 추, qīu)'이다. 편방 「木」과 「宰」省聲으로 이루어진 형성자)"라 했다. 「楸」는 喬木이며, 가볍고 재질이 좋은 목재로 사용된다.

「▨(梪)」자는 「樹」자의 이체자로, 동사의 용법으로 쓰이고 있다. ≪上博楚簡≫의 ≪孔子詩論≫은 ▨(15簡)로 쓰고, ≪郭店楚簡≫의 ≪語叢三≫은 ▨로 쓴다. ≪九店楚簡≫은 ▨(56號墓 39簡)·▨(56號墓 45簡)로 쓴다.

「▨」자는 「乑」자로 ≪說文解字≫는 「讀若厥.(「厥」자와 음이 같다)」라 했다. 「▨(開)」자는 편방 「門」과 「外」로 이루어진 자이다. ≪說文解字≫는 「開」의 고문은 「▨(開)」으로 쓰고, ≪曾姬

無呬壺≫는 「󰀀」으로 쓴다.165) 고서에서는 「閒」자와 같은 자로 쓰인다. 「厥開」을 ≪博物志≫와 ≪太平御覽≫ 등은 「闕間」으로 쓴다. 「闕間」은 대궐 안을 가리킨다.

③「䜌=(化爲)松柏械柞」

전체적으로 "松樹·柏樹·械樹와 柞樹로 변하는 꿈을 꾸었다"는 뜻이다.

【정리본】

[3]「䜌=」: 「䜌=」는 「䜌爲」의 合文이다. 「䜌」자는 음성부분이 「爲」, 「爲」자의 음은 「匣」母「歌」部이고, 음이 「曉」母「歌」部인 「化」의 의미로 쓰인다.

【走進】

[8] 본 구절은 周 文王의 太子 發(후에 周 武王)이 주나라의 가래나무(梓)를 상나라의 궁궐 안에 심자 松樹·柏樹·械樹·柞樹로 변했다는 뜻이다.

【譯者注】

≪詩·大雅·綿≫은 "柞械拔矣.(떡갈나무와 상수리나무를 뽑아내네)"라 하고 ≪釋文≫은 ≪三蒼≫을 인용하여 "械, 即柞也. (「械」은 즉 「柞」이다)"라 했다. 「械」과 「柞」은 모두 상수리나무

---

165) 容庚, 같은 책, '1910 󰀁', 769 쪽 참고.

에 속한다.

④「惖(寤)敬(驚), 告王=(王. 王)弗敢占, 詻(詔)大(太)子發, 卑(俾)靐(靈)名兇(凶)攵(祓)」

전체적인 뜻은 "꿈에서 놀라 깨어나 文王에게 이 사실을 알렸다. 文王은 이 꿈이 凶夢이라 생각하여 감히 점복(占卜)을 치지 못하고, 太子 發에게 巫師가 직접 凶夢이라고 선포토록 하고 祓祭를 지내 凶災를 없애도록 하였다"이다.

【정리본】

[4]「靐」:「靈」자에 대하여 ≪說文解字≫와 ≪九歌≫의 ≪王逸注≫는 "靈, 巫也.(「靈」은 「무당」의 의미)"라 했다.

「名兇」중의 「兇」자는 ≪包山楚簡≫에도 보이며, 「凶」으로 읽는다. ≪說文解字≫는 "凶, 惡也.(「凶」은 '凶惡하다'의 의미)"라 했다. 「名凶」은 ≪周禮·春官·男巫≫ 중 '授號(제사 지낼 내용을 알려 주다)'의 의미와 비슷하다.

[5]「攵」:「攵」은 「祓」로 읽는다. ≪說文解字≫은 "祓, 除惡祭也.(「祓(푸닥거리할 불, fú)」은 '악을 없애려 지내는 제사'라 했다)"라, ≪左傳·僖公六年≫의에서 ≪注≫는 "除凶之禮.(악을 없애는 祭禮)"라, ≪小爾雅·廣詁≫는 "潔也.('깨끗이 제거하다'의 뜻)"이라 하였다.

【走進】

[9]「寤」:「寤」는 '잠에서 깨다'의 뜻이다. 이 구절은 太姒가 잠

에서 깨어난 후, 꿈에 상당히 놀랐음을 말한다.

[10]「占」:「占」은 '점을 치다'는 뜻. 옛날에 점치는 일은 매우 빈번했으며, 꿈의 길흉을 점치는 일 또한 매우 중요한 항목 중 하나였다.

[11]「靈」:「靈」은 무당춤을 추고 신을 내리는 무당이다.「凶」은 巫師의 이름이다.

[12]「祓(fú)」:「祓」은 옛날에 재난을 제거하고 복을 비는 제사의 일종.

【譯者注】

「⬚」자는 정리본은 「悟」자로 예정하고 「寤」로 해석하였다. 「悟敬」을 현행본은 「寤驚」·「覺驚」·「寐覺」이나 「覺而驚」·「驚」 등으로 쓴다.[166] 이음절 단어 중 「寤驚」과 「覺驚」은 연동구조로 '잠에서 깨어난 후 놀라다'의 뜻이고, 「寐覺」은 '잠에서 깨어나다'는 하나의 단어이다. 따라서 본 「悟(寤)敬(驚)」과 가장 가까운 의미는 「寤驚」과 「覺驚」이 있는데, 「⬚」의 字跡으로 보아 윗부분이 편방 「吾」일 가능성이 가장 크다.「寤」자의 聲符는 「吾」이다. ≪上博楚簡·曹沫之陳≫은 「語」자와 「敬」자를 「⬚」·「⬚」로 쓴다.

「⬚(卑)」자는 「俾」의 의미로 '~으로 하여금 ~하게 하다'라는 뜻이다.「俾衆周知.(모든 사람에게 알게 하다)」 중의 「俾」의 의미와 같다.

---

166) 李學勤 主編(2010), 같은 책, ≪程寤≫의 「附錄」, 140 쪽 참고.

「霝(靈)名」 중 「▨(名)」자를 정리본이 「授號」의 의미와 비슷하다고 한 내용으로 보아 동사의 용법으로 해석하고 있다. 黃懷信 역시 ≪淸華簡〈程寤〉解讀≫에서 동사로 해석하여 "名, 謂稱·說.(「名」은 '칭하다'나 '말하다'의 뜻)"이라 하여 靈巫로 하여금 흉인지 복인지 말하게 하다는 의미로 파악하고 있다. ≪走進淸華簡≫은 인명으로 해석하였다.167)

다음 「祝忻」·「巫率」·「宗丁」 중의 「忻」·「率」·「丁」 등이 인명으로 쓰이기 때문에 문장 구조를 고려하여 「霝(靈)」은 「巫師」로 「名」을 인명으로 해석한 것이다. 孟蓬生은 「莬」자의 음과 「燮」자가 같고, 「總」의 가차자로 쓰여 '統領하다'의 뜻으로 풀이하였다. 즉 '祓祭의 일을 총괄하다' 혹은 '祓祭의 일을 주관하다'의 뜻이라고 하였다.168) 그러나 鄧佩玲은 〈讀淸華大學藏戰國竹簡〈程寤〉篇札記〉에서 「靈名」은 「冥靈」이고 천년을 사는 이상야릇한 나무를 가리키며, 「卑」는 「使」의 의미로 「使」자 뒤에 목적어가 생략되었으며, 「卑(俾)霝(靈)名(冥)莬(凶)攸(祓)」의 문장 구조는 「卑(俾)莬(凶)攸(祓)霝(靈)名(冥)」의 구조로, 무당들로 하여금 太姒가 꿈속에서 보았던 이상한 나무의 凶兆를 없애기 위한 祓祭를 지내도록 하였다고 하였다.169)

그러나 정리본이 설명한 것과 같이 다른 고전적에 이와 관련된 내용이 보이기 때문에 굳이 다른 의미로 해석하지 않고, 정

---

167) 劉國忠 著, ≪走進淸華簡≫, 127 쪽 참고.
168) 復旦大學出土文獻與古文字硏究中心網站,〈網摘·≪淸華一≫專輯〉, 2011年2月2日 문장. (http://www.gwz.fudan.edu.cn/SrcShow.asp?Src_ID=1393.)
169) 復旦大學出土文獻與古文字硏究中心網站, 2011年2月4日 문장.

리본의 견해에 따라 이해하기로 한다.

-▨(攽)-

「▨」자는 편방 「攴」과 「市(fú)」聲으로 이루어진 형성자이다. ≪說文解字≫는 「祓」자에 대하여 "除惡祭也. 从示犮聲.(악을 없애기 위한 제사. 「示」와 「犮」聲으로 이루어진 형성자)"라 하였고, 음은 「敷勿切」이다.

⑤ 「祝忻攽(祓)王晉(巫)衒(率)攽(祓)大(太)姒宗丁攽(祓)大(太)子發」

전체적인 뜻은 "司祭 大祝 忻은 왕을 위하여 祓祭를 지내고, 여자 巫師 率은 太姒를 위하여 祓祭를 지내고, 宗人 丁은 太子 發을 위하여 제사를 지내도록 하였다"이다.

【정리본】

[6] 祝忻·巫率·宗丁 중 뒤의 한 자는 이름이다. 「巫」는 ≪周禮≫에서 말하는 「女巫」를 말한다. ≪國語·楚語下≫는 "在男曰覡, 在女曰巫.(남자 무당을 覡이라 하고, 여자 무당을 巫라 한다)"라 하였다. 「宗」은 ≪左傳≫成公十七年에서 말하는 「祝宗」이다. 女巫가 大姒에게 祓祭를 지내고, 宗丁이 太子를 위하여 祓祭를 지내는 것은 그 신분에 적합하게 맞춘 것이다.

【走進】

[13]「祓(fú)」은 고대에 재앙을 없애고 복을 내려주기를 기원하는 祭祀이다.

[14]「巫」는「巫師」를 말하며,「率」은 이 巫師의 이름이다.

[15]「宗」은 제사를 책임지고 관리하는 官員이다.「丁」은 이 사람의 이름이다.

본 구절의 뜻은 주나라의 巫師들이 周文王・太師와 太子 發을 위하여 재앙을 없애고 복을 내려 주기를 기원하는 제례를 거행하는 일을 말한다.

⑥ 「敝(幣)告宗方(祊)杢(社)禝(稷), 忑(祈)于六末山川, 攻于商神, 朢(望), 承(烝), 占于明堂」

전체적인 뜻은 "또한 제사를 지낼 때, 희생물을 사용하지 말고, 玉帛을 사용하여 宗廟 社稷에서 六末(天地東西南北)과 山川에 있는 신에게 기도를 올려 商나라 神들을 공격하도록 하였다. 望祭와 烝祭을 지낸 후에 다시 明堂에서 점을 치자 좋은 징조(吉兆)가 나타났다"이다.

【정리본】

[7]「幣告」: 鄭玄은 ≪周禮・男巫≫에서 "但用幣致其神.(신에게 폐물을 바치다"라고 하였고, 孫詒讓의 ≪正義≫는 "但用弊, 即無牲及粢盛也.(폐물을 신에게 바치면, 祭需에 희생물과 곡물이 없다)"라 하였다.

[제2간]

慫敬告王=弗敢占睯大子發卑雷名蒆敬祝慫敬王晉徇敬大姒宗丁敬大子發敵告【二】

[8] 「宗祊」: ≪國語・周語≫에서 韋昭는 "廟門謂之祊. 宗祊, 猶宗廟也.(宗廟의 문을 祊이라 하고, 宗祊이란 宗廟의 뜻이다)"라 하였다. 「六末」은 天地四方을 가리킨다.

[9] 「攻」: ≪周禮・大祝≫에서 ≪注≫는 "攻・說, 則以辭責之.(「攻」과 「說」은 즉 말로 나무라는 것을 말한다)"라 하고, ≪論衡・順鼓≫은 "攻者, 責也. 責讓之也.(「攻」은 '책망'의 뜻. 즉 나무라서 물러가도록 하는 것이다)"라 하였다. 「商神」은 殷商의 신으로, 아마 이 신이 해코지를 한다고 생각하였기 때문에 책망을 하는 것으로 보인다.

[10] 「望」: ≪淮南子・人間≫에서 ≪注≫는 "祭日月星辰山川也.(해・달・별・山川에게 지내는 제사)"라 하였다. 위 문장 내용과 합치된다.

[11] 「烝」: ≪詩經・天保≫에서 ≪傳≫은 "冬曰烝.(겨울에 지내는 제사)"라 하였다. 周나라는 子月이 正月이고, 冬至의 節氣가 있다.

【走進】

[16] 「幣」: 「幣」란 고대에 예물로 제사를 지내는 것은 말한다. 「幣告」란 예물을 사용하여 신에게 제사지내는 儀式 활동을 가리킨다.

[17] 「宗祊(bēng)」: 「宗祊(팽)」은 「宗廟」를 말한다.

[18] 「六末」는 天地와 東西南北 사방을 말한다.

[19] 「攻」: 「攻」은 언사로 책망하는 의식을 가리킨다. 주나라 文王 등이 商나라 신령이 해코지를 할까 걱정하여 말로써 상나라 神을 문책하는 것이다.

[20] 「望」: 「望」은 고대에 日月, 星辰, 山川에게 지내는 제사를 말한다.

[21] 「烝」: 「烝」은 겨울에 지내는 제사다.

[22] 「明堂」: 上古 시대에 군왕이 朝會나 祭祀를 거행하는 장소.

본 구절은 "여러 제사를 지낸 후에, 周文王은 明堂에서 太姒의 꿈이 吉夢인지 占卜을 쳐 물었다"이다.

【譯註】

「官職+人名」의 稱號 방식은 殷周金文과 ≪尙書≫에도 보인다. 예를 들어, 금문 ≪大祝禽鼎≫에는 "大(太)祝禽"이 있고,[170] ≪尙

---

170) 吳鎭烽編 ≪金文人名匯編≫은 「大祝」에 대하여 "見申簋蓋(≪考文≫83.2), 本爲職官名. 此指西周恭王時期擔任王朝太祝職務的人"이라 하였고, 「大祝禽」에 대해서는 "見大祝禽鼎(≪三代≫2.41.5), 西周成王至康王初期人, 名禽, 周公旦的長子, 就封於魯, 爲魯侯, 西周初期曾任周王朝太祝."이라 하였다.(中華書局, 10쪽 참고)

書·君奭≫은 "在太戊, 時則有若伊陟臣扈, 格于上帝, 巫咸, 乂王家. 在祖乙, 時則有若巫賢.(태무에게는 그때에 이척과 신호와 같은 사람이 있어 하느님의 뜻에 맞도록 하셨고, 또 무함이 있어 나라를 다스렸다. 조을에게는 그때에 무현 같은 분이 계셨다)"라 하였다. ≪尙書·君奭≫ 「巫咸」과 「巫賢」 중의 「巫」는 上帝와 商王과의 매개체 역할을 하는 일을 담당하는 大巫를 가리킨다. 갑골문에서는 「巫咸」을 「戊咸」으로 쓴다.171) ≪國語·楚語下≫에는 「覡」·「巫」와 「太祝」이 하는 일에 대하여 "古者民神不雜. 民之精爽不携貳者, 而又能齊肅衷正, 其智能上下比義, 其聖能光遠宣朗, 其明能光照之, 其聰能月徹之, 如是則明神降之, 在男曰覡, 在女曰巫. 是使制神之處位次主, 而爲之牲器時服, 而後使先聖之後之有光烈, 而能知山川之號·高祖之主·宗廟之事·昭穆之世·齊敬之勤·禮節之宜·威儀之則·容貌之崇·忠信之質·禋潔之服, 而敬恭明神者, 以爲之祝. 使名姓之後, 能知四時之生·犧牲之物·玉帛之類·采服之儀·彛器之量·次主之度·屛攝之位·壇場之所·上下之神·氏姓之出, 而心率舊典者爲之宗. 于是乎有天地神民類物之官, 是謂五官, 各司其序, 不相亂也.……及少皞之衰也, 九黎亂德, 民神雜糅, 不可方物. 夫人作享, 家爲巫史, 無有要质.(옛날에 민사를 다루는 관원과 신령을 섬기는 관원은 서로 섞이지 않았다. 사람 중 精明하고 專一한 자세로 신령을 경건히 모시는 자들이 있다. 그들의 지혜는 능히 天神地民으로 하여금 각기 제자리를 잡게 할 수 있고, 그들의 聖哲은 능히 먼 곳의 대지까지 두루 비출 수 있고, 그들의 眼力은 능히 천지를 통찰할

---

171) 趙誠 編著, ≪甲骨文簡明辭典≫(中華書局), 「咸戊」, 37-38쪽.

수 있으며, 그들의 聽力은 능히 모든 것을 밝게 들을 수 있다. 이 같은 사람의 몸 위로 신령이 하강하니 남자는 覡이라 하고 여자는 巫라 한다. 이들에게 신령의 거처와 제사 지내는 순위 및 존비선후의 차서를 정하게 하고, 제사 때 사용하는 축생의 털색깔과 크기, 사용되는 예기, 계절에 따른 제복의 질과 색깔을 규정케 한다. 연후에 先聖의 후예 가운데 광명정직하며 덕행이 있는 자 중에서 제사 지내는 산천의 이름과 선조 및 종묘의 사무를 비롯해 昭穆의 순서를 능히 알고, 하는 일이 경건하고 근면하여 예절에 맞고, 威儀와 정숙한 용모를 갖추고 忠信한 마음으로 제복을 정갈하게 갈아 입고 능히 신령을 경건히 섬길 수 있는 자를 선발해 大(太)祝으로 임명한다. 또한 저명한 세족의 후예들 중 능히 四時에 생장하는 작물을 식별하고, 제사 때 사용할 희생물과 서옥·겸백 등을 식별하고, 제복의 기준과 제기의 크기를 알고, 묘주의 존비·선후·원근을 알며, 존비의 위치와 제단을 쌓은 장소를 비롯해 天神地祇의 귀속과 종족성씨의 내력을 알고, 능히 일심으로 고래의 典則을 좇을 수 있는 사람을 宗伯으로 삼는다. 이같이 天·地·神·民과 類物을 관장하는 관원을 두니 이들을 五官이라 칭한다. 이들은 각기 자신의 소관업무를 관장하여 서로 섞이는 일이 없다. ……그러나 소호씨의 후기에 이르러 남방의 구려가 덕정을 어지럽히자 司民과 司神의 관원이 서로 섞여 구별하기 어렵게 되었다. 사람들이 모두 제사를 거행하면서 집집마다 무사를 두고 다시는 성신을 맹약치 않게 되었다)"라 하였다.

祝·宗·卜·史에 관한 내용으로 ≪左傳·定公四年≫은 "是使

之職事于魯, 以昭周公之明德. 分之土田陪敦・祝宗卜史, 備物・典策, 官司・彝器; 因商奄之民, 命以伯禽而封於少皞之虛.(그래서 노나라를 다스리는 일을 맡게 하여 주공의 밝은 덕을 밝히게 하고, 기름진 땅과 大祝・宗人・大卜・大史 등의 관원, 여러 가지의 기물, 書冊, 조정과 사당에 필요한 기물들을 나누어 주었으며, 상과 奄나라가 다스렸던 백성들을 이어 받아 다스리게 하고 伯禽이라는 訓戒의 글로 훈계하여 少皞의 도읍터에 봉하였다)"라 하였다.

-土(杢)-

≪說文解字≫는 「社」자를 "地主也. 從示土. 杢古文社.(토지의 신. 편방 「示」와 「土」로 이루어진 회의자. 「社」자의 古文은 「杢」로 쓴다"라 했다. 「杢」는 편방 「示」인 「社」와 같은 자이다. ≪淸華簡≫의 「土」는 ≪說文解字≫ 古文 중 「示」가 생략된 형태다.

≪上博楚簡≫은 「社(社)」자를 「社」(≪子羔≫6簡)・「圸」(≪姑成家父≫3簡)로 쓰기도 한다.

-禝(稷)-

「禝(稷)」자는 편방 「示」와 「畟」聲으로 이루어진 형성자이며, 「稷」과 음이 통한다. 「畟」자에 대하여 ≪說文解字≫는 "治稼畟畟進也. 从田人, 从夊.≪詩≫曰: '畟畟良耜.'(농사를 짓는 사람이 저

第 二 章 ≪淸華簡≫의 考釋과 문자 연구   369

벅저벅 앞으로 나아가는 모양. 편방 田·人·夂로 이루어진 회의자.≪周頌·良耜≫는 '좋은 보습으로 저벅저벅 앞으로 나아가네'라 했다)"고 하였다. 「⿰」자의 우측 아랫부분의 「女」는 「人」과 같은 의미이다.

≪祭公≫은 「⿰」(13簡)으로 쓴다. 오른쪽 윗부분은 「稷」자의 古文 「⿰」자의 오른쪽 부분과 같고, 아랫부분 「疋」는 「夂」와 같은 의미이다.

- ⿰ (䀠) -

「⿰」자는 편방 「見」·「壬」과 「亡」聲으로 이루어진 형성자이다. ≪郭店楚簡·緇衣≫는 「⿰」자에 대하여 ≪郭店楚墓竹簡≫〈注〉는 "䀠, 從視省, 亡聲, 讀作望.(「䀠」자는 「視」의 일부가 생략된 편방과 「亡」聲으로 이루어진 형성자이다. 「望」으로 읽는다)"라 하였다.172) ≪窮達以時≫는 「⿰」으로 쓴다. 모두 음성부분이 「亡」이다.

≪說文解字≫는 「⿰(朢)」자에 대하여 "月滿與日相朢, (以)臣朝君也. 從月, 從臣, 從壬. 壬, 朝廷也. ⿰, 古文朢省.('보름달이 해와 서로 마주 본다'는 의미. 신하가 군주를 알현하는 모습과 같다. 편방 「月」·「臣」·「壬」으로 이루어진 회의자. 「壬」은 朝廷을 뜻한다. 고문은 「⿰」으로 쓰며, 「朢」자의 생략형이다)"라 하고, 「⿰(望)」자에 대해서는 "出亡在外, 望其還也. 從亡, 朢省聲.(집 나가

---

172) 荊門市博物館 編著, 같은 책, 132 쪽 참고.

밖에서 유랑할 때 집 사람들이 돌아오기를 바란다는 의미. 편방 「亡」과 「朢」省聲으로 이루어진 형성자)"라 하였다. 「望」자와 「朢」은 사실상 같은 자이다.

갑골문은 「⚏」・「⚏」・「⚏」으로 쓰고, 金文은 「⚏」・「⚏」・「⚏」・「⚏」・「⚏」으로 쓴다.173) 商承祚는 ≪說文中之古文考≫에서 "象人登高擧目遠矚. ……金文從月, 月遠望而可見意也. ≪說文≫誤以目爲君臣之臣.(갑골문은 사람이 높은 곳에 올라 멀리 달을 바라보는 모습이다. ……金文 중의 편방「月」은 달을 멀리 바라보니 보인다는 뜻이다. ≪說文≫은 편방「目」을 「君臣」의 「臣」으로 잘못 오해하고 있다)"라 하였다.174) ≪金文常用字典≫은 "從月者爲其繁文, ⚏象目側視形, ⚏或譌爲𦣠(耳), 或譌爲𠃊(亡), 當與望・朢音近有關. 小篆分而爲「望」・「朢」二字, 且變人爲壬.(금문에서는 편방「月」을 추가하여 쓰기도한다. 편방「⚏」은 옆으로 바라보는 눈의 형상이며, 「⚏」을 변형하여 「𦣠(耳)」로 쓰거나, 「𠃊(亡)」으로 쓰기도 한다. 「𠃊(亡)」으로 변형하여 쓰는 것은 「望」과 「朢」의 음이 비슷한 것과 관련이 있다. 小篆에서는 「望」・「朢」 으로 나누어 쓰거나, 편방「사람(人)」을 「壬」으로 변형하여 쓴다)"라 하였다.175)

---

173) 容庚, 같은 책, '1378 朢', 581 쪽.
174) 湯可敬, 같은 책, 1123 쪽 재인용.
175) 陳初生, 같은 책, 794 쪽.

- 🔣 (承)-

≪金文編≫은 「🔣(承)」자에 「🔣」・「🔣」・「🔣」・「🔣」을 수록하고, "不從手.(금문 「承」자는 편방 「手」를 쓰지 않는다)"라 하였다.176) ≪淸華簡≫과 금문의 「🔣」자와 같은 형태이다. 李孝定은 ≪甲骨文字集釋≫에서 "契文象兩手奉一人之形, 奉之義. 篆文又增之「手」形, 於形已複矣.(갑골문 「🔣」은 두 손으로 한 사람을 받들고 있는 모습으로 「받들다」의 뜻이다. 小篆 「🔣」은 편방 「手」를 중복하여 추가한 것이다)"라 하였고,177) 羅振玉은 ≪增訂殷墟書契考釋≫에서 「🔣」자를 「丞」자로 해석하여 "象人臽阱中有抍(拯)之者, 臽者在下, 抍者在上, 故從🔣, 象抍之者之手也. 此卽許書之丞者, 而誼則爲抍救之抍.(「🔣」자는 함정에 빠진 사람을 구조하는 형상이다. 아랫부분이 함정이고, 구조하는 사람이 위에 있다. 그래서 편방 「🔣」을 쓰고, 이는 구조하는 자의 손이다. ≪說文解字≫ 중의 「丞」자와 같은 자이다. 들어올려 구조한다는 「抍」의 뜻이다)"라 하였다. 李孝貞과 羅振玉은 편방 「🔣」의 위치에 따라 아래에 있으면 「承」자로, 위에 있으면 「丞」자로 해석하였다.

그러나 陳初生≪金文常用字典≫은 두 손이 위에 있는 ≪尹丞鼎≫의 「🔣」자를 포함하여 모두 「丞」자로 보고, "字或從兩手在

---

176) 容庚, 같은 책, '1938 🔣', 777 쪽.
177) 湯可敬, 같은 책, 1704 쪽 재인용.

上, 古文字中偏旁位置每不固定.(「丞」자는 두 손이 위에 있는 형태로 쓴다. 고문자에서 偏旁의 位置는 고정적이지 않다)"라 하였다.178) 徐中舒≪漢語古文字字形表≫ 역시 「⟨图⟩」・「⟨图⟩」・「⟨图⟩」과 ≪石鼓文≫의 「⟨图⟩」자를 모두 「丞」자로 해석하고 있다.179)

따라서 ≪淸華簡≫의 「⟨图⟩」자는 「丞」자로 예정할 수 있다. 후에 소전에서 「手」가 추가되어 「承」으로 분화되었다.

≪說文解字≫는 「⟨图⟩(丞)」자에 대하여 "翊也. 从廾从卪从山. 山高, 奉承之義.(돕다의 의미. 편방 「廾」・「卪」・「山」으로 이루어진 회의자. 높은 산처럼 받들어 높이다는 의미이다)"라 하고, 「⟨图⟩(承)」자에 대하여 "奉也. 受也. 从手从卪从収.('받들다'・'주다'의 의미. 편방 「手」・「卪」・「収」으로 이루어진 회의자)"라 하고, 「⟨图⟩(烝)」자는 "火气上行也. 从火丞聲.(불기가 위로 올라간다는 의미. 편방 「火」와 「丞」聲으로 이루어진 형성자)"라 하였다. 「丞」과 「承」은 모두 「署陵切」이며, 「烝」자와 음이 통한다.

⑦ 「王及大(太)子發並拜吉夢受商命于皇帝=(上帝)」

전체적인 뜻은 "文王과 太子 發은 하늘(上帝)이 商나라의 天命을 周나라에 내려 주는 좋은 꿈(吉夢)에 감사하였다"이다.

---

178) 陳初生, 같은 책, 278 쪽.
179) 徐中舒(1981), 같은 책, 100 쪽 참고.

【정리본】

[12] 「帝=」는 「上帝」의 합문이다. 「皇上帝」를 ≪藝文類聚≫卷十七・≪太平御覽≫卷八九一・≪冊府元龜≫卷八九二는 「皇天上帝」로 쓴다.

【走進】

[23] 「商命」: 「商命」은 商나라에 내려진 중요한 天命의 뜻.
[24] 「皇上帝」: 皇天上帝로 즉 하느님 상제.

본 구절은 "太姒가 꾼 꿈은 매우 길한 꿈으로, 하느님이 상나라에 내렸던 명령을 주나라에 내려 주었기 때문에 周文王 등은 하느님께 감사를 드렸다"라는 뜻이다.

【譯註】

「蘇(拜)」자는 「拜謝」의 뜻으로 '감사를 드리다'의 의미이다. 「拜」자를 ≪說文解字≫는 편방 「手」와 「桀」聲인 「撵」나, 편방이 두 개인 「手」와 「下」인 「𢫦(拜)」로 쓰고, 古文은 「𢶍(𢶍)」로 쓴다. 「𢶍(𢶍)」자에 대하여 段玉裁는 "從二手而比聲.(두 개의 「手」와 「比」聲으로 이루어진 형성자)"라 하였다. ≪淸華簡≫의 「蘇」와 비슷하다.

금문은 「𣏾」・「𣏾」・「𣏾」・「𣏾」・「𣏾」・「𣏾」 등으로 쓴다.[180] 「𣏾」 등은 편방 「手」와 「桀」聲으로 이루어진 자이며, 「𣏾」・「𣏾」는 편방 「頁」과 「桀」聲인 형성자이다.

문왕과 무왕이 「天命」을 받은 내용으로, ≪大雅·江漢≫은 "文武受命, 召公維翰.(문왕과 무왕이 천명을 받고, 소공은 기둥이었다)"라 하고, ≪書經·洛誥≫는 "惟周公誕保文武受命.(周公은 문왕과 무왕이 천명 받은 일을 잘 받들었다)"라 하였다.
「吉夢」인 것은 각종 재앙을 없애는 제사를 지내고, 좋은 점괘를 얻은 결과이다.

⑧ 「興, 曰:「發!女(汝)敬聖(聽)吉夢」
"文王은 일을 마치고 일어서면서 말하였다: 姬發아 너는 하늘이 주신 吉夢의 뜻을 잘 따르도록 하여라."

【정리본】
[13] ≪書經·洪範≫에 대하여 ≪傳≫은 「聽」에 대하여 "察是非.(시비를 살피다)"라 하였다.

【走進】
[25] 「興」: '일어서다'의 의미
[26] 「聽」: '따르다'·'받아들이다'의 의미.

【譯註】
「發」은 太子의 이름이다.

⑨ 「朋棶(棘)戠(識)杍=松=(梓松, 梓松)柏副, 械橐(覆)柞=(柞, 柞

---

180) ≪金文編≫,「1933 [字]」, 774 쪽 참고.

曼=(化爲)朧」

"많은 가시나무(荊棘)들이 梓松을 황폐하게는 하지만, 梓松은 柏의 도움을 받을 수 있고, 棫樹가 柞樹를 도와 柞樹가 결국에 丹朧이 되어 훌륭한 재목이 될 수 있는 것이니라."

【정리본】

[14] ≪書經 皐陶謨≫의 ≪傳≫은 「朋」자에 대하여 "群也.('무리'의 의미)"라 하였다.

「戩」자는 「歡」로 읽어야 한다. ≪說文解字≫는 「歡」자에 대하여 "棄也.('버리다'의 의미)"라 했다.

[16] 「橐」은 「覆」으로 읽어야할 것 같다.

[17] 「朋梂戩杍=松=柏副棫橐柞=曼=朧」 구절은 잘못 쓴 것으로, 이 구절은 「朋棘歡梓, 松柏副, 棫柞覆, 化爲朧」로 이해하여야 한다. 「棘」은 간신배들을 비유하고, 「松柏」은 훌륭한 善人을 비유한다.

【走進】

[27] 「朋棘」은 많은 荊棘을 말한다.

이 구절에서 "化爲朧" 구절까지는 周 文王이 太姒가 꾼 꿈에 대해 풀이한 것이다. 본

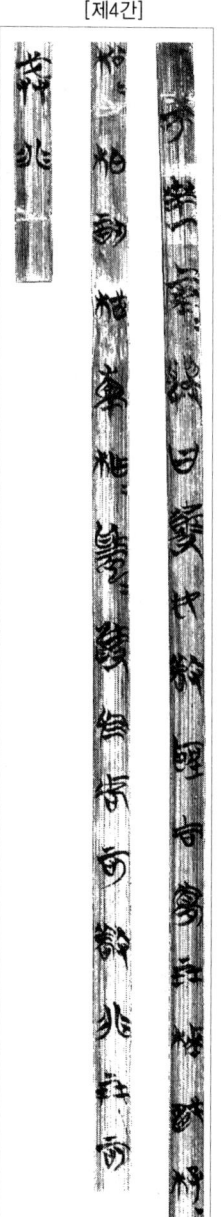

[제4간]

구절은 오류가 조금 있는 것 같고, 내용을 이해하기가 쉽지 않다.

전체적으로 太姒의 꿈은 천명이 商나라에서 周나라로 기울었다는 것을 설명하고 있다.

【譯註】

袁瑩은 〈淸華簡《程寤》校讀〉에서 본 구절을 아래와 같이 해석하고 있다.

原整理者認爲"柞"的重文號也是誤加, 並且"櫜"的位置應該放在"柞"的後面, 簡文應是"棫柞覆". 我們認爲復旦讀書會將"櫜"讀爲"包"的意見更好, "包"有叢生的意思, 如《書·禹貢》: "草木漸包". 我們認爲"柞"="即"柞乍(作)", "作"有生的意思, 如《詩·小雅·采薇》: "薇亦作止". 所以我們認爲這句話應該理解爲"朋棘壽(疇)梓, 松柏副, 棫包柞乍(作), 化爲牗". "棫包柞乍(作)"講的是棫叢生, 柞生長, 比喻庸人得志, 和前面的"松柏副"相對. "朋棘壽(疇)梓"的結果是, 松柏這些良材被破開, 棫柞這些薪火之材卻茂盛生長. 至於"化爲牗", 大概可以理解成"棫柞"被用作良材, 塗以丹牗. "丹牗"本是應該塗在梓松柏一類棟樑之材上的, 如《尚書·梓材》"若作梓材, 既勤樸斲, 惟其塗丹牗", "棫柞"本是用作薪火之材的, 但是這裡"松柏"被破開用爲薪火, 而"棫柞"則用爲良木製作良器, 幷塗以丹牗. 這樣理解, 正與後文"樹因欲, 不違(材)"相對應.

(정리본은 「柞」자 아래 重文 부호는 잘못 추가된 것이며, 「櫜」자는 「柞」자 뒤에 놓여 '棫柞覆'으로 읽어야 한다고 하였다. 復旦大學 讀書會는 「櫜」자는 「包」자로 해석한다고 보았다. 「包」자

는 '叢生하다'는 의미가 있다. ≪書經·禹貢≫에 '草木漸包.(풀과 나무가 점점 무성하게 자라다)'라는 구절이 있다. 또한 「柞=」은 '柞乍(作)'이며, 「作」은 「자라다」의 뜻으로 쓰인다. ≪小雅·采薇≫는 '薇亦作止(고사리가 돋아나네)'라 했다.

따라서 전체적으로 '朋棘壽(雔)梓, 松柏副, 棫包柞乍(作), 化爲臄'으로 읽을 수 있다. '棫包柞乍(作)'은 棫(상수리나무 역, yù)나무가 무성하고 柞(상수리나무 작, zuò) 나무가 자라는 것은 마치 소인배들이 득의양양하는 것과 같다라는 것을 비유하여 앞 구절의 '松柏副'와 상반되는 개념으로 쓰이고 있다. '朋棘壽(雔)梓'는 松柏과 같은 좋은 재목이 방해를 받아 없어지고, 棫柞과 같은 땔나무가 무성하게 자란다는 뜻이다. '化爲臄'은 '棫柞'가 반대로 훌륭한 재목으로 쓰이고, 단청되어 진다는 뜻이다. '丹臄'이 되어야 하는 것은 원래 棟樑이 될 수 있는 梓나무나 松柏이어야 한다. ≪尚書·梓材≫'若作梓材, 既勤樸斲, 惟其塗丹臄.(가래나무 재목으로 물건을 만들려면 애써 다듬고 깎아 단청을 하여야 함과 같다)'라 했다. '棫柞'은 원래 땔감으로나 쓰이는 나무인데, '松柏'이 오히려 땔감이 되고, '棫柞'이 훌륭한 재목이 되어 좋은 그릇으로 단청되는 것이다. 이렇게 해석하여야 뒷 구절 '樹因欲, 不違芽(材).(큰 재목은 알맞은 자리에 써야지, 그 재질이 잘못 쓰여서는 안 된다)'와 호응이 된다.)[181]

참고할 만하다.

---

181) 復旦大學出土文獻學古文字研究中心(http://www.gwz.fudan.edu.cn/), 2011年1月11日, 發表.

廣瀨薰雄은「戠」자를「䜌」로 읽어야 한다고 주장하였다.182) 「戠」자는 편방 「戈」와「壽」聲으로 이루어진 형성자이다. 음과 의미상「歕」의 해석보다 못하다.

⑩「於(嗚)虖(呼), 可(何)敬(警)非朋, 可(何)戒非商？可(何)甬(用)非桓=(樹, 樹)因欲, 不遠芿(材)」

"아! 그러하니 너는 어찌 소인배를 경계하지 않겠는가! 어찌 商나라 사람들을 경계하지 않겠는가? 어찌 훌륭한 인재들을 등용하지 않겠는가? 큰 재목은 알맞은 자리에 써야지 그 재질이 잘못 써서는 안 되는 것이다."

【정리본】
[19]「欲」자는「바라다(願)」의 뜻이다.
[20]「芿」자는「材質」의 뜻이다.

【走進】
[28] "何警非朋, 何戒非商, 何用非樹"는 '소인배는 경계해야 할 대상이고, 상나라

---
182) 〈網摘·《清華一》專輯〉, 앞의 문장 참고.

[제5간]

는 조심해야할 대상이고, 훌륭한 재목은 등용하여야 한다'는 내용이다.

[29] 「欲」은 「원하다」・「필요하다」의 뜻이다. 「材」은 「材質」의 뜻이다.

나무는 그 재목이 필요한 곳에 따라 쓰여야 그 재질에 어긋나지 않는다는 뜻이다.

【譯註】

黃懷信은 〈淸華簡≪程寤≫解讀〉이란 문장에서 "可敬非朋, 可戒非商. 可甬非桯="중의 「非」자가 "此讀爲彼.(「彼」의 가차자로 쓰이며, 「那」의 뜻이다)"라 했다.183) 그러나 「非」의 의미로 해석해도 그 내용이 전달되고 있다.

袁瑩은 "「欲」與「容」聲旁相同, 「欲」無疑可以讀爲「容」. 「容」有法則的意思.(「欲」자와 「容」자는 聲旁이 같다. 「欲」자는 「容」자로 읽어야 한다. 「容」자는 「法則」의 뜻으로 쓰인다"라 하고, "樹因欲, 不違芛(材)"를 "即要依循樹木本身的使用規律, 即它的功用, 不要違背樹的材質.(나무는 각자의 사용 규칙, 즉 각각의 기능에 따라 사용되어야 하며, 나무의 재질을 위배해서는 안 된다)"라고 해석하였다.184)

「樹因欲, 不違芛(材)」 중의 「因」은 '의거하다'・'따르다'의 뜻이고, 「欲」은 '원하다'의 의미로 「因」의 목적어이다. 굳이 확대 해석할 필요가 없는 것 같다.

---

183) 黃懷信, 〈淸華簡≪程寤≫解讀〉(≪魯東大學學報≫第28卷第4期), 2011.
184) 〈淸華簡≪程寤≫校讀〉, 復旦大學出土文獻學古文字研究中心, 2011.1.11.

⑪「女(如)天隆(降)疾, 旨味既甬(用), 不可藥, 時(時)不遠.」

"하늘이 재난을 주셨는데도, 맛 좋은 음식만 먹고, 재난을 극복할 처방을 사용하지 않고 있으니, 망할 시기가 멀지 않았다."

【정리본】
[21]「旨」자에 대하여 ≪說文≫은 "美也.(맛이 좋다)"라 하였다.

【譯註】
黃懷信은 〈淸華簡≪程寤≫解讀〉에서 「時」자를 「死亡」하는 시기로 해석하고, 상나라 紂王에게 하는 말로 보았다.[185] 「사망」으로 해석하는 것은, 상나라에 재난이 생겼는데도, "旨味既甬(用), 不可藥, 時(時)不遠"을 '맛있는 음식만 먹고, 처방을 하려하지 않으니, 멸망할 날이 멀지 않았다'로 이해한 것 같다. 전체적인 내용이 통하기 때문에 이에 따라 해석하기로 한다.

⑫「隹(惟)商慼才(在)周=(周, 周)慼才(在)商」

商나라의 우환은 周나라에 있고, 周나라의 우환은 商나라에 있음을 알아라.

【정리본】
[22] ≪說文≫은 "慼, 憂也.(「慼」은 「근심(憂)」의 의미)"라 했다.

---

185) 黃懷信, 앞의 문장.

第 二 章 ≪淸華簡≫의 考釋과 문자 연구   381

【走進】

[30]「慼」은 「걱정하다(憂患)」의 뜻이다.

이 구절은 상나라의 우환은 주나라에서 야기된 것이고, 주나라의 우환은 상나라에서 비롯된 것이라는 뜻이다.

⑬「欲隹(惟)柏夢, 徒庶言迖, 引(矧)又勿亡鉌(秋)明武禑(威), 女(如)械柞亡葷(根)」

"白日夢과 같이 실질적이고 못하고, 일반 노예들이 헛된 짓을 하고, 또한 군대를 잘 정비하여 위엄을 분명하게 갖추지 않으면, 마치 械柞가 뿌리가 없어 바로 말라 죽는 것과 같은 것이다."

【정리본】

[23]「柏」은 「白」으로 읽어야 한다. ≪荀子·榮辱≫의 ≪注≫는 "彰明也. (「밝다」의 뜻)"라 했다.

[24]「言」자 아래 「迖」자는 알 수 없는 자이다.

[25]「矧」자는 「又」와 의미가 같다. 楊樹達의 ≪詞詮≫卷五를 참고할 수 있

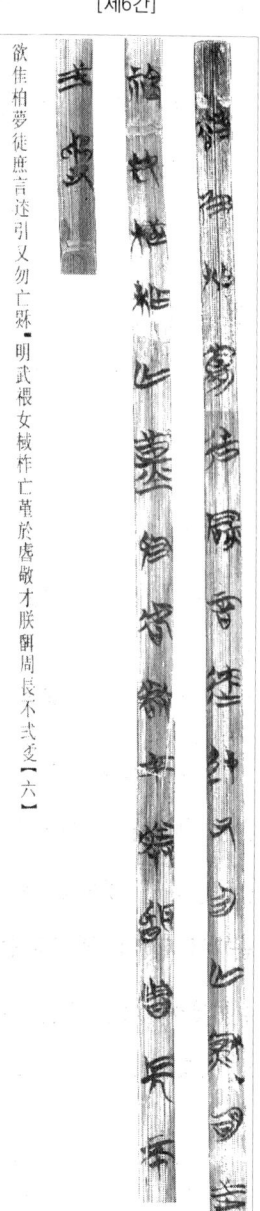

[제6간]

다. 「秋」자는 「淸」母「幽」部이며, 「喩」母인 「由」로 읽어야 할 것 같다.

「明武威」는 ≪逸周書≫의 ≪大明武≫와 ≪小明武≫를 참고할 수 있다.

[26] 「堇」은 「根」으로 읽는다. 두 자가 모두 「見」母「文」部이다.

【走進】

[31] 「迖」자는 알 수 없는 자이다.

[32] 「矧(shěn)」은 '또한, 하물며'의 의미이다.

【譯註】

「言」자 아래 「㞢」자는 「辵」과 「蔡」聲으로 이루어진 형성자로 보고, 「列」이나 혹은 「肆」로 읽고, ≪郭店楚簡·五行≫을 참고하여 「迣」자로 해석하고 「肆」로 읽기도 한다.186)

≪郭店楚簡·五行≫ 제 21간의 「㞢」자에 대하여 李零은 "肆, 釋文作「逸」, 馬王堆帛書≪五行≫對應的字是從辵從世, 疑讀爲肆. (「肆」자를 정리본 釋文은 「逸」로 쓴다. 馬王堆帛書 ≪五行≫에서는 이 자에 해당되는 자를 편방 「辵」과 「世」로 쓴다. 「肆」로 읽는 것이 아닌가한다)"라 하였고, 34簡의 「㞢」자에 대해서는 "寫法同上文簡21「肆」字.(21간의 「肆」자와 형태가 같다)"라 하였다.187)

---

186) 〈≪淸華一≫專輯〉, 앞의 문장 참고.
187) 李零(2002), 같은 책, 81 쪽.

「」자와 형태에서 차이가 있으나, 「肆」에 '방자하다'라는 의미가 있고 아직은 이보다 더 나은 주장이 없기 때문에 잠시 따르기로 한다. 黃懷信은 「妄」의 뜻으로 해석하였다.188)

「」자는 편방 「日」과 「秋」聲으로 이루어진 형성자이다. 黃懷信은 「欽」의 가차자로 해석하였다.189) ≪書經·堯典≫은 "欽明文思, 安安, 允恭克讓.(공경스럽고, 총명하고, 우아하고 신중하시어 온유함을 느끼게 하고, 진실로 공손하고 겸양하다)"라 했다. 「欽」자의 고음은 「溪」母「侵」部이고, 「秋」자는 「淸」母「幽」部로 서로 통한다.

「緣(秋)明武禩(威)」는 '군대를 잘 정비하여 위엄을 갖추고 있어야 함'을 말한다.

⑭ 「於(嗚)虖(呼), 敬才(哉)! 朕誾(聞)周長不貳(貳), 叄(務)睪(擇)用周, 果拜不忍, 妥(綏)用多福」

"아, 그러니 신중에 신중을 다하여라! 철저하게 빈틈없이 잘 계획된 일에는 변고가 생겨나지 않듯이, 철저하게 계획하고 꾸며 일을 추진하도록 하여라. 나쁜 무리들을 제거하는 것이 마음 아픈 일이지만 과감하게 제거하고, 많은 복을 내리도록 하여라."

【정리본】

[27]「周」자에 대하여 ≪詩經·鹿鳴≫ 의 ≪傳≫은 "至(지극

---

188) 黃懷信, 앞의 문장, 54쪽 참조.
189) 黃懷信, 앞의 문장, 54쪽 참조.

함)"이라 하였다. 「長」자에 대하여 ≪說文≫은 "久遠也.(매우 길다)"라 하였다. 「貳」자에 대하여 ≪國語·周語下≫의 ≪注≫는 "變也.(「변하다」의 뜻)"이라 하였다.

[28] 「果」자에 대하여 ≪禮記·內則≫의 ≪注≫는 "決也.('결단하다'의 의미)"라 했다. 「拜」자는 ≪詩經·甘棠≫"勿翦勿拜.(자르지도 말고 휘지도 말라)" 중의 「拜」자의 의미와 같다.

[29] 西周金文 중에 「綏用多福」이라는 구절과 유사한 내용이 많이 보인다. 예를 들어, ≪寧簋蓋≫(≪殷周金文集成≫ 4021-4022)는 「用綏多福」으로 쓴다.

【走進】

[33] 「長」: 「長」은 '오래되다'의 의미.

[34] 「貳」: 「貳」는 '변하다'의 의미

【譯註】

「周」자는 '두루'의 의미이다.

「果」자는 '과감히'·'결단코'로 부사용법으로 쓰인다.

「▨(拜)」자가 약간 파손되어 잘 보이지 않지만, 제 3간에서는 「▨」로 쓴다. '제거하다'인 「拔」의 의미로 쓴다.

「綏用多福」 중의 「用」은 「以」의 용법과 같고, 「綏」는 '내려주다'인 「賜」의 뜻이다.

≪周頌 載見≫ "烈文辟公, 綏以多福.(공 많고 문덕을 갖춘 선공들이 많은 복을 내려주시네)" 중의 "綏以多福"은 "綏用多福"과 같다.

⑮「隹(惟)杍(梓)敝不義, 迸(芃)于商, 卑(俾)行量亡乏」

"재목 梓가 피패하고 쓸모없게 되면, 商나라에서 재목이 무성하게 자라게 되어, 사용할 수 있는 물량이 결국 모자라지 않게 된다."

【정리본】

[30] ≪左傳·僖公十年≫≪注≫는 「敝」자에 대하여 "敗也.('해를 입다'의 의미)"라 하였다.

[31] 「迸」자는 「芃」로 읽는다. ≪詩經·棫樸≫의 ≪傳≫은 "木盛貌.(나무가 무성하게 자란 모습)"이라 했다.

[32] 「量」은 '한계'의 의미가 아닌가한다. 이 구절은 이른바 행하는 일에 모자라는 궁핍함이 없다는 뜻이다.

【走進】

[35] 「敝」는 「敗」의 뜻이다.

[36] 「芃(péng)」은 수목이 무성하게 자란 모양이다.

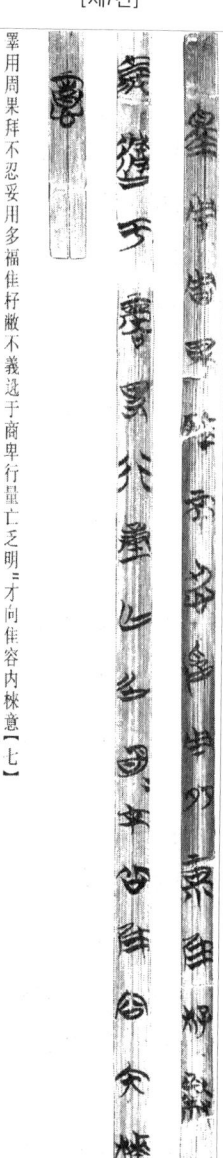

[제7간]

【譯註】

黃懷信은 본 구절을 "言不應使周之梓敗敝而盛于商, 使商量材無乏.(주나라의 梓木이 피폐하게 되고, 상나라에서는 무성하게 자라, 상나라에 인재들이 결핍되지 않도록 해야 한다)"라고 설명하였다. 그러나 전체를 부정하는 「勿」이나 「莫」 혹은 「不」자가 없기 때문에, 본문은 "隹(惟)杍(梓)敝不義"를 조건절로 해석하여, 만약에 梓木이 피폐하게 되고 적절한 대접을 받지 못하면, 상나라에서는 재목이 무성하게 자라 상나라에 그 재목이 넘쳐난다는 의미로 해석하기로 한다.

⑯ 「明=(明明)才(在)向, 隹(惟)容內(納)棶(棘), 意(億)亡勿甬(用), 不忎」

"아래 사람들을 잘 살펴, 가시와 같은 무리들을 포용하여라. 장차 망할 것이라 생각하여 商나라의 인재를 등용하지 않거나 또한 미워하거나 증오하지 말아라."

【정리본】

[33] 「在向」중의「向」자는「尙」자의 오자가 아닌가한다.「上」자로 읽는다.

[34] "惟容內棘"중의「內」자는「納」의 뜻이다. 소인배를 포용하라는 뜻이다.

[35] ≪左傳·襄公二十五年≫≪注≫는「億」자에 대하여 "度也.('헤아리다'의 뜻)"이라 하였다.「億亡」은 '장차 망할 것을 헤아리다'의 뜻이다.

[36] 「忑」자는 원래 「惡」로 쓴다. 「惎」자가 아닌가 한다. ≪說文≫은 "毒也.('해가 되다'의 뜻)"이라 하였다. ≪說文定訓通聲≫은 "憎惡也.('미워하고 증오하다'의 뜻"이라 하였다. 혹은 「惡」자의 생략형이 아닌가한다.

【譯註】

≪書經·呂刑≫은 "穆穆在上, 明明在下.(화목하고 근엄하게 위에서 다스리고, 밝고 분명하게 땅에서 드러네네)"라 하고, ≪大雅·大明≫은 "明明在下, 赫赫在上.(땅 위를 밝게 하고, 위에서 근엄하게 살피고 있네)"라 하였다. 위에서 위엄있고 화목한 모습으로 굽어 살피니, 그 아래에 있는 신하나 백성들은 자신이 할 일이 명확하게 드러난다는 뜻이다.

⑰「思(使)卑腬(柔)和川(順), 眚(生)民不芌(災), 裹(懷)允」

"백성들을 겸손하고 부드럽게 대해주고 해를 당하는 일이 없도록 진실된 마음으로 대하라."

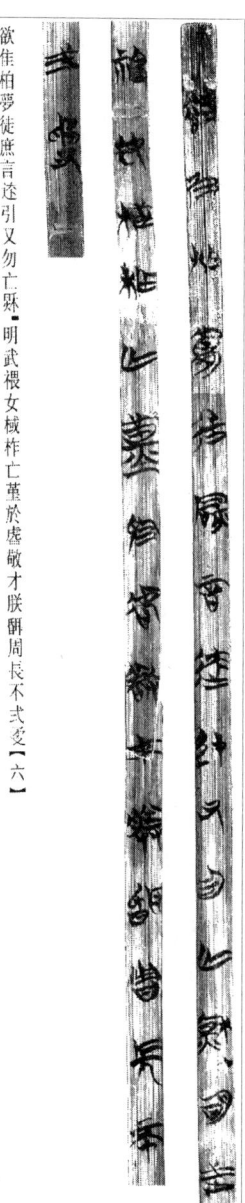

[제8간]

【정리본】

[37]「芀」는「栽(災)」로 읽는다. ≪爾雅·釋詁≫는 "危也.('위태롭다'의 의미)"라 했다.

[38]「懷」자에 대하여 ≪說文≫은 "念思也.('생각하다'의 의미)"라 하고,「允」자에 대하여 ≪爾雅·釋詁≫는 "信也('진실로'의 의미)"라 했다.

⑱「於(嗚)唐(呼)! 可(何)監非旹(時), 可(何)孜(務)非和, 可(何)禔(褱)非妥(文), 可(何)保非道? 可(何)惡(愛)非身? 可(何)力非人」

"아! 너는 어찌 그 때의 시기를 잘 살펴보지 않는가! 어찌 화합하고 화목에 힘쓰지 않는가? 文德을 갖추고자 하지 않는가? 大道를 행하려 하지 않는가? 어찌 자기 몸을 항상 소중하게 생각하지 않는가? 어찌 그들을 근면 성실히 일하도록 하지 않는가?"

【정리본】

[39] "何監非時, 何務非和"란 구절을 ≪逸周書·小開≫는 "何監非時, 何務非德"으로 쓴다.

[40] "何)禔非文" 중「禔」자는「褱」로 읽는다. ≪說文≫은「褱」자에 대하여 "藏也.('간직하다'의 뜻)"이라 하였다. '韜光養晦(재능을 감추고 때를 기다리다)'의 의미이다.

[41] "何愛非身, 何力非人" 구절 중「身」과「人」자는 댓구로 사용되고 있다.「人」은 백성의 의미이다. ≪荀子·富國≫의 "守時力民.(때에 맞추어 백성으로 하여금 힘쓰도록 하다)" 구절에 대

하여 ≪注≫는 「力民」에 대하여 "使之疾力.(힘쓰도록 하다)"라 하였다.

【走進】

[37] "可監非時, 何務非和, 何裏非文, 何保非道, 何愛非身, 何力非人"는 시기적절한 반성, 화목을 의무로 하고, 문덕을 구비하고, 도의를 보존하고, 백성이 일할 수 있도록 하는 것을 말한다.

⑲ 「人愳(謀)彊(彊), 不可以寎(藏)」

"백성들이 전쟁에 대비해서 계획을 강구하도록 하지 않으면 안 된다."

【정리본】

[42] 「愳」자는 「謀」자이다. 「彊」은 「彊」으로 읽고, 「競」의 뜻이다. 음이 비슷하기 때문에 서로 통한다. ≪詩經·桑柔≫에서 ≪毛傳≫은 "競, 强(彊).(「競」자는 '강함을 겨누다'의 뜻)"이라 하였다.

「寎」자의 음성부분은 「뉘」이고, 「藏」으로 읽는다. ≪逸周書·小開≫와 ≪逸周書·大開≫에도 같은 구절이 있다. ≪小開≫는 "人謀競, 不可以"라고 하였는데, 끝에 「藏」

[제9간]

자가 누락되었다. 潘振은 ≪周書解義≫에서 "競, 力也. 藏, 不行也. ……言我後人卽此謀而用力焉, 不可以不行也.(「競」은 '힘을 겨누다'의 뜻. 「藏」은 '하지않다'의 뜻. ……후세가 이 계략을 위하여 힘을 써야지, 이를 실행하지 않으면 안 된다)"라 했다.

【譯註】
　黃懷信은 「藏」자를 '착하다'・'훌륭하다'의 의미인 「臧」으로 보고, 전체적으로 전쟁하는 것을 좋지 않은 것으로 보고 있다.[190] 그러나 이 구절과 다음 구절은 상나라와 전쟁을 해야 하는 상황에서 문왕이 태자에게 훈계하는 내용이다. 전쟁을 할 때 백성과 협력하여 가장 적절한 방법을 찾으라는 내용이기 때문에 黃懷信의 의견은 옳지 않다.

　⑳ 「逡=戒(後戒, 後[戒]), 人甬(用)女(汝)母(謀), 惡(愛)日不跃(足)」
　"항상 후일을 걱정하고 백성들이 너의 지혜를 잘 활용하도록 하고, 시간이 많지 않으니 낭비하는 일이 없도록 하라."

【정리본】
　[43] 「戒」자 아래 중문 부호가 빠졌다. "後戒, 後戒"로 써야 옳다. 이 구절은 ≪逸周書・小開≫와 ≪文儆≫에도 보인다. ≪寤儆≫은 「後戒」로 쓰고, ≪大開≫는 「戒後」로 쓴다.
　[44] 「母」는 「謀」로 읽는다. ≪大開≫는 본 구절과 비슷하게

---

190) 黃懷信, 앞의 문장, 55 쪽 참조.

"人其用汝謀"로 쓴다. 「㤅」자는 「愛」자와 같으며, '소중히 여기다'의 뜻이다. 「跂」자는 「足」자와 같다. 「日不跂」은 「日不足」으로 ≪大開≫는 "維宿不悉日不足(밤이나 낮이나 시간이 부족하다)"으로 쓴다. "宿不悉日不足"에 대하여 潘振은 "日不足, 嫌日短也.('날이 부족하다'라는 것은 '날짜가 짧음을 한탄하는 것을 말한다')"라 했다.

≪詩經・天保≫ "降爾遐福, 維日不足.(당신에게 큰 복 내리심이 받는 날이 부족할세라 많이 내리시네)" 구절에 대하여 鄭玄은 "天又下予女以廣遠之福, 使天下溥蒙之, 汲汲然如日此不足也.(하늘이 나와 너에게 큰 복을 많이 내려 주셔서, 온 백성이 두루 그 혜택을 누릴 날이 얼마 남지 않은 듯 분주하다)"라 했다. 본 구절의 "愛日不足"은 즉 날짜가 얼마 없음을 애석하게 생각하라는 뜻이다.

【走進】

[38] 「謀」은 謀略이라는 뜻이고, 「愛」는 '아깝다'의 뜻이다.

이 구절은 백성들이 너의 책략을 사용할 수 있도록 시간을 아끼도록 하여야 한다는 뜻이다.

【譯註】

본 구절과 관련된 내용을 ≪逸周書・小開≫는 "維周于民人謀競不可以, 後戒後戒, 宿不悉日不足"으로 쓴다. 黃懷信의 ≪逸周書彙校集注≫는 ≪大開≫와 ≪文儆≫ 등을 참고하여 ≪小開≫의 구절을 "維周于民之謀競, 謀競不可以藏, 後戒後戒, 維宿不悉日不

足"으로 써야 한다고 하였다.191) ≪大開≫는 "儆我後人, 謀競不可以藏. 後戒人其用汝謀, 維宿不悉日不足"으로 쓴다.

그러나 ≪淸華簡≫이 "人謀彊彊, 不可以藏. 後戒後戒, 人用汝謀, 愛日不足"으로 쓰는 것으로 보아 「人」자를 「之」로 고치는 것은 잘못된 것이고, 「謀競」이 중복된 것으로 보는 것도 옳지 않다.

≪大開≫와 ≪小開≫의 문장을 이해하기가 쉽지 않다. 「藏」을 「臧」의 가차자로 보고 「善」의 의미로 해석하거나, 혹은 문자 그대로 '감추다'의 의미로 해석하는 등 의견이 분분하다.192)

본문은 潘振의 주장에 따라 「藏」은 '不行(버리다, 쓸모없다)'로 해석하고, 「宿」은 「夜」로, 「悉」은 '盡(다하다)'의 의미로 해석하기로 한다. 潘振은 본 구절을 "言我後人卽此謀而用力焉, 不可以不行也. 告戒子孫用汝今日所聽之謀, 此謀用之而不盡, 日有孳孳, 其可也.(우리 후인들이 이 모략을 힘써 실천해야 실행하지 않으면 안 된다. 네가 들은 오늘의 계략을 자손들에게 알려 주고 훈계하도록 하라. 그리고 이 계략을 끝까지 최선을 다하여 실행하도록 하고, 이를 위해 매일 매일 힘써 노력하도록 해야 한다)"라 했다.193)

---

191) 黃懷信 等著(2006), 같은 책, 230 쪽 재인용.
192) 黃懷信, 앞의 책, 216 쪽 참고.
193) 黃懷信, 앞의 책, 216 쪽.

【부록】

아래 내용은 고서에 보이는 ≪程寤≫와 관련된 내용이다.

≪潛夫論·夢列≫

是故太姒有吉夢, 文王不敢康吉, 祀於群神, 然後占於明堂, 並拜吉夢, 修省戒懼, 聞喜若憂, 故能成吉以有天下.(≪潛夫論≫卷七 ≪夢列≫, ≪潛夫論校箋≫, 中華書局, 1997, 322쪽)

張華≪博物志≫

太姒夢見商之庭産棘, 乃小子發取周庭梓樹, 樹之于闕間, 梓化爲松栢棫柞. 覺驚, 以告文王, 文王曰: 慎勿言.(≪博物志≫卷八, ≪博物志校證≫, 中華書局, 1980, 93쪽)

≪詩經·皇矣≫의 「居岐之陽」구절에 대한 ≪正義≫

≪周書≫稱: 文王在程, 作≪程寤≫·≪程典≫.

≪藝文類聚≫≪夢≫

≪周書≫曰: "太姒夢見商之庭産棘, 太子發取周庭之梓樹於闕, 梓化爲松栢棫柞. 寐覺, 以告文王. 文王乃召太子發, 占之於明堂. 王及太子發並拜吉夢, 受商之大命於皇天上帝.(≪藝文類聚≫卷79 ≪夢≫, 上海古籍出版社, 1982, 1355 쪽)

周太姒夢周梓化爲松.(≪藝文類聚≫卷88, 1513 쪽)

≪太平御覽≫

≪帝王世紀≫曰: 文王昌龍顏虎肩, 身長十尺, 胸有四乳, 晏朝不食, 以延四方之士. 文王合六州之諸侯以朝紂, 紂以崇侯之讒而怒, 諸侯請送文王, 棄于程. 十年正月, 文王自商至程. 太姒夢見商庭生棘, 太子發取周庭之梓樹之于闕, 梓化爲松柏柞棫. 覺而驚, 以告文王. 文王不敢占, 召太子發, 命祝以幣告于宗廟群神, 然後占之于明堂. 及發並拜吉夢, 遂作≪程寤≫.(≪太平御覽≫卷84, 中華書局, 1960, 396 쪽)

≪太平御覽≫

≪周書≫曰: 文王去商在程, 正月旣生魄, 太姒夢見商之庭産棘, 太子發取周庭之梓樹乎闕, 梓化爲松栢棫柞. 寤驚, 以告文王. 王及太子發並拜吉夢, 受商之大命于皇天上帝.(≪太平御覽≫卷397, 1836 쪽)

≪太平御覽≫

又≪程寤≫曰: 文王在翟, 太姒夢見商之庭産棘, 小子發取周庭之梓樹於闕, 化爲松柏棫柞. 驚以告文王. 文王曰召發于明堂, 拜古〈吉〉夢受商之大命.(≪太平御覽≫卷533, 2418 쪽)

≪冊府元龜≫

周文王父季歷之十年, 飛龍盈於殷之牧野, 此蓋聖人在下位將起之符也. 及爲西伯, 作邑於豐. 文王之妃曰太姒, 夢商庭生棘, 太子

發植梓樹於闕間, 化爲松柏柞棫. 以告文王. 文王幣告群神, 與發並拜吉夢.(≪冊府元龜≫卷21, 中華書局, 1960, 220쪽)

≪冊府元龜≫

周文王去商在程, 正月旣生魄, 太姒夢見商之庭產棘, 小子發取周庭之梓樹於門間, 梓化爲松栢棫柞. 寤驚, 以告文王. 文王及太子發竝拜吉夢, 受商之大命於皇天上帝.(≪冊府元龜≫卷892, 10552쪽)

【參考文獻】

李學勤 主篇, ≪淸華大學藏戰國竹簡(壹)(貳)≫, 上海中西書局, 2011-2012.

李學勤, 〈眉縣楊家村新出靑銅器硏究〉, 北京≪文物≫, 2003.6.

馬承源 主篇, ≪上海博物館藏戰國楚竹書(一)(二)≫, 上海古籍出版社, 2001-2002.

李守奎 主編, ≪上海博物館藏戰國楚竹書(一)-(五)文字編≫, 作家出版社, 2007.

荊門市博物館 編著, ≪郭店楚墓竹簡≫, 文物出版社, 1998.

劉國忠, ≪走近淸華簡≫, 高等敎育出版社, 2011.

滕壬生, ≪楚系簡帛文字編(增訂本)≫, 湖北敎育出版社, 2008.

容庚 編著, ≪金文編≫, 中華書局, 1985.

古文字詁林編纂委員會編纂, ≪古文字詁林≫卷三, 上海敎育出版社, 2001.

李零 著, ≪郭店楚簡校讀記≫, 中國人民大學出版社, 2002.

李零 著, ≪上博楚簡三編校讀記≫, 中國人民大學出版社, 2007.

徐中舒 主編, ≪漢語古文字字形表≫, 四川辭書出版社, 1981.

徐中舒 主篇, ≪甲骨文字典≫, 四川辭書出版社, 1988.
張守中 選集, ≪郭店楚簡文字編≫, 文物出版社, 2000.
陳劍, 〈上博簡〈容成氏〉的拼合與編連問題〉, ≪上海博物館藏戰國楚竹書研究續編≫, 上海書店出版社, 2004.
漢語大字典編輯部, ≪漢語大字典≫, 四川辭書出版社, 1990.
屈萬里 註譯, ≪尙書今註今譯≫, 臺灣商務印書館發行, 1969.
金學主 譯著, ≪書經≫, 서울明文堂, 2002.
鄭張尙芳 著, ≪上古音系≫, 上海敎育出版社, 2003.
朱歧祥, ≪殷墟甲骨文字釋稿≫, 臺灣文史哲出版社, 1989.
黃錫全, ≪汗簡注釋≫, 臺灣古籍出版有限公司, 2005.
陳初生 編纂, ≪金文常用字典≫, 陝西人民出版社, 1987.
王鳳陽 著, ≪古辭辨≫, 吉林文史出版社, 1993.
馬瑞辰 著, ≪毛詩傳箋通釋≫, 中華書局, 1989.
湯可敬 著, ≪說文解字今釋≫, 岳麓書社, 2001.
정하연 옮김, ≪呂氏春秋≫, 한국소명출판사, 2011.
崔南圭 역주, ≪上海博物館藏戰國楚竹書≫≪紂衣≫, 소명출판사, 2012.
최남규 저, ≪중국 고대 금문의 이해(Ⅱ)≫, 서울新雅社, 2010.
崔南圭 等著, ≪郭店楚簡老子考釋≫, 도서출판덕, 2011.
張玉金, ≪出土戰國文獻虛詞硏究≫, 人民出版社, 2011.
裘錫圭, 〈談談上博簡和郭店簡中的錯別字〉, ≪華學≫第6

輯, 2003.

淸華大學思想文化硏究所, ≪上博藏戰國楚竹書硏究續編≫, 上海書店出版社, 2004

李松儒, ≪淸華一專輯≫, 復旦大學出土文獻與古文字硏究中心網站, 2011. (http://www.gwz.fudan.edu.cn/SrcShow.asp?Src_ID=1352).

李潤乾 著, ≪楊家村五大考古發現考釋≫, 陝西人民出版社, 2006.

吳鎭烽編 ≪金文人名匯編≫, 中華書局, 1987.

趙誠 編著, ≪甲骨文簡明辭典≫, 中華書局, 1987.

黃懷信, ≪逸周書校補注譯≫, 上海古籍出版社, 2006.

第 三 章

《楚系金文》의 硏究

第三章 楚系金文의 硏究

楚系金文이란 楚나라 혹은 초나라 문화의 영향을 받은 나라가 제조한 청동기에 새겨진 銘文을 말한다.

楚帛書 자료는 戰國 中末期의 것이 가장 많고, 戰國 이전의 것은 보이지 않는다. 초계금문은 東周시기 금문 중 수량이 가장 많기 때문에 초문자 연구와 초백서의 부족한 내용을 보충할 수 있는 중요한 자료이다.

초계금문은 시기적으로 西周 中末期부터 초나라가 秦나라에 멸망할 때까지로 약 6-700년간에 해당된다.

본 장에서는 ≪楚公逆鐘≫·≪楚公家鐘≫과 ≪王子午鼎≫·≪王孫誥鐘≫·≪王孫遺者鐘≫·≪沈兒鐘≫에 대하여 살펴보기로 한다.

≪楚公逆鐘≫의 銘文 考釋에 대한 再考

北宋 때부터 전해내려 오는 탁본 ≪楚公逆鐘≫은 ≪夜雨楚公鐘≫·≪吳雷鎛≫ 등이라고도 하나, 지금은 일반적으로 ≪楚公逆鐘≫이나 ≪楚公逆編鐘≫이라 불린다. 趙明誠 ≪古器物銘≫은 본 기물이 宋 徽宗 政和三年(1113年)에 湖北省 鄂州嘉魚縣 太平湖에서 출토되었다고 하나,[1] 기물은 이미 유실되어 전해 내려오지 않는다.

≪楚公逆鐘≫ 銘文은 宋 王厚之≪復齋鐘鼎款識≫에서 제일 먼저 두 개의 탁본을 소개되었다. 그 중의 하나는 王厚之 자신이 秦檜의 아들 秦熺로부터 구입한 「一德格天閣」의 옛 탁본이고, 두 번째는 王厚之가 후에 보충한 石公弼이 소장하고 있던 탁본이다. 그러나 1843년에 ≪復齋鐘鼎款識≫가 불에 타서 없어지고, 지금의 탁본은 阮元이 후에 다시 복각한 것이다.

孫詒讓은 ≪古籀拾遺≫에서 楚公 逆은 熊鄂이라고 주장하였다.[2] 이 종에는 종을 만든 날을 「隹八月甲申」이라 하고, 1993년

---

1) 『趙明誠≪古記物銘≫云獲: 於鄂州嘉魚縣.』(王厚之, ≪復齋鐘鼎款識≫), ≪殷周金文集成≫, 第一卷, '106,b-8' 설명부분.
2) ≪金文文獻集成≫第10卷 참고. 「逆」자의 편방「屮」는「咢」과 서로 통한다는 주장이다. ≪金文編≫은「0165 㗊」의「㗊」(≪噩侯簋≫)에서 "咢, 從㗊從屮, 叩, 㗊同意喪. …噩本或作咢. 史記歷書作鄂, 是噩, 卽咢, 又孽乳爲鄂也.(「咢」자는「叩」과「屮」로 이루어진 자이다.「叩」과「㗊」은 모두「喪」의 뜻이다. …「噩」자는 원래「咢」으로 쓴다. ≪史記·歷書≫는「噩」자를「鄂」으로 쓴다.「咢」자는「鄂」의 의미로도 쓰인다)"(77 쪽).

≪楚公逆鐘≫은「隹八月甲午」라 하였다.「甲申」은「甲午」일 보다 십일이 더 빠르다. 熊鄂의 재위 기간은 BC 799년에서 791이고, 八月 중 甲申日이 있는 해는 재위 1년(BC 799)과 재위 4년(BC796), 재위 7년(BC 793), 재위 9년(BC 791)이다. 재위 첫해나 혹은 마지막 해에는 종을 만들었을 가능성이 아마도 적기 때문에 본 종은 BC796에서 BC 793년 사이에 만들어진 것으로 보인다.3)

宋나라 때부터 전해 내려오던 탁본은 이미 불타 없어지고, 현재 우리가 볼 수 있는 탁본은 阮元이 翻刻한 것이기 때문에 원형과는 차이가 있을 것이다.

銘文은 왼쪽에서 오른쪽으로 쓰고, 필획의 방향과 편방의 위치가 좌우로 바뀌었다. 출토 당시 이미 심하게 부식되어 명문을 알아보기가 쉽지 않고, 字間과 편방의 위치가 비교적 자유롭기 때문에 문자에 대한 해석 또한 학자마다 의견이 다르다.

아래 탁본은 ≪復齋≫本의 復原本과 小校本의 ≪楚公逆鐘≫이다.4)

---

3) 段渝,〈楚公逆編鐘與周宣王伐楚〉,≪社會科學硏究≫, 2004년, 134 쪽.
4) 郭沫若,≪兩周金文辭大系圖錄考釋≫(上海書店出版社, 1999), 錄177.≪楚公逆鐘≫은 宋徽宗 政和三年(1113)에 湖北省 嘉魚縣의 太平湖에서 邵澤民에 의하여 발견되어 秦檜가 소장해 오다가 산실되어 지금은 전해내려오지 않는다.

404　中國 戰國시기 楚나라 文字의 이해

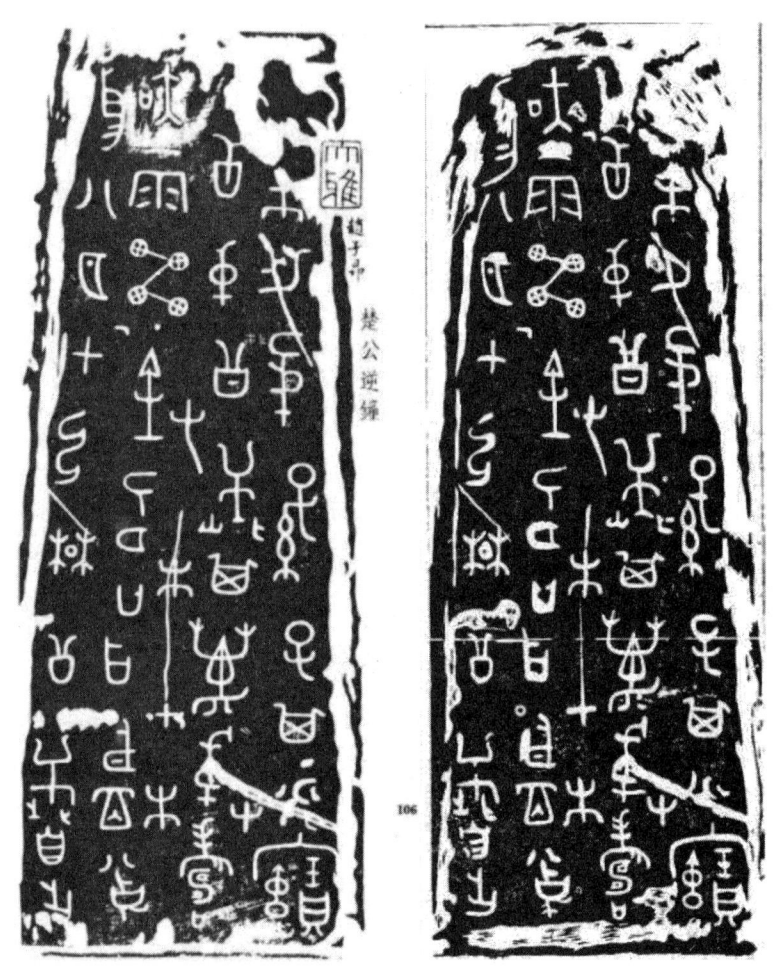

본 명문 釋文에 관한 각 학자들의 주장은 아래와 같다.5)

---

5) 금문의 내용은 "八月 甲申 일에 楚公 逆은 소리가 우레와 같은 큰 鎛을 만들었다. 음향이 좋은 이 종을 만들어 楚公 逆이 만년토록 장수하고 나라의 평온을 기원하고자 한다. 자손들은 이를 소중하게 영원히 간직하기를 바라노라"이다.

第 三 章 楚系金文의 硏究   405

郭沫若:6)

唯八月甲申, 替(楚)公逆自作(作)夜雨䨲(雷)鈌(鎛). 毕格(名)曰: □柵(和)八㡀, □□屯(純)公, 逆其萬秊又壽, □[保其]身, 孫子其永寶.

中國社會科學院考古硏究所7):

唯八月甲申楚公逆自作 / 大雷鎛厥名曰[身柵]□□ / □□□ 公逆其萬年有壽 / [□]保厥身, 孫子其永寶.

張亞初:8)

唯八月甲申, 楚公逆自乍(作)夜雷鎛, 厥格(名)曰身盉柵(恊), 爲 □舌屯, 公逆其萬年又(有)壽, □師□身, 孫子其永寶.

≪商周靑銅器銘文選≫:9)

唯八月甲申, 楚公逆自乍 / 夜䨲(雷)鎛, 毕格(名)曰□柵, 爲 / ⿰U⿱公. 逆其萬年又(有)壽, / □身, 孫子其永寶.

李學勤:10)

唯八月甲申, 楚公逆自乍(作) / 大雷[鐘], 厥名曰□□ / □□. [楚]公逆其萬年壽 / □□亡□, 孫子其永寶.

보이지 않은 銘文이 많기 때문에 전체적인 의미 파악이 쉽지 않다. 우리말 해석은 ≪楚系金文彙編≫의 석문을 따르기로 한다.

6) 郭沫若, ≪兩周金文辭大系圖錄考釋≫, 錄177.
7) ≪殷周金文集成釋文≫, 中國社會科學院考古硏究所 編, 第一卷, 68 쪽.
8) 張亞初 編著, ≪殷周金文集成引得≫, 3 쪽.
9) 馬承源, 馬乘源, ≪商周靑銅器銘文選≫(全四冊), 文物出版社, 1986·1987·1988·1990年
10) 李學勤, ≪試論楚公逆編鐘≫, ≪文物≫, 1995年 第2期, 69-72 쪽 참고.

李零:11)

佳(唯)八月甲申, 楚公逆自乍(作) ／ ▨雨▨(雷)鎛, 㞷(厥)格(名)曰『▨▨』, ▨/ ▨▨▨. 逆其萬年又(有)壽, ／ ▨▨▨. 孫子其永寶.

曾憲通:12)

唯八月甲申, 楚公逆自乍(作) ／ 大雷鐘, 厥名曰: 盃(穌)䕫(鑑), ／ 鐘. 楚公逆其萬年壽, ／ [用]保其邦, 孫子其永寶.

劉彬徽13)

唯八月甲申, 楚公逆自乍(作) ／ 大雷鐘, 㞷(厥)名曰: 盃(穌)卣(林), ／ 鐘. 楚公逆其萬年壽, ／ [用]保厥邦, 孫子其永寶.

본문은 《楚公豢鐘》과 1993년 晉侯墓에서 출토된 《楚公逆鐘》을 비교하고, 그동안 연구결과를 참고하여 의견이 다른 글자들을 중심으로 살펴보기로 한다.

1993년 山西省 臨汾市 曲沃縣 北趙村에 있는 晉侯墓 64號에서 출토된 《楚公逆鐘》은 여덟 개가 하나의 조를 이룬 편종이다. 이 편종은 周 宣王 시기, 周나라와 楚나라, 周나라와 晉나라의 관계를 이해할 수 있는 중요한 역사적 자료이기 때문에 宋代의 《楚公逆鐘》과 비교하여 활발한 연구가 진행되었다. 1993년

---

11) 李零, 《楚公逆鎛》, 《漢江考古》, 1983年第2期(《金文文獻集成》第29卷, 106 쪽 참고.
12) 曾憲通, 〈宋代著錄楚公逆鐘銘文補釋〉, 《徐中舒先生百年誕辰紀念文集》(巴蜀書店, 1998年), 108-110 쪽 참고.
13) 劉彬徽, 《楚系金文彙編》, 湖北敎育出版社, 44 쪽 참고.

≪楚公逆鐘≫에 관한 비교적 중요한 연구자의 석문을 살펴보면 아래와 같다.

劉彬徽:14)

唯八月甲午, 楚公逆祀厥(厥)先 / 高祖考, 夫工四方首. 楚公 / 逆出, 求厥(厥)用祀. 四方首休多擒(擒)鎮 / 蠱, 内(入)鄉(饗)赤 金九萬鈞. 楚公 / 逆用自乍(作)穌燮錫鐘百飤(肆)。楚公逆其萬年 / 壽, 用保厥(厥)大 / 邦, 永寶.

李學勤:15)

唯八月甲午, 楚公逆祀厥先高祖考·大工·四方首. 楚公逆出, 求厥用祀四方首, 休, 多擒. 鎮蠱内鄉赤金九萬鈞. 楚公逆用自作 穌燮錫鐘百□. 楚公逆其萬年用, 保□大邦, 永寶.

黃錫金:16)

隹(唯)八月甲午, 楚公逆祀厥(厥)先高取(祖)考, 夫(敷)壬(任)四 方首. 楚公逆 出, 求厥(厥)用祀. 四方首休多擒(勤)鎮(欽)蠱(融) 内(入)鄉(享)赤金九邁(萬)鈞. 楚公逆用自乍(作)穌燮(齊)錫(盪)鐘 百飤(肆)楚公逆其萬年壽, 用保厥(厥)大邦, 永寶.

董珊:17)

---

14) 劉彬徽, ≪楚系金文彙編≫(湖北教育出版社, 2009), 47 쪽.
15) 李學勤, 〈試論楚公逆編鐘〉, ≪文物≫, 1995年第2期, 69 쪽.
16) 黃錫金·于炳文, 〈山西晉侯墓地所出楚公逆鐘銘文初釋〉, ≪考古≫, 1995年第2 期, 176 쪽 참고.
17) 董珊, 〈晉侯墓出土楚公逆鐘銘文新探〉, ≪中國歷史文物≫, 2006年第6期, 67-74

唯八月甲午, 楚公逆祀毕(厥)先 / 高昙(祖)考, 夫(敷)工(共, 供)
三(四)方首. 楚公逆 / 出求人用祀三(四)方首, 休多禽(擒)鎮 / 鑪
(毓?)内(納)飨(享)赤金九萬鈞. 楚公 / 逆用自乍(作)龢妻(諧)錫(盪)
鐘百飤(肆). 楚
公逆其萬年 / 壽, 用保毕(厥)大 / 邦, 永寶.

段渝: 18)
唯八月甲午, 楚公逆祀厥先高祖考・大工四方首. 楚公逆出, 求
厥用祀四方首, 休, 多擒. 鎮鑪内飨赤金九萬鈞. 楚公逆用自作龢
燮錫鐘百□. 楚公逆其萬年用, 保□大邦, 永寶.

鄒芙都:19)
唯八月甲午, 楚公逆祀毕先高祖考, 夫任四方首. 楚公逆出求毕
用祀四方首, 休多鎮鑪(融), 内(納)飨(享)赤金九萬鈞. 楚公逆用自
作龢齊(協)錫鐘百飤(肆). 楚公逆其萬年壽, 用保毕大邦, 永寶.

1993년 ≪楚公逆鐘≫에 관한 종합적인 연구에 대한 설명은 다음 기회로 미루기로 하고, 이 명문을 이용하여 宋代 ≪楚公逆鐘≫의 명문에 대하여 살펴보기로 한다.

쪽 참고.
18) 段渝, 〈楚公逆編鐘與周宣王伐楚〉, ≪社會科學研究≫, 2004年第2期, 133 쪽 참고.
19) 鄒芙都, ≪楚系銘文綜合研究≫, 巴蜀書社, 33 쪽 참고.

第 三 章 楚系金文의 硏究   409

1993년 ≪楚公逆鐘≫

① 「」(「隹(唯)」)

≪楚公逆鐘≫의 「」자는 「隹(唯)」자의 필획 방향을 좌측을 향

하여 쓴 형태이다. 「唯」자 혹은 「隹」자를 금문은 「⿰」(≪沈子它簋≫), 「⿰」(≪史頌鼎≫)로 쓰거나, 필획의 방향을 좌측으로 바꾸어 「⿰」(≪弔單鼎≫)・「⿰」(≪盂爵≫)・「⿰」(≪白者君盤≫)로 쓰기도 한다.20) 한편 옆 줄에 있는 「⿰」자를 郭沫若은 「夜」자로 예정하고 있으나, 편방 「⿰」는 「⿰」자에 속하는 즉 「唯」 중의 「口」인 것으로, 「⿰」자를 좌우방향을 바꾸어 쓴 형태다.21) 1993년 晉侯墓에서 발견된 ≪楚公逆編鐘≫은 「⿰」로 쓴다.

② 「⿰」(「申」)

「申」자를 금문 중 ≪丙申角≫은 「⿰」으로, ≪申簋≫는 「⿰」으로, ≪王子申盞盂≫는 「⿰」으로, ≪楚子匜≫는 「⿰」으로 쓴다.22) ≪楚公逆鐘≫의 「⿰」은 금문의 일반적인 형태변형이거나 혹은 「⿰」자를 잘못 復刻한 것으로 보인다.23) ≪包山楚簡≫은 「⿰」으로, ≪郭店楚簡・忠信之道≫는 「⿰」으로, ≪上博楚簡・容成氏≫는 「⿰」으로 쓴다.

---

20) 容庚, 같은 책, '0137 唯', 62 쪽, '0598 隹', 251쪽 참고.
21) 李學勤(1995), ≪試論楚公逆編鐘≫, 70 쪽 참고.
22) 容庚, 같은 책, '2399 申', 999 쪽 참고.
23) 李學勤, ≪試論楚公逆編鐘≫, ≪文物≫, 1995年 第2期, 70 쪽 참고.

third 章 楚系金文의 研究   411

③ 「▮」(「楚」)

「楚」자를 ≪楚公豪鐘≫은 「▮」로, ≪楚公豪戈≫은 「▮」로 쓴다.24) 금문은 「林」과 「疋」聲으로 이루어진 형성자이다. ≪說文解字≫는 「▮」자에 대하여 "叢木. 一名荊也. 从林疋聲('많은 나무'의 의미. 혹은 모형나무라고도 한다. 편방 「林」과 「疋」聲으로 이루어진 형성자)"라 설명하였다. 「足」과 「疋」는 고문자에서 같다. ≪兩周金文辭大系≫은 「▮」자를 「棽」로 예정하고 있으나 편방 「林」의 가운데 부분 「▮」은 「石」이 아니라, 편방 「足」 혹은 「疋」 중 윗부분이며, 아래 부분 「▮(止)」는 拓本에서 보이지 않는다.25) ≪楚公逆編鐘≫은 「▮」로 쓴다. ≪上博楚簡·孔子詩論≫은 「▮」로, ≪淸華簡·楚居≫는 「▮」로 쓴다.

④ 「▮」(「逆」)

「逆」자를 첫 번째 줄에서는 「▮」으로, 세 번째 줄에서는 「▮」으로 쓴다. 금문 중 「逆」자는 일반적으로 편방 「辵」과 「屰」聲으로 「▮」(≪令簋≫)·「▮」(≪逆尊≫)·「▮」(≪同簋≫)으로 쓰고, 혹은 편방 「口」을 추가하여 「▮」(≪多友鼎≫)으로 쓰거나 편방 「止」를 생략하고 「▮」(≪仲爯簋≫)으로 쓴다.26) 「▮」·「▮」자 중 「▮」은

---

24) 容庚, 같은 책, '0967 ▮, 408 쪽 참고.
25) 李學勤, ≪試論楚公逆編鐘≫, 70 쪽 참고.

즉 「⿰」은 편방 「彳」의 간략형이 아닌가 한다. ≪楚公逆編鐘≫은 「◯(兇)」으로 쓴다. ≪郭店楚簡·性自命出≫은 「◯」으로, ≪上博楚簡·三德≫은 「◯」으로, ≪淸華簡·金滕≫은 「◯」으로 쓴다.

⑤ 「◯」(「大」)

「◯」자를 郭沫若은 「夜」자로 예정하고 있으나, 편방 「口」는 「唯」자 중의 일부이다. 「大」자를 ≪頌鼎≫은 「大」로, ≪毛公鼎≫은 「大」로 쓴다. ≪郭店楚簡·老子甲≫은 「大」로, ≪上博楚簡·天子建州≫는 「大」로, ≪淸華簡·尹至≫는 「大」로 쓴다.

⑥ 「◯」(「雷鐘」)

「◯」자를 郭沫若은 「雨雷」두 자로 예정하고 있으나, 「雨」와 「畾」로 이루어진 「雷」자 한 자이다. 「雷」자를 ≪師旂鼎≫과 ≪洹子孟姜壺≫는 편방 「雨」를 생략하여 「◯」·「◯」로 쓰고, ≪盠駒尊≫은 「◯」로 쓴다.27) ≪包山楚簡≫은 「◯」로, ≪淸華簡·金滕≫은 「◯」로 쓴다.

劉彬徽≪楚系金文彙編≫이 「鎛」으로 예정하고 있는 「◯」자는

---

26) 容庚, 같은 책, '0217 ◯', 96쪽 참고.
27) 容庚, 같은 책, '1870 ◯', 751쪽 참고.

復刻할 때 「鐘」자의 일부만이 번각된 것으로 보인다.28) 즉 편방 「童」자 중 일부 필획이 빠졌다. ≪楚公豪鐘≫은 「⬚(⬚)」(≪集成≫0042)・「⬚(⬚)」・「⬚(⬚)」(≪集成≫0043)・「⬚(⬚)」(≪集成≫0044) 등으로 쓴다. 「⬚」자는 아마도 「⬚」의 형태를 부식 상태가 심하여 이를 잘못 복각한 것으로 보인다. ≪新蔡甲三≫은 「⬚」으로, ≪上博楚簡・君人者何必安哉≫은 「⬚」으로 쓴다.

⑦ 「⬚」(「乎(厥)格(名)」)

「⬚」자는 「乎」자의 방향을 바꾸어 쓴 것이다. 금문 중 ≪師旂鼎≫은 「⬚」로, ≪儀仲鼎≫은 「⬚」로 쓴다.29)

≪楚系金文彙編≫이 「名」자로 예정하고 있는 「⬚」자는 「格」으로 예정하기도 한다. 「名」자로 예정하는 경우는 「⬚」 중 「木」 부분은 잘못 새긴 것으로 보고 있다. 李學勤은 ≪試論楚公逆編鐘≫에서 "其第二、三行之間中下部, 第三、四行之間下部, 都有坼裂痕跡, 若干處被誤剔成「中」・「木」・「十」等形. 過去釋讀者總是把這些誤剔當做字或字的偏旁, 引出種種誤會, 其實看看這誤剔大多上下在一條直線上, 就易于明白.(이 명문의 두 번째와 세 번째 혹은 세 번째와 네 번째 줄의 아래 부분에 약간의 갈라

---

28) 鄒芙都, 같은 책, 32쪽 참고.
29) 容庚, 같은 책, '2027 ⬚', 817 참고.

진 흔적이 있으며, 「屮」・「木」・「十」 등의 몇몇 자형은 잘못 새겨 넣고 있다. 이전에 이러한 자형들을 문자나 혹은 편방으로 인식하여 문자 인식에 오해를 불러 일으켰다. 이 자형들은 한 줄로 나란히 삐져나와 새겨져 있어 쉽게 분별해 낼 수 있다)"라고 설명하고 있다.30) 그러나 復刻을 할 때, 분명히 어떤 字迹을 확인하고 새겼을 것이다. 따라서 새긴 것이 잘새겼건 잘못 새겼건 간에 문자 중 어느 한 부분임이 분명한 것으로 보인다. 따라서 「▣」자는 편방 「木」과 「名」聲으로 이루어진 「柗」자인 것으로 보인다. 「柗」과 「名」은 음이 통한다.

⑧ 「▣」(「盉(龢)亯(林)」)

「▣」자에 대하여 의견이 분분하다. 李學勤은 오른쪽 부분의 「▣(十)」과 「▣(木)」은 잘못 새겨 넣은 것으로 보고 있다. 동시에 이 자를 인식하지 못하는 자로 보고 있다. 「▣」과 「▣」은 「▣」 중의 일부 필획을 잘못 복각한 것으로 보인다.

≪楚系金文彙編≫은 「盉(龢)」로 예정하고 있다. 이 자의 오른쪽 부분 「▣」는 원래 「禾」를 잘못 새긴 것이고,31) 「▣」는 「龢」자 중의 편방 「▣」를 잘못 새긴 것이고,32) 「▣」은 「皿」인 것으

---

30) 李學勤, ≪試論楚公逆編鐘≫(1995), 70쪽 참고.
31) 「禾」자를 ≪利簋≫은 「▣」로 쓰고, ≪鄂君啓節≫은 「禾」자를 「▣」로 쓴다.(容庚, 같은 책, '1157 ▣', 499쪽 참고).

로 보인다. 따라서 이 자는 「𥁓」로 예정할 수 있다. 「𥁓」자는 「盉」자와 음과 의미가 통한다.

「▨」자에 대하여 역시 의견이 분분하다. ≪楚系金文彙編≫은 「㐭(林)」으로 예정하고 있다. ≪楚公豙鐘≫은 「㐭」자를 「▨」·「▨」·「▨」·「▨」으로 쓴다. 문자의 형태와 ≪楚公豙鐘≫의 내용 등을 참고하여, 「▨」자는 「䜿」자인 「▨」·「▨」자를 잘못 번각한 것이 아닌가한다. 「䜿」자는 편방 「攴」와 「㐭」聲으로 이루어진 자로 「林」과 통한다.

≪金文編≫은 「0971 䕻」의 「▨」(≪虢弔鐘≫)자 아래에서 "說文所無, 即左傳襄公十九年季武子作林鐘之林之專字.(≪說文≫에는 보이지 않는다. 이 자는 ≪左傳·襄公十九年≫에서 季武子(季孫宿)가 '「林鐘」을 만들었다' 중 「林」자의 전용 문자이다)"라 설명하고 있다.[33]

陳初生의 ≪金文常用字典≫은 "甲骨文有▨字, 于省吾以爲廩之初文. ▨爲倉廩之象形, 秝示禾稼. 金文以林, 陳抗以爲乃意符訛變爲聲符. 或增意符攴·刂, 或又增泉, 其義不詳. 銘文多借用爲音律「林鐘」之林, 便增意符金作鏥·鐮, 從金者當爲林鐘之專字.(于省吾는 甲骨文의 「▨」자는 「廩」자의 초기 형태라 하였다. 「▨」은 창고의 모양이고, 편방 「秝」은 농작물을 나타낸다. 陳抗은 金文

---

32) 금문은 「䜭」자를 「▨」(≪䜭爵≫)·「▨」(≪牆盤≫·「▨」(≪師兌簋≫)로 쓴다. (容庚, 같은 책, '0305 ▨', 124 쪽.)
33) 容庚, 같은 책, 410 쪽 참고.

에서 편방 「林」은 「원래 의미를 나타내는 意符였는데 후에 음성을 표시하는 聲符로 변하였다」라 하였다. 후에 의미를 표시하는 편방 「攴」·「刂」가 추가되기도 한다. 혹은 편방 「泉」을 추가하여 쓰기도 하는데 그 이유는 아직 확실치 않다. 이 자는 銘文에서 音律 「林鐘」 중의 「林」의 의미로 쓰며, 意符 「金」을 추가하여 「鐳」·「鐛」으로 쓴 자는 전문적으로 「林鐘」 중의 「林」자이다"라 하였다.34)

王念孫의 ≪廣雅疏證≫은 ≪廣雅·釋詁≫의 "林, 衆也.(「林」자는 '많다(衆)'의 의미)"에 대하여 "≪周語≫: '林鐘, 和展百事, 俾莫不任肅純恪也.」 韋昭注云「林鐘也, 言萬物衆盛也.'≪白虎通義≫云: '六月謂之林鐘何? 林者, 衆也. 萬物成熟, 種類衆多也.'(≪周語≫의 '音律 「林鐘」은 만사가 화통하여 자신의 임무를 성공적으로 완수함을 의미한다'에 대하여 韋昭는 '「林鐘」은 천하의 만물이 번성함을 말하다'라 설명하였고, ≪白虎通義≫는 '유월을 林鐘이라 하는데, 「林」는 '많다'라는 의미로, 만물이 성숙하여 종류가 많아짐을 말한다'라 했다)"고 설명하고 있다.35)

따라서 「數(林)鐘」은 두 가지 의미로 해석할 수 있다. 하나는 12가지 音律 「黃鐘」·「大呂」·「太簇」·「夾鐘」·「姑洗(xiǎn)」·「仲呂」·「蕤賓」·「林鐘」·「夷則」·「南呂」·「無射」·「應鐘」 중의 하나이며, 두 번째는 「林」자를 '많다'라는 의미로 해석하여 「林鐘」을 수량이 많은 「編鐘」으로 해석할 수 있다. 馬承源은 ≪商周靑銅雙音鐘≫에서 "大林不是律名, 是指鐘數衆多的意思. ……其

---

34) 陳初生, 같은 책, 633-634 쪽 참고.
35) ≪漢語大字典≫, 재인용, 1165 쪽 참고.

數衆多, 編懸之似林聚植, 故稱大林鐘或林鐘.(「大林」은 音律의 명칭이 아니고, 종의 수가 많다라는 의미이다. …… 걸어놓은 편종이 마치 나무를 많이 심어 수풀을 이루는 것과 같이「大林鐘」혹은「林鐘」이라 하였다)"36)라 설명하였다.

그러나 陳雙新의 〈樂器銘文「龢」·「协」·「錫」·「雷」·「霸」釋義〉과37) 鄒芙都의 ≪楚系銘文綜合硏究≫는「龢」·「龣(林)」과「㐭」은 소리를 형용한 수식어이며,「龣(林)」과「㐭」의 음은「霝」과 통하여 조화를 이루어 아름답게 울려 퍼지는 鐘聲을 나타낸다고 하였다.38)

「龣(龣)」자를「龣」·「龣」등으로 쓴다.「龣」자 중의 편방「攵」은「攴」·「攵」의 변형이다.

「㐭(㐭)」자에 대하여 ≪說文解字≫는 "穀所振入. 宗廟粢盛, 倉黃㐭而取之, 故謂之㐭. 从入, 回象屋形, 中有戶牖. 廩, 㐭或从广从禾.(곡식을 수확하여 보관하는 장소. 종묘에서 제사드릴 때 사용하는 곡식은 노랗게 곡식이 익을 때 소중하게 수확하기 때문에「㐭」이라 한다. 편방「入」과「回」은 보관하는 창고의 모양이고, 중간은 창고 문이다.「㐭」자를 혹은 편방「广」과「禾」를 써서「廩(廩)」으로 쓴다)"라 설명하고, 음은「力甚切」이다. 甲骨文은「㐭」·「㐭」·「㐭」·「㐭」·「㐭」·「㐭」·「㐭」으로 쓴다.39)

---

36) 馬承源, ≪商周靑銅雙音鐘≫, ≪考古學報≫, 1981年 第1期.
37) 陳雙新, ≪古漢語硏究≫, 2006年第1期, 42-43 쪽 참고.
38) 鄒芙都, ≪楚系銘文綜合硏究≫, 29 쪽 참고.
39) ≪甲骨文編≫, 250 쪽 참고.

≪楚公豪鐘≫의 「䣁」의 자형과 비슷하다. ≪金文編≫은 「㐭」자를 수록하지 않고, 「0888 㮚(㮚)」에 「㮚」・「㮚」・「㮚」・「㮚」 등을 수록하고,40) 「0971 䕃」자 아래 「䕃」・「䕃」・「䕃」・「䕃」・「䕃」・「䕃」・「䕃」・「䕃」・「䕃」・「䕃」자 등을 수록하고 있다. 이들 문자 중 「䕃」(≪奐卣≫)은 「㮚」자에 「䕃」(≪師臾鐘≫)은 「䕃」자에 수록하고 있으나, 형태는 같다. ≪金文編≫ 「0971 䕃」에 수록하고 있는 銘文은 모두 「㐭(㮚)」과 같은 자이다. 이 자들의 가장 기본적인 형태는 「㐭」이다. 후에 곡식을 상징하는 편방 「禾」・「米」나 「秝(林)」을 추가하거나, 수확을 상징하는 편방 「刀」・「攴」를 추가하고, 종 소리를 나타내는 의미로 가차되었기 때문에 「金」을 추가하여 쓴 것이다. 「䕃」자 중의 편방 「𠙺」을 「泉」으로 예정하기도 하나, 이 자는 종소리를 상징하기 때문에 아마도 「鐘」을 상징하는 의미로 추가한 意符이다.41)

林 liəm/liem(侵B); liəm/liɪm(侵A)　　　　侵部開三
㐭(㮚) liəm/liem(侵B); liəm/liɪm(侵A)　　　侵部開三

위의 음은 周法高의 古擬音이다.42) 「林」자는 平聲이고, 「㐭(㮚)」자는 上聲으로 聲調만 다르고 음은 같다. 따라서 음성상 서

---

40) 容庚, 같은 책, 382 쪽 참고.
41) 각종 「㮚」자에 대한 해석은 ≪古文字詁林≫ 第5卷, 583 쪽 참고.
42) 周法高, ≪周法高上古音韻表≫, 251 쪽 참고.

第 三 章 楚系金文의 硏究 419

로 통한다.

⑨ 「▨」(「鐘楚」)

「▨」자와 「▨」자를 ≪楚系金文彙編≫은 「鐘楚」로 예정하고 있다. ≪兩周金文辭大系≫와 ≪殷周金文集成釋文≫은 「▨」자 앞에 한 문자가 더 있는 것으로 보고 있으나, 현재는 확실히 알 수가 없다. 「▨」과 「▨」는 번각할 때 자형 전체가 잘 보이지 않기 때문에 일부만을 번각한 것으로 보인다. ≪楚公𧤒鐘≫은 「鐘」자를 「▨(▨)」・「▨(▨)」・「▨(▨)」・「▨(▨)」 등으로 쓴다. 「▨」은 「鐘」자 중 「童」의 일부분에 해당되고, 전체적으로 「▨」과 유사한 형태가 아닌가 한다.

「▨」자는 「楚」자의 일부분만을 번각한 것으로 보인다. 「楚」자를 ≪楚公𧤒鐘≫은 「▨」・「▨」・「▨」・「▨」・「▨」로 쓴다.⁴³⁾

⑩ 「▨」(「萬年」)

「▨(萬)」자를 晉侯墓 ≪楚公逆鐘≫은 「▨(▨)」으로 쓴다. 金文 중 ≪史寏簋≫는 「▨」으로, ≪畢鮮簋≫는 「▨」으로, ≪裵盤≫

─────────────────
43) 曾憲通(1998), ≪宋代著錄楚公逆鐘銘文補釋≫, "當是▨字殘存之迹.", 110쪽.

은 「囍」으로 쓴다.44) 楚竹簡 중 ≪郭店楚簡・老子甲≫은 「囍」으로, ≪郭店楚簡・太一生水≫는 「囍」으로, ≪上博楚簡・紂衣≫는 「囍」으로, ≪淸華簡・保訓≫은 「囍」으로 쓴다.

「囍」자 중 오른쪽 부분을 李學勤≪試論楚公逆編鐘≫은 자형이 아닌 것을 잘못 번각해 넣은 것으로 보고 있으나, 앞에서 살펴본 「囍」자와 같이 「季(年)」자의 일부 필획을 독립적으로 잘못 번각한 것으로 보인다. 금문은 「年」자를 ≪仲師父鼎≫은 「囍」으로 쓰고, ≪中義父鐘≫은 「囍」으로, ≪齊癸姜簋≫는 「囍」으로 쓴다.45) 晉侯墓 ≪楚公逆鐘≫은 「囍(囍)」으로 쓴다. 楚竹簡 중 ≪上博楚簡・周易≫은 「囍」으로 ≪上博楚簡・容成氏≫는 「囍」으로, ≪淸華簡・保訓≫은 「囍」으로 쓴다.

⑪ 「□囍囍」(「[用]保其邦」)

≪楚系金文彙編≫이 「[用]保厥邦」으로 석문하고 있는 부분을 曾憲通은 「[用]保其邦」으로 석문하고 이 부분에 대하여 상세하게 설명하고 있다.

現在讓我們來仔細考察宋本的情況, 根據王復齋所傳之善本, 第四行「孫」字之上只有四个字的位置.「孫」上一字作囍, 疑是「邦」字

---

44) 容庚, 같은 책, '2354 囍', 951 쪽 참고.
45) 容庚, 같은 책, '1164 囍', 501 쪽 참고.

邑旁之誤剔. 据新出編鐘銘, 原本當作 [圖], 反書爲 [圖], 因誤剔而變形, 然從「[圖]」從「[圖]」尚隱約可尋. 其右旁之 [圖] 則被銹所掩蓋. 再上一字作 [圖], 疑是 [圖] 字之半. 本當作 [圖], 因中間有裂痕穿過而引起訛變. 再上一字依趙本上一筆略向上彎, 作「[圖]」形, 疑是「[圖]」之右半, 因而反書在左旁, 可能由于被銹掩后誤剔所致. 其右旁之「[圖]」靠邊框處也爲銹所掩或已銹蝕而毫无蹤迹. 末行最上一字各本皆煙滅无存. 但如前面推測不誤, 則煙滅之處非「用」字莫屬. 總而言之, 宋本第四行上段宜讀爲"[用]保其邦", 與新出編鐘之"用保厥大邦"立意正同.(지금 송대의 탁본을 자세히 살펴보면, 宋≪王復齋鐘鼎款識≫本46)의 네 번째 줄「孫」자 위에는 네 자가 들어갈 수 있는 공간이 있다.「孫」자 위의「[圖]」자는「邦」자의 편방「邑」을 잘못 새긴 것이 아닌가 한다. 새로 출토된 編鐘은 편방「邑」을「[圖]」으로 쓰는데, 이는 반대로 쓰면「[圖]」으로, 잘못 새긴 것이다. 편방「[圖]」과「[圖]」의 字迹이 아직도 남아있다. 이 자의 우측 편방「[圖]」은 부식되어 보이지 않는다.

이 자 위의「[圖]」는 편방「[圖]」의 일부분으로「[圖]」로 써야 하는데, 중간 부분에 갈라진 홈이 있어 오해를 불러일으킨 것으로 보인다.

이 자 위의 자는 趙子昻의 판본에 의하면 상측 필획이 위를 향하여「[圖]」로 쓰고 있다. 아마도「[圖]」자의 우측 부분에 해당되는 것이 아닌가 한다.「[圖]」는「保」자를 반대로 썼기 때문에 좌측에 위치하고, 기물이 부식되어 잘 보이지 않기 때문에 정확하게 새

---

46) 王厚之(1131-1204)의 자는 順伯이고, 號는 復齋이다.(≪宋元學案≫卷五八). 江西臨川人, 南宋시기의 저명한 金石學家・語文學家・理學家이면서 藏書家이다.

기지 못한 것으로 보인다. 우측 편방 「亻」은 기물의 가장자리에 위치하고 또한 부식되어 문자의 흔적이 보이지 않는다.

　이 줄의 제일 윗 자는 부식되어 모든 판본이 보이지 않는다. 하지만 앞에서 살펴본 내용이 틀리지 않다면 부식되어 보이지 않는 자는 「用」자 이외에는 달리 적절한 문자가 없다.

　따라서 宋 탁본의 네 번째 줄의 상단 부분은 "[用]保其邦"이고, 새로이 출토된 編鐘의 "用保厥大邦"의 내용과 일치한다.)⁴⁷⁾

　曾憲通의 주장은 믿을 만하다. 「」자는 「丮(厥)」자로 예정하기도 하나, 1993년 ≪楚公逆鐘≫의 「()」자를 참고하여 「其」자로 예정하기로 한다.

　위의 연구결과를 토대로 '唯八月甲申, 楚公逆自乍(作) / 大雷鐘, 丮(厥)格(名)曰: 盂(龢)高(林), / 鐘. 楚公逆其萬年壽, / [用]保其邦, 孫子其永寶'로 석문할 수 있다. ≪楚公逆鐘≫의 명문 연구를 통하여 초나라에 관한 중요한 역사적 사실을 설명할 수 있다.⁴⁸⁾

　≪史記·楚世家≫는 "熊渠生子三人. 當周夷王之時, 王室微, 諸侯或不朝, 相伐. 熊渠心得江漢間民和, 乃興兵伐庸·楊粤, 至于鄂. 熊渠曰, 我蠻夷也, 不與中国之號謚. 乃立其長子康爲句亶王, 中子紅爲鄂王, 少子執疵爲越章王, 皆在江上楚蠻之地. 及周厲王

---

47) 曾憲通, 〈宋代著錄楚公逆鐘銘文補釋〉(1998), 111 쪽 참고.
48) 黃錫全·于炳文, 〈山西晉侯墓地所出楚公逆鐘銘文初釋〉(≪考古≫), 176 쪽. 段渝, 〈楚公逆編鐘與周宣王伐楚〉, 135-138 쪽.

之時, 暴虐, 熊渠畏其伐楚, 亦去其王.(熊渠는 세 명의 아들을 낳았다. 周 夷王에 이르러 王室이 쇠약하게 되자 조견을 하지 않는 諸侯들도 있었고, 상호간에 침략을 하기도 하였다. 熊渠는 특별히 長江과 漢水에 거주하는 백성들의 민심을 얻었으며, 군대를 이끌고 庸(지금의 湖北省 竹山縣 서남쪽 지역)과 楊粵(지금의 漢水 남부지역과 湖南省 남부일대)에서 鄂(지금의 湖北省 鄂州市)지방까지 정벌하였다. 熊渠는 "우리나라는 蠻夷 지역에 거주하기 때문에 中原의 鎰號를 사용할 필요가 없다"라 하면서 長子 康을 句亶(湖北 江陵 일대)王으로, 둘째 紅은 鄂(湖北 武昌)王으로, 작은 아들 執疵를 越章지역의 王으로 삼았다. 이 지역은 모두 長江 일대의 楚蠻 지역이다. 폭정을 하던 周 厲王이 초나라를 정벌할까 두려워한 熊渠는 王號를 없앴다)"라 했다. 西周 말기 때 熊渠는 이미 상당한 세력을 갖춘 君主였음을 알 수 있다. 따라서 熊鄂은 高祖父 熊渠에게 대대적으로 제사를 거행한 것이다.

　四方의 수령들이 헌납한 제물을 사용하여 대대적으로 熊渠에게 제사를 지내는 것으로 보아 초나라는 당시 주위 국가들이 보기에 상당한 위엄과 세력을 갖춘 국가이었음을 알 수 있다.

　楚나라 편종이 晉나라 邦父(晉穆公) 묘지에서 발견된 것으로 보아 西周 말기의 周나라·楚나라와 晉나라 간에 모종의 관련이 있었음을 알 수 있다. 段渝는 周 宣王 39年(BC 789)에 方叔으로 하여금 초나라를 정벌토록 하고, 초나라 宗廟에 있던 기물들을 노획하여 주나라 조정에 헌납하였는데, 이 중 하나가 본 《楚公逆鐘》이라고 주장하고 있다. 즉 周宣王은 戎나라를 정벌하는데

공을 세운 晉穆公에게 ≪楚公逆鐘≫을 하사하였고, 穆公이 죽고 난 다음 묘지에 수장된 것이라고 주장하고 있다.[49]

北宋 ≪楚公逆鐘≫의 기물이 이미 소실되었고, 그 탁문의 잘 보이지 않기 때문에 그동안 이 탁본의 내용과 그 진위여부에 대하여 많은 의견들이 있었다. 1993년 ≪楚公逆鐘≫이 발견되고 나서 北宋 ≪楚公逆鐘≫의 문제들을 해결할 수 있었다.

≪楚公逆鐘≫은 초나라 기물 중 가장 이른 시기의 것이며, 그 명문의 숫자 또한 가장 많다. 따라서 이는 초나라 초기 청동기의 형태와 특색, 초나라의 명문의 내용, 초나라의 명문의 문자 형태를 이해할 수 있는 매우 소중한 자료이다.

---

49) 段渝, 〈楚公逆編鐘與周宣王伐楚〉, 137-138 쪽.

第 三 章 楚系金文의 硏究 425

 ≪楚公豪鐘≫의 斷代와 銘文 硏究

1) 楚系 金文 ≪楚公豪鐘≫

　金文의 考釋과 斷代에 대한 고증은 銘文 연구의 중요한 내용 중 하나이다. 楚系 銘文에 대한 연구는 郭沫若50)에 이어, 劉彬徽의 ≪楚國有銘銅器編年槪述≫51)과 ≪楚系靑銅器硏究≫52), 李零의 ≪楚國銅器銘文編年彙釋≫ 등이 비교적 괄목할 만한 성과를 거두었다. 그러나 최근에 발견된 청동기 자료를 이용하여 미해결되었던 문제들을 해결하여야 하며, 기물의 형태·文飾·字形·명문의 내용 등을 종합적으로 연구하여 斷代와 자형을 고석해야 하는 과제도 여전히 남아 있다.

　楚系 ≪楚公豪鐘≫은 현재 발견된 초계 청동기 중 가장 이른 시기의 것으로 대략 西周 中末期에 해당된다. 지금까지 전해 내려오거나 발견된 楚系 ≪楚公豪鐘≫은 모두 다섯 개가 있다. 그 중 세 개는 日本 京都 泉屋 博古館이 소장하고 있는 ≪殷周金文集成≫의 「01.42」·「01.43」·「01.44」이며, 다른 하나는 ≪攈古錄金文≫(吳式芬 纂輯)에 탁본만 전해 오고 기물의 행방은 알 수 없는 ≪殷周金文集成≫의 「01.45」이다. 또 다른 하나는 1998

---

50) 郭沫若, ≪兩周金文辭大系圖錄考釋≫.
51) 劉彬徽, ≪楚國有銘銅器編年槪述≫(≪古文字硏究≫第九輯, 中華書局), 1984年.
52) 劉彬徽, ≪楚國銘銅器硏究≫(1995), 1995年7月 初版.

년 陝西省 岐山縣 周原 유적지에서 발견되어 현재 陝西省 周原 박물관에 소장되어 있다.

이 다섯 개의 ≪楚公豪鐘≫의 내용과 「篆間」의 銘文,「鼓部」의 紋樣은 아래와 같다.

① 「01.42」: 楚公豪(家)自鑄鍚(錫) / 鐘, 孫=(孫孫)子=(子子)其永寶.
(楚나라 군주 豪는 훌륭한 종을 만들었다. 자손들은 이를 소중하게 영원히 간직하기를 바라노라.)

② 「01.43」: 楚公豪(家)自乍(作)寶大 / 歔(林)鐘, 孫子其永寶.
(楚나라 군주 豪(熊渠)는 크고 소리가 좋은 종을 만들었다. 자손들은 영원히 이를 소중하게 간직하기를 바라노라.)

③ 「01.44」: 楚公豪(家)自乍(作)寶大 / 歔(林)鐘, 孫=(孫孫)子=(子子)其永寶.

④ 「01.45」: 楚公豪(家)自乍(作)寶大歔(林) / 鐘, 孫=(孫孫)子=(子子)其永寶.

⑤ 周原: 楚公豪(家)自乍(作)寶大㐭(林) / 龢鐘, 孫=(孫孫)子=(子子)其永寶.

第 三 章 楚系金文의 硏究　427

①(《集成》01.42)

②(《集成》01.43)

③(《集成》01.44)

④(《集成》01.45)

⑤(1998年 岐山 發見)

428   中國 戰國시기 楚나라 文字의 이해

①(《集成》01.42)

②(《集成》01.43)

③(《集成》01.44)

④(《集成》 01.45)   ⑤(1998年 陝西省 岐山發見)

본문에서는 ≪楚公豪鐘≫의 斷代와 의견이 분분한 명문에 대하여 살펴보고자 한다.

2) 「豪」자와 斷代

≪楚公豪鐘≫의 斷代는 　(豪)」자를 어떤 자로 해석하느냐와 밀접한 관련이 있다. ≪楚公豪鐘≫에서 「豪」자는 인명으로, 楚公 「豪」가 누구인가에 대한 문제이다.

「豪」가 어느 군주인가에 대하여 그동안 학자마다 의견이 달랐다. 그 주요 내용을 정리하면 아래와 같다.

첫째, 郭沫若은 「豪」는 「爲」자의 이체자이며, 「爲」자는 「儀」자와 통하며, 「公豪」는 「熊鄂」의 아들인 熊儀라고 주장하였다. 「熊儀」는 즉 「若敖」53)로 周宣王 38년에 즉위하여 周平王 7년에 세상을 떠났다.54) 곽말약의 주장에 따르면, 이 기물은 西周末期의 기물이다.

두 번째, 朱德熙 등은 「豪」자는 意符가 「爪」·「宀」이고, 音符는 「豕」 혹은 「至」이며, 「摯」자와 통하여 「楚公」이 「熊摯」라고 주장하였다. 「熊摯」는 周 厲王 때의 군주이다.55)

세 번째, 張亞初는 「豪」자를 「家」자의 번체자로 보며, 「渠」자와 통하여 「楚公」은 「熊渠」이고, 周 夷王이나 혹은 周 厲王 초기의 기물이라 하였다.56)

---

53) 「熊」은 성씨이고, 이름은 「儀」이며, 호가 若敖다.
54) 郭沫若, ≪兩周金文辭大系圖錄考釋≫, 165쪽 참고.
55) 朱德熙·裴錫圭·李家浩, ≪江陵望山一二號墓竹簡釋文與考釋≫, ≪江陵望山與沙塚楚墓發掘報告≫, 文物出版社, 1996年.

네 번째, 李零은 편방 「爫」는 「⺈」로 쓰기도 하고, 「⺈」는 편방 「目」과 비슷하고, 편방 「豖」는 「旬」과 자형이 비슷하기 때문에 이 자는 「朐」으로, 楚公은 「熊朐」이라 하였다.57) 「熊朐」58)은 周 平王 14年에 즉위하여 周 平王 30年에 세상을 떴다. 이 시기는 春秋 初期이다.

다섯 번째, 夏淥은 이 자를 「爲」자로 예정하고, 「爲」자는 「惲」 자와 통하기 때문에 「楚公」은 초나라 成王인 「熊惲」이며, 이 기물은 春秋 中期 것이라고 하였다.59) 楚成王은 周 惠王 6年에 즉위하여 46年 간 왕위에 있었다.

周나라와 楚國의 연대를 간략하게 비교하면 아래와 같다.60) 일반적으로 西周는 前11世纪에서 前771年까지를 말하고, 東周 중 春秋는 前770—前476年, 戰國은 前475—前221年의 시기를 가리킨다.

---

56) 張亞初, ≪論楚公豪鍾和楚公逆鎛的年代≫, ≪江漢考古≫, 1984年 第4期.
57) 李零, ≪楚國銅器銘文編年彙釋≫, ≪古文字研究≫ 第13輯, 1986年.
58) 羋熊朐, 姓은 羋이고, 이름은 熊朐이며, 혹은 楚蚡冒라고도 하며, 諡號는 楚厲王이다.
59) 夏淥, ≪銘文所見楚王名字考≫, ≪江漢考古≫, 1985年 第4期.
60) 인터넷 사이트 http://baike.baidu.com/view/52225.html 참고

第 三 章 楚系金文의 硏究 431

순서	王名	名稱	재위 기간	연수	비고
1	楚熊蚤	羋蚤			鬻熊, 熊을 성씨로 삼음
2	楚熊麗	羋熊麗			
3	楚熊狂	羋熊狂			
4	楚熊繹	羋熊繹	前1042年―前1006年	37	周武王이 諸侯로 책봉
5	楚熊艾	羋熊艾	前1005年―前981年	25	
6	楚熊䵣	羋熊䵣	前980年―前970年	11	
7	楚熊勝	羋熊勝	前969年―前946年	24	
8	楚熊楊	羋熊楊	前945年―前887年	59	前907年 周夷王(姬燮)元年, 熊錫・熊煬이라고도 함
9	楚熊渠	羋熊渠	前886年―前877年	10	前878年 周厲王(姬胡)元年 ● 張亞初의 주장 시기
10	楚熊摯	羋熊摯	前876年	1	熊摯紅이라고도 함 ● 朱德熙의 주장 시기
11	楚熊延	羋熊延	前875年―前847年	29	
12	楚熊勇	羋熊勇	前846年―前838年	9	前841年 周共和行政 元年
13	楚熊嚴	羋熊嚴	前837年―前828年	10	
14	楚熊霜	羋熊霜	前827年―前822年	6	前827年 周宣王靜 元年
15	楚熊徇	羋熊徇	前821年―前800年	22	
16	楚熊鄂	羋熊鄂	前799年―前791年	9	
17	楚若敖	羋熊儀	前790年―前764年	27	前781年 周 幽王宮 元年 ● 郭沫若의 주장 시기
18	楚霄敖	羋熊坎	前763年―前758年	6	
19	楚厲王	羋熊眴	前757年―前741年	17	楚蚡冒이라고도 함 ● 李零의 주장 시기
20	楚武王	羋熊通	前740年―前690年	51	前719年 周桓王林 元年 前704年 武王으로 자칭함. 王으로 칭하기 시작
21	楚文王	羋熊赀	前689年―前677年	13	前681年 周釐王胡齊 元年
22	楚杜敖	羋熊艱	前676年―前672年	5	前676年 周惠王閬 元年 堵敖이라고도 함
23	楚成王	羋熊惲	前671年―前626年	46	前651年 周襄王鄭元年 ● 夏淥의 주장 시기

순서	王名	名稱	재위 기간	연수	비고
24	楚穆王	羋商臣	前625年―前614年	12	前618年 周頃王壬臣 元年
25	楚莊王	羋侶	前613年―前591年	23	前606年 周定王瑜 元年 이름은 旅, 春秋 五霸 중의 하나
26	楚共王	羋熊審	前590年―前560年	31	前585年 周簡王夷 元年 前571年 周靈王泄心 元年 共王은 龔王이라고도 함
27	楚康王	羋昭	前559年―前545年	15	
28	楚郟敖	羋員	前544年―前541年	4	前544年 周景王貴 元年
29	楚靈王	羋熊虔	前541年―前529年	12	원래 이름은 圍이나 즉위 후에 虔으로 개명
30	楚王比	羋比	前529年	1	
31	楚平王	羋居	前528年―前516年	13	이름이 棄疾이나 즉위 후 熊居로 개명
32	楚昭王	羋軫	前516年―前489年	27	昭王은 卲王이라고도 함
33	楚惠王	羋章	前488年―前432年	57	前475年 周元王仁 元年 前468年 周貞定王介 元年 前440年 周考王嵬 元年 惠王은 獻惠王이라고도 함
34	楚簡王	羋中	前431年―前408年	24	前425年 周威烈王午 元年, 簡王은 柬大王이라고도 함
35	楚聲王	羋當	前407年―前402年	6	혹은 聲桓王이라도 함
36	楚悼王	羋熊疑	前401年―前381年	21	前401年 周安王驕 元年
37	楚肅王	羋臧	前380年―前370年	11	
38	楚宣王	羋良夫	前369年―前340年	30	前368年 周顯王扁 元年
39	楚威王	羋商	前339年―前329年	11	
40	楚前懷王	羋熊槐	前328年―前299年	30	前320年 周愼靚王定 元年 前299年에 秦나라에 잡혀있다가 3년 후에 秦나라에서 죽음
41	楚頃襄王	羋橫	前298年―前263年	36	
42	楚考烈王	羋完	前262年―前238年	25	
43	楚幽王	羋悍	前237年―前228年	10	
44	楚哀王	羋猶	前228年	1	
45	楚王負芻	羋負芻	前227年―前223年	5	

순서	王名	名稱	재위 기간	연수	비고
46	楚昌平君	芈啓	前223年	1	楚나라 멸망
47	秦 통치12년	-----	前223---前208	16	
48	楚後懷王	芈心	前208——前205	4	熊心이라고도 함. 前205年 項羽가 楚 義帝(熊心)를 살해
49	西楚霸王	項籍	前206——前202	5	項籍의 자는 羽. 前202年에 烏江에서 자살

《楚公豪鐘》은 「豪(家)」자 이외에 「家」·「家」·「豖」로 쓰고, 《楚公豪戈》는 「家」로 쓴다. 《金文編》은 「豪(家)」자를 「0441 豪」에서 "張振林謂其音義如嫁. 長沙出土楚帛書有豪女取臣妾, 與秦簡日書之取婦家女和取妻嫁女同意.(張振林은 이 자의 음과 뜻은 「嫁」와 같다고 하였다. 長沙에서 출토된 楚帛書에 '豪女取臣妾(딸을 시집보내고, 노예를 구하다)'[61]라는 구절이 있는데, 秦簡 〈日書〉의 '取婦家女(며느리를 맞이하고 딸을 시집보내다)'·'取妻嫁女(처를 구하고 딸을 시집보내다)'와 같은 의미이다)"라고 설명하였다.[62]

《楚系金文彙編》은 「家」자를 「豪」로 예정하고 「家」의 의미로 해석하였다.[63]

---

61) 「臣妾」은 노예를 가리킨다. 男子 노예를 「臣」이라 하고, 여자 노비를 「妾」이라 한다. 《尙書·費誓》는 "逾垣墻, 竊馬牛, 誘臣妾, 汝則有常刑."라 했다. 혹은 신하를 가리키기도 한다.
62) 容庚, 같은 책, 177 쪽 참고.
63) 劉彬徽 等著, 《楚系金文彙編》, 38-43 쪽.

≪楚系簡帛文字編≫은 「家」자의 이체자를 네 종류로 분류하고, 「家」・「嫁」의 의미로 쓰였다고 설명하였다.(64)

첫째, 「家」로 예정할 수 있고, 자형은 ・「![image]」(≪上博楚簡・紂衣≫ 등이 있다.

둘째, 「豙」로 예정할 수 있고, 자형은 「」(≪包山楚簡≫)・「」(≪包山楚簡≫)・「」(≪郭店楚簡・老子乙≫)・「」(≪上博楚簡・從政乙≫)・「」(≪九店楚簡56號≫)・「![image]」(≪楚帛書≫) 등이 있다.

셋째, 「豙」자로 예정할 수 있고, 자형은 「」(≪郭店楚簡・五行≫) 등이 있다.

넷째는 「𢒉」자로 예정할 수 있고, 자형은 「」(≪望山楚簡≫) 등이 있다.(65)

劉信芳은 "包山簡筮占記錄屢見「保豙」, 或釋「豙」爲「蓍」, 恐非達詁. 楚帛書「豙女」, 睡虎地秦簡≪日書≫作「家女」, 卽嫁女. …… 「豙」字又用作人名, 習見, 不擧例. 「豙」可以認作≪說文≫「家」之異體.(≪包山楚簡≫에서 점복을 기록한 내용 중에 「保豙」란 용어가 자주 보인다. 「豙」자를 「蓍」로 해석하기도 하나 아마 정확한 해석은 아닐 것이다. 楚帛書 중의 「豙女」를 ≪睡虎地秦簡・日書≫

---

64) 滕壬生, ≪楚系簡帛文字編≫, 678-680 쪽 참고.
65) 滕壬生,≪楚系簡帛文字編≫은 "豙之異體, 讀爲蓍.(「豙」자의 이체자이며, 「蓍(시초 시, shī)」의 의미로 쓰인다)"라고 설명하였다.(680 쪽)

는「家女」로 쓰며, 이는 '시집가다(嫁女)'의 의미이다. ……「豢」는 사람의 이름으로 자주 쓰이는데, 여기에서는 예를 들지 않기로 한다.「豢」는 ≪說文≫ 중의「家」자의 異體字이다"라 하였다.66)

楚簡에서「豢」자는「家」자의 이체자로 쓰이며,「嫁」의 의미로 쓰인다.「豢」자 역시「家」의 이체자이다. ≪說文解字≫는「𠖇(家)」에 대하여 "居也. 从宀, 豭省聲. 𠖇古文家.('거주지'. 편방「宀」과「豭」의 일부를 생략한 자건이 聲符인 형성자이며,「家」자의 고문은「𠖇(豢)」로 쓴다"라 하고 음은「古牙切」이며,「渠」자는 "水所居. 从水, 榘省聲(도랑의 의미. 자건「水」와「榘」중 일부가 생략된 형태가 성부인 형성자)"라 설명하고, 음은「彊魚切」이다. 또한「豭(豭)」자에 대하여 "牡豕也. 从豕叚聲(숫돼지. 편방「豕」와「叚」聲으로 이루어진 형성자)"라 설명하고 음은「古牙切」이며,「叵(巨)」자에 대하여 "規巨也. 从工, 象手持之. 叵古文巨. 榘巨或从木·矢. 矢者, 其中正也.(「巨」는 '굽자'의 의미. 자건「工」과 손에「𠃌」은 손에 들고 있는 곱자의 모양이다.「巨」자의 고문은「叵」로 쓰거나 혹은 편방「木」과「矢」를 사용하여「榘(榘)」로 쓴다.「矢」는 '바르다(中正)'라는 뜻이다)"라 설명하고, 음은「其呂切」이다. 따라서「渠」자의 기본 聲符는「巨」이다.

---

66) 〈包山楚簡近似之字辨析〉(≪考古與文物≫, 1996年第二期), ≪古文字詁林≫第六卷, 756쪽 재인용.

家 kaɤ/ka(麻二); kaɤ/kia(麻三)　　魚部開二
渠 kjɤ/kio(魚)　　魚部開三67)

위의 古音은 周法高의 의음(擬音)이다. 聲母는 모두 「見」紐이고, 운모는 「魚」部에 속한다. 따라서 음성상 서로 통한다. 이외에도 청동기의 모양과 양식, 명문의 형태로 보아(「4. 銘文의 비교」 참고) ≪楚公豪鐘≫의 楚公은 「熊渠」 시기의 것으로 보인다.68)

3. 楚系 ≪楚公豪鐘≫의 銘文

다섯 개의 ≪楚公豪鐘≫ 銘文이 모두 같은 것만은 아니다. 본 장에서는 考釋에 있어 논의가 되고 있는 몇몇 명문을 살펴 보기로 한다.

1) 「鍚(錫)」

「1-①」에 「[圖](圖)」자가 있다. 이 자는 편방 「金」과 「楊」聲으로 이루어진 형성자로, 이 자의 기본 聲符는 「昜」이다.

「[圖]」자를 ≪金文編≫은 〈附錄下〉「562」(1264 쪽)에 수록하고 있다. 于省吾는 "鍚系錫的繁體字……錫系良銅, 以良銅鑄鐘, 故稱

---

67) 周法高, ≪周法高上古音韻表≫, 28 쪽, 29 쪽 참고.
68) 劉彬徽, ≪楚系青銅器銘文編年考述≫(1995), 287 쪽 참고.

之謂錫(「鍚」자는 「錫」자의 繁體字이다. ……「錫」자는 질 좋은 청동이라는 의미이다. 질 좋은 銅으로 종을 만들기 때문에 「錫」이라 하였다)"라고 설명하였다.[69] ≪金文編≫은 「1579 昜」에서 ≪匽侯舞昜器≫의 「昜」자에 대하여 "孳乳爲錫.(「昜」자는 「錫」의 의미로 쓰인다)"라고 설명하였다.[70] ≪廣雅·釋器≫는 "赤銅謂之錫"라고 설명하고, 王念孫≪廣雅疏證≫은 "此訓錫爲赤銅, 與毛鄭異義, 或本於三家與?(「錫」의 赤銅이란 설명은 毛氏傳과 鄭玄의 설명이 다르다. 아마 三家詩를 근거로 한 것이 아닌가 한다)"라 설명하였다.

≪楚公豪鐘≫ 중의 「鐘」자는 「鍚(錫)」 이외에 「大敽(林)」·「大亯龢」와 결합하여 쓴다. 陳雙新은 〈樂器銘文‘龢’·‘协’·‘錫’·‘雷’·‘霸’釋義〉에서 「錫鐘」이라는 용어는 西周時期의 銘文에서 보이고, 「中翰且揚」[71]이라는 명문은 춘추전국시기의 청동기에서 출현하고 있으며, 「鍚(錫)」·「敽(林)」과 「龢」는 모두 종소리를 형용하는 수식어라고 설명하였다.[72] 鄒芙都는 ≪楚系銘文綜合硏究≫에서 陳雙新의 주장에 따라 「龢」는 「和」와 통하며 「協」의 의미이고, 「敽(林)」·「亯」은 「霝」과 통하여, 조화를 이루어 아름답게 울려 퍼지는 鐘聲을 나타낸다고 하였다.[73]

---

69) 于省吾, ≪讀金文札記五則≫(≪考古≫, 1966), 第 2 期.
70) 容庚, 같은 책, 666 쪽 참고.
71) ≪沇儿鐘≫은 "隹(唯)正月初吉丁亥, 徐王庚之淑子沇儿, 择其吉金, 自作龢鐘. 中翰且扬, 元鳴孔皇"으로 쓴다. 「翰」은 「翰音」으로 '새의 울음이 멀리 하늘까지 울려퍼진다'는 의미.
72) 陳雙新, ≪古漢語研究≫, 2006年第1期, 42-43 쪽 참고.
73) 鄒芙都, ≪楚系銘文綜合研究≫, 29 쪽 참고.

「鍚(錫)」은 음이 「㲋」・「韹」・「鍠」과 「皇」자와 통하기 때문에, ≪王孫遺者鐘≫「㲋㲋趡趡」・≪沇兒鐘≫「皇皇熙熙」・≪邵王子鐘≫「韹韹熙熙」 구절 중의 「㲋㲋」・「韹韹」・「皇皇」과 같은 의미가 아닌가 한다. ≪爾雅≫는 "韹韹, 樂也(「韹韹」의 악기소리)"라 했고, 郭璞은 "鐘鼓音(종이나 북 소리)"라 설명하였다.

금문에서 자주 쓰이는 「昜(易)」자는 '飛揚(날아오르다)'의 의미로 주로 쓰인다.74) 「昜」자를 ≪王孫鐘≫은 「 」으로, ≪楚王酓章戈≫는 「 」으로, ≪酓章作曾侯乙鎛≫은 「 」으로 쓴다.75) 즉 이 자는 편방 「从」와 「昜」으로 이루어진 자이며 「揚」으로 예정할 수 있고, 「昜」・「揚」의 이체자이다. 「 」자 중의 편방 「木」은 「从」의 변형이거나 혹은 바람에 날린다는 의미를 나타내기 때문에 깃발(从)이나 깃발을 매는 「木」을 추가한 것이 아닌가 한다. 이외에 「鐘」과도 관련이 있어 「金」을 추가하여 쓴 것으로 보인다.

「 」자를 「鈇(鉌)」와 「鍚」 두 자가 합쳐진 합문으로 해석하기도 하나 위치나 문맥의 전후 관계로 보아 그러한 가능성은 적어 보인다. 이 자는 편방 「木(禾)」・「金」과 「昜」으로 이루어진 형성자로 「鍚」자의 이체자이다.76)

---

74) 金文에서 「昜」자에 대한 주장은 ≪古文字詁林≫第八卷, 359-364 쪽 참고.
75) 容庚, 같은 책, 666 쪽 참고.
76) ≪楚公家鐘論略≫, 嬴泉. http://www.docin.com/p-3842143.html》

2) 「斅」과 「亩」

「1-①」의 [圖](圖), 「1-③」(≪集成≫44)의 [圖](圖)」, 「1-④」(≪集成≫45)의 「[圖](圖)」 등은 일반적으로 「斅」으로 예정하고, 「1-⑤」의 「[圖]」자는 「亩」자로 예정한다. ≪金文編≫은 「0971 薔」의 「[圖]」(≪虢弔鐘≫)자 아래에서 "說文所無, 即左傳襄公十九年季武子作林鐘之林之專字.(≪說文≫에는 보이지 않는다. 이 자는 ≪左傳·襄公十九年≫에서 季武子(季孫宿)가 「林鐘」을 만들었다 중의 「林」자의 전용 문자이다)"라 설명하고 있다.77) 「[圖](圖)·「[圖](圖)」·「[圖](圖)」자와 「[圖]」자는 모두 「[圖](薔)」의 이체자이다.

陳初生의 ≪金文常用字典≫은 "甲骨文有[圖]字, 于省吾以爲廩之初文. [圖]爲倉廩之象形, 秝示禾稼. 金文以林, 陳抗以爲乃"意符訛變爲聲符. 或增意符支·刂, 或又增泉, 其義不詳. 銘文多借用爲音律「林鐘」之林, 便增意符金作鎬·鑥, 從金者當爲林鐘之專字.(于省吾는 甲骨文의 「[圖]」자는 「廩」자의 초기 형태라 하였다. 「[圖]」는 창고의 모양이고, 편방 「秝」은 농작물을 나타낸다. 陳抗은 金文에서 편방 「林」은 '원래 의미를 나타내는 意符이었는데 후에 음성을 표시하는 聲符로 변하였다'라 하였다. 후에 의미를 표시하는 편방 「支」·「刂」가 추가되기도 한다. 혹은 편방 「泉」을 추가하여 쓰기도 하는데, 그 이유는 아직 확실치 않다. 이 자는 銘文에서 音律 「林鐘」 중의 「林」의 의미로 쓰며, 意符 「金」을 추가

---

77) 容庚, 같은 책, 410 쪽 참고.

하여 「鋿」・「鐐」으로 쓰는 자는 전문적으로 「林鐘」 중의 「林」자이다)"라 하였다.78)

王念孫의 ≪廣雅疏證≫은 ≪廣雅・釋詁≫의 "林, 衆也.(「林」자는 '많다(衆)'의 의미)"에 대하여 "≪周語≫: '林鐘, 和展百事, 俾莫不任肅純恪也.』 韋昭注云 『林鐘也, 言萬物衆盛也.'≪白虎通義≫云: '六月謂之林鐘何? 林者, 衆也. 萬物成熟, 種類衆多也.' (≪周語≫의 '音律 「林鐘」은 만사가 화통하여 자신의 임무를 성공적으로 완수함을 의미한다'고 한 것에 대하여 韋昭는 '「林鐘」은 천하의 만물이 번성함을 말한다'라 설명하였고, ≪白虎通義≫는 '유월을 林鐘이라 하는데, 「林」은 '많다'라는 의미이고, 만물이 성숙하여 종류가 많아짐을 말한다'고 했다)"라고 설명하였다.79)

따라서 「厀(林)鐘」을 두 가지 의미로 해석할 수 있다. 하나는 12가지 音律 「黃鐘」・「大呂」・「太簇」・「夾鐘」・「姑洗(xiǎn)」・「仲呂」・「蕤賓」・「林鐘」・「夷則」・「南呂」・「無射(yì))」・「應鐘」 중의 하나로 해석할 수 있으며, 두 번째는 「林」자를 '많다'라는 의미로 해석하여 「林鐘」을 수량이 많은 「編鐘」으로 해석할 수 있다. 馬承源은 ≪商周靑銅雙音鐘≫에서 "大林不是律名, 是指鐘數衆多的意思. …… 其數衆多, 編懸之似林聚植, 故稱大林鐘或林鐘.(「大林」은 音律의 명칭이 아니고, 종의 수가 많다라는 의미이다. …… 걸어놓은 편종이 마치 나무를 많이 심어 수풀을 이룬 것과 같아 「大林鐘」 혹은 「林鐘」이라 하였다)"80)라 설명하였다.

---

78) 陳初生, 같은 책, 633-634 쪽 참고.
79) ≪漢語大字典≫, 재인용, 1165 쪽 참고.
80) 馬承源, ≪商周靑銅雙音鐘≫, ≪考古學報≫, 1981年 第1期.

그러나 陳雙新의 〈樂器銘文"龢"·"劦"·"鍚"·"雷"·"霸"釋義〉과81) 鄒芙都의 ≪楚系銘文綜合研究≫는 「龢」·「敷(林)」과 「靣」은 소리를 형용한 수식어이며, 「敷(林)」과 「靣」의 음은 「霝」과 통하여 조화를 이루어 아름답게 울려 퍼지는 鐘聲을 나타낸다 하였다.82)

「🅐(敷)」·「🅑」·「🅒」중의 편방 「攵」은 「攵」·「攴」의 변형이다.

「🅓(靣)」자에 대하여 ≪說文解字≫는 "穀所振入. 宗廟粢盛, 倉黃靣而取之, 故謂之靣. 从入, 回象屋形, 中有戶牖. 🅔, 靣或从广从禾.(곡식을 수확하여 보관하는 장소. 종묘에서 제사드릴 때 사용하는 곡식은 노랗게 곡식이 익을 때 소중하게 수확하기 때문에 「靣」이라 한다. 편방 「入」과 「回」는 보관하는 창고의 모양이고, 중간은 창고문이다. 혹은 「靣」자를 편방 「广」과 「禾」를 써서 「廩(廩)」으로 쓴다)"라 설명하고, 음은 「力甚切」이다. 甲骨文은 「🅕」·「🅖」·「🅗」·「🅘」·「🅙」·「🅚」·「🅛」으로 쓴다.83) ≪楚公豪鐘≫의 「🅜」의 자형과 비슷하다. ≪金文編≫은 「靣」자를 수록하지 않고, 「0888 稟(稟)」에 「🅝」·「🅞」·「🅟」·「🅠」 등을 수록하고,84) 「0971 嗇」자 아래 「🅡」·「🅢」·「🅣」·「🅤」·「🅥」·「🅦」·「🅧」·「🅨」·「🅩」자 등을 수록하고 있

---

81) 陳雙新, ≪古漢語研究≫(2006)第1期, 42-43쪽 참고.
82) 鄒芙都, ≪楚系銘文綜合研究≫, 29쪽 참고.
83) ≪甲骨文編≫, 250쪽 참고.
84) 容庚, 같은 책, 382쪽 참고.

다. 이들 문자 중 「⿱」(《奐卣》)은 「稟」자에 「⿱」(《師㝬鐘》)은 「亩」자에 수록하고 있으나, 형태는 같다. ≪金文編≫ 「0971 亩」에 수록하고 있는 銘文은 모두 「亩(稟)」과 같은 자이다. 이 자들의 가장 기본적인 형태는 「亩」이다. 후에 곡식을 상징하는 편방「禾」・「米」나 「秝(林)」을 추가하거나, 수확을 상징하는 편방「刀」・「攴」를 추가하고, 종 소리를 나타내는 의미로 가차되었기 때문에 「金」을 추가하여 쓴 것이다. 「⿱」자 중의 편방 「⿱」을 「泉」으로 예정하기도 하나, 이 자는 종소리를 상징하기 때문에 아마도 「鐘」을 상징하는 意符인 것으로 보인다.[85]

　　　　林 liəm/liem(侵B); liəm/liɪm(侵A)　　　侵部開三
　　　　亩(稟) liəm/liem(侵B); liəm/liɪm(侵A)　　侵部開三

위의 음은 周法高의 古擬音이다.[86] 「林」자는 平聲이고, 「亩(稟)」자는 上聲으로 聲調만 다르고 음은 같다. 따라서 음성상 서로 통한다.

　3) 「鐘」

「鐘」자는 금문에 자주 보이는 문자이며, ≪楚公豪鐘≫은 다양한 형태로 쓰고 있다.

　「鐘」자를 ≪楚公豪鐘≫ 중 「1-①」은 「⿱」(≪集成≫0042)

---

85) 각종 「稟」자에 대한 해석은 ≪古文字詁林≫ 第5卷, 583 쪽 참고.
86) 周法高, ≪周法高上古音韻表≫, 251 쪽 참고.

으로, 이외에 도 「▢(鐘)」・「▢(鐘)」(≪集成≫0043)・「▢(鐘)」(≪集成≫0044) 등으로 쓴다. 「鐘」자는 편방 「金」과 「童」聲으로 이루어진 형성자이며, 금문에서 편방 「童」은 매우 다양한 형태로 쓰인다. 예를 들어, 「▢」(≪王孫鐘≫)・「▢」(≪南宮乎鐘≫)・「▢」・「▢」(≪中義鐘≫)・「▢」(≪克鐘≫)・「▢」(≪多友鼎≫)・「▢」(≪邾公求鐘≫)・「▢」(≪己侯鐘≫)・「▢」(≪昆疕王鐘≫)・「▢」(≪走鐘≫)・「▢」・「▢」(≪虢弔鐘≫)・「▢」・「▢」・「▢」・「▢」・「▢」・「▢」・「▢」(≪弔專父盨≫) 등으로 쓴다.87) 모두「鐘」의 이체자이다.

≪上博楚簡·君人者何必安哉≫는 「▢」・「▢」으로 쓴다.

4) 銘文의 비교

각 명문의 형태와 포치(布置)를 비교하기 위하여 각 자형을 비교·정리하면 아래와 같다.

---

87) ≪金文編≫,「2244 鐘」, 915 쪽 참고.

銘文 銅名	楚	公	豪	自	鑄	錫	作	寶	大	歙 言	龢	鐘	孫	子	其	永	寶
1①42																	
1②43																	
1③44																	
1④45																	
1⑤周原																	

위 자형을 참고하여 각 銘文과 紋樣의 특징을 귀납적으로 살펴보기로 한다.

《楚公豪鐘》의 전체적 명문의 형태와 배치는 서주초기의 명문 형식과 매우 유사하다. 「①」에서 「④」의 자형과 자형 사이의 간격을 고려하지 않는 자연스러운 포치는 《獻簋》와 비슷하며, 양쪽 끝이 뾰족한 露鋒의 필획 모양은 서주 초기의 《德方鼎》의 명문과 비슷하다. 그러나 「⑤」의 정제된 명문의 배치와 간결한 문체는 서주말기의 《兮甲盤》의 문체를 연상케 한다. 전체적으로 「①」・「②」・「③」・「④」의 풍격이 비슷하지만, 「⑤」는 다른 독특한 풍격을 지니고 있다.

명문의 내용은 「①」이 다른 명문에 비하여 「鑄」자와 「錫」자가 더 많고, 「②」·「③」·「④」·「⑤」는 「①」에 비하여 「作」·「寶」·「大」·「亯」자가 더 많고, 「⑤」는 다른 금문에 비하여 「龢」자가 더 많다. 명문의 내용은 전체적으로 크게 「①」과 「②-⑤」의 두 종류로 나눌 수 있다.

명문 중 「公」자의 형태구조에서 「①-④」는 ≪令簋≫「凸」의 형태가 비슷하고, 「⑤」는 ≪師酉簋≫「公」의 형태구조와 유사하다. 「自」자는 「①-④」에서 아래 부분이 뾰족한 모양이나, 「⑤」만 타원형의 형태를 취하고 있다. 「作」자 중에서 「⑤」는 마치 鑄造(주조)한 명문이 아니라 후에 칼로 새긴 것과 같은 형태이다. 「⑤」의 「亯」자는 다른 자와 달리 가장 기본적인 자부 「亯」만을 쓰고 다른 자부들은 생략하였다. 「鐘」·「永」자 역시 「⑤」만이 독특한 형태로 쓰고 있다. 명문의 형태 구조를 전체적으로 살펴보면, 「①-④」와 「⑤」로 크게 두 종류로 분류할 수 있는데, 전체적으로 후자가 전자에 비하여 형태가 구조적으로 발전된 양상을 띠고 있다.

종의 문양 양식 중 「中鼓」부분은 모두 기본적으로 「卷雲」무늬이다. 「篆間」의 문양은 기본적으로 같다고 할 수 있으나, 「①」은 두 개의 「龍紋」(雙頭龍紋)이 겹치진 형상이고, 나머지는 「雲雷紋」(龍目雷紋)이 두 개 겹친 형상이다. 또한 「中鼓」와 「篆間」의 문양은 기본적으로 모두 같다. 「右鼓」부분에 있는 「①」은 코끼리의 형상이고, 「②」에서 「⑤」는 모두 「鸞鳥紋」인데, 그중 「②」-「④」는 鳳凰 중의 「鳳」의 형상이고, 「⑤」는 「凰」의 형상이다. 즉 전자는 머리 부분과 꼬리부분에 달린 화려한 깃털의 모습이 구체적으로 그려져 있는 반면, 「⑤」는 이에 비하여 비교적 단순한 모습을 띠고 있다.

張亞初는 ≪論楚公豪鍾和楚公逆鎛的年代≫에서 종의 형태, 紋樣, 금문의 자형 등의 특색을 참고하여 ≪楚公豪鍾≫은 西周中期의 기물이라고 설명하고 있다. 위의 특색을 살펴볼 때 張亞初의 주장은 따를 만하다. 그러나 위의 다섯 개의 종이 모두 같은 시기에 제작된 것만은 아닌 것으로 보인다. 적어도 「⑤」는 세련된 명문과 배치로 보아 가장 늦은 시기에 제작된 것으로 보인다.[88]

이상 다섯 개의 鐘을 文飾, 字體, 명문의 내용에 따라 분류하면 크게 세 종류로 나눌 수 있다.

내용	1 組	2 組	3 組
文飾	1-①(1.42)	1-⑤(周原)	1-②(1.43), 1-③(1.44), 1-④(1.45)
字體	1-①(1.42)	1-⑤(周原)	1-②(1.43), 1-③(1.44), 1-④(1.45)
銘文	1-①(1.42)	1-⑤(周原)	1-②(1.43), 1-③(1.44), 1-④(1.45)

위의 내용으로 볼 때, ≪楚公豪鐘≫은 당시에 적어도 세 개의 편종을 사용 목적에 따라 만든 것으로 보인다. 문자와 문식의 형태 등으로 보아 「1 組」는 中原 지역의 어떤 나라에 贈送한 것이고, 「2 組」는 周 나라에 贈送한 것이며, 「3 組」는 楚公이 스스로 사용할 목적으로 만든 것으로 보인다.

---

88) ≪金文文獻集成≫29卷, 106 쪽 참고.

三 ≪王子午鼎≫考釋

아래에서는 楚系金文 중 초나라의 문자적 특징을 지니고 있는 ≪王子午鼎≫・≪王孫誥鐘≫과 ≪王孫遺者鐘≫의 내용을 살펴보도록 한다. 이 세 금문은 거의 같은 시기의 명문으로 초나라의 문자적 특징을 잘 드러내고 있다.

≪王子午鼎≫은 ≪王子午䀇≫이라고도 한다. 1978년 河南省 淅川下寺 2호 묘에서 청동기가 다수 발견되었는데, 그 중에 명문이 가장 많은 것은 ≪王子午鼎≫과 ≪王孫誥鐘≫이다.

臺灣 中央研究員歷史語言研究所에서 운영하고 있는 컴퓨터 사이트 〈殷周金文暨靑銅器資料庫〉[89]에 의하면 ≪王子午鼎≫ 중 「02811(河南省 淅川縣 下寺墓葬乙M2：40)」・「NA0444(河南省 淅川縣 下寺墓葬乙M2：28)」・「NA0445(河南省 淅川縣 下寺墓葬乙M2：30)」・「NA0446(河南省 淅川縣 下寺墓葬乙M2：32)・「NA0447(河南省 淅川縣 下寺墓葬乙M2：34)」・「NA0448(河南省 淅川縣 下寺墓葬乙M2：36)」・「NA0449(河南省 淅川縣 下寺墓葬乙M2：49)」등 모두 일곱 개는 銘文이 있다. 이 중 「02811」은 ≪殷周金文集成≫의 제5권에 수록하고 있는 탁본을 말한다. 문자는 14行 85자(器銘 81, 重文3, 蓋銘4)가 있다. 그 외에 「NA0444」기물은 4자, 「NA0445」는 84자, 「NA0446」은 84자, 「NA0447」은 4자, 「NA0448」은 12자, 「NA0449」는 4자가 있다.

---

[89] http://db1n.sinica.edu.tw/textdb/dore/listm.php

이 중 ≪王子午鼎≫과 ≪王孫遺者鐘≫은 최남규의 ≪중국고대 금문의 이해-殷商兩周 靑銅器 金文 100選 解說≫(신아사, 2009)에서 이미 내용을 고석하였다. 본문은 ≪殷周金文集成≫의 「02811」 즉 「河南省淅川縣下寺墓葬乙M2：40」의 명문을 저본으로 하여 좀 더 상세하게 설명하기로 한다.90)

王子 午는 楚나라 莊王의 아들 令尹 子庚이며, 康王 8년에 죽었다. 이 기물은 현재 河南省 博物館에 소장되어 있다.

≪王子午鼎≫과 ≪王孫誥鐘≫의 摹寫本 伍仕謙의 〈王子午鼎 王孫昪鐘銘文考釋〉를 참고하기로 하며,91) 釋文은 ≪중국고대 금문의 이해≫(2009)를 참고하기로 한다.

---

90) 도판은 원래 ≪文物≫ 1980年10期 圖版2에 해당된다. ≪集成≫에는 蓋銘 탁본을 수록하지 않고있다.
91) ≪古文字硏究≫第9輯, 中華書局, 1984, 275-294 쪽 참고.

第 三 章 楚系金文의 研究　449

450 中國 戰國시기 楚나라 文字의 이해

蓋銘

【석문】

〈蓋銘〉

倗乍(作)🔲(🔲)鼎①.

〈器銘〉

隹(唯)正月初吉丁
亥②, 王子午睪(擇)
其吉金③, 自乍(作)鼎

彝🔲(🔲)鼎④. 用盲(亨)㠯(以)
孝于我皇且(祖)文
考, 用祈覺(眉)耆(壽)⑤.

㘝(函)龏(恭)𠂤犀, 𣪘(畏)期(忌)

趯趯⑥, 敬𠣥盟(明)祀, 永

受其福⑦. 余不𣪘(畏)

不差(差), 惠于政德,

思(淑)于威義⑧, 闌(簡)闌(簡)獸(肅)獸(肅)⑨.

令尹子庚𣪘民

之所亟⑩, 萬年無

諆(期), 子孫是利⑪.(6520)

【해석】

〈蓋銘〉

佣이 제사나 향연에 사용할 정을 만들다.

〈器銘〉

吉月 上旬 吉日, 王子 午는 질 좋은 청동을 택하여 제기나 향연을 베풀 때 사용할 鼎을 스스로 만들었다. 이 鼎으로 제사를 지내 위대하고 훌륭하신 조상님과 부모님께 효를 행하고자 하며, 또한 이로써 만수무강을 기원하는 바이다. 또한 용모는 단정하고 남을 공경하며, 두려워하는 마음으로 조심스럽게 행동하고, 제사를 정중하고 성대하게 모시며, 복이 영원하기를 기원한다.

나는 위협을 가하거나 잘못을 저지르지 않을 것이며, 바른 덕으로 은혜를 베풀며, 위엄 있는 儀表를 갖출 수 있도록 정성을 다하며, 매사에 신중하고 공손한 마음으로 임하고자 한다. 나 슈

尹子庚은 백성이 이른바 경애하는 자가 되고자 하며, 만년 동안 장수하기를 바라며, 자손 대대로 의로운 이득만이 있기를 기원한다.

【설명】

이 명문은 전형적인 楚國의 鳥蟲書이다.

① 「倗乍(作)鼎」

「倗」은 사람의 이름. 「伱子倗」으로 쓰기도 한다.92) 「倗」자를 ≪王孫鐘≫은 「」으로 쓴다.93) 「」자에 대해서는 의견이 분분하다.94) 馬承源 ≪商周靑銅器銘文選≫은 「」자 중 음성부분을 「丿(壽)」로 보고 「醻」의 가차자라 하였다.95) ≪說文解字≫는 「醻(酬)」자에 대하여 "主人進客也. 从酉, 壽聲, 醻或从州(主人이 손님을 대접하다의 의미로, 酉와 壽로 이루어진 형성자이다. 醻자는 혹은 酬로 쓰기도 한다)"라 하였다. 「䉬」의 번체자라고 하였다.96) 「」자는 편방 「辵」・「丿」와 두 개의 「䉬」으로 되어있다.

---

92) 曹錦炎 著, ≪鳥蟲書通考≫(上海書畵出版社, 1999), 156쪽 참조.
93) 容庚, 같은 책, '1319 ', 560쪽 참고.
94) 趙世綱・劉小春, 〈王子午鼎銘文試釋〉(≪文物≫1980年第10期), ≪金文文獻集成≫第29卷, 262쪽 재 참조. 鄒芙都 著, ≪楚系銘文綜合硏究≫(巴蜀書社, 2007), 78쪽 참조.
95) 馬承源, ≪商周靑銅器銘文選(四)≫(文物出版社, 1990), 424쪽 참고.
96) 伍仕謙, 같은 문장, 280쪽.

「󰡔(󰡕)鼎」을 器銘은 「󰡔(󰡕)鼎」으로 쓴다. 금문은 「鼎隔」이나 「鬲鼎」이 보면, 鼎의 총칭으로 쓰이기 때문에 후자의 주장을 따르기로 한다. 금문 기물 鼎 중 ≪曾子鼎≫은 「󰡔」으로, ≪作其鼎≫「󰡕」으로 쓰고, 구절은 모두 「󰡖鼎」이다. 簋 중 ≪作󰡖簋≫는 「󰡗」으로 ≪蔡侯󰡘簋≫은 「󰡙」으로 쓰고, 구절은 모두 「󰡚盤」이다. 따라서 모두 기물의 총칭으로 쓰이는 것을 알 수 있다. 그러나 容庚 ≪金文編≫는 ≪王子午鼎≫의 「󰡛」자와 함께 모두 〈附錄下〉에 수록하고 있다.97)

한편 趙世綱 등의 〈王子午鼎銘文試釋〉은 「肴(희생물 {승}(증), chéng)」자로 해석하고, ≪周禮・天官・內饔≫ "王擧, 則陳其鼎俎, 以牲體實之.(왕이 도착하면 정과 적대를 진열하고 제사를 올린 희생물을 담는다)" 구절에 대하여, 鄭玄은 "取於鑊以實鼎, 取於鼎以實俎, 實鼎曰肴, 實俎曰載.(가마솥에서 내어 정에 담고, 정에서 내어 적대 위에 놓는다. 鼎에 담는 것을 肴이라 하고, 적대에 담는 것을 載라 한다)"라고 했다. 「󰡜」 중 「丿」는 가마솥에서 고기를 취하여 솥에 담는 동작을 나타내며, 「肴」자는 후에 생긴 형성자라 하였다.98) ≪說文解字≫는 "駿也. 从肉丞聲. 讀若丞.('어리석다'의 의미. 「肉」과 「丞」聲으로 이루어진 형성자. 음은 「丞」과 같다)"라 하고, 段玉裁는 "按禮經・戴記以此字爲薦肴字. 蓋假肴爲烝也. 烝, 進也.(≪禮記≫와 ≪大戴禮記≫는 이 자를 희

---

97) 容庚, 같은 책, 679 쪽 참고.
98) 趙世綱, 같은 문장, 622 쪽 참고.

생물을 제물로 바치는 의미인 「肴」자로 쓴다. 「肴」자는 「烝」의 가차자이다. 「烝」은 '올리다'의 의미)"라 하였다. 즉 제사지낼 때 희생물을 담는다는 뜻으로 쓰면, 기물 앞에 쓰여야 하지만, 「鼎肴」와 같이 기물 뒤에 놓는 경우가 있기 때문에 이 주장은 잠시 보류하기로 한다.

「鼒」자는 편방「鼎」과 「升」으로 이루어진 형성자이며, ≪蔡侯龖盤≫은 「鼒」으로 쓴다. ≪금문편≫은 "侈口平鼎之傳名.(입이 바깥은 향하고 밑이 평평한 솥의 총칭)"이라 하였다.99) ≪儀禮・士冠禮≫"載合升"에 대하여 鄭玄은 "煮於鑊曰亨, 在鼎曰升.(가마에 삶는 것을 亨이라 하고 솥에 삶는 것을 升이라 한다)"라 하였다. 「鼒」은 제물을 삶는 솥의 일종이다.

② 「隹(唯)正月初吉丁亥」

「隹(隹)」자는 「唯」의 용법인 발어사로 쓰인다. ≪金文編≫은 「0598 隹」의 「隹」(≪宰梣角≫)자 아래에서 "段玉裁云按經傳多用爲發語之詞. 毛詩皆作維, 尚書皆作惟, 今文尚書皆作維. 金文孳乳爲唯爲惟爲維.(段玉裁는 經傳에서는 일반적으로 發語詞의 용법으로 쓰인다했다. ≪詩經≫은 「維」로 쓰고, ≪尚書≫는 「惟」로 쓰고, ≪今文尚書≫에서는 「維」로 쓴다. 金文에서는 「唯」・「惟」・「維」등의 의미로 쓴다)"라 하였다. ≪沈兒鐘≫은 「隹」로,

---

99) 容庚, 같은 책, 495 쪽 참고.

≪酓章作曾侯乙鎛≫은 「囗」로 쓴다.100)

「囗(正月)」 중 「正」자는 금문에서 정월달 이외에 「吉」이라는 의미로 쓰인다. 「正月」은 금문에서 실질적인 정월달을 가리키는 것이 아니라, 길한 달을 뜻한다. 「囗(初吉)」에 대해서도 학자마다 의견이 분분하다.101) 매월의 초하루에서 아흐렛날까지를 가리킨다고 하기도 하고, 혹은 매월 上旬의 吉日을 말한다고도 한다. 「初吉」 역시 「正月」처럼 실질적인 날짜를 가리키는 것이 아니라, 매월 上旬의 길일을 말한다. 「囗(丁亥)」에 대해서도 학자마다 의견이 분분하지만, 吉日을 뜻한다.102) ≪大戴禮記·夏小正≫은 "丁亥萬用入學, 丁亥者, 吉日也.(정해일에 萬舞를 연습하고, 학교에 들어간다. 정해는 길일이라는 뜻이다)"라 하였다.

금문 중 「亥」자를 ≪揚鼎≫은 「囗」로, ≪王孫鐘≫은 「囗」로, ≪沈兒鐘≫은 「囗」로 쓴다.103)

③ 「王子午羃(擇)其吉金」

「囗(王子午)」는 楚나라 莊王의 아들인 令尹 庚이다. ≪襄公十三年≫ "楚司馬子庚聘於秦, 爲夫人甯.(楚나라 司馬 子庚이 초

---

100) 容庚, 같은 책, 251 쪽 참고.
101) 趙世綱·劉小春, 같은 문장, 262 쪽 재참조.
102) 이상 「正月」·「初吉」과 「丁亥」는 伍仕鎌, 같은 문장, 280 쪽 참고.
103) 容庚, 같은 책, 「2420 囗」, 1015 쪽 참고.

왕의 부인을 대신하여 秦나라를 예방하고 안녕을 물었다)"에 대하여 杜預는 "子庚, 莊王子午也.(子庚은 莊王의 아들 午이다)"라 하였다. ≪春秋左氏傳≫에 「王子午」에 관한 내용이 모두 일곱 번 보인다. 王子 午는 楚나라 共王 때 司馬를 지냈고, 吳나라와 벌인 庸浦 전쟁에 참가하여 크게 물리쳤으며, 楚 康王 6년에 鄭나라 정벌에 나섰으나, 전공을 세우지 못했고, 康王 8년 여름에 세상을 떠났다. 왕자 午는 약 6년에 걸쳐 令尹을 지냈는데, 이 기물은 아마 이 때인 BC 558- BC 552년에 만들어졌을 것으로 추증된다.104)

「午」는 초나라 共王의 동생이다. 공왕이 나이 열 살에 왕이 되어 30년 동안 재위하였으며 나이 41살 때 죽었고, 「午」는 공왕보다 여덟 살이 적으며, 康王 8년에 죽었다. 약 43살 전후로 살았을 것으로 추정된다.

금문 중 「子」자를 ≪王孫鐘≫은 「」로, ≪王孫誥鐘≫은 「」로, ≪沈兒鐘≫은 「」로 쓴다.105) 「王」자를 ≪敓戟≫은 「」으로, ≪酓朏盤≫은 「」으로 쓴다.106)

「(睪)」은 편방 「廾」과 「睪」聲으로 이루어진 형성자로 「擇」과 같다. ≪金文編≫은 "與擇爲一字. 從廾, 與從手同意.(이 자는 「擇」과 같은 자이다. 편방 「廾」은 편방 「手」와 같은 뜻이다)"라하였

---

104) 趙世綱 等著, 같은 문장, 263 쪽 참고.
105) 容庚, 같은 책, 761 쪽 참고.
106) 容庚, 같은 책, 20 쪽 참고.

다. ≪沈兒鐘≫은 「⿱」으로 쓰고, ≪吳王光鑑≫은 「⿱」으로 쓴다.107)

「⿱(其)」자를 ≪沈兒鐘≫은 「⿱」로, ≪曾侯乙鎛≫은 「⿱」로 쓴다.108) 「箕」와 같은 자이다. ≪說文解字≫는 「⿱(箕)」자의 고문을 「⿱」·「⿱」·「⿱」로 쓰고, 籒文은 「⿱」·「⿱」로 쓴다.

「⿱(金)」자를 ≪王孫鐘≫은 「⿱」으로, ≪沈兒鐘≫은 「⿱」으로 쓴다.109) 「吉金」은 질이 좋은 청동을 말한다.

④ 「自乍(作)⿱彝(⿱)鼎」

「⿱(自)」자를 갑골문은 「⿱」·「⿱」로 쓴다. 코의 형상이다. ≪䜴章作曾侯乙鎛≫은 「⿱」로, ≪中子化盤≫은 「⿱」로 쓴다.110)

「⿱(鼎)」자는 편방 「鼎」과 「將」聲으로 이루어진 형성자이다. 「將」 중 「爿」은 「爿」이고, 「夕」은 「肉(月)」이고, 「⿱」는 「刀」이다. 금문 중 편방 「鼎」을 생략하고 「⿱」(≪索諆爵≫)으로 쓰기도 한다.111)

「鼎」자는 금문에서 「彝」자와 함께 쓰여 음식을 삶을 수 있는

---

107) 容庚, 같은 책, 「0400 ⿱」, 159 쪽 참고.
108) 容庚, 같은 책, 「0723 ⿱」, 303 쪽 참고.
109) 容庚, 같은 책, '2222 ⿱', 905 쪽 참고.
110) 容庚, 같은 책, '0587 ⿱', 243 쪽 참고.
111) 容庚, 같은 책, '1154 ⿱', 495 쪽 참고.

제기의 의미로 쓰이거나, '奉(바치다)'의 의미로 쓰인다. ≪說文解字≫는 "🔲, 煮也.(「🔲」은 '삶다'의 뜻)"이라 하였고, ≪詩經・我將≫ "我將我亨, 維羊維牛.(양과 소를 잡아 바쳐 제사를 모시다)" 중의 「將」은 「🔲」의 뜻과 같다.

「🔲」자는 편방 「辵」과 「彝」聲으로 이루어진 형성자이다. 금문에서는 「제사를 지내다」는 동사의 용법과 祭器의 총칭으로 쓰인다. 본 구절에서는 제기의 총칭이다. ≪舍章作曾侯乙鎛≫은 「🔲」로 쓰고, ≪中山王鼎≫은 「🔲」로 쓴다.112) ≪說文解字≫는 편방 「廾」을 생략하고 「🔲」로 쓴다. 西周 금문은 「🔲」(≪作父乙卣≫)・「🔲」(≪賢觥≫)로 쓰는데, 희생물을 끈으로 묶어 잡아서 제물로 바치는 형상이다. 東周 금문 중의 편방 「彳」이나 「辵」은 닭이나 새의 입과 피를 상징하는 「🔲」부분이 변화된 것으로 보인다.

「🔲」자는 蓋銘 참고. 「🔲(🔲)鼎」을 器銘은 「🔲(🔲)鼎」으로 쓴다.

「🔲(鼎)」자를 ≪蔡侯🔲鼎≫은 「🔲」으로, ≪中山王鼎≫은 「🔲」으로 쓴다.113)

⑤ 「用亯(亨)㠯(以)孝於我皇且(祖)文考, 用祈鬟(眉)耆(壽)」

---

112) 容庚, 같은 책, '2122 🔲', 864 쪽 참고.
113) 容庚, 같은 책, '1146 鼎', 489 쪽 참고.

第 三 章 楚系金文의 硏究   459

 이 구절은 '이 鼎으로 제사를 지내 위대하고 훌륭하신 조상님과 부모님께 효를 행하고자 하며, 또한 이로써 만수무강을 기원한다'의 뜻이다.

「🝆(用)」자를 아래에서는 「🝆」으로 쓰고, ≪子可戈≫는 「🝆」으로 쓴다.114)

「🝆(盲)」자는 「亨」자와 같은 자로 '제사를 지내다'의 뜻이다.

「皇且」는 「皇祖」로 작고한 祖父나 그 윗조상을 가리킨다. 「文考」는 文德이 있으신 부친을 가리킨다. ≪尙書·泰誓≫는 "受克予, 非朕文考有罪, 惟予小子無良.(나의 돌아가신 부친이 죄가 있어서가 아니라 이 소인이 훌륭하지 못한 탓이다)"라 하였다. 그러나 趙世綱은 「皇祖文考」는 초나라 文王을 가리킨다고 하고, ≪史記·楚世家≫의 "楚自文王始都郢.(楚나라는 文王 때부터 郢을 도읍지로 하였다)" 구절을 인용하고, 文王墓는 영도에 있어 子庚이 정을 만들어 제사를 지낸 것이라 하였다.115) 그러나 子庚의 부친은 莊王이고, 그 위로 穆王·成王·堵敖 등이 있는데, 특별히 文王만을 가리킨다는 것은 설득력이 없다.

「🝆」자는 편방 「言」과 「旂」聲으로 이루어진 형성자이고, 「祈」의 이체자이다. 馬承源은 이 자를 「蘄」로 예정하였다.116) 금문에서 「祈」자는, 편방 「𣶼」과 「斳」聲인 「🝆」(≪頌鼎≫)로 쓰거나,

---

114) 容庚, 같은 책, '0563 用', 225 쪽 참고.
115) 趙世綱 等著, 같은 문장, 622 쪽.
116) 馬承源, 같은 책, 423 쪽.

편방「言」과 「旅」聲인 「𧥜」로 쓴다.117)

「🖼」(釁眥)는 「沫壽」로 「장수」라는 「眉壽」의 뜻이다.118) 「沫」자는 「眉」의 가차자이다.

容庚의 ≪金文編≫「0584 眉」119)에 수록된 「🖼」(周恪鼎)를 陳初生의 ≪金文常用字典≫은 「眉」자로 해석하고,120) ≪金文編≫에 수록된 「🖼」(≪頌鼎≫)자를 ≪金文常用字典≫은 「顕」자로 해석하였다.121) ≪說文解字≫는 「顕」자에 대하여 "眛前也. 从頁㞢聲. 讀若眛.(앞이 보이지 않는다의 뜻. 편방 「頁」과 「㞢」聲으로 이루어진 형성자. 음은 「眛」와 같다)"라 하였다. 그러나 陳漢平 ≪金文編訂補≫는 「🖼」자 등은 ≪說文解字≫의 「沫」자의 本字라고 하였다.122)

≪說文解字≫는 「沫」자의 고문을 「🖼」로 쓰고, "洒面也. 從水未聲.(얼굴을 씻는다는 의미. 편방 「水」와 「未」聲으로 이루어진 형성자)"라 하였다. 段玉裁는 「沫」자의 고문은 「🖼」(頮)로 쓰고, "內則作靧. 從面·貴聲. 蓋漢人多用靧字. 沫·頮本皆古文. 小篆用沫, 而頮專爲古文. 或奪其收, 因作湏矣(≪內則≫은 이 자를 「靧」로 쓴다. 편장 「面」과 「貴」聲으로 이루어진 형성자. 漢代에

---

117) 容庚, 같은 책, 16 쪽 참고.
118) 陳初生, 같은 책, 410 쪽 참고.
119) 容庚, 같은 책, 237 쪽 참고.
120) 陳初生, 같은 책, 409 쪽.
121) 陳初生, 앞의 책, 841 쪽.
122) 陳漢平 著, ≪金文編訂補≫(中國社會科學出版社, 1993), 40 쪽.

는 일반적으로 「䪞」로 썼다. 「沬」와 「頮」자는 원래 모두 古文이나, 小篆을 「沬」자로 썼기 때문에 「頮」자만 古文이라 하였다. 혹은 「収(廾)」을 생략하고 「湏」로 쓰기도 한다)"라 설명하였다.

「䪞」・「沬」자와 「湏」자는 같은 자이나, ≪說文解字≫는 각각 다른 자로 보고 있다. 「䪞」와 「湏」자는 회의자이고, 「沬」자는 형성자이다. '얼굴을 물로 씻다'는 동사의 의미와 「眉」의 가차자로 쓰인다.

徐中舒≪漢語古文字字形表≫는 「沬」자에 갑골문 「⿰」와 「⿰」자를 수록하고, ≪甲骨文字典≫은 "從⿰(爪)從⿰(頁)從⿰(皿), ⿰或作⿰, 或省⿰, 同. 象人就皿掬水洗面之形, 爲沬之原字, 爲≪說文解字≫沬字古文⿰, 沬爲後起之形聲字.(이 자는 「⿰(爪)」・「⿰(頁)」과 「⿰(皿)」으로 이루어진 회의자이다. 편방 「⿰」은 「⿰」로 쓰기도 하고, 혹은 「⿰」를 생략하여 쓰기도 하나 같은 자이다. 사람이 세수 대야에 있는 물을 손으로 가져다가 씻는 모습이다. 「沬」자의 초기 형태이다. ≪說文解字≫는 「沬」자의 고문을 「⿰」로 쓰고 있다. 「沬」자는 후에 생긴 形聲字이다.)"라 하였다.[123]

「⿰」자를 ≪此盨≫는 「⿰」・「⿰」・「⿰」로 쓴다. 「⿰」 혹 「⿰」는 두 손을 나타내고, 「⿰」 혹 「⿰」은 그릇 「皿」이 거꾸로 된 모양이고, 「⿰」 혹 「⿰」는 물로 얼굴을 씻는 형상인 「湏」이다. 따라서 이 자를 「䪞」자로 예정하기도 한다.

---

123) 徐中舒, ≪甲骨文字典≫(四川辭書出版社, 1988), 1207쪽 참고.

≪毳匜≫·≪毳盤≫의 「[圖]」·「[圖]」자는 「頮」로 예정할 수 있다. ≪魯伯愈父匜≫는 「皿」과 「水」를 추가하여 「[圖]」로 쓴다. 오른쪽 부분이 머리를 감기 위하여 散髮이 그릇을 향하고 있는 모습이다. 「頮」자와 「𩈍」자는 모두 「沬」의 이체자이다.

「𩈍壽」 혹은 「沬壽」는 古典籍에서 「眉壽」·「麋壽」·「微壽」나 「牟壽」로 쓰기도 한다. 「沬」자는 「眉」·「麋」·「微」나 「牟」자와 음이 통한다.

「[圖](壽)」자를 ≪毳簋≫는 「[圖]」, ≪靜弔鼎≫은 「[圖]」, ≪蔡侯轟盤≫은 「[圖]」, ≪毛公旅鼎≫은 「[圖]」, ≪伯居盂≫는 「[圖]」로 쓴다.[124]

「[圖](我)」자를 ≪盂鼎≫은 「[圖]」로, ≪王孫鐘≫은 「[圖]」로, ≪沈兒鐘≫은 「[圖]」로 쓴다.[125]

⑥ 「㘕(㘓)𡘽(恭)䂨㽞𢛯(畏)𢛯(忌)趩趩」

「㘕(㘓)𡘽(恭)䂨㽞𢛯(畏)𢛯(忌)趩趩」 구절은 ≪王孫遺者鐘≫과 ≪王孫誥鐘≫에도 보인다. '엄정하고 공경하며, 두려워하는 마음으로 조심스럽게 행동하다'의 뜻이다.

「[圖]」자를 일반적으로 「㘓」으로 예정하고, ≪說文解字≫ 「㘓(函)」자의 이체자라고 주장한다. ≪王孫遺者鐘≫은 「[圖]」으로,

---

124) 容庚, 같은 책, '1405 [圖]', 590쪽 참고.
125) 容庚, 같은 책, '2054 [圖]' 831쪽 참고.

≪王孫誥鐘≫은「🅐」으로 쓰고, 이외에도 ≪永盂≫는「🅑」으로 쓴다. 가운데 부분이「弓」의 형태보다,「人」의 형태에 가깝기 때문에「囟」으로 예정하고「皿」자와 같은 자이며「溫」자의 초기적인 형태라고 주장하기도 한다.126)

≪金文編≫은「🅐」자 등을 ≪부록하≫「301」에 수록하고 銘文 구절을 "🅐嚳拌犀"라고 적고 있으나,127)「0405 嚳」자 아래에서는 "囟(函)嚳拌犀"로 쓴다.128) 만약에「囟(函)」자로 예정한다면 ≪正編≫「1138 函」혹은「1190 宏」자 아래 수록하여야 할 것이다.129)

≪金文編≫은「🅐」(≪毛公鼎≫)·「🅑」(≪番生簋≫)·「🅐」(≪九年衛鐘≫)·「🅐」(≪彔伯簋≫)·「🅐」(≪師兌簋≫)와 「🅐」(≪吳方彞≫) 등의 자들은 편방「〇」·「弓」으로 이루어진「宏」자라 하였다. 또한「宖」자와 같은 자이며, 고서에서「紘」·「絋」·「鞃」의 가차자로 쓰인다하였다.130)「🅐」자와 형태가 같다.

한편 ≪金文編≫은「函」자 아래「🅐」(≪函皇父匜≫)·「🅐」(≪毛公鼎≫) 등 자를 수록하고,「臽」이나「陷」의 가차자로 쓰인다고 하였다.131)

「🅐」·「🅐」·「🅐」·「🅑」자는 ≪金文編≫이 분류한「宏」과「函」

---

126) 鄒芙都, 같은 책, 78 쪽 참고.
127) 容庚, 같은 책, 1219 쪽 참고.
128) 容庚, 같은 책, 160-162 쪽 참고.
129) 容庚, 같은 책,「函」자는 486 쪽 참고.「宏」자는 514 쪽 참고.
130) 容庚, 같은 책, '1190, 宏', 514 쪽 참고.
131) 容庚, 같은 책, '1138, 函', 486 쪽 참고.

자 중「宏」자의 자형과 같다.「, , , 」은 모두「弓」의 변형이다. 王國維는 ≪금문편≫이 분류한「圅」자는 화살을 담는 용기이며,「函」자의 고문이라고 설명하였다.132) ≪금문편≫이 분류한「圅」자 가운데 부분「矢」는「弓」과 같은 의미이다. 따라서 ≪금문편≫의「宏」과「圅」자 아래 수록된 명문은 사실상 모두「圅」자이다. ≪正字通≫은 "圅, 函本字.(「圅」은「函」자의 本字이다)"라 하였다. 따라서「」자는「圅」로 예정할 수 있고, 「圅(函)」자의 이체자이며, 음성이「宏」과 통하며, 「大」의 의미로 쓰인다.133) ≪說文解字≫는 "宏, 屋深響也, 從宀, 玄聲.('집안이 크고 넓음'의 의미. 편방「宀」과「玄」으로 이루어진 형성자"라 하였다. ≪금문편≫은 ≪史墻盤≫의「」자는「1231 宖」134)에 수록하고 있으나, 편방「宀」과「弘」聲으로 이루어진 형성자로「宖」으로 예정하고 있고, 앞에서 나열한「宏」과 같은 자이다. ≪史墻盤≫은 "宖(宏)魯卲(昭)王.(위대하고 훌륭하신 昭王)"이라 하였다.

「」자를 ≪王孫鐘≫은「」으로, ≪毛公鼎≫은「」으로, ≪何尊≫은「」으로 쓴다. 모두「龏」의 이체자이다. ≪金文編≫은 "與龔爲一字……義與恭同. 徐同柏曰龏恭古今字.(「龏」은「龔」과 같은 자이다. ……「恭」과 의미가 같다. 徐同柏은「龏」자와「恭」자는 古今字 관계이다)"라 하였다.135) ≪王子午鼎≫의 임모

---

132) 湯可敬, 같은 책, 939쪽 참고 재인용.
133) 陳初生, 같은 책, 728-729쪽 참고.
134) 容庚, 같은 책, 536쪽 참고.

한 대상이 다르기 때문에 伍仕鎌 문장이 임모한 「🅇」자와 ≪금문편≫의 「🅈」과는 약간의 차이가 있다.

「🅇」자는 사실상 「龏」으로 예정할 수 있으며 「龔」자에 「兄」聲이 추가된 형태이다. 「龔」은 「恭」과 통하여 '恭敬하다'의 의미로 쓰인다.

「🅉」자는 편방 「夫」와 「害」聲으로 이루어진 형성자이며, 금문에서는 일반적으로 「害」로 쓰고, 「舒」의 가차자로 쓴다. 「🅊」는 편방「尸」와 「辛」으로 이루어진 형성자이며, 금문에서는 「遲」의 가차자로 쓴다. ≪史墻盤≫은 "嘼(舒)㞾(遲)文考乙公, 遽(競)趯(爽)得屯(純)無諫.(평안하고 유유자적한 아름다운 先父 乙公은 강경하고 명랑하며 돈독하게 행동하여 남에게 원망 사는 일이 없었다)"라 하였다.

≪史墻盤≫에는 「害」의 형태와 비슷한 자가 두 번 출현한다. 하나는 「🅋」로 쓰며, "害聖"이라는 구절로 쓰인다. 이 자는 「𡧊」로 예정할 수 있고, 「害」의 이체자이며, 「憲」의 가차자로 쓰인다. 「憲」은 '박학하고 기지가 넘치다'의 뜻으로, 「憲聖」은 곧 '기지가 넘치고 총명하며 英明함'을 말한다. 두 번째는 아래 부분이 약간 다르게 「🅌」로 쓰며, 「🅍(大害)」(≪師𣪘鼎≫)자 중의 왼쪽 편방과 같으며, 「𡧊」로 예정할 수 있다. 이 자를 ≪金文編≫은 「1700 大害」에 이 자를 수록하고 "省夫.(「夫」를 생략하고 쓴다)"라

---

135) 容庚, 같은 책, '0405 🅎', 160 쪽 참고.

하였다.136) 이 자는 편방 「夫」와 「害」聲으로 이루어진 형성자이고, 「舒」의 가차자로 쓰인다. 또한 「害」의 이체자이다.

「害犀」는 금문에서 혹은 「害犀」로 쓰며, 고전에서는 「舒遲」로 쓴다. ≪禮記・玉藻≫의 "君子之容舒遲(군자의 용모는 편안하고 유유자적하다)"의 구절에 대하여 孔穎達의 ≪疏≫는 "舒遲, 閑雅也.(「舒遲」는 한가하고 단아하다는 의미)"라고 설명하였다.137)

「⿰其⿱其又」(㕸㚔)」는 「畏忌」의 뜻으로, "두려워하는 마음으로 조심스럽게 행동하다"의 의미다. ≪금문편≫은 금문의 「其」・「㚔」자를 모두 「箕」자의 이체자로 보고, ≪王孫鐘≫의 「⿰其⿱其又」자에 대하여 "誼與忌同.(뜻은 「忌」와 같다)"라 했다.138) ≪大雅・桑柔≫는 "匪言不能, 胡思畏忌.(말할 줄을 모르는 것도 아닌데 어찌 이렇게 두려워하는가)"라하고, ≪左傳・昭公二十五年≫은 "爲刑罰爲獄, 使民畏忌.(형벌을 가하고 재판을 하여 백성들을 근신하게 하다)"라 하였다. 「畏」자는 ≪王孫鐘≫은 「⿰」로, ≪王孫誥鐘≫은 「⿰」로, ≪沈兒鐘≫은 「⿰」로 쓴다. 139)

---

136) 容庚, 같은 책, 709 쪽 참고.
137) 陳初生, 같은 책, 746 쪽 참고.
138) 容庚, 같은 책, '0723 箕', 303-308 쪽.
139) 容庚, 같은 책, '1532 畏', 654 쪽 참고.

「⿺走異」은 「趩=」이다. 편방 「走」과 「異」聲으로 이루어진 자이며, ≪說文解字≫는 "行聲也. 一曰不行皃. 从走異聲. 讀若敕.('걷는 소리'의 의미. '앞으로 나아가지 못하는 모양'라고도 한다. 「走」와 「異」聲으로 이루어진 형성자. 음은 「敕」과 같다)"라 했다. 「敕」자는 「勅」자과 같은 자이며, 「칙(chi)」이다. 「趩趩」은 「翼翼」과 통하며, '신중하고 겸손한 모양'의 뜻이다. ≪王孫鐘≫은 「⿺走異」으로, ≪趩簋≫는 「⿺走異」으로 쓴다.140)

⑦ 「敬㩁盟(明)祀, 永受其福」

전체적으로 '제사를 공경하고 성대하게 모시며, 영원히 복이 내리기를 기원한다'의 뜻이다.

「敬㩁盟祀」를 ≪王孫誥鐘≫은 「龏厥盟祀」(龏厥孟祀)로 쓴다. 「龏」자는 「恭」과 통한다. 朱駿聲≪說文通訓定聲≫은 "龏假借爲恭.(「龏」은 「恭」의 가차로 쓰인다)"라 하고, ≪睡虎地秦墓竹簡·爲吏之道≫는 "吏有五善. ……五曰龏敬多讓.(吏는 다섯 가지 선량함을 갖추어야 한다. ……다섯째는 공경하고 겸손함을 많이 갖추는 것이다)"라고 하였다.141) 「盟」자는 「明」과 통하며 제사라는 뜻이다.142) 「明祀」 혹은 「盟祀」는 天地神明에게 올리는 제사라는 뜻이다. ≪釋名·釋言語≫는 "盟, 明也. 告其事於

---

140) 容庚, 같은 책, '0178 趩', 81 쪽 참고.
141) ≪漢語大字典≫, 4805 쪽 재인용.
142) 陳初生, 같은 책, 696-697 쪽 참고.

神明也.(「盟」은 곧 「明」이다. 어떤 일을 신명에게 알려 비는 것이다)"라 하였다.

「」을 ≪王孫誥鐘≫은 「![]」으로 쓴다. 「其(箕)」자는 금문에서 代詞나 構造助詞의 용법 이외에 '장차-하게 되다(將要)'의 바람의 기원이나 '당연히 -해야한다(當, 可)'는 명령을 나타낸다. 본 구절에서는 장차 복을 받기를 바라는 기원의 어감을 나타낸다. ≪尚書·微子≫ "今殷其淪喪.(지금 은나라는 망해가고 있다)" 구절 중「其」의 용법과 같다.

⑧「余不戲(畏)不羞(差), 惠于政德, 思(淑)于威義」

전체적으로 '나는 두려워하거나 잘못을 저지르지 않을 것이며, 바른 덕으로 은혜를 베풀며, 위엄 있는 儀表를 갖출 수 있도록 정성을 다할 것이다'의 뜻이다.

「」자를 오른쪽 윗부분에 한 획을 더 추가하여 「![]」로 쓰기도 한다. 「戲」자는 '두려워하다(畏)'나 '위협적이다(威)'로 해석할 수 있다. 王輝는 ≪商周金文≫에서 본 구절을 "猶言我旣不威猛也無失德.(나는 위협적이거나 사납게 하지 않으며, 덕을 잃는 일을 일찍이 하지 않았다는 말이다"라고 풀이하였다.[143] 참고할 만하다.

「」는 「差」의 이체자이며, '잘못을 저지르다(失誤)'의 뜻

---

143) 王輝, 같은 책, 289 쪽 참고.

이다. ≪說文解字≫는 「差」자에 대하여 "貳也. 差不相値也. 从左 从巫.(두 개가 차이가 나다의 의미. 가치가 서로 다르다의 뜻. 「左」와 「巫」로 이루어진 회의자)"라 하고 籒文은 「￼」로 쓴다.

≪國差繪≫은 「￼」로 쓰고 「佐」의 의미로 쓰이며, ≪酓忎盤≫ 은 「￼」로, ≪蔡侯龖鐘≫은 「￼」로, ≪中山王鼎≫은 「￼」로 쓰고 「左」의 의미로 쓰인다.144) 「￼(差)」자는 「巫」와 「左」의 변형인 「右」로 이루어진 자이다. 「￼」자는 「犬(犭)」과 「木」과 「左」로 이루어진 자이다.

「￼(惠)」는 「心」과 「叀」聲으로 이루어졌다. ≪王孫鐘≫은 「￼」로, ≪王孫誥鐘≫은 「￼」로 쓴다.145) 高鴻縉은 "叀古音與惠同, 故 惠從心叀聲, 叀聲之諧惠, 亦猶耑聲之諧瑞也.(「叀」자의 고음은 「惠」와 같다. 그래서 「惠」자는 편방 「心」과 「叀」聲으로 이루어진 형성자이다. 「惠」자의 음성부분이 「叀」聲인 것은 「瑞」자의 음성부분이 「耑」聲인 현상과 같다)"라 하고, 李孝定은 "叀今讀職緣切, 乃後起之音讀. 專字從之亦讀職緣切, 皆均非古音也.(「叀」자의 현재의 음은 「職緣切」이나 이는 후에 변화된 음이다. 「專」자의 음이 「職緣切」인 것 역시 고음이 아니다)"라 하였다.

王筠≪說文釋例≫는 "≪積古齋·鬲攸從鼎≫, 「叀公」釋爲「惠

---

144) 容庚, 같은 책, '0729 ￼', 311쪽 참고.
145) 容庚, 같은 책, '0648 ￼', 272쪽 참고.

公」,《虢叔大林鐘》「叀叔」釋爲「惠叔」. ……叀非謚, 當爲「惠」之省.(《積古齋·鬲攸從鼎》의 「叀公」은 「惠公」이고, 《虢叔大林鐘》의 「叀叔」은 「惠叔」이다. ……「叀」는 시호가 아니다. 「惠」자를 생략하여 썼다)"라 하였다.146)

「惠(☗)」자에 대하여 ≪說文解字≫는 "仁也. 从心从叀. ☗, 古文惠从𠁁.(「은혜를 베풀다의 의미. 「心」과 「叀(삼가할 전, zhuān)」으로 이루어진 회의자. 「惠」자의 고문은 편방 「𠁁」을 써서 「☗」로 쓴다)"라 하였다.

「☗(政德)」을 「政令德業」으로 해석하기도 하나,147) 「政」은 「正」자와 통하기 때문에 「바르다」·「훌륭하다」는 형용어로 해석하기로 한다.

「☗(德)」은 「彳」와 「悳」으로 이루어진 형성자이다. ≪王孫鐘≫은 편방「彳」을 써서 「☗」으로 쓰거나, 편방「人」을 써서 「☗」으로 쓰며, ≪蔡侯☗鐘≫은 「言」을 써서 「☗」으로 쓴다.148)

「☗(惄)」자는 편방 「心」과 「弔」聲으로 이루어진 형성자이며, '정숙하다'는 뜻」인 「淑」자와 통한다. 금문에서 「弔」자는 「伯叔」의 「叔」과 '정숙하다'의 뜻인 「淑」의 의미로 쓰인다.149) ≪金文

---

146) ≪漢語大字典≫, 386쪽 재 인용.
147) 陳初生, 같은 책, 570쪽.
148) 容庚, 같은 책, '0265 ☗', 110쪽 참고.
149) 陳初生, 같은 책, 786쪽 참고.

編≫은 「1354 [字]」에서 "善也. 引伸而爲有凶喪而問其善否曰弔.('훌륭하다(善)'의 뜻. 의미가 확대되어 喪을 당한 여부를 묻는 弔問의 뜻으로 쓰인다)"라 하였다.150) ≪金文編≫은 「[字]」자를 「惄(허출할 녁, ni)」으로 해석하였다.151) ≪王孫鐘≫은 「[字]」으로, ≪沈兒鐘≫은 「[字]」으로, ≪王孫誥鐘≫은 「[字]」으로 쓴다. 「惄」자는 편방 「心」과 「叔」聲으로 이루어진 형성자로, 「淑」·「叔」과 통한다.

⑨ 「闌(簡)闌(簡)獸(肅)獸(肅)」

「[字](闌=獸=)」은 「閑閑悠悠」·「柬柬肅肅」 혹은 「簡簡肅肅」으로, '매우 공경하고 정성을 다하다'의 뜻이다. 楊樹達은 「闌闌」은 「簡簡」으로 '樂聲之和.(조화를 이루는 음악 소리)'의 뜻이라 하였고, 郭沫若은 「獸獸」는 「肅肅」으로 '공경하는 모양'의 뜻이라 하였다.152) 鄒芙都≪楚系銘文綜考≫는 이 구절을 "和平恭敬, 臨事不苟意.(화평하고 공손하며, 매사를 함부로 하지 않고 신중하다)"로 해석하였다.153)

≪周頌·執競≫"降福簡簡, 威儀反反.(많은 복 내려주시고, 위엄 있는 자태 신중하시네)"의 「簡簡」에 대하여 ≪毛傳≫은 "簡簡, 大也.(「簡簡」은 성대한 모양)"라 하고 馬瑞辰≪毛詩傳箋通釋≫은

---

150) 容庚, 같은 책, 569 쪽 참고.
151) 容庚, 같은 책, '1735 [字]', 718 쪽 참고.
152) 鄒芙都, 같은 책, 79 쪽 참조.
153) 鄒芙都, 같은 책, 79 쪽 참고.

「反反」에 대하여 "卽重愼之意.(즉 극히 신중하고도 또 신중하다의 뜻이다)"라 했다.154) 朱駿聲《說文通訓定聲》은 "簡假借爲柬(「簡」자는 「柬」의 가차자로 쓰인다)"라 하였다. 《書經·囧命》"愼簡乃僚, 無以巧言令色, 便辟側媚, 其惟吉士.(그대의 屬僚를 신중하게 간택하고, 교묘한 말을 하는 자, 비위만 맞추는 자, 남의 눈치만 보는 자, 아첨하는 자는 쓰지 말고, 오직 올바른 사람들만 쓰도록 하라)"에 대하여 《傳》은 "當謹愼簡選汝僚屬.(너의 屬僚는 엄격하고 신중하게 선택해야한다는 뜻)"이라 하였다. 《商頌·殷武》"松桷有梴, 旅楹有閑, 寢成孔安.(소나무 석가래 길쭉길쭉 뻗어 있고, 굵직굵직 많은 기둥, 편안하고 안락한 궁정 이루었네)"에 대하여 孔穎達《疏》는 "閑, 爲楹大之貌.(「閑」은 기둥이 굵직하고 큰 모양)"이라 하였다. 따라서 「閑閑」·「柬柬」·「簡簡」과 「諫諫」은 서로 통한다.

《大雅·蒸民》"肅肅王命, 仲山甫將之.(왕명을 중산보가 맡아 하네)"의 「肅肅」에 대하여 《箋》은 "敬也.(「존경하다」의 뜻)"이라 하였다. 《書經·洪範》"恭作肅, 從作乂.(공경하면 엄숙하게 되고, 이치를 따르면 조리있게 된다)"의 구절 중 「肅」은 '恭敬하다'의 뜻이다.

따라서 본문은 「閑=獸=」은 「簡簡肅肅」으로 이해하여, '심히 공경하고 정성을 다 하는 마음'의 뜻으로 해석하기로 한다.

---

154) 馬瑞辰, 《毛詩傳箋通釋》, 1060쪽.

⑩ 「令尹子庚毆民之所亟」

'나 令尹 子庚은 백성이 경애하는 자가 되고자 한다'라는 뜻이다. 「令尹」은 초나라의 최고의 관직으로 司馬보다 높으며, 상당히 높은 宰相 급에 해당된다.

[毆]자는 편방 「攴」과 「医」聲으로 이루어진 형성자이다. 일반적으로 금문에서는 어조사로 쓰인다.155) 그러나 본 구절에서 어조사로 해석하면 전후 문맥이 잘 맞지 않는다. 그러므로 「翳」의 이체자이며, 「翼」의 가차자로 쓰인 것이 아닌가 한다. ≪爾雅 釋詁≫는 "翼, 敬也.(「翼」자는 '존경하다'의 뜻)"라 하고, ≪小雅·六月≫은 "有嚴有翼, 共武之服.(위엄있게 부하를 이끌며 삼가 전쟁에 종사하네)"에 대하여 ≪毛傳≫은 "翼, 敬也.(「翼」은 '존경하다'의 의미)"라 했다. ≪廣雅 釋詁≫는 "翼, 美也.(「翼」은 '아름답다'의 의미)"라 하고, ≪大雅·卷阿≫의 "有馮有翼, 有孝有德.(충성된 마음과 위엄있는 의표가 충만하고, 효도하고 훌륭한 덕을 갖추고 있네)"에 대하여 戴震≪毛鄭詩考正≫은 "馮, 滿也, 謂忠誠滿於內, 翼之言盛也. 謂威儀盛於外, 馮翼二字, 古人多連擧, 屈原賦之「馮翼惟象」, ≪淮南鴻烈≫之「馮馮翼翼」, 皆指氣化充滿盛作, 然後有形與物.(「馮」은 '충만하다'의 의미. 忠誠된 마음이 가득차다는 뜻이다. 「翼」은 '성대하다'의 뜻. 위엄있는 儀表가 밖으로 충분히 드러나다는 뜻이다. 「馮翼」 두 자는 고문에서 연결되어 같이 쓰인다. 예를 들어, 屈原의 賦 중에 「馮翼惟象」라는 구절이 있고, ≪淮南子·鴻烈≫ 중에 「馮馮翼翼」라는 구절이 있는데,

---

155) 陳初生, 같은 책, 353쪽.

모두 기운이 힘차게 밖으로 드러난 후에 형체와 물체가 있게 된다는 뜻이다)"라고 하였다.156) ≪玉篇≫은 또한「殹」자에 대하여 "殹, 大合切, 音沓, 盡也.(「殹」자의 음은「大合切」로「沓(tà,dá)와 같으며 '다하다(盡)'의 뜻"이라 했는데, 혹은 이와 관련이 있는 것이 아닌가 한다. 본문에서는「殹」자는「翼」자의 가차자로, '충분히 되다'라는 자신의 의지를 표현하고 있다.

「亟(亟)」자는 금문에서 일반적으로「敬愛하다」나,157)「준칙(법칙, 규칙, 원칙, 규범)」으로 해석한다. ≪方言≫은 "凡相敬愛謂之亟(서로 경애함을「亟」이라 한다)"라 하였다. ≪商頌 殷武≫는 "商邑翼翼, 四方之極.(상나라 도읍은 정제하여 온 세상의 준칙이 되었네)"라 하였고, ≪斑簋≫ "王令毛白(伯)更虢戱(成)公服, 甹(屏)王立(位), 乍(作)三(四)方亟.(王은 毛伯(毛公)에게 虢成公의 직무를 계승하여, 왕이 오랫동안 재위할 수 있고, 온 천하의 모범이 될 수 있도록 보좌하다)" 구절 중의「亟(極)」은 '준칙'의 의미로 쓰인다. 본문은 후자의 뜻으로 해석하기로 한다.

⑪「萬年無諆(期), 子孫是制」

전체적으로 '만년 동안 장수하기를 바라며, 자손들은 선조들이 하신 훈계 말씀을 행동거지의 준칙으로 삼아라'의 뜻이다.

「諆」자는 편방「言」과「其」聲으로 이루어진 형성자로「期」와 통한다.

---

156) ≪漢語大字典≫, 3356쪽 재인용.
157) 伍仕鎌, 같은 문장, 282쪽 참고.

「⿰」자는 「利」나158) 혹은 「制」로 해석한다. ≪說文解字≫는 「利」자의 고문을 「⿰」로 쓰고, ≪禮記≫를 인용하여 "利者, 義之和也(「利」란 곧 「義」의 조화다)"라 하였다.

≪金文編≫은 ≪說文解字≫의 "⿰古文制如此(古文의 「制」자는 「⿰」와 같이 쓴다"라는 설명을 인용하여 「制」로 예정하고 있다.159) 한편 ≪說文解字≫는 「利」자의 고문으로 「⿰」로 쓰고, ≪利簋≫와 ≪㝢簋≫ 등이 「⿰」・「⿰」로 쓰는 것으로 보아, 왼쪽 부분이 「制」자와는 다르기 때문에 본문은 「制」자로 예정하기로 한다.

「制」는 '구속하다'・'통제하다'의 뜻이다. 王輝는 본 구절은 "約束, 控除. ≪尙書・盤庚上≫: '相時憸民, 猶胥顧于箴言; 其發有逸口, 矧予制乃短長之命.' 此句是敎導後世子孫, 要永遠以先祖的告誡約束自己.('구속하다', '통제하다'의 뜻. ≪尙書・盤庚上≫은 '백성들을 보건대 오히려 서로 경계하는 말을 반성하더라도 말함에 잘못됨이 있을까 두렵거늘, 하물며 나는 그대들의 목숨의 길고 짧음을 통제할 수 있으니 알아서들 하시오'라 했다. 본 구절은 후세 자손들을 敎導하는 내용으로, 선조들이 하신 훈계를 잊지 말고 자신을 경계하도록 하는 것이다)"라고 설명하였다.160)

「制」는 '法度'・'제도'・'규칙'・'준칙'의 의미이다. ≪玉篇≫은

---

158) 伍仕鎌, 같은 문장, 283 쪽.
159) 容庚, 같은 책, '0690 制', 290 쪽 참고.
160) 王輝, 같은 책, 290 쪽.

"制, 法度也.(「制」는 '法度'의 뜻)"이라 하였다. ≪國語·越語下≫은 "必有以知天地之恒制, 乃可以有天下之成利.(반드시 천지변화의 필연적인 규율을 알아야만 가히 천하를 손아귀에 넣을 수 있는 유리한 여건을 조성할 수 있다)"에 대하여 韋昭는 "制, 度也.(「制」, '법도'의 뜻)"이라고, ≪禮記·曲禮≫는 "越國而問焉, 必告之以其制.(나라를 넘어와서 묻는 외국인이 있으면 반드시 선왕의 법도를 알려주어야 한다)"에 대하여 鄭玄은 "制, 法度.(「制」는 '法度'의 뜻)"이라 하였다.

「子孫是制」는 "자손은 선조가 하신 훈계의 말씀을 영원한 행동 준칙으로 삼도록 하라"는 뜻이다.

≪王子午鼎≫과 ≪王孫誥鐘≫의 글씨 모양과 풍격은 완전히 다르다. 필획이나 자형에 있어, ≪王孫誥鐘≫은 전형적인 초나라의 풍격을 지니고 있는 반면, ≪王子午鼎≫은 작가가 의식적으로 독특한 장식을 가한 개성적이고 심미적인 특징을 지니고 있다. ≪王孫誥鐘≫의 서체를 초나라의 전통적인 서체라고 한다면, ≪王子午鼎≫은 예술적 서체라고 할 수 있다. 이러한 초나라의 예술서체는 남방지역에서 발전한 鳥蟲書에 영향을 주었다.

四 《王孫誥鐘》考釋

《王孫誥鐘》은 河南省 淅川縣 倉房鎮 下寺村의 下寺墓葬乙 M2에서 《王子午鼎》과 함께 발견되었다. 《王孫誥鐘》 중 명문이 있는 鐘은 모두 10개 있다. 《殷周金文暨青銅器資料庫》는 「NA0418」-「NA0427」까지 모두 10개의 탁본을 수록하고 있다. 본문은 이중 「NA0427」 즉 「河南省淅川縣下寺墓葬乙M2：10」의 명문과 趙世綱의 문장에서 소개하고 있는 摹本을 저본으로 하여 살펴보기로 한다. 명문은 모두 113자이다.

【釋文】

隹(唯)正月初吉
丁亥[①], 王孫霝(誥)
睪(擇)其吉金, 自
乍(作)龢鐘[②]. 中韓(翰)
虡(且)膓(揚), 元鳴孔
諻[③]. 又(有)嚴穆穆, 敬
事楚王[④]. 余不
畏(畏)不差(差), 惠于
政德(德), 思(淑)于咸
義(儀)[⑤], 弘龏(恭)夫誓屖
畏(畏)忌(忌)趩=(翼翼)[⑥], 肅折(哲)
臧(臧)哉(武), 聞于四

國⑦. 龏(恭)㽙(厥)盟祀,
永受其福,⑧ 武
于戎攻(功), 誨䜈(猷)不(丕)飤.⑨ 闌闌龢鐘,
用匽(宴)㠯(以)喜, 㠯(以)
樂楚王、者(諸)侯、
嘉賓及我父
兇(兄)者(諸)士, 趩=趩=,
邁(萬)年無其(期), 永
保鼓之.⑩

【해석】

　吉月 上旬 吉日, 王의 손자 誥는 질 좋은 청동을 택하여, 화음이 좋은 종을 만들었다. 종 소리는 크고 높게 울리며, 끊이지 않고 길게 퍼져 매우 맑으면서 크다. 나는 엄숙하고 정중하게 초왕을 존경하고 섬기고자 한다.

　나는 위협을 가하거나 잘못을 저지르지 않을 것이며, 바른 덕으로 은혜를 베풀고, 위엄 있는 儀表를 갖출 수 있도록 정성을 다하며, 매사에 신중하고 공손한 마음으로 임하고자 한다. 또한 용모는 단정하고 남을 공경하며, 두려워하는 마음으로 조심스럽게 행동하고자 한다. 엄중하고, 사리를 통달하고, 훌륭한 인격을 갖추고, 용감하여, 천하에 명성을 떨치고자 하며, 제사를 공경하고 성대하게 모시며, 복이 영원하기를 기원하고자 한다.

　군대에서 무위를 떨쳐 큰 업적을 쌓고, 나라를 위한 계략에는 어긋남이 없이 완벽하고자 한다. 둥둥둥 아름다운 종소리, 즐겁고 기쁘게 한다. 이 종소리 또한 楚王과 諸侯와 귀빈과 형제들과 친구 모두를 즐겁게 한다. 덩덩덩 아름다운 종소리 만년동안 영원히 울려 퍼지고, 자자손손 영원히 이 종이 보존되고, 영원히 울리기를 바란다.

480   中國 戰國시기 楚나라 文字의 이해

第 三 章 楚系金文의 研究   481

背面左   正面左   正面中

正面右   背面左   背面中

【注釋】

① 「隹(唯)正月初吉丁亥」

≪王子午鼎≫과 같은 날짜이다. 반드시 같은 날을 뜻하는 것이 아니라, 길일이라는 뜻이다. ≪王子午鼎≫ 주석 ① 참고.

② 「王孫霥(誥)睪(擇)其吉金, 自乍(作)龢鐘」

'왕의 손자 誥가 질좋은 청동을 선택하여, 화음이 좋은 종을 만들었다'는 뜻이다.

「王孫」은 楚나라 莊王의 손자로 王子의 아들이 아닌가한다.

동일한 묘에서 출토되었고, 문장의 형식, 내용이 비슷한 것으로 보아 午와 誥는 부자 관계라고 생각된다.161)

「🗆」는 ≪上博楚簡·紂衣≫와 ≪郭店楚簡·緇衣≫의 「尹㫃」의 「🗆」와 「🗆」자와 같은 형태이다. 「尹㫃」는 「尹誥」을 가리킨다. ≪禮記·緇衣≫에 "尹吉曰: 惟尹躬及湯咸有一德.(이윤과 탕 임금은 모두 큰 덕을 지니고 있다)"라는 구절이 있는데, ≪上博楚簡·紂衣≫는 "尹㫃(誥)員(云): '隹(惟)尹癸及康(湯), 咸(咸)又(有) 一惪(德)'"으로, ≪郭店楚簡·緇衣≫는 "≪尹㫃(誥)≫員(云): '隹(惟)尹(伊)曰(尹)及湯, 咸又(有) 一惪(德)'"으로 쓴다. 「尹㫃」는 즉 「尹誥」로 '伊尹의 誥誡(훈계)'라는 뜻이다.162) ≪上博楚簡≫과 ≪郭店楚簡≫은 먼저 ≪詩經≫을 인용하고, 다음에 ≪尹誥≫를 인용하고 있지만, ≪禮記≫는 이와 반대로 ≪尹誥≫를 먼저 인용하고 ≪詩經≫을 후에 인용하고 있다. 楚竹簡은 「㫃」자를 偏旁 「言」과 「収(共)」聲인 「🗆」·「🗆」로 쓰는데, ≪史䉈篹≫「王㫃 畢公」 중 「🗆(㫃)」자와 형태가 같다. 唐蘭은 ≪何尊≫의 「🗆」자가 편방 「言」과 「廾」으로 이루어진 자이며, 「廾」은 「亦聲(음성부분이기도 함)」으로, 「誥」와 같은 자라고 하였다.163) ≪經典釋文≫은 "誥本亦作䛍.(「誥」자를 「䛍」자로 쓰기도 한다)"라 하였고, ≪玉篇≫도 "䛍古文告.(「䛍」는 「告」의 古字)"라 하였다.164) 편방

---

161) 劉彬徽 著, ≪楚系青銅器研究≫(1995), 313 쪽 참고.
162) 崔南圭 譯註, ≪上博楚簡·紂衣≫, 앞의 책, 87 쪽 참고.
163) 容庚, 같은 책, '0409 㫃', 163 쪽.
164) 陳初生 編纂, 같은 책, 251 쪽 재인용.

「告」와 「言」는 서로 통용되기 때문에 「𧥛」자는 「誥」자의 이체자이다. ≪汗簡≫이 ≪王子庶碑≫를 인용한 「誥」자는 ≪楚簡本≫의 형태와 같다.165)

「龢(龢)」자를 편방 「龠」과 「禾」聲으로 이루어진 형성자이다. 「龠(피리 약, yuè)」는 악기를 의미한다. 「龢」자는 편방 「龠」을 생략하고 「禾」로 쓰고, 편방 「龠」 중 「亼」를 생략하고 「冊」로 쓰기도 하고, 완전한 형태인 「龢」로 쓰기도 하고, 편방 「音」을 써서 「」로 쓰기도 한다.166) ≪王孫遺者鐘≫은 「」로 쓴다.

「鐘(鐘)」자는 ≪沈兒鐘≫은 「」으로, ≪蔡侯驦鐘≫은 「」으로 쓴다.167)

「龢鐘」은 「和鐘」으로 조화를 이루며 좋은 소리를 내는 종이란 뜻이다.

③ 「中𦉢(翰)戲(且)旃(揚)元鳴孔諻」

「中𦉢戲旃元鳴孔諻」을 ≪王孫遺者鐘≫은 「中諙𧆢旃 元鳴孔皇」으로 쓴다. 「𦉢」자에 편방 「言」을 추가하여 「諙」으로 쓰는 것 이외에 모두 같다. '종 소리가 크고 높게 울리고, 끊이지 않고 길게 퍼지며 매우 맑고 크다'는 뜻이다.

"終翰且揚, 元鳴孔皇"은 戰國時代의 鐘銘에 자주 쓰이는 구절

---

165) 黃錫全, ≪汗簡注釋≫(2005), 33-3 쪽 참고.
166) 容庚, 같은 책, '0305 龢', 124 쪽 참고.
167) 容庚, 같은 책, '2244 鐘', 915 쪽 참고.

로 '종 소리'가 맑고 크다는 것을 형용한 말이다.

「」은 「終」의 가차자로 쓰인다. 「」자는 편방 「手(又)」와 「虘(모질 차, cuó)」聲으로 이루어진 형성자로 「且」의 용법으로 쓰인다. ≪虘鐘≫은 「又」를 생략하고 「」로 쓴다.168)

"中……戲"는 즉 '終……且'로 「終」은 '이미 ……하다'의 부사의 의미이고, 「且」자는 '또한 ……하다'라는 連詞의 용법으로 쓰인다. 王引之 ≪經典釋詞≫卷九에서 "≪詩·終風≫曰: '終風且暴', ……終, 猶旣也, 言旣風且暴也(≪邶風·終風≫에 '終風且暴'라는 구절이 있다. ……「終」자는 「旣」자의 의미로 '바람이 불고, 폭풍까지 몰아치네'의 뜻이다)"라 하였다. ≪小雅·伐木≫은 "神之聽之, 終和且平.(삼가하고 따르면, 화평하고 평화롭게 되네)"라 하였다.

「」자는 「翰」과 통한다. ≪王孫遺者鐘≫과 ≪沈兒鐘≫은 편방「言」과 「旂(倝)」聲인 「![]」·「![]」으로 쓴다.169)

「翰(날개 한, hàn)」은 '높이 날다'의 의미에서 파생되어, 소리가 높이 울려 퍼짐을 말한다. ≪周易·中孚≫"翰音登于天, 貞凶.(날개를 치며 우는 소리가 하늘까지 닿네)"의 구절에 대하여 王弼은 "翰, 高飛也.(「翰」은 '높이 날다'의 의미)"라 하였고, ≪小雅·小宛≫"宛彼鳴鳩, 翰飛戾天.(조그만 매가 날개 치며 하늘 위로 높이 날아가네)"에 대하여 ≪毛傳≫은 "翰, 高.(「翰」은 '높다'

---

168) 容庚, 같은 책, '0457 戲'(187-188 쪽) 참고.
169) 容庚, 같은 책, '0382 諽', 150 쪽 참고.

라는 의미)"라 하였다.

「🦅(鴋)」자는 편방 「攴」과 「揚」聲으로 이루어진 형성자이며, 「揚」의 이체자이다. ≪頌簋≫는 「🦅」으로 쓰고, ≪禹鼎≫은 「🦅」으로 쓴다.170) ≪王孫鐘≫의 편방 「攴」은 ≪頌簋≫의 왼쪽 편방의 변형인 것으로 보인다.

「元鳴孔諻」 중의 「元鳴」은 「長鳴」 혹은 「大鳴」으로 소리가 길게 울려 퍼지거나 혹은 크게 울려 퍼짐을 말한다. ≪小雅·六月≫"元戎十乘, 以先啓行.(큰 병기 열 채가 부대에 앞장 서 가네)"에 대하여 ≪毛傳≫은 "元, 大也.(「元」은 '크다'의 의미)"라 했다. ≪廣雅·釋詁≫는 "元, 長也.(「元」은 「長」의 뜻)"이라 하였다.

「子(孔)」자를 ≪王孫遺者鐘≫은 「子(🦅)」로 잘못 쓰고 있다.

「🦅」은 편방 「言」과 「皇」聲으로 이루어진 형성자이다. ≪王孫遺者鐘≫은 「🦅」으로 쓰는데, 오른쪽 부분이 잘 보이지 않으나, 편방 「言」 혹은 「音」이 아닌가 한다. 이 자는 「皇」과 통한다. ≪說文解字≫는 "皇, 大也.(「皇」은 '크다'의 의미)"라 하고, ≪尚書·洪範≫"建用皇極.(크고 치우치지 않는 도를 세우다)"에 대하여 ≪孔傳≫은 "皇, 大. 極, 中. 凡立事當用大中之道.(「皇」은 「大」의 의미이고, 「極」은 「中」의 의미이다. 모든 일을 할 때는 응당히 크고 치우치지 않는 도를 행하여야 한다)"라 하였다.

---

170) 容庚, 같은 책, '1941 🦅', 778 쪽 참고.

④「又(有)嚴穆穆, 敬事楚王」

「有嚴穆穆, 敬事楚王」은 '엄숙하고 존엄하게 초나라 왕을 섬기고 모시다'의 의미이다.

「▩(嚴)」자는 편방 「皿」과 「厰」聲으로 이루어진 형성자이다. ≪小雅·六月≫"有嚴有翼, 共武之服.(위엄있게 부하를 이끌고 삼가 전쟁에 종사하네)"에 대하여 ≪毛傳≫은 「嚴, 威也.(「嚴」은 '위엄'의 의미)」라 하고, ≪商頌·殷武≫"天命將監, 下民有嚴.(하늘의 명은 엄연하시어 아래 백성들을 존경하네)"에 대하여 "嚴, 敬也.(「嚴」은 '존경하다'의 뜻"이라 하였다. 편방 「皿」을 생략하고 「▩」(≪土父鐘≫)으로 쓰기도 한다.171)

「▩」은 「穆穆」으로 '삼가 공경하다'의 뜻이다. 「穆」자는 편방 「禾」와 「㬎」聲으로 이루어진 형성자이다. ≪蔡侯▩盤≫은 「▩」으로, ≪曾侯乙鐘≫은 「▩」으로, ≪秦公簋≫는 「▩」으로 쓴다.172)

「▩(敬事)」는 '삼가 존경스럽게 섬기다'의 뜻이다.

⑤「余不畏(畏)不羕(羞), 惠于政遏(德), 思(淑)于威義(儀)」

"余不畏不羕, 惠于政遏, 怒于威義"를 ≪王子午鼎≫은 "余不畏不羞, 惠于政德, 思于威義"로 내용이 같다. '나는 위협을 가하거나 잘못을 저지르지 않을 것이며, 바른 덕으로 은혜를 베풀며,

---

171) 容庚, 같은 책, '0164 ▩', 76 쪽 참고.
172) 容庚, 같은 책, '1160 ▩', 500 쪽 참고.

위엄 있는 儀表를 갖출 수 있도록 정성을 다할 것이다'라는 의미이다.(≪王子午鼎≫의 주석 ⑧ 참고.)

「🦌」자는 아래 부분이 「亦」의 형태이다. 「差」의 이체자이다. ≪王子午鼎≫은 「🦌」로 쓴다.

⑥ 「玄尹(恭)夫嘼屖, 敗(畏)期(忌)趩=(翼翼)」

"玄尹夫嘼屖, 敗期趩=" 구절은 ≪王子午鼎≫은 "畜尹夫嘼屖敗期趩="으로 쓴다. 같은 내용이다. ≪王孫遺者鐘≫에 같은 내용이 보인다. ≪王孫誥鐘≫의 「🦌」(「玄」)」자를 ≪王子午鼎≫에 「🦌」자로 쓰는 것 이외에 자형도 기본적으로 모두 같다. '엄정하고 공경하며, 두려워하는 마음으로 조심스럽게 행동하다'의 뜻이다. ≪王子午鼎≫의 주석 ⑥ 참고.

⑦ 「肅折(哲)戜(臧)哉(武), 聞于四國」

"「肅折戜哉, 聞于四國」은 '엄중하고, 사리에 통달하였으며, 훌륭한 인격을 갖추고 있고, 용감하여, 천하에 명성을 떨치다'의 뜻이다.

"肅折戜哉"를 ≪王孫遺者鐘≫은 "肅哲聖武"로 쓴다. 「🦌」(肅)」은 '엄중하고 엄숙함'을 말한다. ≪王孫遺者鐘≫은 「🦌」으로 쓴다.

「🦌」(折)」자를 ≪洹子孟姜壺≫는 「🦌」로 쓴다.[173] ≪說文解

---

173) 容庚, 같은 책, '0085 🦌', 38쪽 참고.

字≫는 「▨(哲)」자에 대하여 "知也. 從口折聲. ▨哲或從心. ▨古文哲從三吉.(「알다」의 의미. 편방「口」와「折」聲으로 이루어진 형성자. 혹은 편방「心」을 써서 ▨로 쓰며, 고문은 세 개의 「吉」을 써서 ▨로 쓴다)"라 하였다. ≪王孫遺者鐘≫은 「▨」로 쓴다. ≪說文解字≫의 「▨」자와 유사한 형태이다. 「折」자는 「哲」의 의미로 '사리에 통달하여 아는 것'을 말한다.

「▨(臧)」은 「臧(착할 장, zāng)」의 이체자이다. '성인군자와 같은 훌륭함'을 말한다. ≪王孫遺者鐘≫은 「聖」으로 쓴다. ≪爾雅·釋詁≫는 "臧, 善也.(「臧」은 '착하다'의 의미)"라 하고, ≪邶風·雄雉≫"不忮不求, 何用不臧.(해치지 않고 탐내지 않으면 일이 잘 되지 않겠는가)"에 대하여 ≪毛傳≫은 "臧, 善也.(「臧」은 '착하다' 의 의미"라 했다.

「▨(敔)」자는 편방「戈」와「吾」聲으로 이루어진 형성자로 「敔」자의 이체자이다. 이 자를 「禦」로 해석하기도 하나,[174] ≪王孫遺者鐘≫은 「▨(武)」자로 쓰고 있기 때문에 직접 '무용을 갖추다'는 의미로 해석하기도 한다. ≪毛公鼎≫은 편방「攴」을 생략하고 「▨」로 쓰고, ≪孫鐘≫은 편방「攴」을 써서 「▨」로 쓴다.[175]

「▨」자는 편방「耳」와「昏」聲으로 이루어진 형성자이다. ≪金文編≫은 「聞」자에 대하여 "說文古文從昏作▨, 古文尙書作▨,

---

174) 伍仕鎌, 같은 문장, 284-285 쪽 참고.
175) 容庚, 같은 책, '0538 ▨', 270 쪽 참고.

與婚通.(≪說文≫은 「聞」자의 古文을 편방 「昏」을 써서 「𦖞」으로 쓴다. ≪古文尚書≫는 「𦖝」으로 쓴다. 「婚」자와 통용된다)"라 하였다. ≪盂鼎≫은 「🈳」으로 쓴다.176) '명성이 널리 퍼지다'의 뜻이다. ≪小雅・鶴鳴≫"鶴鳴于九皐, 聲聞于野.(학이 높은 언덕에서 우니, 소리가 온 들에 퍼지네)"에 대하여 ≪毛傳≫은 "言身隱而名著也.(은신해 있으나, 명성이 알려지다의 뜻이다)"라 했다.

⑧ 「龏(恭)㠯(厥)盟祀, 永受其福」

"龏㠯盟祀, 永受其福"을 ≪王子午鼎≫은 "敬㠯盟(明)祀, 永受其福"으로 쓴다. '제사를 정중하고 성대하게 모시며, 복이 영원하기를 기원한다'의 뜻이다. 「🈳」자를 「🈳(敬)」으로 쓰는 것 이외에 같다. 「🈳」은 「龔」자의 이체자이며, 「恭」과 통하고, '공경하다'는 의미이다. ≪王子午鼎≫. (주석 ⑦ 참고).

⑨ 「武于戎攻(功), 誨獻(猷)不(丕)飤」

≪王孫遺者鐘≫은 "誨獻不飤"의 구절만 쓰고, "武于戎攻"은 안 보인다. 전체적으로 '군대에서 무위를 떨쳐 큰 업적을 쌓고, 나라를 위한 계략은 어긋남이 없이 완벽하고자 하다'의 뜻이다.

≪虢季子白盤≫은 "武于戎工(功)"으로 쓴다. '무위를 떨쳐 큰 업적을 이루다'의 뜻이다. ≪周頌・烈文≫의 "念玆戎功, 繼序其皇之.(선인들의 큰 공 생각하여 유서를 잘 따라 계승하기를)"에 대

---

176) 容庚, 같은 책, '1926 聞', 772 쪽 참고.

하여 ≪毛傳≫은 "戎, 煌美也.(「戎」은 '크고 훌륭하다'의 뜻이다)" 라 했다. 「武」자는 일반적으로 '武威(용맹하다)'의 의미로 해석한다.177)

「󰡔(誨)」자는 편방 「言」과 「每」聲으로 이루어진 형성자로 「謀」의 이체자이며, 「敏」자와 통한다. ≪金文編≫은 「󰡔」자에 대하여 "與謀爲一字"라 하고, 「誨猷」에 대하여 "誨猷卽謀猷. 吳大澂曰, 說命朝夕納誨當讀納謀.(「誨猷」는 즉 「謀猷」이다. 吳大澂은 ≪尙書・說命≫의 '朝夕納誨(아침 저녁으로 올바른 계략을 올리다)' 중의 「納誨」는 「納謀」로 읽어야 한다)"라 하였고, ≪不娶簋≫의 「󰡔」자 아래에서는 "詩江漢作肇敏戎公.(≪大雅・漢江≫은 '肇敏戎公'으로 쓴다)"라 하였다.178) 즉 金文의 「誨」자는 경전에서 「敏」자로 쓰기도 한다. ≪說文解字≫는 「󰡔(謀)」자의 古文을 「󰡔(𢘖)」와 「󰡔(譬)」로 쓴다.179)

≪大雅・漢江≫"肇敏戎公, 用錫爾祉.(군대의 일을 훌륭하게 계획하여 복을 받도록 하네)"에 대하여 ≪毛傳≫은 "肇, 謀"라 하고, 「敏」자는 금문에서 「勄」과 「誨」자로 쓰기 때문에, 「肇敏」은 '모략'・'계략'・'계획'의 뜻이다.

「󰡔(懲)」자는 편방 「心」과 「猷」로 이루어진 형성자로 「猷」자와 같은 자이다. 「誨懲」는 「謀猷」로 '계략'의 뜻이다.

---

177) 王輝, 같은 책, 251 쪽. ≪虢季子白盤≫, 주석(3) 참고.
178) 容庚, 같은 책, '0337 󰡔, 140 쪽 참고.
179) 湯可敬, 같은 책, 322 -323 쪽 참고.

≪尙書·君陳≫은 "爾有嘉謀嘉猷, 則入告爾後于內, 爾乃順之于外. 曰:「斯謀斯猷, 惟我後之德.」(그대에게 좋은 계략이 있으면 안으로 들어가 그대 군주에게 아뢰고, 밖으로 그것을 따라 실행하시오. 그리고 이 계획과 생각은 오직 우리 군주님의 덕입니다 라고 하시오)"라 하였다.

「不」은 「丕」의 가차자이다.

「飤」자는 「飼」와 같은 자이다. 「飭」의 가차자로 쓰인다. ≪玉篇≫은 "飭, 正也.(「飭」은 「갖추어지다」의 뜻)"이라 하고, ≪小雅·六月≫은 "六月棲棲, 戎車旣飭.(유월에 서둘러서 병거를 정비하다)"에 대하여 ≪毛傳≫은 "飭, 正也.(「飭」은 '갖추다'의 의미)"라 하고, 陳奐≪傳疏≫는 "正月整, ≪常武篇≫「整我六師, 以脩我戎」, 是其義也.('正月에 정비하다'는 ≪小雅·常武≫의 '우리 전군의 군대를 정비하고 우리 군사를 다스리게 하네'의 뜻과 같다)"라 하였다. ≪玉篇≫은 또한 "飭, 謹貌.(「飭」은 '삼가 정중한 모양'의 뜻)"이라 하고 唐 顔師古는 ≪匡謬正俗≫에서 "飭者, 謹也, 敬也.(「飭」은 '삼가 근신하다(謹)'나 '존경하다(敬)'의 뜻)"이라 했다.

⑩ 「闌闌龢鐘用匽(宴)㠯(以)喜, 㠯(以)樂楚王·者(諸)侯·嘉賓及我父兄(兄)者(諸)士, 趩=趩=, 邁(萬)年無其(期), 永保鼓之」

본 구절은 ≪王孫遺者鐘≫의 내용과 기본적으로 같다. ≪王孫遺者鐘≫은 「闌闌龢鐘, 用匽(宴)㠯(以)喜, 用樂嘉賓父兄(兄)及我倗友. 余恁台心, 征(誕)永余德龢泠民人, 余尃(敷)旬于國. 旣

(皇)軦(皇)趩(熙)趩(熙), 萬年無諆(期), 枼(世)萬孫子, 永保鼓之」로 쓴다.

 '둥둥둥 아름다운 종소리, 즐겁고 기쁘게 하네. 이 종소리 또한 楚王과 諸侯와 귀빈과 형제들과 친구 모두를 즐겁게 하네. 덩덩덩 아름다운 종소리 만년동안 영원히 울려 퍼지고, 자자손손 영원히 이 종이 보존되고, 영원히 울리기를 바라네'의 뜻이다.

 "闌闌龢鐘"은 鐘鎛 명문의 상용어이다. 「龹(闌)」은 「簡」・「柬」・「閑」자와 통한다. ≪詩經・商頌・那≫"秦鼓簡簡, 衎我烈祖(둥둥둥 북소리 울리니 공 많은 조상님들 즐거워 하시네)"라 하고 있다. 「闌闌」에 관한 내용은 ≪王子午鼎≫ 주석 ⑨ 참고.

 「用(用)」은 금문에서 並列, 因果, 相承을 표시하는 連詞의 용법으로 자주 쓰인다.

 「匽」자는 잘 보이지 않으나, ≪王孫遺者鐘≫은 「匽」으로 쓴다. ≪子璋鐘≫은 역시 "用匽以喜"로 쓰며, 「匽」자는 「匽」・「匽」・「匽」으로 쓴다. ≪金文編≫은 "通宴. 詩六月吉甫燕喜, 漢書陳湯傳引作, 吉甫宴喜.(「匽」자는 「宴」자와 통한다. ≪小雅・六月≫의 「吉甫燕喜」 구절을 ≪漢書・陳湯傳≫은 「吉甫宴喜」로 쓴다)"라 하였다.180) 「宴喜」는 「편안하고 기쁘다」의 뜻이다.

 「喜」자를 ≪王孫遺者鐘≫은 「喜」로, ≪沈兒鐘≫은 「喜」로, ≪子璋鐘≫은 「喜」로 쓴다.181) 편방 「壴(鼓)」와 「口」로 이루어진 회의

---

180) 容庚, 같은 책, '2064 匽', 841 쪽 참고.

자이다.

「▣(嘉)」자를 ≪王孫遺者鐘≫은 「▣」로, ≪沇兒鐘≫은 「▣」로 쓴다.182) 편방 「壴(鼓)」와 「加」聲으로 이루어진 형성자이다.

「▣(賓)」을 ≪王孫遺者鐘≫은 「▣」으로, ≪嘉賓鐘≫은 「▣」으로 쓴다.183) 편방 「宀」・「兀(元)」와 「貝」로 이루어진 회의자이다.184) 가운데 부분 「▣」, 즉 「兀(元)」은 사람을 나타낸다.

「▣(兟)」자를 ≪王孫遺者鐘≫은 「▣」으로, ≪沇兒鐘≫은 「▣」으로 쓴다. 편방 「兄」에 「往」聲이 추가되어 이루어진 형성자이다. ≪금문편≫은 "高景成云, 兄垟同聲, 古字恒增聲符(高景成은 「兄」과 「垟(往)」은 모두 소리를 표시한다. 고문자에서는 「垟(往)」聲을 자주 추가하여 사용한다)"라 하였다.185)

「▣(趨)」자는 편방 「走」와 「皇」으로 쓰고, ≪王孫遺者鐘≫은 「▣」으로 쓴다.

「▣(趣)」자는 편방 「走」와 「叴」聲으로 이루어진 형성자이다. ≪王孫遺者鐘≫은 「▣」로, ≪沇兒鐘≫은 「▣」로 쓴다.186) 「趨趨」은 「皇皇」이고, 「趣趣」는 「熙熙」로 모두 종소리를 나타낸다.

"邁年無其"는 ≪王子午鼎≫과 ≪王孫遺者鐘≫은 "萬年無諆"로

---

181) 容庚, 같은 책, '0758 喜', 327 쪽 참고.
182) 容庚, 같은 책, '0763 嘉', 329 쪽 참고.
183) 容庚, 같은 책, '1011 賓', 433 쪽 참고.
184) 陳初生, 같은 책, 660 쪽 참고.
185) 容庚, 같은 책, '1436 兄', 615 쪽 참고.
186) 容庚, 같은 책, '0185 趣', 83 쪽 참고.

쓴다.

"永保鼓之"는 '자손대대로 보존하고 영원히 종을 울려라'의 뜻이다. 「🯄(鼓)」자를 ≪王孫遺者鐘≫은 편방 「攴」을 생략하고 「🯄(壴)」로 쓴다. 「鼓」자의 初文이다.

五   ≪王孫遺者鐘≫ 考釋

　　≪王孫遺者鐘≫은 ≪遺者鐘≫ 혹은 ≪王孫鐘≫이라고 한다. 1884년 中國 湖北省 宜都山에서 출토되었다고 한다. 명문은 모두 19行 117字이고, 重文이 4字이다. 이 금문은 대략 楚 康王 8年(BC 552 - BC 551年)으로 추증된다. 이 기물은 미국 샌프란시스코 아시아예술 박물관에 소장되어 있다.

　　郭沫若은 ≪兩周金文辭大系圖錄考釋≫에서 戰國시기 「徐」나라의 명문이라고 하였으나,187) 劉翔은 ≪王子午鼎≫과 ≪王孫誥鐘≫과 비슷하기 때문에 楚나라 기물이라고 주장하고, 郭沫若은 ≪王孫遺者鐘≫과 ≪沈兒鐘≫은 같은 사람이 만든 것이라 하였으나, 劉翔은 한 사람이 만든 것이 아니라 했다.188)

　　본문에서 ≪王子午鼎≫과 ≪王孫誥鐘≫과 중복되는 명문을 제외하고 살펴보기로 한다.

---

187) 郭沫若, 같은 책 ≪考釋≫, 160-162 쪽 참고.
188) 劉翔, 〈王孫遺者鐘新釋〉, ≪江漢論壇≫第三期(1983), 77 쪽 참고.

第 三 章 楚系金文의 研究　497

正面左下

正面中央

正面右下

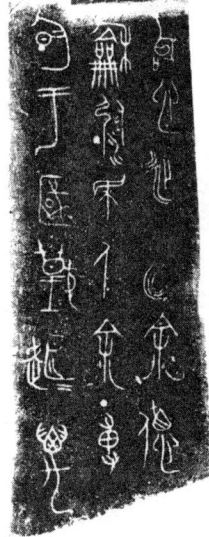
背面左下

背面中央

拜面右下

≪兩周金文辭大系圖錄考釋≫참고

【釋文】

≪正面中央≫：

隹(唯)正月初吉丁

亥,王孫遺者①嚣(擇)

其吉金,自乍(作)龢

鐘.中(終)譴(翰)臧(且)膓(揚),元

≪正面左下≫：

鳴孔皇.用言(亨)台(以)②

孝于我皇且(祖)文

考,用旃(祈)釁(眉)耆(壽).余

≪背面右下≫：

圅(函)龏(恭)犺屖,畏(畏)娶(忌)

趩趩,肅哲聖武,惠

于政㥁(德),忠(淑)于威

≪背面中央≫：

義,誨猷不(丕)飤(飭).闌闌

龢鐘,用匿(宴)㠯(以)喜,

用樂嘉賓父兇(兄)

及我倗友.余恁

≪背面左下≫：

台心③,徃(誕)永余德(德)

龢浧民人④,余專(敷)

旬于國⑤.皝(皇)皝(皇)趉(熙)趉(熙),萬

≪正面右下≫：

年無諆(期),葉(世)萬孫

子⑥,永保鼓之.(6143)

【해석】

　正月 初吉 중 丁亥일에 王孫인 遺者(追舒)는 질 좋은 청동을 택하여 자연스럽게 소리의 조화가 잘 이루는 鐘을 만들었네. 종소리는 크고 높게 울려 퍼지고, 끊이지 않고 길게 울리며 그 소리는 매우 맑고 크네. 이 종으로 위대한 선조와 덕이 彰明한 부친께 제사드려 효를 실행하고자 하며, 장수를 기원하고자 하네. 나는 공경하는 마음과 유유자적한 태도를 지니고 있으며, 경외하는 마음으로 모든 일을 조심스럽고 신중하게 처리하며, 겸손하고 총명하며, 지혜롭고 용맹하며, 은혜로운 政令과 德業은 널리 두루 베풀며, 행동거지는 언제나 위엄과 의로움을 갖추고, 모략은 어긋남이 없이 완벽하고자 하네. 둥둥둥 아름다운 종소리 즐겁고 편안하게 하고, 귀빈과 伯叔과 형제들과 친구 모두를 즐겁게 하네. 나는 나의 마음을 진실되게 하며, 나의 덕으로써 영원히 백성과 화합하고 안정시키고자하며, 이러한 덕망들이 또한 나라 곳곳 두루 두루 미치도록 하고자 하네. 징징징 아름다운 종소리 만년동안 영원히 울려 퍼지며, 자자손손 영원히 이 종을 보존하고 울리기를 바라네.

【설명】

　이 鐘이 어느 나라 것인가에 대해선 학자마다 의견이 다르다. 혹자는 楚國으로, 혹자는 徐國의 것으로 여기고 있으나, 《王子午鼎》이나 《王孫誥鐘》의 명문과 비교해볼 때 楚國의 기물인 것으로 보인다. 기물의 주인인 「遺者」는 《左傳》에 기록하고 있는 楚 莊王의 아들 追舒로 추정되며, 그는 楚國의 令尹을 지낸 바 있다.189)

---

189) 劉翔, 같은 문장, 77쪽 참고.

① 「遺者」

楚 莊王의 아들인 子南 追舒를 가리킨다. 「𢓊(遺)」자는 편방 「辵」과 「貴」聲으로 이루어진 형성자이다.

「遺」와 「追」자의 고음은 「微」部로 서로 통하고, 「者」자와 「舒」자의 고음은 「魚」部로 서로 통한다.190)

≪左傳≫에 公子 午와 追舒에 관한 내용이 있다.

> 秦 나라 景公의 누이동생인 秦嬴이 楚나라 共王에게 시집을 갔는데, 초나라의 사마인 공자 庚이 진나라에 내방하여 초왕의 부인을 대신해 안녕을 묻는 예를 올렸다.
> 秦嬴歸于楚, 楚司馬子庚聘于秦, 為夫人寧, 禮也.(≪左傳·襄公十二年≫)

> 오나라가 초나라를 침공하자, 養由基가 명을 받고 달려갔고, 공자 庚이 군사를 영솔하여 그의 뒤를 따라갔다. ……공자 庚은 養由基의 계획에 따라 용포에서 싸워 오나라 군대를 크게 물리치고, 오나라 공자 黨을 생포했다.
> 吳侵楚, 養由基奔命, 子庚以師繼之. ……子庚從之, 戰於庸浦, 大敗吳師, 獲公子黨.(≪左傳·襄公十三年≫)

> 초나라 공자 囊은 오나라를 치고 돌아와 세상을 떴다. 공자 庚에게 유언하여 말하기를 '꼭 郢에 성을 쌓으시오'라 했다.

---

190) 劉翔, 같은 문장, 78쪽 참고.

楚子囊還自伐吳, 卒, 將死, 遺言謂子庚必城郢.(≪左傳·襄公十四年≫)

　楚나라 公子 午가 令尹이 되고, 公子 罷戎은 右尹이 되고, 蔿子馮은 大司馬가 되고, 公子 橐師는 右司馬가 되고, 公子 成은 左司馬가 되고, 屈到는 대장군 莫敖가 되고, 公子 追舒는 箴尹이 되고, 屈蕩은 連尹이 되고, 養由基는 宮廐尹가 되어 백성을 안정시켰다.
　楚公子午為令尹, 公子罷戎為右尹, 蔿子馮為大司馬, 公子橐師為右司馬, 公子成為左司馬, 屈到為莫敖, 公子追舒為箴尹, 屈蕩為連尹, 養由基為宮廐尹, 以靖國人.(≪左傳·襄公十五年≫)

　초나라 공자 午가 군사를 거느리고 정나라를 쳤다.
　楚公子午帥師伐鄭.(≪襄公十八年≫)
　鄭나라 공자 孔이 자기가 싫어하는 대부들을 제거하려 晉나라에 반기를 들고, 楚나라 군사를 출전시켜 대부를 제거하려 했다. 그래서 그는 사람을 시켜 공자 庚에게 이 계획을 알렸는데 庚은 응락하지 않았다.
　鄭子孔欲去諸大夫, 將叛晉, 而起楚師以去之, 使告子庚, 子庚弗許.(≪左傳·襄公十八年≫)

　여름철에, 초나라 공자 庚이 죽었다. 楚나라 군주 자작은 蔿子馮을 令尹이 되게 하였다. 위자빙이 申叔豫을 방문하여 이 사실을 말하자 叔豫는 '우리나라에는 군주의 총애를 받는 사람이 많은데다 국왕이 어리시니 국정을 보기가 어려울 것이오'라 했다. 이 말을 듣고 위자빙은 병을 핑계로 사퇴했다. ……이에 군주는 공자 南(追舒)을 令尹이 되게 했다.
　夏. 楚子庚卒, 楚子使蔿子馮爲令尹. 訪於申叔豫, 叔豫曰, 國多寵而王弱, 國不可爲也. 遂以疾辭, …… 乃使子南爲令尹. (≪左傳·襄公二十一年≫)

　초나라가 그 나라의 대부인 공자 추서를 죽였다.
　楚殺其大夫公子追舒. (≪襄公二十二年≫)

　楚나라 觀起는 令尹 공자 南의 총애를 받아 자신의 관록에 맞지 않게 전차 수십 대를 끌수 있는 말을 소유하였다. 초나라 사람들이 이를 걱정하자 이들을 제거하려 하였다. 공자 南의 아들 棄疾은 왕의 측근이었는데, 왕은 그를 볼 때마다 눈물을 흘렸다. 棄疾은 군주께서는 벌써 세 번이나 신을 보고 우셨는데, 누구의 죄 때문인가요라고 물었다. 대답하기를 그대의 부친 令尹의 무능을 그대는 알고 있지 않은가, 나는 장차 이들을 제거하려 하는데, 이를 보고 그대로 있을 것인가라 했다. 아비가 죽고 자식이 그 자리에 있다면, 군주가 어찌 그 자식을 쓰겠습니까. 만약에 이 비밀을 누설하면 무거운 형벌을 받게 되니, 누설하지도 않겠습니다라 했다. 그래서 군주는 공자 南을 조정에서 죽이고, 觀起에게는 사지를 찢어 죽이는 형벌을 가하였다.
　楚觀起有寵於令尹子南, 未益祿而有馬數十乘, 楚人患之, 王將討焉. 子南之子棄疾爲王御士, 王每見之必泣. 棄疾曰, 君三泣臣矣, 敢問誰之罪也. 王曰: 令尹之不能, 爾所知也, 國將討焉, 爾其居乎. 對曰: 父戮子居, 君焉用之. 洩命重刑, 臣亦不爲. 王遂殺子南於朝, 轘觀起於四竟. (≪左傳·襄公二十二年≫)

위의 내용을 통하여 공자 南은 공자 午의 후임으로 令尹이란 관직을 지냈고, 명예롭지 못한 죽임을 당했음을 알 수 있다.

② 「用盲(享)台(以)」

「用」은 連詞의 용법으로 쓰인다.191) 「👤(盲)」은 「享」과 같은 자로 제사를 지내다는 뜻이다. 「👤(台)」자는 편방 「以」에 「口」가 추가된 자로, 「以」와 같은 자이다.192) 「用」의 용법과 같다.

③ 「余恁台心」

「👤(恁)」자는 편방 「心」과 「任」聲으로 이루어진 형성자이다. 「信」의 가차자로 쓰여, '성심성의를 다하다'의 뜻이다.193) 「👤(台)」자는 편방「人」과 「台」聲으로 형성자이며,194) 「似」의 이체자이다.195) 「台」자와 통하여, 一人稱代詞의 「我」의 의미로 쓰인다. ≪爾雅·釋詁≫는 "台, 我也"라 하였다.

④ 「𫝶(誕)永余德(德)鮴滲民人」

「𫝶」자는 「𢓜」과 「止」聲으로 이루어진 형성자로, 「徙(chán)」

---

191) 陳初生, 같은 책, 398-399 쪽 참고.
192) 容庚, 같은 책, '1140 㠯', 64 쪽 참고.
193) 馬承源, 같은 책(1990), 428 쪽 참고.
194) 陳初生, 같은 책, 776 쪽 참고.
195) 容庚, 같은 책, '1339 似', 565 쪽 참고.

으로 예정할 수 있으며, 「延」자의 이체자이다. ≪金文編≫은 「⿸」(≪康侯簋≫)에서 "與延爲一字, 孳乳爲誕.(「延」자와 같은 자이며, 「誕」의 의미로 쓰인다)"라 하였다.196) 經典에서 일반적으로 「誕」자로 쓰며, 語氣詞의 용법으로 사용되고 있다.197)

"延永余德"은 "誕永余德"으로 '나의 덕망을 오랫동안 유지하다'의 의미이다.

「⿸」(㳟)」자는 편방 「弓」과 「㐱」聲으로 이루어진 자로, 「㳟(려)」자의 이체자이며, 「戾」와 서로 통한다.198) 여기에서는 「安定」의 의미로 쓰이고 있다. ≪詩經・大雅・桑柔≫ "民之未戾, 職盜爲寇(백성이 안정되지 않으면, 오로지 도적질에만 힘쓰네)"의 구절에 대하여 ≪毛傳≫은 "戾, 定也.(「戾」는 '안정되다'의 뜻)"이라 설명하였다.

"龢㳟民人"은 "和戾民人"으로 '백성을 화합하고 안정시키다'의 의미이다.

⑤ 「余專(敷)旬于國」

「⿸(專)」는 편방 「又(手)」와 「甫」聲으로 이루어진 형성자로 「敷(펼 부, fū)」나 「溥(넓을 부, pǔ)」와 통하며, '두루 널리 미치다'의 뜻이다.199)

---

196) 容庚, 같은 책, '0289 延', 119 쪽 참고.
197) 陳初生, 같은 책, 212 쪽 참고.
198) 馬承源, 같은 책, 428 쪽.
199) 容庚, 같은 책, '0502 專', 209 쪽. ≪毛公鼎≫의 「專」자에 대하여 "孳乳爲敷.(「敷」

「⊙」자는 편방「日」와「勻」으로 이루어진 자이다.200) ≪說文解字≫에는「旬」자의 고문을「⊙(旬)」으로 쓰고,「徧(두루 편, piàn)」의 뜻이라 하였다. "專旬"은「널리 두루 펼치다」의 의미이다.

⑥「枼(世)萬孫子」

「⻭(枼)」자는「木」과「世」聲으로 이루어진 형성자로,「枼(葉)」과 같은 자이며,「世」자와 통한다. ≪商頌·長髮≫"昔在中葉, 有震且業.(옛날 중세에 나라의 정세가 불안하고 위태로웠네)"에 대하여 ≪毛傳≫은 "葉, 世也.(「葉」은「世」의 의미이다)"라고 하였다. ≪金文編≫은 ≪柏敦蓋≫의「⻭」자를「葉」자에 수록하고 "不从艸, 枼字重見.(편방「艸」을 생략하고 쓴다.「枼」자와 같다)"라 하였다.201)

의 뜻으로 쓰인다)"라 하였다.
200) 容庚, 같은 책, '1518 旬', 650 쪽 참고.
201) 容庚, 같은 책, '0951 枼', 400 쪽, '0074 葉', 30 쪽 참고.

第 三 章 楚系金文의 硏究 507

六. ≪沈兒鐘≫ 考釋

≪沈兒鐘≫은 ≪沈兒鎛≫이라고도 한다. 명문은 78자이며, 중문이 4자이다. 현재 상해박물관에 소장되어 있다. 명문의 풍격과 내용은 ≪王子午鼎≫·≪王孫誥鐘≫과 ≪王孫遺者鐘≫과 매우 유사한다. 특히 문자 형태는 초나라의 풍격과 매우 흡사한다. 초나라 사람이 徐나라 왕자 沈兒를 위하여 초나라에서 만든 것으로 보인다. 비록 徐國의 청동기지만, 초국 명문을 이해할 수 있는 중요한 자료이기 때문에 ≪王子午鼎≫·≪王孫誥鐘≫과 ≪王孫遺者鐘≫과 비교하여 살펴보기로 한다.

≪沈兒鐘≫은 ≪王孫遺者鐘≫보다 약간 늦은 시기인 대략 春秋말기 襄公 때 만들어진 것으로 보인다.202)

沈兒는 徐나라 王 庚兒의 아들이다.

徐國은 지금 山東省 郯城 일대에 세워진 西周와 春秋 시기의 제후국가 중의 하나로, 徐雄, 徐夷 혹은 徐方이라고 한다. ≪大雅·常武≫"率彼淮浦, 省此徐土.(회수가를 따라서 서나라 땅을 살피네)" 중의 「徐土」가 徐나라이다. BC 512년에 오나라에 멸망되었다.

본 청동기는 湖北省 江陵縣에서 출토되었다.

沈兒는 초나라 康王(BC 559-BC545) 때, 초나라 郢都에 머무른 적이 있는데, 초나라 사람이 沈兒를 위하여 만든 것으로 보인다.

---

202) 李學勤,〈從新出靑銅器看長江下流文化的發展〉,≪文物≫, 1980年第8期.

본문에서는 ≪殷周金文集成≫ 「00203.1」의 탁문을 참고하여, ≪王子午鼎≫·≪王孫誥鐘≫과 ≪王孫遺者鐘≫과 중복되는 내용을 제외하고 살펴보기로 한다.

第 三 章 楚系金文의 研究   509

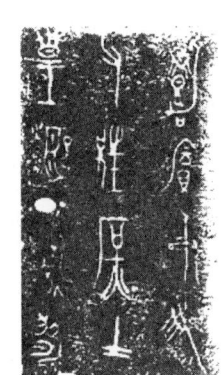

【釋文】

佳(唯)正月初吉丁
亥, 郤(徐)王庚之忎(淑)
子沈兒①睪(擇)其吉
金, 自乍(作)鉌
鐘, 中(終)釹(翰)𠭖(且)
昜(揚), 元鳴孔
皇, 孔嘉元
成, 用盤猷(飲)
酉(酒)②, 鉌(和)逾
百生(姓), 忎(淑)于畏(威)
義(儀), 惠于明(盟)祀, (吾)
㠯(以)匽(宴)㠯(以)喜, 㠯(以)樂
嘉賓, 及我
父钘(兄)·庶士,
皇趣=, 釁(眉)壽
無萁(期), 子孫
永保鼓之.

【해석】

　　正月 初吉 중 丁亥일에 徐나라 군주 庚兒의 정숙한 아들 연아는 질 좋은 청동을 택하여 소리가 조화를 잘 이루는 鐘을 만들었다. 종소리는 크고 높게 울려 퍼지고, 끊이지 않고 길게 울리고, 그 소리는 매우 맑고 크며, 화음을 이루어 아름다운 소리를 낸다. 이 종은 가무를 즐기고 음주를 할 때 사용하고, 이로써 백성과 화합하여 政令과 德業은 널리 두루 베풀며, 행동은 언제나 위엄과

의로움을 갖추고 조상께 큰 제사를 모실 때 사용코자 한다.

   나는 이 종으로 즐겁고 편안케 하고자 하며, 귀빈과 伯叔과 형제들과 선비 모두를 즐겁게 하고자 한다. 징징징 아름다운 종소리, 만년동안 영원히 울려 퍼지며, 자자손손 영원히 이 종이 보존되고 울리기를 바란다.

【注釋】

   ① 「郤(徐)王庚之忎(淑)子沈兒」

"郤王庚"은 徐나라의 王 庚兒이다. 「⿰」자는 편방 「邑」과 「余」聲으로 이루어진 형성자이다. 經典에서는 「徐」로 쓴다. ≪庚兒鼎≫은 「⿰」로 쓴다.203)

「⿰(忎)」자는 편방 「心」과 「弔」로 이루어진 형성자이다. 「淑」의 가차자로 쓰인다. ≪尙書·君奭≫은 "不弔天降喪於殷, 殷旣墜厥命.(불행하게도 하늘이 은나라에게 벌을 내려 은나라는 천명을 잃었다)"라 하고, ≪小雅·節南山≫의 "不弔昊天, 亂靡有定.(불행하도다, 하늘이여, 혼란이 안정되지 못하네)" 구절에 대하여 ≪鄭箋≫은 "不善乎昊天也.(불행하도다, 하늘이여!)"라 하였다. 高亨은 "弔, 通淑, 善也.(「弔」는 「淑」자와 통하며 '착하다(善)'의 의미이다)"라 하였다.204) ≪王孫遺者鐘≫은 「⿰」로 쓴다.205)

---

203) 容庚, 같은 책, '1052 ⿰', 447 쪽 참고.
204) 陳初生, 같은 책, 786 쪽 참고.
205) 容庚, 같은 책, '1735 ⿰', 718 쪽 참고.

「🀫」자는 편방 「水」와 「允」聲으로 이루어진 형성자이다. 「🀫」
(兒)자를 ≪庚兒鼎≫은 「🀫」로 쓴다.

「庚之忠子沈兒」는 '庚兒의 정숙한 아들 沈兒'라는 뜻이다.

② 「孔嘉元成, 用盤歙(飮)酉(酒)」

「🀫孔嘉」는 '매우 훌륭하다'의 뜻이다. 「元成」은 '훌륭하게 이루어지다'의 뜻이다. 「元」자는 「大」·「善」·「長」의 의미로 쓰인다.[206] 「孔」과 「元」은 "元鳴孔皇"의 의미와 같다. 모두 종소리를 묘사한 내용이다. "元鳴孔皇"은 소리가 길고 우렁차게 멀리 울려 퍼짐을 말하고, "孔嘉元成"은 소리가 아름답고 좋은 화음을 이룬다는 뜻이다. 전자는 소리의 크기를, 후자는 소리의 질적인 화음을 가리킨다.

「🀫(盤)」자는 「皿」과 「般」聲으로 이루어진 형성자이며, 「般」·「槃」의 의미로 쓰인다. ≪兮甲盤≫은 「🀫」으로 쓰고, 「槃」의 뜻으로 쓰인다.[207]

「🀫」자는 편방 「酉」·「欠」과 「今」聲으로 이루어진 형성자이며, 「飮」의 이체자이다. 「人」과 「酉」를 써서 「🀫」(≪辛伯鼎≫)으로 쓰기도 한다.[208]

---

206) 陳初生, 같은 책, 4쪽 참고.
207) 容庚, 같은 책, '0943 🀫', 397쪽 참고.
208) 容庚, 같은 책, '1464 🀫', 623쪽 참고.

"用盤猷酉"는 "用般飲酒"로 ≪孟子·盡心下≫의 "般樂飲酒, 驅騁田獵, 後車千乘, 我得志弗為也.(즐기며 술을 마시고, 말을 달리며 사냥을 하고, 뒤에 따르는 천대의 수레를 가질 수 있다해도 나는 가지지 않을 것이다)" 중의 "般樂飲酒"의 의미와 같다.209) ≪爾雅·釋詁≫는 "般, 樂也.(「般」은 '즐기다'의 의미)"라 하고, 邢昺은 "般者, 遊樂也(「般」은 '오락을 즐기다'의 뜻"이라 했다. ≪荀子·仲尼≫"閨門之內, 般樂, 般樂奢汰, 以齊之分奉之而不足.(생활에서는 놀고 즐기며 사치를 해서 제나라 수입의 반을 거기에 쓰는데도 모자랄 지경이었다)" 楊倞은 "般亦樂也.(「般」은 또한 「樂」의 뜻이다)"라 하였다.

③ 「🦌(歔)」자는 편방 「虍」·「攵」과 「魚」聲으로 이루어진 형성자이며, 금문에서 「吳」나 「吾」의 의미로 쓴다. ≪中山王鼎≫의 「🦌」와 ≪枕氏壺≫의 「🦌」자는 「攵」을 생략하고 「虘」로 쓴다.210)

---

209) 郭沫若, 같은 책, 160 쪽 참고.
210) 容庚, 같은 책, '1885 虘', 757 쪽 참고.

【參考文獻】

容庚 編著, ≪金文編≫, 中華書局, 1985.

羅振玉 編, ≪三代吉金文存≫, 中華書局, 1983.

中國社會科學院考古研究所編, ≪殷周金文集成≫, 中華書局, 1984-1994.

張亞初 編著, ≪殷周金文集成引得≫, 中華書局, 2001.

華東師範大學中國文字與應用中心編, ≪金文引得・殷商西周卷≫, 廣西教育出版社, 2001.

華東師範大學中國文字與應用中心編, ≪金文引得・春秋戰國卷≫, 廣西教育出版社, 2002.

本書編寫組編寫, ≪金文今譯類檢・殷商西周卷≫, 廣西教育出版社, 2003.

周法高 主編, ≪金文詁林≫, 홍콩香港中文大學出版, 1974.

周法高, ≪周法高上古音韻表≫, 홍콩中文大學, 1973.

陳初生, ≪金文常用字典≫, 陝西人文出版社, 1987.

陳初生 等著, ≪商周古文字讀本≫, 語文出版社, 1989.

王文耀, ≪簡明金文辭典≫, 上海辭書出版社, 1994.

郭沫若, ≪兩周金文辭大系圖錄考釋≫(上下卷), 上海書店出版社, 1999.

陳夢家, ≪西周銅器斷代≫(上下卷), 中華書局, 2004.

吳鎭烽 編, ≪金文人名匯編≫, 中華書局, 1987.

劉志基 等主編, ≪金文今釋類檢(殷商西周卷)≫, 廣西教育出版社, 2003.

馬乘源, ≪商周靑銅器銘文選≫(全四冊), 文物出版社, 1986
　　　·1987·1988·1990.
唐蘭, ≪西周靑銅器銘文分代史徵≫, 中華書局, 1986.
楊樹達, ≪積微居金文說≫, 中華書局, 1977.
王煇, ≪中國古文字導讀-商周金文≫, 文物出版社, 2006.
趙誠, ≪二十世紀金文研究述要≫, 書海出版社, 2003.
崔恒昇, ≪安徽出土金文訂補≫, 黃山書社, 1998.
何琳儀 ≪戰國古文字典≫, 中華書局, 1998.
湯餘惠 主編, ≪戰國文字編≫, 福建人民出版社, 2001.
陳漢平, ≪金文編訂補≫, 中國社會科學出版社, 1993.
董蓮池, ≪金文編校補≫, 東北出版社, 1995.
嚴志斌, ≪四版金文編校補≫, 吉林大學出版社, 2001.
劉彬徽, ≪楚系靑銅器銘文編年考述≫, 湖北敎育出版社,
　　　1995.
劉彬徽, 〈楚金文和竹簡的新發現與硏究〉, ≪于省吾敎授百
　　　年誕辰紀念文集≫, 長春 吉林大學出版社, 1996.
劉彬徽, ≪楚系金文彙編≫, 湖北敎育出版社, 2009.
董珊, 〈晉侯墓出土楚公逆鐘銘文新探〉, ≪中國歷史文物≫,
　　　2005(6).
段渝, 〈楚公逆編鐘與周宣王伐楚〉, ≪社會科學研究≫,
　　　2004(2).
高至喜, 〈晉侯墓地出土楚公逆編鐘的幾個問題〉, ≪晉侯墓
　　　地出土靑銅器國際學術硏討會論文集≫, 上海書畫出
　　　版社, 2002.

黃錫全・于炳文,〈山西晉侯墓地所出楚公逆鐘銘文初釋〉,
　　　《考古》, 1995(2).
李曉峰,〈談楚公逆鐘中的"錫"字〉,《古籍研究》, 安徽大
　　　學出版社, 2006.
李學勤,〈試論楚公逆編鐘〉,《文物》, 1995(2).
劉緒,〈晉侯邦父墓與楚公逆鐘〉, 高崇文等主編《長江流域
　　　青銅文化研究》, 北京科學出版社, 2002.
羅西章,〈陝西周原新出土的青銅器〉,《考古》, 1999(4).
彭裕商,《西周青銅器年代綜合研究》, 成都巴蜀書社,
　　　2003.
于省吾,〈讀金文劄記五則〉,《考古》, 1966(2).
袁豔玲,〈楚公豢鐘與早期楚文化〉,《文物》, 2007.
李零,《楚公逆鎛》,《漢江考古》, 1983年第2期(《金文
　　　文獻集成》第29卷).
曾憲通,〈宋代著錄楚公逆鐘銘文補釋〉,《徐中舒先生百年
　　　誕辰紀念文集》, 巴蜀書店, 1998.
劉慶柱 等 主編,《金文文獻集成》, 線裝書局, 2005.
中國社會科學院考古研究所 編,《殷周金文集成釋文》, 홍
　　　콩中文大學出版社, 2001.
鄒芙都,《楚系銘文綜合研究》, 巴蜀書社, 2007.
蔣冀騁 主編,《古漢語研究》, 商務印書館, 2006(1).
中國科學院考古研究所編輯,《甲骨文編》, 中華書局,
　　　1965.
古文字詁林編纂委員會編纂,《古文字詁林》, 上海教育出

版社, 2003.
漢語大字典編輯委員會, ≪漢語大字典≫, 四川辭書出版社, 1992.
中國古文字研究會, ≪古文字研究≫第9輯, 中華書局, 1984.
최남규 역주, 馬承源 主編, ≪상해박물관장전국초죽서·치의≫, 소명출판사, 2012.

저자 **崔南圭**

現 全北大學校 中語中文學科 敎授

최근 主要著作
1 《西周金文十八品-考釋과 臨書》, 崔南圭 考釋, 書藝文人畵, 2007.04
2 《戰國時代 楚簡과 書藝》, 崔南圭 著, 書藝文人畵, 2008.08
3 《中國古代金文의 理解(Ⅰ)-殷商兩周靑銅器金文100選解說》, 崔南圭 共著, 신아사, 2009.02
4 《西周金文精選三十三篇》, 崔南圭 考釋, 신아사, 2010.12
5 《中國古代金文의 理解(Ⅱ)-臺灣故宮博物館所藏西周金文의 解說》, 신아사, 2010.12
6 《郭店楚墓竹簡老子考釋》, 崔南圭 共著, 도서출판 덕, 2011.02
7 《상해박물관장전국초죽서·공자시론》, 마승원 주편, 최남규 역주, 소명출판사, 2012.04.
8 《상해박물관장전국초죽서·성정론》, 마승원 주편, 최남규 역주, 소명출판사, 2012.04.
9 《상해박물관장전국초죽서·치의》, 마승원 주편, 최남규 역주, 소명출판사, 2012.04.

中國 戰國시기 楚나라 文字의 이해

초판 인쇄 2012년 11월 20일
초판 발행 2012년 12월 01일

저   자 | 崔南圭
펴 낸 이 | 하운근
펴 낸 곳 | 學古房

주   소 | 서울시 은평구 대조동 213-5 우편번호 122-843
전   화 | (02)353-9907 편집부(02)353-9908
팩   스 | (02)386-8308
전자우편 | hakgobang@chol.com
등록번호 | 제311-1994-000001호
ISBN   978-89-6071-282-9 93720

값 : 26,000원

※ 파본은 교환해 드립니다.